青海蓝皮书

BLUE BOOK OF
QINGHAI

2016 年
青海经济社会形势分析与预测

ANALYSIS AND FORECAST OF ECONOMY AND SOCIETY OF
QINGHAI (2016)

主　编/陈　玮

副主编/孙发平　苏海红

分篇主编/马勇进　杜青华　鲁顺元　鄂崇荣

社会科学文献出版社
SOCIAL SCIENCES ACADEMIC PRESS (CHINA)

图书在版编目（CIP）数据

2016 年青海经济社会形势分析与预测/陈玮主编. —北京：社会
科学文献出版社，2015.12
（青海蓝皮书）
ISBN 978 - 7 - 5097 - 8513 - 3

Ⅰ.①2… Ⅱ.①陈… Ⅲ.①区域经济 - 经济分析 - 青海省 -
2015 ②社会分析 - 青海省 - 2015 ③区域经济 - 经济预测 - 青海省 -
2016 ④社会预测 - 青海省 - 2016　Ⅳ.①F127.44

中国版本图书馆 CIP 数据核字（2015）第 302013 号

青海蓝皮书
2016 年青海经济社会形势分析与预测

主　　编／陈　玮
副 主 编／孙发平　苏海红

出 版 人／谢寿光
项目统筹／邓泳红　张丽丽
责任编辑／高振华　张丽丽

出　　版／社会科学文献出版社·皮书出版分社（010）59367127
　　　　　地址：北京市北三环中路甲 29 号院华龙大厦　邮编：100029
　　　　　网址：www. ssap. com. cn
发　　行／市场营销中心（010）59367081　59367090
　　　　　读者服务中心（010）59367028
印　　装／北京季蜂印刷有限公司

规　　格／开 本：787mm × 1092mm　1/16
　　　　　印 张：23　字 数：349 千字
版　　次／2015 年 12 月第 1 版　2015 年 12 月第 1 次印刷
书　　号／ISBN 978 - 7 - 5097 - 8513 - 3
定　　价／79.00 元

皮书序列号／B - 2012 - 248

2016 年青海蓝皮书编委会

主要编撰者简介

陈 玮 男，藏族，1959 年 12 月出生，青海省大通县人。青海省社会科学院党组书记、院长，教授，法学博士，享受国务院特殊津贴专家。

陈玮教授 1982 年毕业于青海民族学院少语系，1982～1984 年在青海省教育厅教材处工作，1984～1987 年在青海民族学院少语系读研究生。2011 年取得兰州大学民族学研究院藏学专业法学博士学位。先后担任中共青海省委党校教研室副主任，玉树州委党校副校长（挂职），省委党校、省行政学院、省社会主义学院巡视员、副校（院）长。现为中国世界民族学会常务理事、青海省藏研会常务理事、青海省继续教育协会副会长、青海统战理论研究会副会长、青海省享受政府津贴专家评定委员会委员、青海省决策咨询专家委员会委员。曾荣获第七届中国十大杰出青年提名奖。

陈玮教授长期从事马克思主义民族宗教观与党的民族宗教政策的教学和科研工作。著有《青海藏族游牧部落社会研究》等著作。先后在省内外学术期刊用藏汉两种文字发表论文近百篇，获国家级、省部级科研成果奖十余项，其中《青海藏族部落社会习惯法的调查》一文被《中国社会科学》杂志英文版全文翻译转载，并获第二届中国藏学研究"珠峰奖"二等奖。《抵御境内外敌对势力分裂渗透活动方面的形势、任务、思路和对策》调研报告获 2011 年全国统战理论研究优秀成果一等奖，《青海省社会组织管理合力研究》获第七届全国党校系统优秀科研成果一等奖，《青海省藏传佛教事务管理研究》获第三届全国行政学院系统优秀科研成果一等奖。主持国家社科基金项目一项、省部级项目十余项。

孙发平 青海省社会科学院副院长，研究员，享受国务院特殊津贴专家。兼任中国城市经济学会常务理事、青海省委党校和青海省委讲师团特邀教授等职。研究方向为市场经济和区域经济学。主著及主编书籍10余部，发表论文90余篇，主持课题30多项。主要成果：《中国三江源区生态价值与补偿机制研究》、《"四个发展"：青海省科学发展模式创新》、《青海转变经济发展方式研究》、《循环经济理论与实践——以柴达木循环经济试验区为例》、《中央支持青海等省藏区经济社会发展政策机遇下青海实现又好又快发展研究》、《青海建设国家循环经济发展先行区研究》等。获青海省哲学社会科学优秀成果一等奖3项、二等奖2项、三等奖5项，获青海省优秀调研报告一等奖3项、二等奖4项、三等奖2项。

苏海红 青海省社会科学院副院长、研究员，青海省级优秀专家。兼任青海省政协学文委副主任、青海青联副主席、中国生态经济学会理事、中国农牧渔业学会理事等职。研究方向为区域经济、农村经济和生态经济。出版学术专著2部，发表论文及调研报告100余篇，主持和参与国家级课题5项，主持和参与省部级课题和省市委托课题30余项。主要成果：《中国藏区反贫困战略研究》、《中国西部城镇化发展模式研究》、《三江源国家生态保护综合试验区生态补偿实施方案研究》、《加强和创新青海社会建设与社会管理研究》、《完善创新主体功能区背景下区域协调发展的政策体系研究》等。在省级哲学社会科学优秀成果评奖中，获一等奖3项、二等奖3项、三等奖8项。先后被授予全国"三八"红旗手、青海省"三八"红旗手、青海省直机关"十大女杰"等荣誉称号。

摘　要

　　《2016 年青海经济社会形势分析与预测》是集综合性、原创性、前瞻性于一体的研究报告，它以青海省经济、社会、政治、文化和生态等各领域的重大理论和现实问题为研究内容，对青海经济社会发展进行综合分析和科学预测，力求全面、真实地反映青海经济社会发展的动态趋势。本书由青海省社会科学院组织长期从事青海经济社会发展研究的专家学者撰写，力求为省委、省政府科学决策提供高品质的智库服务，为制定相关政策提供理性参照，同时为各级政府部门、科研机构、企事业单位和社会公众等提供资讯参考。

　　在内容上，本书包括总报告、经济、社会、特色、区域五个篇目。其中，总报告在对青海省经济和社会发展总体运行情况分别阐述的基础上，对国内外宏观发展背景下面临的机遇和挑战进行了分析，并结合省情实际对 2016 年青海经济社会发展趋势分别进行了预测，提出了具有可操作性的对策建议；经济篇以影响青海经济发展的主要行业、领域以及重大现实问题为研究重点，内容涵盖财政、税收、金融、保险、工业、畜牧业以及电子商务等领域和相关热点问题；社会篇以青海社会发展的主要领域及重大现实问题为研究重点，内容包括青海省民族团结进步先进区创建、社会工作发展、非物质文化遗产保护、公共文化服务体系建设以及新型城镇化进程中的失地农民安置等社会热点问题；特色篇立足青海实际，选择具有青海特色的重大理论和现实问题进行分析，分别就青海省市场主体发展、生态文明体制改革、少数民族发展资金使用以及提升第三产业及其消费问题等方面进行了理论探索；区域篇以青海的区域特色为重点，分别就海东市城镇化发展、海南州文化创意产业和相关产业融合发展、柴达木枸杞产业发展、果洛州绿色有机产业发展、三江源生态保护和建设一期工程等区域发展中的重大问题进行了全局性和前瞻性的分析研究。

Abstract

Analysis and Forecast of Economy and Society of Qinghai (*2016*) is a collection of comprehensive, original and farsighted research reports concerning major theoretical and practical issues in economic, social, political, cultural and ecological fields of Qinghai province. It offers comprehensive analysis and scientific forecasts for Qinghai province's socio-economic development, and reflects dynamic trends of Qinghai's socio-economic development in a real and all-around way. This book is contributed by specialists and scholars who have been engaged in studying socio-economic development of Qinghai province for years. It aims at providing high quality A think-tank service for the scientific decision-making of the Party and governmental organizations, serves as rational reference for the public and social policy choice, and provides information for government leaders art all levels, enterprises and the public as well.

In content, the book consists of five chapters, including General Reports, economic reports, social reports, special reports and regional reports. Among which, general reports offer some feasible proposals, analyze the opportunities and challenges brought by macroscopical development background and forecast the Qinghai's economic and social development in 2016 on the basis of the description about general economic and social operational aspects of Qinghai. The Economic Reports emphasize the research on the major industries, fields and practical issues that influence the economic development of Qinghai province, in which contains the finance, taxation, banking, insurance, industry, graziery, electronic commerce and other relevant hot spot fields. Social Reports mainly conclude create the national unity progress advanced area, the social development and significant social issues of Qinghai province, more specifically, the development of social work, the protection of intangible cultural heritage, the construction of public cultural service system, the arrangement for landless peasants in the new urbanization and other social hot spot fields. Special Reports analyze and explode the influential theories and practical issues which are characteristic of Qinghai, such as development of market entity, reform about ecological civilization system, use of ethnic minorities' development funds, questions about consumption of the third industry and so on. Regional reports take the regional specialties of Qinghai province as emphasis. Overall and perspective research analysis about regional development are been discussed in this chapter. It comprises of "Stretched Noodles Economic" expand the Central Asia market, development of Haidong urbanization, growth of cultural creative industry and proceeding of fusing relevant industry in Hainan autonomous state, development of Matrimony vine industry in Haixi autonomous state, ecological protection about Sanjiangyuan region, development of green organic industry in Guoluo autonomous state, etc.

目 录

Ⅰ 总报告

Ⅱ 经济篇

Ⅲ 社会篇

Ⅳ 特色篇

Ⅴ 区域篇

皮书数据库阅读**使用指南**

CONTENTS

I   General Reports

II   Economic Reports

III Social Reports

IV Special Reports

V Regional Reports

总 报 告

General Reports

B.1

2015～2016年青海经济发展形势
分析与预测

"青海经济发展形势分析与预测"课题组*

摘 要： 2015年，面对严峻复杂的国内外经济形势，青海主动适应经济发展新常态，持续推进改革攻坚，强化驱动创新和优化产业结构调整升级，经济运行总体保持平稳发展态势。2016年，青海经济发展面临的一个显著特点是，经济增速自2010年起已连续6年处于下行调整过程之中，是改革开放以来3次回落中历时最长的一次。这意味着青海经济结束了改革开放30多年来10%左右的高速增长期，正在步入由高速增长转向中高速

* 课题组成员：苏海红，青海省社会科学院副院长、研究员，研究方向：区域经济；杜青华，青海省社会科学院经济研究所所长、副研究员，研究方向：区域经济与农牧区贫困问题；甘晓莹，青海省社会科学院经济研究所助理研究员，研究方向：产业经济、文化产业；窦国林，青海省社会科学院文献信息中心副研究员，研究方向：资源与环境经济。

增长的转型换挡期。预计 2016 年青海地区生产总值增长仍将保持中高速增长。为及早适应经济新常态、确保经济平稳健康发展，需要加快产业转型升级、整合优势资源、统筹城乡区域协调发展、加强生态文明建设、健全公共服务体系。

关键词： 青海经济 "十二五" 经济增速 经济走势

2015 年是青海全面完成"十二五"规划的收官之年，面对严峻复杂的国内外经济形势，青海主动适应经济发展新常态，持续推进改革攻坚，强化驱动创新和优化产业结构调整升级，经济运行总体保持平稳发展态势。2016 年，全球经济仍将处于后危机时期，我国也处于三期叠加、转型升级的关键时期，青海经济发展的不确定性因素较多，工业经济下行压力依然较大，迫切需要全面深化"四个全面"战略布局，主动适应经济发展新常态，保持经济平稳高质量发展，为 2020 年与全国同步全面建成小康社会开创良好局面。

一 2015年及"十二五"时期青海经济运行基本态势

"十二五"期间，青海按照预定目标，积极主动适应经济新常态，经济社会发展呈现稳中有进的良好态势，三区建设取得明显成效，产业结构加速调整，综合经济实力大幅提升，城乡居民收入水平显著提高，进一步树立了"生态保护优先"理念，为青海经济社会发展奠定了坚实的物质基础。

（一）2015年前三季度运行态势

青海省统计局公布的统计数据显示，2015 年前三季度，青海完成地区生产总值 1633.66 亿元，按可比价计算，较上年同期增长 8.3%（其中：一季度同比增长 7.5%，二季度同比增长 7.9%），较同期全国平均增速高 1.4 个百分点。其中，第一产业增加值 117.39 亿元，同比增长 5.1%；第二产业增加值865.1亿元，同比增长8.5%；第三产业增加值651.17亿元，同比增长8.5%。三次产业结构由2014年前三季度的7.4∶55.4∶37.2调整为7.2∶52.9∶39.9，第三产业比重较上年同期提高2.7个百分点。呈现服务产业快速增长，制造业、轻工业、高技术产业和装备工业比重提高，资源类行业比重下降的变化趋势。同期，全社会固定资产投资2664.87亿元，同比增长11.2%；全社会消费品零售总额64.7亿元，同比增长14.4%；城镇居民人均可支配收入11279元，同比增长9.5%；农村常住居民人均可支配收入5437元，同比增长9.7%。整体来看，2015年下半年以来，随着省委、省政府一系列稳增长、调结构、惠民生政策效应的逐步显现，经济发展整体态势初步呈现趋稳迹象。

1. 农业经济特色发展趋势明显

2015年前三季度，全省完成农业增加值117.39亿元，同比增长5.1%，增速比上半年提高0.6个百分点。其中：种植业增加值54.73亿元，同比增长5.0%；牧业增加值58.4亿元，同比增长4.4%。同期，全省小麦、青稞、马铃薯等传统粮食作物播种面积略有下降，枸杞、蔬菜、食用菌等特色经济作物播种面积呈现快速增长，种植业结构调整不断优化，经济效益显著提升。另据统计数据显示，前三季度全省猪牛羊禽肉产量23.84万吨，同比增长3.6%；牛奶和禽蛋产量分别达到24.15万吨和1.7万吨，同比分别增长了2.3%和下降了1.7%。全省农牧业科技贡献率超过53%，农畜产品加工转化率达到45%，初步建成了牛羊肉、牛奶、绒毛、马铃薯、油菜、蔬菜、中藏药材等十大特色优势农畜产品生产基地，农牧民生产经营的组织化程度进一步提高。总体观察，2015年前三季度，青海农牧业发展总体向特色化方向推进，特别是高效设施农牧业保持了较为明显的快速发展态势。

2. 工业经济转型升级步伐加快

2015年前三季度，全省规模以上工业增加值较上年同期增长7.4%，增速较上年同期下降2.3个百分点，高出同期全国平均水平1.2个百分点，居全国31个省（自治区、直辖市）第16位，居西部12个省（自治区、直辖市）第8位，居西北5个省（自治区）第2位。其中，轻工业增速为17.1%，重工业增速为5.8%；全省规模以上工业36个大类行业中，有23个行业增加值保持了增长态势。其中，新能源、新材料及生物产业分别增长27.7%、34.5%和22.4%，煤炭开采和洗选业，石油和天然气开采业，电力、热力生产和供应业分别下降13.9%、1.3%和1.9%；全省高技术产业增加值同比增长21.2%，增速较1~8月提高0.2个百分点，占规模以上工业增加值的比重达到5.9%，较上年同期提高了1.0个百分点；全省规模以上装备工业同比增长14.1%，增速较1~8月提高1.2个百分点，占规模以上工业增加值的比重达到5.1%，较上年同期提高了0.7个百分点；全省规模以上国有控股企业增加值比上年同期增长1.5%，非公有企业同比增长了12.2%；据国家电网青海省电力公司统计数据显示，前三季度，全省发电总量436.40亿千瓦时，同比下降了1.3%，新能源（太阳能和风能等）发电量60.39亿千瓦时，同比增长了31.4%，电力生产结构优化趋势明显；全省规模以上工业企业综合能源消费量1167.85万吨标准煤，较上年同期下降9.5%，降幅同比扩大11.19个百分点。总体而言，2015年前三季度，青海工业行业分化态势渐趋明朗，新能源、新材料、高技术、装备制造和食品、副食品加工制造行业增速明显提升，石油、煤炭等资源类行业和钢铁、电解铝等高耗能行业增速明显回落，企业经营困难增多，工业转型发展步伐明显加快。

3. 现代服务业经济快速发展势头良好

铁路建设迈入高铁时代。从物流角度观察，2015年前三季度，全省完成货物运输量11242.45万吨，比上年同期增长0.8%，较上半年提高3.8个百分点，其中，铁路货运量下降26.8%，公路货运量增长9.9%，民航货运量增长13.7%。从客流角度观察，全省完成客运量4892.76万人，较上年同期增长13.2%，增速较上半年提高2.3个百分点，其中，铁路客运量增长54.3%，公路客运量增长7.9%，民航客运量增长6.1%；接待国内外游客总数2076.14万人次，比上年同期增长14.0%，增速较上半年提高0.3个百分点；实现旅游总收入223.84亿元，同比增长22.1%；旅游外汇收入0.31亿美元，增长31.6%。从资金流角度观察，全省金融机构人民币各项存、贷款余额分别比上年同期增长12.7%和17.0%；金融业增加值148.88

亿元，同比增长 15.3%，拉动全省 GDP 增长 1.3%，拉动第三产业增长 3.5%。总体而言，在传统服务业平稳运行的基础上，金融保险、电子商务、高原旅游、仓储物流等现代服务已呈现加速发展的态势，第三产业对全省经济的拉动作用日趋明显。

4. 固定资产投资增速回落

2015 年前三季度，全省全社会固定资产投资 2664.87 亿元，较上年同期增长 11.2%，比上半年提高 1%，但增幅较上年同期回落 12.1 个百分点。工业投资、基础设施投资和房地产开发投资是固定资产投资的重要组成部分，这三个领域的投资增速在相当大的程度上决定着固定资产投资增速的走势。前三季度，工业投资较上年同期增长 1.2%，增幅回落 9.3 个百分点；基础设施投资比上年同期增长 6.7%，增幅回落 51.2 个百分点；房地产开发投资比上年同期增长 8.2%，增幅回落 8.4 个百分点。工业投资增速明显回落，很大程度上是受产能过剩、企业利润下降等因素的直接影响。房地产投资增速回落主要是由于房地产市场正处在下行周期，挤压前期价格泡沫。与此同时，工业十大优势产业中，新能源产业、新材料产业、轻工纺织业投资均保持增长，这三个行业投资额占工业十大优势产业投资额的 45.7%；民生领域内卫生、社会保障和社会福利同比增长 1.3 倍，文化、体育和娱乐业同比增长 34.9%；教育同比增长 6.2%。总体而言，投资对青海经济增长的拉动作用非常明显，基础设施投资大幅回落、房地产投资和工业投资持续低迷是投资增长下滑的主要影响因素，表明市场对整体经济发展的信心有待提振。

5. 公共服务持续改善

2015 年前三季度，随着养老、医疗、城乡低保、高龄补贴等 12 项民生调标政策的相继出台和机关事业单位工资及养老制度改革的实施，全省城镇新增就业 5.56 万人，较上年同期增长 0.36%；农牧区劳动力转移就业 113 万人次，较上年同期增长 1.28%；城镇登记失业率与上年同期持平；全省城镇常住居民人均可支配收入 17945 元，比上年同期增长 9.0%；农村常住居民人均可支配收入 5437 元，比上年同期增长 9.7%，增幅较同期城镇居民人均可支配收入高 0.7 个百分点，城乡居民收入比较上年同期缩小 0.02。同期，全省公共财政预算收入 273.79 亿元，比上年同期下降 1.3%；全省公共财政预算支出 1063.35 亿元，比上年同期增长 11.4%，其中涉及社会保障、教育、医疗卫生、住房保障、一般公共服务等民生领域的财政支出分别增长了 30.6%、17.2%、30.9%、13.0% 和 5.7%。总体而言，在宏观经济形势下行压力加大，财政增收放缓的不利局面下，城乡居民收入增幅高于同期地区生产总值增幅，社会基本公共服务体系和社会保障体系持续完善，保障水平不断提高，伴随着民生事业的持续改善，经济运行质量也得到了明显改善。

（二）"十二五"期间经济总体运行态势

"十二五"时期，全省在经济发展方面，生产总值、全社会固定资产投资以及地方公共财政一般预算收入等主要指标都能达到预期目标，生产总值增速五年年均预计可达 10.7%；全社会固定资产投资前四年年均增长 28.4%；地方公共财政一般预算收入五年年均增速将达到 19.8% 左右。在结构调整方面，全省可再生能源生产占比将达到 41.1%，服务业就业人员比重将达到 41%，城镇化率将达到 51%，主要指标均能实现预期目标或超过目标值。同时，非公有制经济占比和 R&D 经费占比目标实现可能有一定难度。

1. 经济总量稳步增加，综合实力迈上新台阶

"十二五"期间，青海经济呈现中高速增长、产业结构加速调整、发展动能加快转换等新常态特征。在积极适应经济新常态的同时，全面、动态、联系地看待发展问题，主动调整了"十二五"期间经济发展预期目标，坚持以提高经济发展质量和效益为中心，坚持投资消费并重，优化投资结构，注重扩大消费需求，及时出台了一系列支持经济稳定增长，加快一、二、三次产业稳步发展，促进科技创新，鼓励民间投资的政策措施，奋力打造"三个升级版"，最大限度地释放了增长潜力，经济总量 5 年新增 1000 亿元。《纲要》确定的一批重大项目相继建成投运，发展条件明显改善。基础设施建设实现跨越，高等级公路通车里程突破 3000 公里，增长了 10 倍多，铁路建设迈入高铁时代，形成"一主六辅"机场格局，综合实力显著增强。

2. 产业结构加速调整，现代产业体系更加完善

"十二五"期间，青海积极稳妥地做好经济发展增减取舍的文章，加快经济结构调整步伐，培育了结构优化、技术先进、清洁安全、附加值高、吸纳就业能力强的现代产业体系。农牧业发展整体处于传统农牧业向现代农牧业转型升级的过渡期和全面推进现代农牧业加快发展的关键期。工业产业布局优化，传统产业改造加快，轻工业保持快速增长，比重不断提高，重工业增速回落，高耗能行业增速放缓，提前两年完成了"十二五"淘汰落后产能目标。一批技术含量高、资源消耗少、有成长潜力的新材料、能源产业、生物产业和装备制造业等新兴产业后发优势逐步显现。现代物流、健康养老、电子商务、服务贸易、文化产业、旅游业等现代服务业增长快于传统服务业，服务业整体发展层次和水平明显提高，服务业从业人员逐年增加。节能减排任务全面完成，战略性新兴产业迅速崛起，基本形成了具有青海特色优势的产业体系，为今后发展积蓄了后劲。

3. 社会事业稳步发展，人民生活不断改善

"十二五"期间，面对财政收入增幅减缓的困难，青海仍通过调整优化支出结构等措施，进一步保障财政用于民生的支出，改善民生支出占财政总支出的比重始终保持在75%左右，人均支出达到18620元。基本实现了基本社会保障制度的城乡衔接，相继出台了养老、医疗、失业保险、城乡低保、高龄补助、工伤保险等提标政策。基本完成中小学标准化建设工程，改善贫困地区义务教育薄弱学校基本办学条件等一批教育项目，农牧区义务教育阶段寄宿生补助标准持续提高，学前三年毛入园率居全国中上水平。县级公立医院改革、分级诊疗、大病医保等走在西部前列。建立精准识别和帮扶机制，在全国率先将财政扶贫资金及项目审批权限下放到县，累计减少贫困人口100万人以上。在全国率先将财政扶贫资金及项目审批权限下放到县。人民群众期盼解决的上学、就医、住房、饮水、行路等问题得到有效破解。人民生活水平和质量明显提高，公共服务体系基本建立，新增就业持续增加，城乡居民收入大幅增长，一些民生指标位于西部或全国前列。

4."四化"建设同步推进,区域发展渐趋协调

"十二五"期间,青海实施了一系列旨在促进信息化与工业化深度融合、工业化与城镇化良性互动、城镇化与农业现代化相互协调的重点项目,不断增强发展的全面性、协调性和可持续性。通过实施工业"双百"工程,运用信息技术加快构建了先进制造业、现代服务业和现代农业联动发展的现代产业体系。深化信息技术的集成运用和广泛覆盖,光网城市、无线城市和智慧城市建设成效明显。启动实施了青海省藏区区域发展与扶贫攻坚规划和六盘山片区规划,主体功能区规划全面实施,出台了新型城镇化发展规划和城镇体系规划,在城镇化建设中同步推进产业项目建设和生活设施配套,积极探索和同步推进产城融合发展。在统筹城乡综合配套改革的基础上,更加注重以人为本的城镇化建设,有序推进农业转移人口市民化,深入推进了农村产权制度、户籍制度和社会保障制度三项核心制度改革。党政军企共建和高原美丽乡村建设工程成效显著。区域基础设施建设不断完善,特色优势产业快速发展,区域发展的协调性不断增强。

5.改革开放步伐加快,生态文明建设成效显著

"十二五"期间,全面深化改革迈出新步伐,全面依法治省开启了新征程,全面从严治党取得了新进展。积极融入丝绸之路经济带建设,对外开放向多层次、多领域纵深推进,招商引资、经济合作、对口援青取得突出成就。行政管理体制、医药卫生、户籍制度、国资国企、财税金融、文化体制、公共资源交易、部分民生工程货币化及土地草场林权流转等方面改革不断深化。青海树立了"生态保护优先"理念,生态文明制度建设国家改革试点启动,国家公园体制改革试点获得批准,推进了三江源二期工程、祁连山生态保护、青海湖流域综合治理、湟水流域百万亩人工林基地、南北两山绿化等工程,水资源合理配置和高效利用、水寒综合防御能力、水利管理能力迈上新台阶。开展了木里矿区、生态敏感区、旅游景区、交通沿线和农村环境连片环境整治工作,取得了阶段性成效。青海生态保护和建设、治理和制度创新成效明显,国家生态安全屏障日益巩固。

二 "十二五"以来青海经济运行中存在的主要问题

由于国内外宏观经济基本面持续走弱，低增长、低就业、低需求等不利因素短期内没有得到有效改善，"十二五"时期青海经济社会平稳较快发展始终存在较大的下行压力。与此同时，生产要素配置效率不高、产业转型压力大、节能减排任务重、资源环境约束紧等长期性、体制性、结构性问题制约着青海经济社会的持续快速发展。

（一）生产要素配置效率不高

从人口的就业结构来看，"十二五"时期青海产业结构的变化趋势是：一产比重下降，二产比重迅速提高，三产份额缓慢增长。与此对应的是青海的工业化快速发展过程。它表现为大量的劳动力和资源从劳动生产率相对较低的种植业和畜牧业向劳动生产率相对较高的工业、制造业、建筑业转移。随着2013年以来工业发展增速的逐渐回落，大量人口和资源开始向以服务业为主的第三产业转移。基于这样的差异，当越来越多的人力和资源从制造业转移到服务业之后，总体劳动生产率必然下降，由此累及经济增长速度趋于下降。从人口的空间分布来看，"十二五"时期，随着经济的发展，人口的流动性也在逐步提高，随着大量农业人口从农牧区进入城镇，能够向城市转移的农村青壮年劳动力已经大部分得到转移，青海人口空间分布优化的潜力已经明显降低。从资本配置机制来看，当前青海与全国其他省区同样存在经济主体上过于偏重国有经济部门而对非国有经济部门支持力度不足，在配置机制方面行政因素过多而市场机制有待强化，在配置手段上过于倚重数量分配而忽视价格引导。另外，对国有企业的隐性担保和制度倾斜，导致社会资源向低效率的国有企业聚集；许多行业存在进入限制，特别是存在非国有企业的进入限制会导致抑制竞争和低效的结果；对土地要素的用途、交易（尤其是农村土地）和建设用地配额等方面的限制阻滞了土地要素的优化配置。上述这些非市场层面的制度在很大程度上约束和限制了劳动力、资本和土地等生产要素配置效率的进一步提升。

（二）产业结构优化升级难度较大

"十二五"时期，投资依然是拉动青海经济增长的主要手段，经济的高增长主要靠固定资产投资超常增长支撑，相当一部分投资集中在基础设施、房地产、钢铁、水泥和电解铝等产能过剩领域，积累了较大的债务风险。农业生产面临诸多挑战，农业资源环境约束与需求刚性增长的矛盾突出。农业劳动力素质低与农民组织化程度低的影响凸显，农业生产经营体制亟待创新。服务业增长潜力没有完全释放，战略性新兴产业规模较小。技术进步和人力资本对经济增长的贡献不高，经济增长的科技含量不高，产业创新能力和核心竞争力不强，企业创新能力不足，基础和前沿技术研究比较薄弱。城镇化进程中要素空间聚集、资源集约利用、农业适度规模经营、农村繁荣发展的有机统一尚未实现。城乡一体、区域协作、良性互动的发展格局仍有待完善。

（三）生态建设任务重且发展的环境约束逐步加大

"十二五"时期，青海生态环境恶化趋势总体虽然有所减缓，但自然生态环境脆弱，生态受损、灾害多发等主要生态问题依然严峻。经济增长、人口增加、能源资源消耗和城市的不断扩展，对生态环境的压力还将进一步加大。工业化、城镇化进程加快，对能源资源的需求进一步增加，以资源开发为主的重化工业、高耗能工业仍是经济发展的重要支柱，从环保部门的统计数据上也可以看出，新增污染物排放尤其是二氧化硫和氮氧化物排放量呈刚性增加，面临着控制新增量、削减存量的双重压力。随着东部城市群建设的快速推进，城镇人口急剧集聚，现有污水处理厂建设规模偏小，大部分污水处理厂实际处理水量已接近或超过设计处理能力，呈超负荷运行状态。高资源消耗、高耗能和高污染行业面临更加严格的资源环境门槛和转型发展要求，环境对经济社会发展的制约作用已逐渐加大。

（四）经济社会发展中的深层次矛盾仍然突出

尽管"十二五"以来青海在经济政治体制改革方面取得了明显进展，但一些深层次的体制性障碍依然存在。目前来看，政府主导经济发展的模式还没有完全转变，突出表现在政府仍在一些竞争性、营利性领域中扮演着投资主体的角色，政府的公共服务职能仍然需要强化。相对于较高程度的商品市场化水平，要素市场化水平长期偏低，政府对生产要素配置和价格形成直接干预过多，突出反映在土地要素、矿产资源和资金要素方面。政府职能转变、国有企业改革、要素市场化改革、收入再分配、社会保障和医疗体制改革等事关经济社会发展全局的重大改革问题尚在再次起步阶段，还有待在"十三五"时期取得根本性突破。

三 "十三五"时期青海经济发展形势展望与2016年主要指标预测

从国际环境看，国际金融危机爆发至今已逾六年，但深层次影响尚未结束，美、欧、日等主要发达经济体经济复苏动力仍显不足，短期内国际需求很难恢复到过去的强劲增长态势。从内部环境看，经济增长的要素和约束条件正在发生变化，随着人口老龄化水平和劳动力成本提高，加之企业生产经营的资源环境成本约束加大，支撑高速增长的传统比较优势正在弱化。上述发展条件和环境的变化，很有可能使经济形势在"十三五"前半期面临较大的下行压力。

（一）国际经济发展形势展望

2015年世界经济一直延续低速增长和缓慢复苏的态势。主要发达国家货币政策分化，美元进入升息通道，欧元区和日本等发达经济体继续实施大规模的扩张性货币政策，新兴市场和发展中经济体进入中速增长周期趋势明显，国际贸易进入低速增长通道，世界经济仍将延续低速增长态势。从当前形势及发展态势看，美国经济好转迹象增多，房地产市场持续回升，就业形势继续有所好转，美联储继续实施宽松货币政策，总体有利于经济继续复苏。欧元区经济走出衰退的难度依然较大，虽然欧债危机趋于缓解、金融市场信心有所增强，但失业率持续攀升、重债国金融机构资产负债状况恶化、削减财政赤字和实施结构性改革仍将拖累经济复苏。日本经济复苏虽然仍会受到诸多因素制约，但在扩大公共开支、量化宽松货币政策不断加码，以及政府主导日元贬值等因素作用下，有望维持低速增长。新兴经济体仍将受到外需低迷和内生动力减弱的制约，但主要国家加大结构调整力度和积极扩大内需，经济增速持续放缓态势有望得以扭转。世界银行预测 2015 年世界经济增长幅度为 2.8%，比 2014 年下降 0.5 个百分点，延续了 2010 年以来的持续下滑趋势。总体来看，未来 5 年世界经济仍将处于一个中低速增长的发展周期。

（二）国内经济发展形势展望

2015 年我国经济增速继续回落，一季度和二季度 GDP 同比增长 7%，三季度 GDP 同比增长 6.9%。同时消费增速、物价增速、居民收入增速、财政收入增速同比均出现回落，意味着经济弱复苏进程在短期内难言乐观。2015 年前三季度，全国居民消费价格指数（CPI）同比上涨 1.4%，尤其是对 CPI 走势影响较大的粮食、油脂、蔬菜等食品价格变动幅度较大。社会消费品零售总额达到 216080 亿元，扣除价格因素实际增长 10.5%，餐饮、服饰、日用品、医药等增幅同比放缓，房地产与汽车两大主要消费市场表现欠佳，家电行业预期转为稳健增长。固定资产投资相对平稳，制造业投资保持较高速度，房地产投资增速放缓，基础设施投资增长加快。1～9 月，进出口总额同比下降 7.9%，贸易顺差收窄。短期内，需求降温导致相关行业工业品需求和价格下降，工业企业面临去库存压力。从中期看，钢铁、建材、家电、纺织等行业产能过剩，部分企业处于去产能化阶段。同时，受技术、体制等因素影响，战略性新兴产业发展尚处于起步阶段。制造业发展缺乏新的增长引擎，仍将处于结构调整阵痛期。总体判断，"十三五"时期，国内经济基本面和改革因素仍可支撑经济中高速增长，但一些短期、结构性与长期性因素将会对经济中高速增长造成一定的冲击和制约，保持经济持续平稳增长仍面临很多挑战。

（三）青海经济发展形势展望

"十二五"时期，青海随着三江源生态保护与建设二期工程的实施，生态补偿长效机制的建立和完善，面对丝绸之路经济带建设的区域新格局，以及工业化、城镇化、信息化和农业现代化，全省生产力发展的增长极以及产业分工的优化布局正发生着深刻变化，使全省区域间和产业间不仅呈现良性互动和集群发展的新特征以及外向发展、加快发展、产业转移承接、生态转型、和谐发展等新态势，也面临着经济新常态的下行压力和特殊挑战。

1. 面临的有利形势

一是"十三五"时期是全面建成小康社会决胜阶段，也是青海新型工业化、城镇化、信息化、农业现代化和绿色化加速推进的关键时期，为青海进一步增强整体实力、提质增效创造了倒逼机遇。二是三江源国家生态保护综合试验区建设和青海创建生态文明先行区的不断深化为青海发展生态经济带来了战略机遇。三是中央第六次西藏工作会议明确了促进藏区稳定发展、民族团结、民生改善和生态建设的支持力度，为青海藏区发展带来了追赶机遇。四是共建丝绸之路经济带，为强化青海在西北地区交通信息网络中的主体地位，加强与中亚、南亚国家的经贸合作，深化"向西开放"带来了开放机遇。五是随着财税、投融资、工商等经济领域改革和一系列行政体制、社会体制改革的深入推进，青海发展的改革红利有望持续释放，市场活力和内生动力将得到极大增强。

2. 面临的压力与挑战

一是工业经济增速回落，市场需求不足、工业品出厂价格持续走低、劳动力成本不断攀升、企业效益下滑明显，企业投资能力和投资意愿持续下降。二是在财政收入减少因素增多，刚性支出增加，收支缺口加大的情况下，政府需要通过保持基础设施建设投资规模稳定经济增长，需要通过融资平台向银行、信托等金融机构融资，一定程度上影响了其他行业的资金供给，增加了地方财政的负担。三是近年来由于石油、天然气、煤炭、铁矿石、钾肥等资源性产品价格始终保持在较低水平，对青海石油天然气开采、煤炭开采、钢铁制造、钾肥等资源性行业的利润和就业产生了较大的不利影响。四是冶金、有色、化工、煤炭等传统行业处在深度调整过程中，新材料、新能源、生物、装备制造以及特色轻工业的发展壮大起步较晚，消费、三产等增长有限，难以有效支撑经济下行压力，经济发展的新旧动力有效转换不足。

（四）2016年主要发展目标预测

2016年，青海经济发展面临的一个显著特点是，经济增速自2010年起已连续6年处于下行调整过程之中，是改革开放以来3次回落中历时最长的一次。这意味着青海经济结束了改革开放30多年来10%左右的高速增长期，正在步入由高速增长转向中高速增长的转型换挡期。

从生产角度看，农业受有机畜牧业、生态畜牧业和设施农牧业发展迅速，农牧业专业合作社、家庭农场、种养大户、农牧业龙头企业等新型农业经营主体发展壮大，特色优势农业生产体系不断完善，政府对农业发展的各项补贴力度不断加大，农畜产品价格走势趋稳等有利因素推动，有望在2016年继续保持良好的增长势头；电解铝、电力热力、煤炭等高耗能行业和资源类行业以及钢铁、玻璃等传统制造业由于产能过剩短期难以消化，生产和利润持续下滑的局面在2016年内很难被扭转。新能源产业、生物产业、新材料产业以及现代加工制造业、现代装备制造业增速明显，但发展壮大的过程短期内难以快速完成，对全省经济的推动作用较为有限；随着产业结构不断调整优化和"大众创业、万众创新"的不断深化，服务业在全省经济总量中的比重有望进一步加大，金融保险、电子商务、高原旅游、仓储物流、文化创意等现代服务已呈现加速发展的态势，第三产业2016年对全省经济的拉动作用有望进一步凸显。

从需求角度看，受企业利润持续下降、产能过剩抑制新增投资、高新制造业难以提供足够投资支撑、房地产投资周期性下调、项目储备相对不足等多重因素叠加影响，短期内投资需求下降的趋势很难扭转；近年城乡居民收入保持较快增速，城乡居民保障体系和保障水平不断完善提升以及"互联网＋"等新型业态的发展壮大，在有效推动消费升级的同时也将继续助推全省消费需求保持持续快速增长；近年来全省进出口总值在出口商品结构不断优化因素的推动下呈现逆势高速增长的发展势头，随着国家"一带一路"战略向纵深推进，青海对外贸易仍将保持良好的发展势头，但由于总量较小对全省经济的推动非常有限。

总体而言，2016年青海经济发展在受到国内外宏观经济发展周期性调整的不利因素影响较大的同时，结构性改革、结构性调整、新型城镇化加速推进等积极因素也在不断积累之中。通过上述分析，我们初步判断2016年青海经济运行态势与2015年基本保持一致，地区生产总值增速预计在8%左右。

四 政策建议

"十三五"时期是我国全面建成小康社会的决胜阶段，同时也是新常态背景下，青海持续打造"三个升级版"、加快转变经济发展方式的攻坚时期，针对青海经济发展中存在的主要问题和面临的机遇挑战，我们就青海如何通过及早适应经济新常态，确保经济平稳健康发展提出以下建议。

（一）推进经济持续平稳增长，确保全面建成小康社会目标如期实现

提高政策调控水平，确保经济平稳较快增长。青海要全面把握和有效运用积极的财政政策，搞好逆周期调节。优化投资对发展的关键作用，增强政府投资的引导和带动功能，吸引民间投资保持较快增长。在积极争取中央支持的同时，更加注重挖掘培育自有财力，力争总财力进一步增加。继续实施结构性减税政策，争取将交通运输和部分现代服务业纳入国家营业税改增值

税试点范围。深化财政支出改革，推进规范管理和绩效考核，加大对重点领域、薄弱环节尤其是基层和偏远地区的支持力度。加强财政与金融政策的协同配合，科学调控金融资源，引导信贷资金向涉农和中小微企业、民营经济倾斜。加大结构调整力度，加速构筑高原特色现代农牧业，培育壮大战略性新兴产业，提升服务业发展层次和水平，实施创新驱动发展战略，提高经济增长的质量和效益。

（二）加快产业转型升级，推动发展方式转变

青海要实现产业转型升级，必须要从以要素投入为主转向以技术创新为主，关键是要有与之相适应的人力资本和支撑技术创新的相关机制体制保障。通过改善教育结构，强化人力资本投资等形成人才流动洼地。制订并实施高层次人才引进计划，完善继续教育和职业教育体系，建立校企联合办学、教育实习基地等长效机制，吸引和培养符合青海优势产业发展方向的管理人才和高层次专业技术人才。通过财政、税收、金融创新和制度创新等多种途径，重点支持设计研发、"互联网＋"等有助于产业结构优化升级的关键环节。鼓励优势传统产业加大技术改造力度，实现核心技术、信息技术、装备更新等主要环节的突破。开展战略性新兴产业技术攻关和科技能力建设。构建区域性和行业性的研发、设计、技术推广、检测等公共技术服务平台。建立以企业技术中心、工程中心为主导的企业创新平台和面向产业创新服务的产学研合作创新平台，增强企业引进、吸收、再创新能力和集成创新能力。不断增强自主创新能力，加强创新成果产业化，提升产业核心竞争力，在实施"四化同步"过程中实现青海经济发展方式的转变。

（三）整合优势资源，推进特色产业提质增效

面对全球经济向绿色产业和新兴产业转型的趋势，发挥青海资源、区位、生态、文化比较优势，突出绿色有机品牌，彰显多元文化特色，不断夯实产业基础，加速产业升级整合，进一步推进特色产业提质增效。一是

加强省内野生动植物资源、优良农畜产品资源保护和合理开发，维护好特色品种的自然生长环境，保障自然繁育不受影响，在保持品质和特性不改变的情况下，最大限度地挖掘其经济价值。二是加强青海特色民族文化资源的保护开发，正确处理文物保护与经济建设、旅游开发、合理利用的关系，做好重点抢救性考古发掘和资源普查整理。积极探索开发利用非物质文化遗产项目的有效途径，促使非物质文化遗产在开发利用过程中实现自我保护、自我传承。三是打破原有传统分散的经营模式，对目前全省特色产业资源进行全面整合，优化区域布局，建立产前、产中、产后的一条龙产业体系。四是紧抓东部产业转移的有利时机，加强产业和市场对接，积极承接有利于促进青海特色优势产业发展的高端产业，不断壮大青海特色产业实力。积极引进国外原材料、人力、技术、经营管理等优势资源，力争做到国内外两个市场、两种资源联合开发。五是充分发挥青海独特的自然禀赋和文化积淀，将现代高新技术与特色优势资源结合起来，加快构建竞争力强的特色产业集群。

（四）统筹城乡区域协调发展，培育新的增长极

围绕农牧业现代化、农牧区城镇化、农牧民市民化，重点解决城乡差距拉大的主要问题。通过加快新型城镇化进程，彻底打破城市、农村、牧区三元结构，统筹城乡产业发展，认真落实城乡统筹发展战略。做好产业集聚、基础设施、公共服务、资源要素及人口集聚等方面的统筹发展工作。按照"五位一体"的发展思路，更加注重发展条件差、发展能力弱的地区发展，统筹加强基础设施建设，转变发展思路，聚集区域特色产业，培育壮大增长极。探索和创新各区域有差别又有联系的发展模式，有重点、有突破、有选择地发展和相邻区域产业关联、易于推广实施、能够产生效益的路径。充分发挥政策作用，引导城市带动农村发展，防止城乡差距进一步拉大。深度融入国家丝绸之路经济带建设战略，落实生态立省战略，培育壮大优势产业，推进体制机制创新，实施人口、经济、资源、环境协调发展，实现统筹城乡区域发展。

（五）用生态保护统领经济社会发展，积极承担生态责任

按照党中央、国务院《关于加快推进生态文明建设的意见》统一思想认识，以生态文明理念统领经济社会发展，通过层层传导，落实好生态保护责任。在生态建设上迈出新步伐、开辟新境界，重点解决好生态环保工作中的突出问题，强基础、建机制，确保在生态环保上不欠新账。制定实施生态保护规划和固体、水、大气污染治理等专项规划。在产业规划、产业招商引资中，加快调整产业结构，严格实施生态保护—票否决制。巩固好大气和水污染综合治理成果，继续加强扬尘治理、企业排污监控、煤改气等举措，落实长效监管工作机制。构建生态文明制度体系，传播生态文明知识，使干部群众理解生态文明建设的重要意义，树立生态文明理念和正确政绩观。明确各级各部门推进生态文明建设权责，将生态文明建设目标纳入政府决策机制。完善奖惩制度，提高违规违法成本。将生态文明理念贯穿于经济、社会、文化、政治、生态建设各方面、全过程。

（六）健全公共服务体系，保障改善民生

继续以"民生工程十件实事"为抓手，通过看得到、摸得着的实效，让群众生活得更加殷实、更加幸福。完善政策，拓宽渠道，加强创业型城市、创业孵化基地建设和技能培训，扩大就业创业。落实强农惠农政策，采取政策补贴、产业增收、劳务输出等措施，促进城乡居民持续增收。继续提高城乡居民基本养老金水平，巩固完善医疗保险城乡统筹，完善社会保险制度；推进政府购买养老服务试点，加快社会养老服务设施建设，完善养老服务体系。继续提高城乡居民低保补助标准和管理水平，保障困难群体基本生活；推进棚户区改造和公租房建设，改善群众居住条件。提高农牧区寄宿制学校生均公用经费补助标准，推进文化进村入户。实施城镇公路支网和公交加密延伸工程，缓解"出行难"问题；健全农村和社区公共服务经费保障机制，加快城乡社区综合服务设施建设，改善基层基础条件。

参考文献

《前三季度全省经济运行总体平稳》，青海统计信息网，2015 年 10 月 21 日，http：//www. qhtjj. gov. cn/infoAnalysis/tjReport/201510/t20151021_ 26338. html。

宏观经济研究院经济研究所经济形势课题组：《2015 年三季度经济形势分析预测及建议》，《宏观经济管理》2015 年第 10 期。

B.2

2015～2016年青海社会发展形势分析与预测

"青海社会发展形势分析与预测"课题组 *

摘　要：　2015年是"十二五"规划的收官之年，也是全面推进改革、建设法治青海的开局之年。青海省委、省政府积极实施"三基建设"、"平安与振兴"工程，把综治和平安建设纳入依法治省的大格局，不断推进民族团结进步先进区创建活动，民生整体保障水平不断提升，生态文明制度建设迈出新步伐，全省各项社会事业加快发展。青海社会发展形势总体稳定向好，但改革发展、维稳、扶贫攻坚任务还十分艰巨。基础工作还不够扎实，依法治理的社会基础还比较薄弱，部分地区、行业和领域问题比较突出，安全稳定方面的隐患依然存在。2016年是全面建设小康社会攻坚阶段的第一年和"十三五"规划的启动年，虽然国际国内形势复杂多变，但有利于改革发展的积极因素和机遇仍然不少，预示着青海藏区大局将保持持续稳定，生态文明建设、扶贫攻坚、公共文化服务体系构建等各项社会事业将取得更显著成效。

关键词：　青海　社会发展　生态文明　民族团结

---

* 课题组成员：陈玮，青海社会科学院院长、教授，研究方向：民族宗教学、藏学、社会学；拉毛措，青海社会科学院社会学研究所所长、研究员，研究方向：民族社会学；肖莉，青海社会科学院社会学研究所副研究员，研究方向：应用社会学；朱学海，青海社会科学院社会学研究所助理研究员，研究方向：城市社会学。

2015年是决战"十二五"、谋划"十三五"的关键之年。青海面对复杂多变的国内外经济环境，面对经济下行压力不断加大的情况，坚持稳定之本、发展之要、生态之基、文化之魂、法治之路的理念，全力推进生态文明制度建设、司法体制改革、医药卫生体制改革三大"国字号"改革试点，开展了一系列具有示范、突破、带动效应的试点工作，一些重点领域和关键环节改革取得阶段性成效。扎实推进十件民生实事工程工作，各族群众生产生活条件显著改善，广大群众共享改革发展成果。

一　2015年青海社会发展形势及亮点

（一）深入开展宣传思想工作，牢牢把握意识形态的领导权和话语权

以理论武装头脑，以思想引导行动。一是落实领导责任和管理责任。把意识形态工作纳入党委重要议事日程，纳入党建工作责任制，纳入重点工作部署，纳入落实情况监督检查。以重视带落实，以落实见成效。二是牢牢把握意识形态领域工作的主导权，着力加强涉藏意识形态工作。认真学习宣传贯彻习近平总书记系列重要讲话精神，用中国特色社会主义凝聚思想共识；充分利用好主流媒体和网站，大力推进社会主义核心价值观建设；大力宣传党的利民惠民政策，宣传青海生态文明建设、创建民族团结进步先进区、"平安与振兴"工程、对口支援和结对帮扶工作。三是把工作的着力点放在基层，推动宣传文化资源向基层倾斜。坚持贴近实际、贴近生活、贴近群众，不断增强宣传思想文化工作的实际效果。四是加强阵地建设。抓好理论武装阵地、舆论宣传阵地、文明创建阵地、文化阵地的建设。正确引导社会舆论，让党和政府的声音始终主导社会舆论和网络空间。开展"扫黄打非"，严厉打击各类非法出版物，严厉查处和打击网上传播淫秽色情、网络造谣及有害信息的违法犯罪活动。五是加强理论宣讲、新闻工作、文艺创作等队伍建设，培育引进文化专业人才，加大干部培训力度。六是以先进典型

为引领，推动精神文明建设活动向纵深开展。大力表彰岗位建功立业的职业道德模范；大力弘扬社会公德、家庭美德模范；开展"文明青海"、"诚信青海"建设活动；出台《西宁市控制吸烟条例》。

（二）"三严三实"扎实推进，领导带头作风建设见成效

从上到下层层示范，逐级依次推进。全省"三严三实"专题教育活动自5月份启动以来，省委主要领导率先垂范，连续主持召开4次常委会、专题会学习领会中央精神，从谋篇到开局都坚持问题导向，边学习边查问题，查出县处级以上领导干部"不严不实"问题1600多条。5月22日，骆惠宁书记讲专题党课，在全省党员干部中引起强烈反响。各州地市梯次推进，形成一级抓一级、层层传导压力，领导干部队伍作风建设出现新局面。中央媒体和省内媒体重点推出青海省原副省长尕布龙、海北州人大常委会原主任廉福章的先进典型报道后，把"三严三实"学习教育活动推向了高潮。尕布龙、廉福章两位同志身居高位、不谋私利、一心为民，把毕生精力倾注到青海改革发展建设事业中，他们的先进事迹和崇高精神，生动诠释了"三严三实"要求，用实际行动践行了"三严三实"。他们是时代的楷模，是党员干部的典范。

（三）加强"三基"建设，提升党的执政水平

加强"三基"建设是时代的呼唤，是省情的特殊反映，是省委站在治青理政高度全面提升社会治理水平的一项重大战略部署。省委十二届六次全会把"基层组织、基础工作、基本能力"三者作为一个整体来安排部署，在青海省还是第一次。"三基"建设的目标任务与全面深化改革、全面建成小康社会指向同一，节点同时，顺应工作任务要求，体现了高层的决策智慧。把"三基"建设与各项创建工作紧密结合，使创建工作成为加强基层建设、夯实基础工作、提高基本能力的良好平台和有力抓手。青海省率先在全国开展党政干部基本能力测评工作。开展"入乡驻村"帮扶活动，选派5189名干部进驻217个藏区乡镇和634个问题村、贫困村、软弱涣散村开展帮扶。省财政拿出3.17亿元为每个村落实50万元帮扶资金。通过改善基

层基础条件，健全村、社区公共服务经费保障机制，加强综合服务设施建设，适当提高村"两委"主要负责人报酬等举措，全省"三基"建设取得阶段性成效。为帮助企业攻坚克难，青海省启动万名干部入企服务活动两个月，入企服务活动受到党和国家领导人的充分肯定。

（四）立法规划先行，生态文明建设有序推进

规划为先、保驾护航。省委十二届七次全会确立了坚持以生态保护优先理念协调推进经济社会发展。《青海省生态文明制度建设总体方案》是全国首家从省级层面部署生态文明制度建设的指导性文件。《青海省生态文明建设促进条例》是青海省第一部省级生态文明建设立法，也是我国藏区第一部省级生态文明建设立法。2015 年省财政垫付 2 亿元资金，实施计划中的系列生态项目；国家下拨青海省三江源生态保护和建设资金 4 亿元，将实施 14 个项目，覆盖三江源地区大部分州县。正在实施的祁连山生态保护与综合治理工程，是青海省生态文明建设中的又一个重大工程。2015 年青海省又有 8 处重要湿地被列为国家湿地公园试点，青海湿地总面积达 21.1 万公顷。大力开展环境综合治理，开展重点区域环境卫生综合整治专项行动，湟水河水质达到国控目标，西宁市环境空气质量优良率达到 72.8%。西宁环境空气质量居西北五省区之首。全省空气质量排名，果洛大武居首，海东市平安镇为全省最低。由于生态环境逐渐趋好，降雨量不断增加，青海湖面积达到 4432.32 平方公里，比上年同期增加 49.84 平方公里，达到 2001 年以来近 15 年遥感监测的最大值。青海云杉确定为青海省省树。

（五）以创新理念持续推进创建活动

稳步推进"三年强基础"、"八年创先进"的实施方案，在民族团结进步事业上走在全国前列。海北州作为全国首批 13 个、青海省唯一的民族团结进步示范州创建地区，率先在全省以立法形式颁布实施《民族团结进步条例》，继海北州后《果洛藏族自治州民族团结进步条例》、《果洛藏族自治州宗教活动管理办法》依次出台，促进创建工作步入法制化轨道。深入开

展创建民族团结进步先进区活动，在更大范围内总结推广"班玛经验"，启动实施"平安与振兴"工程，持续开展寺院"六大工程"、"和谐寺观教堂"建设，大力开展创建民族团结进步先进区先进集体和先进个人表彰活动，开展"晒民族团结 赞和谐青海"随手拍网上征集活动，积极引导广大群众自觉参与到民族团结进步事业中来，共同抵御分裂渗透，维护民族团结，积极参与经济社会发展，共享美好生活。经过不断的实践和总结，进一步丰富和彰显了青海特色的"创建经验"，这就是：必须坚持党的领导，坚持思想引导，坚持依法治藏，坚持问题导向，坚持依法、管用、和谐原则，坚持发挥群众主体作用，坚持"一线工作法"，坚持分类指导、分层实施。这些经验为今后向前推进创建民族团结进步先进区活动奠定了基础。

（六）民生建设成为亮点，民生改善有目共睹

民生支出保障有力。2015 年青海省对民生投入占财政总支出的 75.6%。上半年，全省用于民生的投资 529.81 亿元，同比增长 22.3%。调整提高城乡居民医保、低保、基础养老金等 12 项民生保障标准，城乡基本医疗、养老保障水平等民生指标走在了西部或全国前列。扶贫工作力度空前。各级党委、政府以精准扶贫为统领，加快推进东部干旱山区、果洛州、青海与川甘交界地区等 6 个特殊类型扶贫攻坚进程，全年实现脱贫 20.9 万人。青海省第一次利用国际农业发展基金贷款建设大型扶贫项目——青海省六盘山片区扶贫项目，项目预计使 46 万人受益。就业形势稳中向好。青海省多部门多措并举力促大众就业创业，前三季度，全省新增就业 5.56 万人，城镇登记失业率 3.2%、就业率 85.5%；组织劳动力就业技能培训 13.98 万人次，农牧区富余劳动力转移就业 113.43 万人次，高校毕业生初次就业率 92.17%。城乡居民收入继续增长，城乡居民收入差距进一步缩小。通过调整提高城乡居民医保、低保、基础养老金等 12 项民生保障标准，多渠道增加城乡居民收入，全省城乡居民人均收入增速位居全国前列。2015 年前三季度，全省居民人均可支配收入 11279 元，比上年同期增长 9.5%。城乡居民住房条件显著改善。青海省城镇户均住房达到 1.1 套，告别住房短缺时代。全省农牧区人均住房面积提高到了 28.4 平方

米。农牧区新建各类住房覆盖率占农牧区总户数的63.96%，233万农牧区群众直接受益。青海省城镇保障性住房建设排在全国前列。2015年青海省新建城镇保障性住房、棚户区改造共8.5万套（户），农牧区住房建设总规模为6.5万户。启动机关事业单位养老保险制度改革是2015年载入体制改革的历史性大事。省级职工医疗保险社会保障卡换发启动，标志着青海省社会保障体系建设迈向新台阶。2015年上半年，全省财政用于社会保障和就业支出增长34.6%，社会保障投资同比增长2.4倍，社会保障水平依旧走在不断提高的路上。

（七）深化改革，建设法治平安社会

突出改革重点。确定把生态文明建设、司法体制改革试点、深化医药卫生体制综合改革试点、建立统一的城乡居民基本养老保险制度、深化户籍制度改革、落实党风廉政建设党委主体责任等10个方面改革事项，作为全省改革特色亮点。法治政府建设取得阶段性成果，建立法律顾问制度。《青海省农村牧区扶贫开发条例》、《青海省生态文明建设促进条例》等七部条例和法规出台。青海省82家省级部门亮出"权责清单"，提前半年完成公布。全面推开行政执法人员信息公示制度。取消和调整的行政审批等事项共172项，取消非行政许可审批类别。把综治和平安建设纳入依法治省的大格局。出台《关于全面深化平安青海建设的意见》。坚持依法维护社会稳定，坚持依法化解社会矛盾，依法保护群众合法权益。推进司法公开、公正，保障社会公平正义。健全完善法律援助工作机制和司法救助体系，规范法律服务活动。全面推进"平安细胞"创建，借鉴"班玛经验"，深入推进重点乡镇、村社、寺院、学校和移民安置点等地区和部位的综合整治，组织开展专项打击整治行动。深入实施《青海与川甘交界地区平安和振兴工程意见》、《加快果洛州经济社会发展的意见》，坚持"管肚子"与"管脑子"同步共进，实现青海藏区长治久安和科学发展。

（八）统筹兼顾，全省各项社会事业加快发展

加大教育基础设施投入力度，促进义务教育均衡发展。投入11.9亿元支持藏区112所义务教育薄弱学校建设。青海省成为西北第二个实施学前一

年资助政策的省份、全国第二个对中职全日制正式学籍所有在校生免学费的省份。文化事业喜获丰收，2015 年青海省又有 18 个文化产业项目获中央文化产业发展专项资金支持，入选国家重点项目库项目数量列全国第一。全省广播、电视综合人口覆盖率均达到 98%。青海省第二个文化生态保护区——果洛格萨尔文化生态保护实验区规划启动。实施创新驱动发展战略，为创新型青海建设提供科技支撑。科技"高速公路"助力"大众创业，万众创新"。知识产权事业快速发展，知识产权数量快速增长，各项指标都位居全国前列。深入推进医疗卫生体制改革，综合医改试点工作扎实推进。全面深化公立医院改革、健全完善分级诊疗制度、加快医保支付方式改革等 8 个方面实施新的政策。全省基本公共卫生服务项目由 14 类增加至 15 类。青海成为全国第一个在全省范围内全面推行政府购买基本公共卫生服务的省份。青海省多项医改任务走在全国前列。体育事业蓬勃发展，出台《青海省人民政府关于发展体育产业促进体育消费实施意见》，成为全国第二个正式出台实施意见的省份。青海省已建成并投入使用的各类场地近 8000 个，城乡分布均衡，满足了群众多种健身需求。青海省平均每万人拥有体育场地 13.81 个，人均体育场地面积 1.62 平方米，均高出全国水平。西宁乃至西北地区首条城市慢道——湟水河景观绿道改造工程全面完成。城镇化建设稳步推进，2015 年全省城镇化率超过 50%。加强城镇、完善农村基础设施建设，大力改善城乡人居环境，不断满足城乡居民生产生活需求。加快铁路和机场建设，基本建成格敦铁路青海段，加快建设格库铁路步伐，西成铁路已开始项目论证。花土沟机场正式通航，果洛机场完成校飞，格尔木机场二期主体完工，祁连机场即将动工。牙什尕至同仁高速公路预计 2015 年底实现通车目标。

二　2015年青海社会发展中存在的主要问题

（一）完成扶贫攻坚任务亟待精准有效发力

贫困是青海最基本的省情，也是最大的民生"短板"。就青海省而言，藏区依然是青海省全面建成小康社会的重点、难点。青海有 15 个国家扶贫开发工作重点县、1622 个贫困村，全省尚有 53.97 万贫困人口，大多数居住在干旱山区和高寒牧区，贫困人口多、贫困面大、贫困程度深是其基本特点，因此，扶贫开发任务重、难度大、成本高，这是现状，也是"瓶颈"，更是挑战。如何精准扶贫，创新扶贫模式，优化扶贫政策尚需认真研究思考，切实拿出有效举措。

（二）生态保护建设严格执法力度亟待提高

三十多年的快速发展积累下来的生态环境问题日益显现，加之青海生态环境脆弱，环保基础设施建设滞后，草原鼠虫害、荒漠化、水土流失依然严重，草畜矛盾仍较突出。三江源生态总体退化趋势尚未得到根本遏制，青海总体生态环境尚未根本好转。保护与发展的矛盾，人口、资源与环境的矛盾还比较突出。制度不完善导致环境违法的现象仍大量存在；重化工业为主的产业结构给节能减排带来很大压力；在我们日常生产和生活中，还存在大量没有经过无害化处理的各种各样的污染物直接排放或丢弃的现象；全社会对水资源节约保护意识不强等，生态环境保护和建设任务还很艰巨。

（三）基层依法治理基础薄弱的现状亟待改善

青海经过多年持续不断努力，法治建设取得积极进步，助推了各项事业的健康发展。但青海的法治建设仍处在相对滞后的状况，依法治理的社会基础薄弱，依法行政工作进展不平衡，基层法律服务资源不足、专业人才匮乏，基层农牧民群众法律意识还比较淡薄，群众整体法律素养不高。一些地方法规制度不健全，针对性、可操作性不强；一些地区法治不彰、司法不公，花钱买平安，在广大藏区以"习惯法"解决刑事案件的现象依然存在；一些干部选择性使用法律、选择性执法、不规范执法等问题仍然存在；一些地区社会治理方式单一，村规民约不完备、不健全，有的还流于形式，落实不到位。这些问题的存在与实现依法行政、加快建设法治政府的要求还相去甚远。

（四）民族团结进步创建亟待形成和其他活动联手推进的合作共进机制

由于青海经济社会发展总体滞后，自我发展能力不强，民族团结进步创建的物质基础薄弱，改善民生、脱贫攻坚任务依然艰巨；思想教育引导不够扎实，法制教育、基层基础工作仍不牢固；受十四世达赖集团等分裂势力渗透破坏影响，社会稳定方面的隐患较多；部分僧尼对达赖集团分裂祖国的反动本质认识不清，政治上划不清界限。部分管理干部政治鉴别力不够强，不能准确区分"藏独"分子和广大藏族僧俗群众，处理方法简单，严重影响民族团结进步工作；青南牧区发展中涉及草山地界、征地拆迁、安置补偿、资源开发等纠纷隐患较多，部分基层干部对常发、易发性矛盾问题排查、发现、防范不力；一些地区新上项目前期的调查研究和论证不够，民意听取不够，造成工程项目有民怨；境外敌对势力在青海省藏区意识形态领域制造杂音噪音仍未消除，网络负面舆情、涉藏涉稳负面不良信息时有发生；"平安与振兴"工程尚未形成区域间协调联动机制。一些地区在推动落实民族团结进步先进区实施纲要的具体举措方面创新不够，创建水平有待全面提升。

（五）改善民生面临的压力依然不容忽视

青海省由于经济发展落后，家底薄、各项基础工作欠账多、政府提供基本公共服务的能力有限、城乡区域之间发展差异大，民众创业创新能力不足。与其他省区相比，自身供给能力有限，对外依存性高，改善提高民生的任务仍十分艰巨。受经济新常态的影响，青海省各地普遍存在收支矛盾突出，劳务用工需求减弱，农畜产品价格下行，农牧民增收渠道变窄，城乡居民增收难度加大，对群众工作生活影响和冲击大。受青海省企业少、规模小、就业渠道少，加之学生和家长就业观念滞后等因素的影响，学生省外就业有限，青海省就业压力仍然较大。

（六）社会安全治理方面的隐患仍然存在

社会上还存在着一些价格违法多发行业，一些实行市场调节的商品和服务价格容易发生乱收费、乱涨价等价格违法行为；对枪支弹药、散装汽油等重点物品，旅店、寄递等重点行业，客运、学校医院等重点部位，主干通道、公路检查站等重点环节还存在治安隐患和管理盲区。城市安全、房屋使用安全、建设领域等安全隐患，燃气经营、供应，重大危险源和危险作业场所等消防安全隐患仍大量存在；饮食用药安全还没有得到根本保证。基层食药监管部门还普遍存在监管检测能力、监管力量不足、不能严格依法监管等问题。

三　2016年青海社会发展态势预测

2016年是全面深化改革的第三年，也是全面建设小康社会攻坚阶段的第一年和"十三五"规划的启动年，虽然国际国内形势复杂多变，但有利于改革发展的积极因素和机遇仍然不少，青海省在中央十八届五中全会、中央经济工作会议和第六次西藏工作座谈会精神以及相关政策支持下，社会各项事业将取得新进展、新突破。

（一）各项社会事业将取得新成效

2016年，"四个全面"战略布局深入推进，社会各项事业将取得新的成效。文化发展的"十三五"规划已经绘就，文化体制改革将进一步深化，文化产业和文化市场将更加规范和繁荣，对外文化交流将更加活跃并产生更广泛的影响，公共文化服务体系构建将达到全国平均水平。教育体制改革将继续推进，教育投资力度将进一步加大，全省各级各类教育将呈稳步增长态势，义务教育全面改革步伐将进一步加快，办学条件将得到显著改善，控辍保学力度将继续加大，师资水平和教育质量将得到进一步提升，城市办班、异地办班规模将进一步扩大，职业教育专业设置和产业对接工作将取得较好成效。医疗卫生体制改革将不断深化，在"医改"的带动下，"看病贵、看病难"的状况将得到进一步改善，综合医改试点各项任务将予以切实落实，公立医院改革将全面推进，市州级公立医院改革试点范围将进一步扩大，公立医院改革的重点在破除以药养医机制、深化人事分配制度改革、建立长效经费补偿机制上下功夫；分级诊疗制度将深入实施，全科医生和居民契约服务将实现全覆盖；95%以上的乡镇卫生院和村卫生室将达到标准化水平，90%的市州、县级综合医院将建成远程诊疗系统；医保支付方式改革将进一步加快，进一步抓好按人头、按病种（病组）付费等复合型付费方式改革试点，并适时全面推开；采取有力措施严格控制医疗费用不合理增长，二、三级医疗机构的医疗费用要保持零增长。同时，随着政府购买基本公共卫生服务工作的开展，基层卫生服务机构将从"看病治病"逐步向"健康管理"转变，基本公共卫生服务均等化将进一步提质增效，更好地为人民群众的健康服务。就业形势将呈现平稳良好态势，就业环境进一步改善，就业扶持力度将持续加大，创业带动就业的倍增效应将更加突出，就业保障水平将进一步提升。社会保障将进一步提标扩面，社保覆盖面将不断扩大，社会福利制度将向适度普惠型迈进。随着新型城镇化进程的加快和城乡统筹发展，基础设施和公共服务体系建设将取得显著成效，通过实施大规模城乡安居工程，城乡居民住房条件将进一步改善，全省城镇居民户均住房达到1.5套，在改善城乡居民住房条件方面实现跨越式发展；人居环境将得到显著改善，各族群众将享受到更多现代文明的丰硕成果；全省城镇化率将达到50%，青海省将进入城市化时代，同时，"美丽乡村"建设将进一步改变村容村貌，城乡居民将享受到更多新型城镇化建设带来的成果，随着中央和省上各项改革试点任务的落实，社会领域各项改革将取得新进展，如综合医改试点、探索三江源国家公园体制、生态补偿试点、农村宅基地制度改革试点、扩权强镇试点、政府向社会力量购买养老服务试点等等。

（二）藏区大局将保持持续稳定

2016年，青海省将认真贯彻落实中央十八届五中全会、第六次西藏工作座谈会、全国和青海统战工作会议及全省藏区工作会议精神，切实推动藏区经济社会跨越发展，有效促进藏区和谐稳定和长治久安，青海藏区工作将迈上新台阶。一是藏区综合实力将进一步增强，发展条件将持续改善，社会局势将持续稳定向好，"三基"建设将不断夯实执政基础。二是基础设施建设投资将进一步增加，特色优势产业将得到大力发展，生态安全屏障将予以更多关注和巩固，藏区自我发展能力将有较大提升。三是社会各项事业将取得新成效，通过对藏区就业实行倾斜政策，藏区大学生就业难的状况将得到进一步改善，就业渠道将进一步扩大，教育事业将加快发展，医疗卫生水平将不断提升，民族文化和生态旅游资源将得到有效挖掘和保护，城乡面貌将发生更大变化，人民群众的生产生活条件将得到显著改善，百姓将享受到更多政策支持和发展成果。四是青甘川交界"平安与振兴"工程和藏传佛教寺院民生改善"六大工程"的进一步实施将为深入开展民族团结进步先进区创建活动，促进藏区持续稳定和长治久安，更好地维护和发展藏区各族人民的根本利益和长远利益奠定良好的社会基础。

（三）生态文明建设将走向新境界

2016年，随着中央十八届五中全会的召开，党中央、国务院《关于加快推进生态文明建设的意见》、《青海省创建全国生态文明先行区行动方案》、《青海省生态文明制度建设总体方案》、《青海省生态文明先行示范区建设实施方案》等一系列方案的出台实施以及青海省生态文明制度"国字号"改革试点工作的推进，生态文明制度建设将继续走在全国前列，生态文明制度先行先试将取得新成果，生态环境综合整治、三江源国家生态文明综合试验区建设、玛多国家公园体制试点等将得到进一步推进，高原生态空间将得到有效保护，生态系统稳定性将进一步增强，环境质量将有新的改善，生态畜牧业、绿色产业等生态发展前景将更加美好，生态文明理念将进一步牢固树立，生态文明的创新思维将进一步推动生态文明建设呈现新局面，生态文明建设在青海发展新格局中的重要性将愈加凸显。

（四）扶贫攻坚将稳步推进

2016 年，随着中央十八届五中全会关于扶贫工作"十三五"规划的顶层设计方案的实施、青海省委十二届九次全会召开专题研究部署扶贫开发工作会议以及"十三五"扶贫规划和精准扶贫精准脱贫规划的编制，青海省的扶贫开发工作将迈上新台阶，许多扶贫改革新举措将逐步予以落实，全社会关注、参与和支持扶贫的氛围将更加浓厚，扶贫攻坚的大环境将越来越好，整体脱贫步伐将进一步加快，扶贫攻坚任务将稳步推进，"四个一批"（通过扶持就业和生产发展一批、通过移民搬迁安置一批、通过低保政策兜底一批、通过医疗救助扶持一批）扶贫攻坚行动和精准扶贫方针将得到有效实施，农村牧区贫困面貌将取得实质性改观，扶贫新模式将发挥积极作用。精准扶贫工作机制、投入保障机制、行业扶贫机制、考核激励机制和扶贫资金监管机制等一系列精准扶贫体制机制将进一步完善，年内减贫目标将顺利完成。

（五）文化与旅游深度融合发展将呈现新局面

2016 年，随着全国旅游业"515"战略的实施和青海省政府《关于促进旅游业改革发展的实施意见》以及《青海省关于金融支持文化旅游加快发展的意见》的出台，青海省将坚持深化改革、依法兴旅原则，推动旅游资源由粗放开发向集约开发转变，推动旅游产品向观光、休闲、度假转变，推动旅游服务向优质高效转变。在政策支持与规划引导下，青海省文化旅游产品开发将取得新进展，各类文化体育资源将进行深度挖掘，如地方传统艺术剧目排练演出、手工艺品制售和"非遗"项目展演等场所建设将逐步得到支持，活态传承文化旅游项目将得到有效开发，生态文化旅游将成为新的旅游发展方向，民族、民间、民俗文艺团体和专业艺术院团与旅游集散地、重点景区的合作将予以鼓励，具有青海地域特色、民族文化特点的精品图书、音像制品进景区活动将得到推广，红色旅游景区将成为培育践行社会主义核心价值观的生动课堂，体育表演、民族传统体育项目展示、健身休闲等体育旅游活动将得以发展，徒步游等体育旅游新业态将予以扶持和规范管理，新的体育专项旅游产品和线路将逐步得以开发，金融支持文化旅游的力度将进一步加大。

（六）青甘川交界"平安与振兴"工程建设将取得新成果

2016年是青甘川交界"平安与振兴"工程建设关于"三年解决突出问题、打好基础"的阶段性目标任务的收尾之年，各级党委、政府按照《重点任务分工方案》抓落实、推工作，各项目标任务将取得新进展。社会治安防控、重大矛盾化解等方面的制度措施将得到进一步完善落实，整顿软弱涣散组织、健全社会治安防控体系、推进平安细胞建设、规范寺院管理、规划实施振兴项目、夯实基层基础、落实维稳长效机制等一系列工作将得到进一步巩固，民生改善、整体脱贫步伐、社会治理水平提升、生产生活方式优化、生态安全等目标的实现将有好的预期。为确保2020年贫困人口如期脱贫奠定基础；为继续深入推进平安细胞建设、网格化管理、基层依法治理、寺院依法规范管理、干部队伍思想作风建设和能力提升、进一步排查化解各类矛盾纠纷、切实营造民主法治的社会氛围、构建长治久安的社会治理体系、不断提升人民群众的安全感和幸福感创造条件；为进一步调整、转变和优化生产生活方式，推动生产、生活、生态良性互动提供保证。

（七）公共文化服务体系构建将达到新水平

2016年，随着中共中央办公厅、国务院办公厅《关于加快构建现代公共文化服务体系的意见》的印发和文化体制改革的不断深入，青海省公共文化服务体系构建将作为主攻方向部署新规划、出台新举措。文化惠民和公共文化设施建设将取得新成效，公共文化服务设施将进一步完善，公共文化服务水平将有大的提升，人民群众的基本公共文化需求将得到不断满足，特别是主流文化产品的供给力度将进一步加大，公共文化活动将更加丰富多彩，许多优秀文化产品将进一步丰富青海文化市场，农村电子阅览室、农（牧）家书屋、"三馆"及文化产业园区等设施的不断完善将有效推动基本公共文化服务均等化，人民群众基本文化权益将得到切实保障，公共文化服务的保障能力将有较大提高，公共文化服务的效益将有大幅提升，公共文化服务人才队伍建设将更加得到重视和加强，人民群众的文化权利将得到有效、科学的保护，文化产业将得到进一步扶持和培育，更多文化活动品牌将予以精心打造和树立，民族传统文化传承体系将更加健全。

（八）"一带一路"战略将促使青海更加开放

2016年，随着"一带一路"发展战略的不断深入实施，青洽会、清食展、藏毯展等展会成果的不断深化，青海省将逐渐成为国家开放格局的前沿和互联互通的战略通道，"一路一带"沿线国家的政府间合作将得到加强，优势互补，逐渐构筑一个人文交流基地，带动青海走向国家开放的时代，促使向东向西、陆上和海上得到同步扩大开放，招商引资、进出口和对外交流与合作等方面将取得新进展。由于丝路经济带更多是考虑通过连接亚欧的陆路大通道，加大西向开放的力度，我国西部地区由过去开放的末梢变为开放的前沿；向东开放和向西开放的相对均衡化，也必将促进国内东西部地区经济协调发展，国家"向西开放"的战略将使青海偏僻的地理区位劣势得以根本改变，对外开放水平将进一步扩大，青海省开放程度较低的局面将得到逐步改变，清食产业、藏毯产业等作为地方特色产业将逐渐转变为"一带一路"战略构想的新载体踏上承载青海深度融入丝路战略的崭新征程，从而进一步提升青海省的经济外向度和影响力。

四　促进青海社会发展的对策建议

2016年是"十三五"启动年，青海全面深化改革各项措施的作用将逐渐显现，加快城乡统筹发展步伐、加强生态文明先行区建设、强化青甘川交界"平安与振兴"工程建设等措施，为推动青海省社会发展注入强大动力。

（一）统筹城乡发展，着力改善民生

2016 年青海继续坚持民生优先战略，人民群众生活水平不断提高，城乡差距显著缩小。在未来的政策制定及实施过程中，应着眼于顶层设计，通过城乡统筹规划等政策手段进一步破解城乡二元结构难题，在城乡融合发展中不断增进社会活力、改善民生。一是按照因地制宜、规划合理、绿色节能等要求，进一步加强和推进高原美丽乡村建设，切实改善农牧民群众居住条件。加大资金投入力度，拓展资金来源渠道，加大农村住房建设、村庄基础设施等项目的整合力度，提高群众参与度，在多元民族文化及生态文明建设的背景下，打造富有高原民族特色的宜居美丽乡村。强化以工带农、以工促农的城乡良性互动发展格局。以新型农牧业合作社为纽带，积极推进高原特色农牧业产业化发展，促进农牧区发展方式转变，提高农牧民收入。二是持续推进城镇化进程。进一步推进户籍制度改革，积极探索城市农民工市民化模式，不断强化城镇聚集与吸纳功能。加大资金投入力度，健全完善城镇教育、医疗、卫生等公共服务体系，提升为农民工在住房、子女入学等方面服务的水平与能力，解决农民工后顾之忧。三是加快推进城乡统筹的就业制度，逐步完善藏区青年就业的社会保障制度和城乡公共服务均等化。以城乡统筹发展为契机，打破妨碍城乡劳动力转移的制度壁垒，实现劳动力人口在城乡间的自由流动。加强城乡统一的劳动力市场建设，优化就业社会环境，促进平等就业。

（二）加强生态文明先行区建设，推动社会发展转型

生态文明既是青海经济社会发展战略，也是发展机遇，应紧紧抓住这一机遇促进青海社会转型发展。一是转变观念，以转变发展方式为契机，进一步转变观念，在地方政绩考核中提升绿色政绩考核比重，切实提高领导干部对绿色发展的认识，使生态文明统领全省经济社会发展。二是处理好生态保护与发展的关系，探索建立生态环境与社会经济可持续发展的良性互动模式。加大对牧业合作社投入力度，完善创新牧业合作社运行机制，提高其运

行效率，促进生态畜牧业市场化、产业化发展，加快传统畜牧业向现代畜牧业的转型步伐。三是加大政策与资金整合力度。认真贯彻落实中央第六次西藏工作座谈会精神和对口支援青海藏区的政策措施，积极争取对口援助资金支持，不断优化对口支援方式，积极引导援建资金投向当地特色产业，发挥政策与资金的整合力量。四是强化对农牧民的职业培训。设立农牧民培训专项基金，合理设置培训课程内容，提高农牧民对现代农牧业生产经营技术的掌握，使之更好地适应现代生态畜牧业生产方式。五是继续探索生态补偿机制建设。根据经济社会发展情况，不断调整完善生态补偿标准等内容，提高补偿资金使用效率，使社会各受益群体成为生态文明建设的现实参与主体，实现生态环境不断改善和经济社会可持续发展之间的良性互动。

（三）强化青甘川交界"平安与振兴"工程建设，促进藏区繁荣稳定

扎实推进"平安与振兴"工程是实现甘青川交界地区跨越转型的重大决策，也是实现青海藏区繁荣稳定的重要保证。一是进一步完善青甘川三省联动与合作机制。使三省联席会议制度常态化，制定和完善甘青川中长期发展规划与远景目标，加大基础设施投入与建设力度，努力实现三省边界地区人才、物资、信息等的互通互联，为三省边界地区长期繁荣奠定坚实基础。强化产业合作与经贸往来，充分发挥经济社会传统联系的优势，加强三省毗邻地区的经济联系与合作，探索适合高原高寒地区的社会发展转型模式。二是着力改善甘青川交界地区民生与社会保障事业。认真贯彻执行中央第六次西藏工作座谈会精神，加大对甘青川交界地区的民生投入力度，进一步加强这一区域的公共服务与社会保障能力建设，为提升藏区群众自我发展能力提供有力保障。三是加强基层组织建设，提高社会矛盾调处能力。着力加强基层党组织与基层自治组织建设，密切党群干群关系，不断提高党员干部和基层组织排查调处社会矛盾的能力，维护交界地区民族团结与社会稳定大局，实现藏区长治久安。

（四）加快法治建设步伐，提升依法治省水平

全面推进依法治国党在新的社会条件下提出的重要战略决策。当前，青海应紧紧围绕中央部署，持续不断推进依法治省工作。一是不断推进司法体制改革试点工作。青海是全国司法体制改革试点省份之一，应坚持顶层设计和基层创新相结合，在建立权力清单、明确办案责任等方面加大探索力度，完善体制机制，有序推进改革试点工作，为全省法治建设积累宝贵经验。二是增强地方立法针对性。在处理好与上位法关系的情况下，根据青海具体实践，明确立法重点领域，在诸如生态文明、民族团结等领域加强立法工作，以凸显青海法治建设特点。三是深入开展依法治省宣传工作，着力建设法治文化。利用新闻媒体、网络、电视节目等公共媒介，以人民群众喜闻乐见的形式宣传法治精神，使法治观念深入人心。四是深入推动依法行政。建立健全依法决策机制，通过责任机制约束重大行政决策权。加强行政执法体制改革，充实基层执法力量，完善执法程序，创新执法方式。加大公正文明执法监督力度，切实维护人民群众合法权益。五是加大司法援助力度。建立健全司法援助制度，增加对司法援助制度的资金投入，为保障弱势群体合法权益提供坚实基础。六是强化成文法在社会生活中的主导作用，反对"习惯法"对法治社会的干扰。

（五）多措并举，打好扶贫攻坚战

扶贫工作事关民生大局，应采取多种措施，发挥政策合力，努力提高人民生活水平，为提前一年完成扶贫任务、全面实现小康社会奠定坚实基础。一是强化政府在扶贫工作中的责任与核心作用。发挥政府集中资源办大事的制度优势，强化政府在扶贫工作的主导地位。明确政府在扶贫工作中的角色，落实领导责任，将扶贫工作列入相关责任人年度考核项目，加强考核。制定扶贫规划与实施细则，加大资金投入力度，运用社会保障等政策工具，实现精准扶贫。探索适合青海实际的扶贫模式，形成可复制的实践经验，加大推广力度。二是探索通过社区合作扶贫，进一步拓宽扶贫路径。加强社区

合作与组织管理能力建设，通过社区互助、初级社会保障等机制，提高社区公共资源自我供给能力。着力建设社区信息、产品质量自我控制等市场能力与利益共享机制，提高社区的资源整合、基础设施建设等自我发展能力，实现其可持续发展目标。三是加强社会保障，激发贫困群体参与热情，提高其自我发展能力。进一步做好对贫困人口的就业技能培训，加强就业指导等公共服务水平，提高贫困人口自我脱贫、自我发展能力。

（六）加强民族团结进步先进区建设，实现各民族共同繁荣

民族团结进步先进区建设是青海经济社会发展中的核心课题，做好民族团结工作、实现各民族共同繁荣，是青海长治久安的基本保证。一是加强组织领导，切实改善民生。健全组织机构，发挥各级党委、政府在先进区建设中的组织推动作用，明确领导责任，增加投入，在编制、人才配备方面适度倾斜，开创民族团结进步先进区建设"有人抓、有人管"的工作局面。加大民生投入力度，不断改善农牧民生活水平和社会保障水平，缩小城乡差距，为民族团结先进区建设奠定坚实的物质基础。二是做好民族团结宣传工作。深入宣讲社会主义核心价值观与"四个认同"，不断提高宗教事务管理法制化、规范化水平，打牢民族团结思想基础，增强各民族的国家认同感。三是妥善处理事关民族团结的社会矛盾。加强基层组织社会治理能力建设，发挥基层组织排查调处社会矛盾的作用，及时解决各民族群众的合理诉求和特殊需要。拓宽民族团结先进区建设路径，积极引导不同社会力量参与民族团结进步工作，最大限度凝聚社会合力。

（七）加强社会治理体系建设，维护社会安定团结

完善社会治理体系是全面深化改革的具体要求，也是实现青海多民族社会安定团结、长治久安的重要保障。要实现青海社会发展转型就必须坚持抓好这一工作。一是改进社会治理方式，提高政府服务能力。始终坚持党委领导、政府负责的思路，加大政府机构改革力度，简化行政审批等办事流程，着力转变政府职能，提高政府服务能力与服务效率。二是加强社会组织管

理。进一步理顺政府和社会关系，依法依规加强对社会组织的管理，探索社会组织管理模式转变，建立政府与社会组织良性互动关系。大力发展公益性社会组织，改善社会组织自我管理水平，充分发挥社会组织服务社会的功能，提升公共服务供给水平。三是持续推进平安青海建设，维护社会公共安全。深入实施社会矛盾排查调处工作，加大对社会治安问题突出的重点地区的排查整治力度，为人民群众提供安全的社会环境。加大对食品、环境等领域的监管力度，切实加强相关领域突发事件应急能力，确保人民群众生命财产安全。四是加强网络建设与网络治理能力。以"互联网＋行动"与智慧城市建设为契机，加大公共网络建设力度，提升网络服务社会的能力，发挥网络正能量。同时，强化舆论引导能力，加强网络治理与监管能力，提升网络事件应急能力建设。

经 济 篇

Economic Reports

B.3

"营改增"政策对青海省地方税收
影响的效应分析

杨素珍*

摘　要：　"营改增"政策是"十二五"时期财税体制改革的一项重要
内容。2012 年国家在上海开始启动"营改增"试点，随后
"营改增"逐步扩围，预计 2015 年将全面完成"营改增"改
革，这将对地方财政收入和地方税收体系产生重大影响。"营
改增"政策的实施，在有利于企业发展的同时，短期内也带
来了地税收入的政策性减收，地方财力面临诸多挑战。如何
构建"财权与事权相匹配"的财政体制，成为各地政府对
"营改增"全面实施后最关注的问题。

关键词：　"营改增"政策　地方税收　地方财政　效应分析

* 杨素珍，青海省地方税务局计划财务处副处长，研究方向：财税经济。

"营改增"政策是"十二五"时期财税体制改革的一项重要内容,是我国结构性减税的重要步骤,是财政支持经济发展的重大举措。"营改增"政策的实施,在有利于企业发展的同时,短期内也带来了地税收入的政策性减收,直接减少地方财力。因此,构建"财权与事权相匹配"的财政体制迫在眉睫。

一 青海省"营改增"政策进展现状

为建立健全有利于科学发展的税收制度,促进经济结构调整,支持现代服务业发展,国家启动实施营业税改征增值税。"营改增"政策的实施将给经济税收带来深远影响,有利于完善税制,消除重复征税;有利于社会专业化分工,促进三次产业融合;有利于降低企业成本,增强企业发展能力;有利于优化投资、消费和出口结构,促进国民经济健康协调发展。从 2013 年 8 月 1 日开始,青海紧跟国家"营改增"全面试点的步伐,正式开启"营改增"进程。目前,青海开展的"营改增"试点行业主要有以下三类:一是交通运输业(即陆路运输服务、水路运输服务、航空运输服务、管道运输服务)和部分现代服务业(即研发和技术服务、信息技术服务、文化创意服务、物流辅助服务、有形动产租赁服务、鉴证咨询服务、广播影视服务),自 2013 年 8 月 1 日起实施;二是铁路运输业和邮政业,自 2014 年 1 月 1 日起实施;三是电信业,自 2014 年 6 月 1 日起实施。

按照国家分步实施的"营改增"政策,青海地税部门已将涉及的行业纳税户分三批移交至国税部门,截至 2014 年 6 月,全省地税向国税部门共移交"营改增"纳税户 3250 户。从行业分布情况看,交通运输业 493 户,占总移交户数的 15.17%,移交前入库营业税 3.1 亿元,占当年营业税的 5.23%;部分现代服务业 2523 户,占总移交户数的 77.63%,移交前入库营业税 1.25 亿元,占当年营业税的 2.11%;邮政业 85 户,占总移交户数的 2.62%,移交前入库营业税 0.03 亿元,占当年营业税的 0.05%;电信业 146 户,占总移交户数的 4.49%,移交前入库营业税 1.58 亿元,占当年营业税的 2.77%。

二 "营改增"政策全面实施后对青海地方税收的影响

李克强总理 2015 年 3 月 5 日在第十二届全国人民代表大会第三次会议上所做的政府工作报告中指出:推动财税体制改革取得新进展,力争全面完成"营改增"。可以预见,短期内"营改增"将全面扩围,营业税这一地方第一大主体税种将面临消亡。下面依据 2011～2014 年青海省地税税收收入、营业税及分行业营业税收入,通过对比"营改增"政策即将扩围的几个行业的税收情况,分别分析"营改增"政策全面实施对青海省地税税收的影响。

(一)建筑安装业"营改增"对地方税收的影响分析

2011 年全省地税实现税收 102.67 亿元,营业税收入 45.66 亿元,其中建安营业税 21.08 亿元,占全省营业税和地税税收的比重分别为 46.17% 和 20.53%;2014 年全省地税实现税收 178.2 亿元,营业税收入 77.77 亿元,其中建安营业税 38.73 亿元,占全省营业税和地税税收的比重分别为 49.80% 和 21.73% (见图 1)。2011～2014 年,全省地税税收年均增长 20.2%、营业税年均增长 19.4%、建安营业税年均增长 22.5%,建安营业税的增速快于营业税和地税税收,表明对全省营业税和地税税收的贡献呈增长趋势。4 年间,建安营业税占全省营业税的平均比重达到 48.49%、占全省地税税收的平均比重达到 22.04%。因此,建筑安装业"营改增",将使全省营业税减收近 48%、地税减收 20% 以上。

(二)房地产业"营改增"对地方税收的影响分析

2011 年全省实现房地产营业税 6.56 亿元,占全省营业税和地税税收的比重分别为 14.4% 和 6.4%;2014 年全省实现房地产营业税 15.02 亿元,占全省营业税和地税税收的比重分别为 19.3% 和 8.4% (见图 2)。2011～2014 年,全省房地产营业税年均增长 31.8%,远远高于营业税和总体税收的增幅,房地产营业税占全省营业税的平均比重达到 15.85%、占全省税收

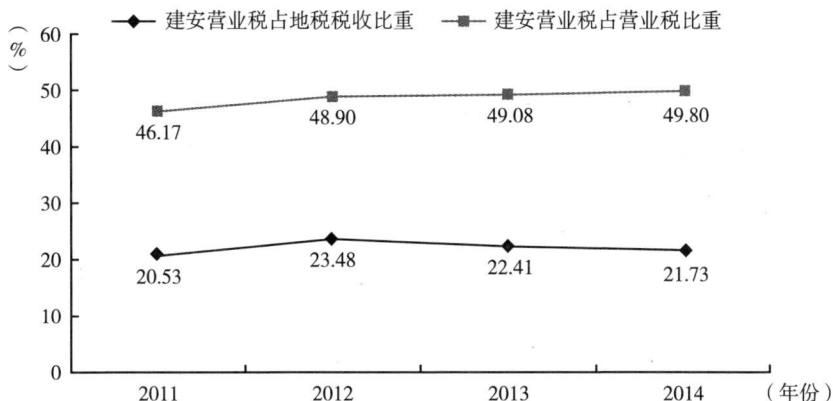

图1 青海省2011~2014年建安营业税占地税税收及营业税比重趋势

的平均比重达到7.18%。因此，若房地产业实施"营改增"，将使全省营业税减收16%左右、地税减收7%左右。

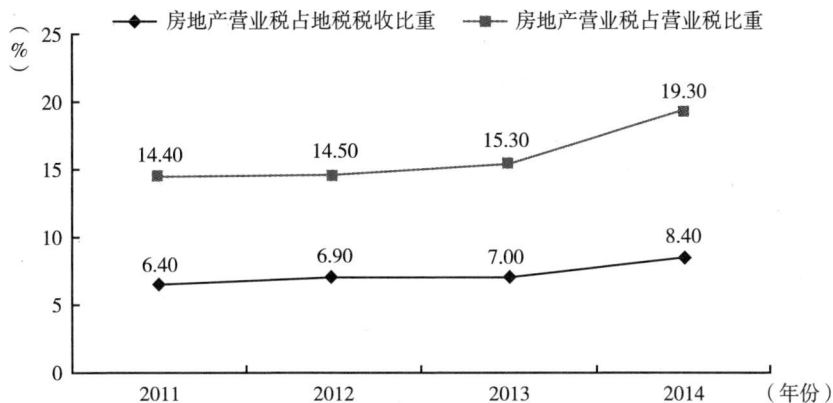

图2 青海省2011~2014年房地产营业税占地税税收及营业税比重趋势

（三）金融保险业"营改增"对地方税收的影响分析

2011年，全省实现金融保险业营业税6.58亿元，占全省营业税和地税税收的比重分别为14.42%和6.41%；2014年全省实现金融保险营业税14.91亿元，占全省营业税和地税税收的比重分别为19.17%和8.37%（见

图3）。2011～2014年，全省金融保险营业税年均增长31.3%，远远高于营业税和总体税收的增幅，金融保险营业税占全省营业税的平均比重达到15.99%、占全省税收的平均比重达到7.24%。因此，若房地产业实施"营改增"，将使全省营业税减收16%左右、地税减收7%左右。

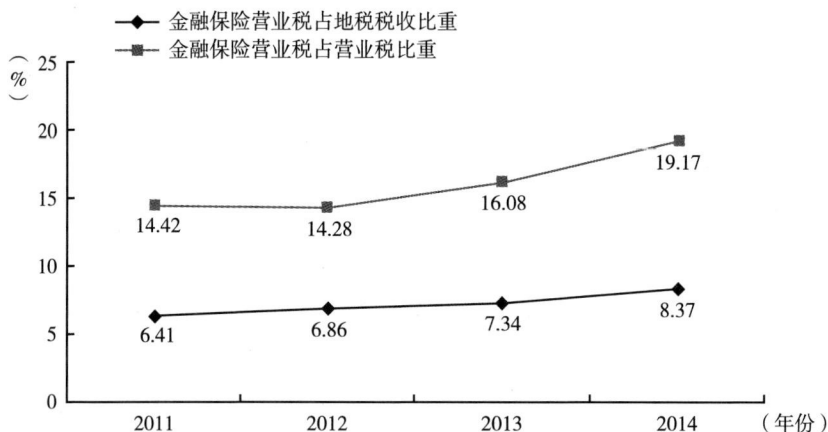

图3 青海省2011～2014年金融保险营业税占地税税收及营业税比重趋势

（四）生活服务业"营改增"对地方税收的影响分析

2011年全省实现生活服务业营业税6.84亿元，占全省营业税和地税税收的比重分别为14.98%和6.66%；2014年全省实现生活服务业营业税8.6亿元，占全省营业税和地税税收的比重分别为11.06%和4.83%（见图4）。2011～2014年，全省生活服务业营业税年均增长14%，增幅略低于营业税和总体税收，主要受2012年以来住宿餐饮业营业税下降及提高营业税起征点的共同影响。生活服务业营业税占全省营业税的平均比重为13.33%、占全省税收的平均比重为6.07%。因此，若生活服务业实施"营改增"，将使全省营业税减收13%左右、地税减收6%左右。

综上所述，若"营改增"政策全面扩围实施，根据2011～2014年各行业税收平均占比情况测算，建筑安装业"营改增"使营业税减收近48%、地税减收20%以上，房地产业营改增使营业税减收16%左右、地税减收

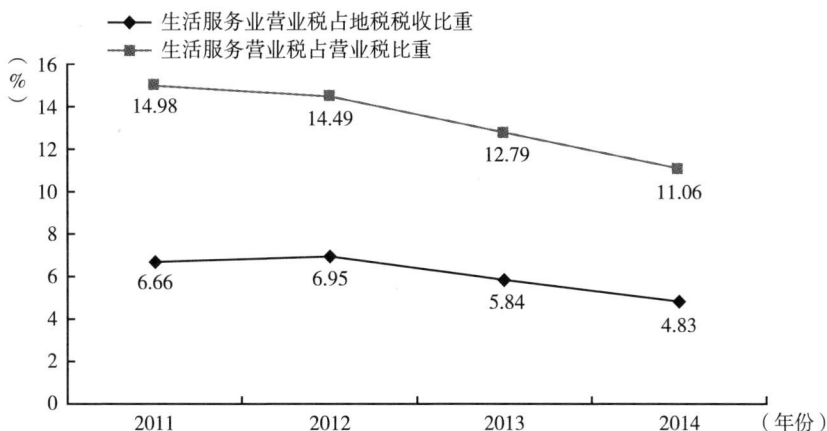

图4　青海省2011～2014年生活服务营业税占地税税收及营业税比重趋势

7%左右，金融保险业营改增使营业税减收16%左右、地税减收7%左右，生活服务业营改增使营业税减收13%左右、地税减收6%左右。以上4个行业"营改增"，将使全省营业税减收93%左右、全省地税减收40%左右；这意味着若剔除欠税及稽查查补税款，全省地税将消失全部的营业税及近一半的地税税收。

三　"营改增"后地方税收及地方财政面临的形势挑战

在现行分税制财政体制下，营业税不仅是地方税收的第一大税种，也是地方财政的第一大税种。根据1994～2014年青海地方财政收入、地方税收收入、营业税的发展趋势及营业税占地方财政收入和地税税收的比重，进一步说明"营改增"政策对青海省地方税收乃至地方财政收入的影响。

1994～2014年，青海地方财政预算收入、地方税收收入、营业税收入年均增长分别为19.62%、21.54%、20.80%，增速较为均衡，但营业税占地方财政预算收入和地税税收收入比重整体呈上升趋势，地方财政对营业税的依赖程度逐年加大。2011～2014年，营业税占地税税收的平均比重为45.3%，几乎占到地方税收的半壁江山，营改增的实施直接减少了相应行业

2012年

其余小税种
13.24%

城市维护建设税
6.67%

资源税
14.43%

个人所得税
7.21%

企业所得税
10.45%

营业税
48.01%

2014年

其余小税种
16.46%

城市维护建设税
7.33%

资源税
12.99%

个人所得税
8.81%

企业所得税
10.76%

营业税
43.64%

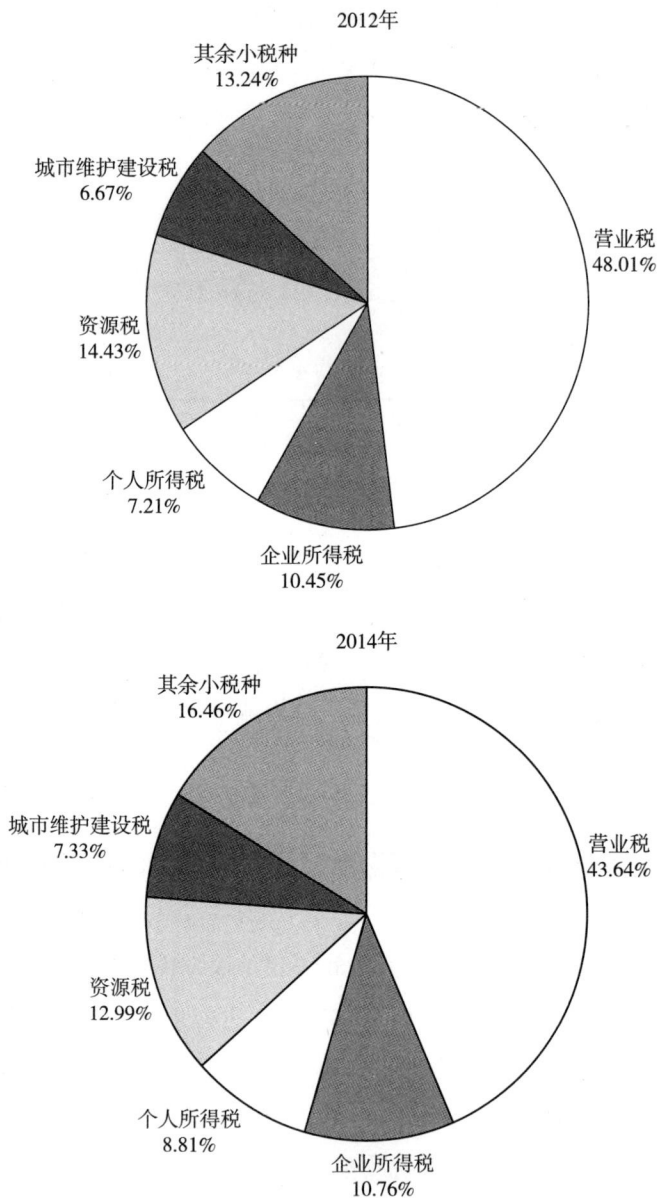

图5 青海省2012年和2014年地税税收分税种占比

的营业税收入,使地方税收及地方财政收入均面临巨大的减收局面。

在尚未实行"营改增"政策的最后年份(2012年),营业税收入几乎占

到青海地方财政预算收入的 1/3（31.74%）和地方税收收入的 1/2
（48.01%），可见营业税对全省地方税收收入乃至地方财政收入的贡献之大。
从 2013 年开始，青海进入全国"营改增"扩围试点地区，受此影响，营业税
占地方税收收入和地方财政收入的比重开始出现下滑。2013 年 8 月份开始实
行交通运输业和部分现代服务业"营改增"政策，当年营业税占地方财政收
入和地方税收收入的比重分别下滑至 31.02% 和 45.66%，分别下滑了 0.72 个
和 2.36 个百分点。2014 年 1 月份开始实行铁路运输业和邮政业"营改增"政
策，6 月份开始实行电信业"营改增"政策，使当年营业税占地方财政收入和
地方税收收入的比重进一步下滑，分别下滑至 30.86% 和 43.64%，相比"营
改增"之前的 2012 年分别下滑了 0.88 个和 4.37 个百分点（见图 5 和表 1）。

表 1   1994~2014 年青海省营业税占地方财政收入和地方税收收入的比重

单位：亿元，%

年　份	地方财政收入	地方税收收入	营业税	营业税占地方财政收入比重	营业税占地方税收收入比重
1994	7.01	3.60	1.78	25.39	49.44
1995	8.60	4.88	2.21	25.70	45.29
1996	9.58	5.38	2.67	27.87	49.63
1997	10.92	6.04	2.76	25.27	45.70
1998	12.77	7.26	3.38	26.47	46.56
1999	14.17	8.14	3.77	26.61	46.31
2000	16.58	9.51	4.15	25.03	43.64
2001	19.82	11.40	4.87	24.57	42.72
2002	21.1	11.08	5.76	27.30	51.99
2003	24.02	12.96	7.31	30.43	56.40
2004	26.9	15.01	8.51	31.64	56.70
2005	33.82	19.45	10.02	29.63	51.52
2006	42.24	24.20	11.27	26.68	46.57
2007	56.71	33.06	14.71	25.94	44.49
2008	71.57	44.77	18.49	25.83	41.30
2009	87.74	58.64	25.26	28.79	43.08
2010	110.2	76.11	34.44	31.25	45.25
2011	151.81	102.67	45.66	30.08	44.47
2012	186.4	123.25	59.17	31.74	48.01
2013	224.4	152.46	69.61	31.02	45.66
2014	252.03	178.20	77.77	30.86	43.64

为稳定地方财政状况，利于改革推行，按照现行"营改增"试点方案规定，原归属试点地区的营业税收入改征增值税后收入仍归属试点地区。但应该说，这项规定只是当前推行改革的权宜之计，随着"营改增"的全面推进，增值税将逐步取代营业税，现行增值税的分成比甚至整个分税制的内容调整将不可避免。加之，"营改增"政策本身就是一个具有减税效应的改革，改革全面完成后减税效果会更加明显。虽然"营改增"政策是一个大系统的动态变化，有利于分工进一步深化，有利于带动地区的投资和消费，最终扩大税基，但经济效果还需一段时间来逐步释放，短期内仍会带来不小的减税效应。增减因素合并，对地方可用财力冲击不小，如何构建更加合理、更符合时代要求的中央地方财政体制，满足财权与事权相匹配的财政分配体制，是各地政府对"营改增"全面实施后最关心的问题。

若"营改增"政策全面实施，增值税完全替代营业税，要想保持青海地方分享财力与2012年基本不变，理论上"营改增"后的增值税地方分享比例 =（2012年青海地方增值税分享收入 + 2012年青海地方营业税收入）/（2012年青海增值税收入 + 2012年青海营业税收入）=（29.72 + 59.17）/（118.89 + 59.17）= 49.92%。

从青海近年财政数据看，2014年青海国内增值税（不含海关部门代征的增值税和出口退税）110.90亿元，其中属于地方政府财力支配的有27.72亿元。青海营业税全部为地方级税收收入，按照营业税全部转换为增值税计算中央地方75∶25的分成比例，地方政府享有的分成税收将比原来少58.32亿元，占全省地方税收收入的32.73%。在不考虑其他因素的情况下，以2014年青海省增值税和营业税为基数，对如何保持中央地方财力基本不变的分成比例进行了测算。"营改增"全面实施后，如果仍按增值税原有75∶25的分成比例，青海地方可用财力将减少58.32亿元，占2014年青海地方财政收入的23.14%。"营改增"后，青海若要保持2014年地方财力分配状况基本不变，需按照44.09∶55.91的中央地方分成比例（见表2）。

表2 "营改增"按不同分成比例对青海省中央地方收入的影响

单位：亿元

项 目	2014年收入额	"营改增"后75：25分成	"营改增"后60：40分成	"营改增"后44.09：55.91
中央增值税	83.18	141.50	113.20	83.18
地方增值税	27.72	47.17	75.47	105.49
中央营业税	0	—	—	—
地方营业税	77.77	—	—	—
中央"两税"收入	83.18	141.50	113.20	83.18
地方"两税"收入	105.49	47.17	75.47	105.49
中央"两税"收入变化	—	+58.32	+30.02	0
地方"两税"收入变化	—	−58.32	−30.02	0

注：表内"两税"指增值税和营业税。

四 "营改增"后促进地方税收及地方财力发展的对策建议

2015年底国家将按照完整链条理论进行"营改增"全面扩围，依据"财权和事权匹配"的分税制基础，在维持多层级政府管理格局不变的前提下，要坚持分税制财政体制方向，必须具有相对独立税收征管权的地方税收体系，并以此为基础，重构中央地方财政分配体制格局。

（一）尽快构建完善的地方税收体系，促进财税体制改革

1.调整中央与地方财政关系

目前，改征增值税收入全额归地方，保持了现行的分税格局可以基本不动，省去了中央地方利益调整导致的麻烦，确保了改革的稳步推进，但过渡性特色明显。由此产生了增值税两种分成方式的"一税二分"模式，既扭曲了中央与地方财政的关系，也不符合税收原则和法理。因此，建议取消"一税二分"的模式，合理调整增值税的分成比例，统筹研究确定其他共享

税种中央和地方的归属关系和分成比例。

2. 积极培育以财产税为主的地方主体税种

当前房产税和城镇土地使用税的征税对象以经营性房地产为主，"营改增"全面扩围后，应同步推进财产税制完善步伐，建立以所有财产为主要征税对象的财产税体系，将征税范围扩大至居民非经营性住房，这块收入发展潜力较大，具备实现弥补"营改增"扩围后地方财力缺口的能力。

3. 推进资源税改革

我国自然资源储量大但人均占有量少，在资源税改革时要考虑对资源的持续开发，将与发展息息相关的自然资源纳入征税范围，赋予地方政府特别是西部资源大省一定的立法权，使之能根据当地资源差异，合理调控资源开采，提高资源利用率，实现经济的绿色发展。

（二）鼓励并扶持第三产业发展，积极培育新的税源增长点

1. 大力促进产业结构调整升级，带动第三产业发展

努力挖掘现代服务业发展潜力，提升现代服务业自主创新能力，鼓励企业拥有自主知识产权，提高企业核心竞争力；通过扩大现代服务业整体经济规模，增加行业有效供给，满足日益增长的服务需求，提升产业配套能力，提升第三产业在经济结构中的比重。

2. 细化产业分工，倡导主辅分离

实践证明，细化产业分工，实施主辅分离，不仅直接有利于"营改增"纳税人建立完善的增值税抵扣链条，而且有利于做大第三产业规模，促进企业转型升级和支柱产业发展，提高企业盈利能力和创税能力，进而增加地方可支配财力。建议从政府层面积极宣传引导企业充分利用现有政策，推行主辅分离，推进行业专业化分工。

3. 进一步增强激励效应，充分释放减税利好

在经济新常态下，打造经济升级版，必须加快实现由要素投入型向创新驱动型经济发展模式转变，必须加快传统产业改造与升级。目前，"营改增"对推进产业结构转型升级起到关键作用的研发和技术服务、信息技术

服务和文化创意服务等行业的激励效应已逐步显现,但仍需要政策的持续发力。因此,有必要以更大的力度、采取更有针对性的措施推动此类行业的发展,以促进创新型经济发展。建议在"营改增"降低税率的基础上,进一步增强激励效应,特别是加大对科技研发、生产服务、居民消费等的减税激励力度,鼓励企业科技创新和技术升级。

(三)积极参与区域经济发展进程,加快经济外向发展

丝绸之路经济带建设将原本处于对外开放末梢的青海推到了前沿。学术界有种说法"世界向东,中国向西",意思是未来几十年,中国西部将渐渐走向南亚、中亚、东南亚的前沿地区,成为铁路、公路、航空等综合立体交通运输体系建设的主战场,成为高新技术的集聚地。青海作为丝绸之路的重要组成部分,中西方文化、农耕游牧文明交汇处,与中亚、西亚在文化、教育、经贸等方面的交流与合作优势得天独厚。2015 年 3 月 28 日,国家发展和改革委员会、外交部、商务部联合发布了《推动共建丝绸之路经济带和 21 世纪海上丝绸之路的愿景与行动》,提出发挥青海民族人文优势,加快开发开放,推进形成面向中亚、南亚、西亚国家的通道、商贸物流枢纽、重要产业和人文交流基地,这将进一步明确青海深化区域经济合作、加快经济外向发展的方向。未来青海可以在巩固与东、中、西部地区经济联系的基础上,依托转型升级的后发优势进一步提升承接国内产业转移的能力,加快与东中部地区的经济联系,同时积极拓展与中亚、南亚、西亚的经济联系,充分利用青海作为丝绸之路经济带重要节点的区位优势,着力加强与沿线地区和中亚国家在新能源、新材料、特色农牧产品、生物医药等领域的合作,促进循环经济技术与相关产业的交流,进一步促进交通运输业、仓储物流业、循环经济、文化产业、资源精深加工等行业的发展,努力形成多元化发展格局,以巩固财政税收长期可持续协调发展的深厚经济基础。

(四)完善转移支付制度,满足公共服务的需要

目前我国转移支付体系由一般性转移支付和专项转移支付构成,按照建

立"财权与事权相匹配"的财政体系原则，应综合考虑各地区战略定位、人口数量、产业结构、经济发展水平等各方面因素，合理确定转移支付结构，设置相应的配套措施弥补地方财力的损失，以满足地方公共服务的需要。今后要逐步完善政府间转移支付制度，一是优化转移支付结构，减少专项转移支付比重，提高一般性转移支付比重，建立以一般性转移支付为主、专项转移支付为辅的制度体系。二是改进多因素法转移支付制度，建立中央主导的人均财力单因素公式法转移支付。由中央确定规则，按地区人口和财力状况，以全国平均线为基准，确定转移支付比例和方式，以缩小地区间差距。三是规范并减少专项转移支付，对现有专项转移支付项目进行清理、整合，减少规模，最大限度地降低专项转移支付对地方政府的配套要求，专项转移支付主要用于地方重点公共基础设施补助以及重大灾害救助和突发事件、老少边穷地区特别补助等。

参考文献

张彦英：《我国金融业"营改增"的现实考量和路径选择》，《湖北经济学院学报》2015 年第 1 期。

孙正、张志超：《基于"营改增"视角流转税改革的动态效率分析》，《中南财经政法大学学报》2015 年第 2 期。

2015年青海国税收入形势分析及2016年税收发展预判

方复正　张宏娟*

摘　要： 2015年以来，在宏观经济下行压力加大、产业结构相对单一、转型升级短期效果有限、生态环保约束趋紧等多重因素的影响下，青海国税组织收入形势较为严峻，面临着极大的减收压力。2016年，在经济发展新常态下，经济税源加速发展压力依然较大，减税政策出台预期较高，国税收入形势面临新的挑战。

关键词： 青海国税　收入形势　经济税源

2015年以来，宏观经济发展进入新常态，增速换挡的压力和结构调整的阵痛相互交织，青海经济发展面临着较大的下行压力，传统资源性支柱行业生产经营下滑，重点税源企业增值空间受到挤压，纳税能力明显减弱，组织收入形势较为严峻。

一　2015年青海国税收入形势

2015年，全省国税系统坚持组织收入原则，提高组织收入主观努力程度，建立收入质量评价体系，大力排查税收征管风险点，不断完善税收征管与纳税服务，加大税务稽查与评估力度。

---

* 方复正，青海省国家税务局收入规划核算处处长，研究方向：财税经济；张宏娟，青海省国家税务局收入规划核算处主任科员，研究方向：财税经济。

（一）2015年上半年国税收入完成情况及主要特点

2015 年上半年，青海国税系统共组织入库各项税收收入 70.78 亿元，同比下降 16.08%，完成国家税务总局下达计划的 40.37%，完成省政府下达计划的 36.96%。四个主体税种收入"一升三降"，其中：消费税同比增长 33.53%，增值税同比下降 27.26%，企业所得税同比下降 17.27%，车辆购置税同比下降 4.26%。国税收入主要呈现如下特点。

1. 产业结构出现积极变化，税收结构相应调整

2015 年上半年，随着经济结构调整的深入推进，青海省对第三产业的投入力度不断加大，第三产业固定资产投资总额达到 662.59 亿元，同比增长 26.5%，占全省投资总额的 50%；投资推动第三产业完成增加值 428.42 亿元，同比增长 8.3%，高于全省 GDP 增速 0.4 个百分点，快于第二产业增加值增速 0.5 个百分点。第三产业增加值占 GDP 的 42.36%，较上年同期提高 6.81 个百分点，占比提高程度高于全国平均水平 3.89 个百分点，产业结构呈现与全国相同的积极变化趋势。与产业结构变化相适应，第三产业入库税收收入 28.56 亿元，占国税收入总额的 40.35%，占比提高 5.5 个百分点。

2. 税收政策调节作用显现，税率提高促进增收

近年来，运用税收政策手段助力雾霾、污染等环境治理的力度不断加强，成品油消费税税率"三连调"、卷烟批发环节消费税税率上调等政策对引导消费结构变化起到了积极作用，短期内税率上调也有力地推动了消费税收入的增长。2015 年上半年，全省累计入库消费税收入 12.95 亿元，同比增长 33.53%，成为唯一同比增收的税种，其中成品油消费税入库 10.24 亿元，同比增长 47%；卷烟消费税入库 1.53 亿元，同比增长 14.34%。

3. 税收征管力度不断加大，税源质量稳步提高

2015 年面对严峻的经济形势，青海国税系统通过加大税源监控力度，优化调整重点税源监控范围，监控户数较上年增加 8.33%；组织开展系统内交叉稽查和纳税评估，不断强化税收征管措施，上半年全省取得纳税评估成果 2.76 亿元，查补入库税收 2.53 亿元，同比增长 1.36 倍。

4. 支柱税种减收程度加深，收入降幅有所扩大

2015年上半年，受重点产品外部需求趋缓、价格持续下降影响，占国税部门收入近2/3的支柱税种——增值税呈现持续下滑态势，减收程度不断加深。上半年增值税累计入库34.44亿元，同比下降27.26%，收入降幅较上年同期扩大12.87个百分点，占国税收入的比重也由上年同期的56.1%下降至48.7%，国税收入增长缺乏有力支撑。

（二）国税收入增减原因分析

1. 主要增收因素

2015年上半年，青海国税收入中主要增收因素有：成品油及卷烟消费税税率提高带动消费税增收3.25亿元，"营改增"行业入库税收同比增收0.16亿元。

2. 主要减收因素

（1）宏观经济增速回落。当前宏观经济正处在"三期"叠加的关键阶段，在全国宏观经济下行压力加大的大背景下，青海经济增速也出现了明显回落。2015年上半年，全省GDP同比增长7.9%，增速同比回落2.3个百分点，回落程度高于全国平均水平1.9个百分点；固定资产投资增速同比回落13.9个百分点，回落程度高于全国平均水平8个百分点；社会消费品零售总额增速同比回落2.3个百分点，回落程度高于全国平均水平0.6个百分点。经济增速减缓，使国税部门经济税源稳增长遇到了前所未有的困难和压力。

（2）工业税收增长乏力。"十二五"前四年，工业税收占青海省国税收入的73.4%，高出全国30.6个百分点，是国税收入的重要支撑力量。2015年上半年青海省规模以上工业增加值同比增长7.5%，较上年同期增速回落3.5个百分点；工业生产者出厂价格同比下降5.3%，购进价格同比下降1.1%，购、销价格差较上年同期扩大1.4个百分点。工业产品外部需求趋缓，价格持续下滑，企业增值空间被进一步压缩，工业税收有所下滑，上半年工业税收累计入库41.85亿元，同比下降22.57%。其中石油、电力、有

色金属、化工、黑色金属、煤炭六个重点工业行业累计入库税收收入35.97亿元，同比下降23.28%。八成以上的工业税收收入集中在资源、能源初级加工行业，受市场需求、价格变动的影响程度高，分散风险的能力十分脆弱，减收压力较大。

（3）重点工业品量价齐跌，进一步减弱纳税能力。从省级监控的260户重点税源企业情况来看，32种重点工业品中近八成以上产品销售量同比下降，21种工业品销售均价同比下降，重点税源企业计征增值税销售额同比下降18.57%，营业收入同比下降19.2%，盈利总额同比下降8.26%，企业亏损额同比增长29.52%。上半年累计入库税收收入47.89亿元，同比下降23.44%，支撑税收增长的动力明显不足。

（4）全面落实税收优惠政策，进一步影响税收增长。2015年上半年，全省国税部门累计为各类纳税人兑现各项结构性减税和税收优惠政策金额共计30.68亿元，其中增值税27.78亿元，企业所得税1.6亿元。从减免项目看，抵扣固定资产进项税额17.07亿元，支持节能环保企业发展1.09亿元，支持小微企业发展1.27亿元，支持"三农"发展3.29亿元，支持西部开发政策1.56亿元。各项优惠政策的执行，促进了企业的发展，但在一定程度上影响了税收收入的增长。

（5）留抵税金数额不断增加，进一步影响税收形成。由于市场需求低迷，全省的重点工业产品多数价格下跌，企业普遍处于薄利多销状态，增值空间大幅缩小，形成了大量的增值税进项留抵税金，2015年6月末全省期末留抵税额达到109.22亿元，较2014年末增加24.43亿元，对应征税收的形成产生了极大的不利影响。

（三）2015年国税收入预计完成情况

根据上半年国税税源发展情况，下半年国税收入预计仍将呈现减收态势，参照近年来下半年收入占全年收入平均比重48.5%计算，2015年国税部门预计实现税收净收入137亿元左右。

二 2016年青海国税收入发展预判

2016年，国税收入在经济增速放缓的新常态压力下，税收增长动力将面临不足，增速也将呈现平稳放缓态势。

（一）国税收入面临的形势及困难

1. 宏观经济发展趋缓，国税收入增长支撑动力不足

税收来源于经济。随着宏观经济发展步入新常态，经济增长将"从高速增长转为中高速增长，从规模速度型粗放增长转向质量效率型集约增长，从要素投资驱动转向创新驱动"，税收收入也将顺应经济发展形势，呈现增速放缓的态势。加之青海省的行业布局仍主要集中于产业链上游，对市场价格的敏感度高，在大宗商品价格持续走低的背景下，企业增值空间难以大幅提升，税收增长动力明显不足。

2. 生态环保约束趋紧，传统支柱行业调整压力加大

青海是三江之源、"中华水塔"，是全球气候变化的启动区，是我国极其重要的生态屏障，在维护国家生态安全中具有无可替代的战略地位。十八大以来，习近平总书记对青海生态保护工作作出过8次重要批示，要求青海省要坚持以生态保护优先的理念来协调推进经济社会发展。青海省委、省政府高度重视，确立了"生态立省"战略，2014年省委十二届七次全会专门研究下发了《关于加强生态文明建设重大措施的分工方案》。在坚持生态保护第一、以生态文明理念统领经济社会发展的思路下，产业调整的步伐将进一步加快，高耗能、高污染行业面临加速调整的局面，而新兴绿色税源的规模化发展尚需时日。以生态保护为主的特殊省情，使传统支柱行业面临的调整压力加大，煤炭、石油、化工、有色金属、黑色金属等高耗能、高污染行业面临的转型压力不断加剧，产业结构调整将会使国税税源的增长出现一定的"断档期"。

3. 税源增速放缓，有效破解三大矛盾任务艰巨

一是减速与稳增收的矛盾。经济税源增速放缓，税收增长的内生动力不足。在经历了近十年的高速增长后，高基数下的稳增长需要更加强劲的驱动力，内生增长动力不足严重制约了这种驱动力的形成与释放，税收收入持续稳增长难度极大。

二是减税与保增长的矛盾。税收作为重要的经济调节手段，在经济下行压力加大的情况下，国家运用税收杠杆支持经济发展的力度正不断加强，政策变动频率将有所加快，减税效应会进一步显现，短期内也会给税收收入稳增长带来一定的难度和压力。

三是减收与刚性需求的矛盾。税收工作要服务于经济发展，经济税源增长不足与财政收入刚性增长需求之间的矛盾日益凸显，正确处理好减收、执法、需求之间矛盾的难度不断加大。

（二）2016年税收收入预测分析

1. 采用模型进行预测

（1）基于宏观经济发展趋势预测。面对严峻的经济发展形势，中央及青海稳增长的政策措施密度和力度都在不断加大，"政策组合拳"推进结构调整、经济转型、发展提质的动力强劲，经济发展的基本面将保持良好态势。2015年青海省GDP预期增速为8%（可比价），2016年GDP发展预期预计与2015年大致相当，按照这一预期水平，2015年全省GDP预计达到2485亿元（2014年GDP 2301亿元×108%），2016年GDP预计达到2680亿元（2015年GDP预计2485亿元×108%）。

——经济税收回归预测。一是选取青海省2001年以来的宏观经济及国税收入数据进行相关与回归分析，经过计算，国税收入与GDP二者间的相关系数达到了0.9，属于高度相关，进行回归后，得到一元线性回归方程$Y = 0.077X + 4.1517$，式中自变量X为GDP数值，因变量Y为国税收入数值。将2016年GDP预测值2680亿元代入回归方程，得出2016年国税收入预测值为210.5亿元。二是考虑到2009年以来，结构性减税政

策出台力度加大，采用前述方面对2009年以来的经济税收数据进行相关与回归分析，得到一元线性回归方程 $Y = 0.042X + 73.827$，计算得到2016年国税收入预测值为186.4亿元。即在2016年全省GDP达到2680亿元及不出台大的减税政策的情况下，按照当前国税收入与GDP之间的相关关系，2016年国税收入理论值预计达到198.5亿元〔（210.5 + 186.4）/2〕。

——根据宏观税负情况预测。2009年结构性减税政策实施后，青海国税平均宏观税负水平为8%，按照这一水平测算，2016年GDP达到2680亿元的情况下，国税收入预计达到214.4亿元（2680×8%）。考虑到目前企业生产经营多维持薄利多销状态，留抵税金数额较大，影响税款形成，宏观税负水平有所下降，2015年国税宏观税负预计为6%，2016年国税部门宏观税负水平维持在6%的概率较高，按此水平计算，2016年国税收入预计达到160.8亿元（2680×6%）。综合两项数据，2016年国税收入预计为187.6亿元〔（214.4 + 160.8）/2〕。

（2）基于税收自身发展情况预测。

——根据平均发展速度外推法预测。"十二五"以来，青海国税收入年均增长2.2%，按这一平均发展速度计算，2016年国税收入预计为140亿元（137×102.2%）。

——根据时间数列进行自回归预测。对2001年以来的国税收入进行自回归，得到回归方程式 $Y = 13.086X - 11.275$（其中自变量 X 为时间，因变量 Y 为税收收入），得到2016年税收收入预测值为198.1亿元（13.086×16 - 11.275）。对2009年结构性减税政策实施以来的国税收入进行自回归，得到回归方程 $Y = 8.8807X + 115.54$，得到2016年税收收入预测值为186.6亿元（8.8807×8 + 115.54）。综合两项数据，2016年国税收入预计为192.3亿元〔（198.1 + 186.6）/2〕。

根据上述四种预测模型，分别得到四组2016年青海国税收入预测数据：198.5亿元、187.6亿元、140亿元、192.3亿元。采用相同权重进行加权平均后，得出模型最终预测值约为179.6亿元。

2. 采用定性方法进行预测

由于运用模型进行测算时，预测期经济数据具有不确定性，可能存在一定程度的高估现象，为此通过对重点支柱税源进行实地走访调研，对模型预测数据进行修正。经调查 2015 年七个重点行业预计实现税收收入 75 亿元左右，从各行业的发展情况来看，2016 年石油、电力、有色金属、黑色金属、煤炭、化工等行业产能较为稳定，但产品销售价格大幅回升的预期不强，企业销售收入预计维持稳中略降的发展态势，纳税水平预计与 2015 年基本持平或小幅上升，即规模约为 75 亿元，七个重点行业税收占国税收入的 70% 左右。按此水平推算 2016 年国税收入预计为 107.1 亿元。

对定量和定性数据进行等权重加权平均后，2016 年国税部门税收收入总量预计达到 143 亿元，同比增长 4% 左右。

三 对策建议及保障措施

经济发展新常态背景下，面对当前国税收入增长支撑动力不足、减税因素不断增强、减收态势逐渐显现的局面，青海国税税收需要主动适应经济发展新常态，有针对性地重点实施好差异化产业扶持政策，创新建设企业融资平台，构建新型税收收入管理体系等一系列新的对策措施。

（一）对策建议

1. 主动适应经济发展新形势

主动融入"一带一路"发展战略，抢抓全国经济发展转型的有利时机，引入国内外先进智库团队，充分发挥生态、资源优势，积极承接东、中部产业转移，打造"高新技术＋"、"清洁能源＋"等精品特色行业，提高资源产品附加值的本地转化能力；加强三江源生态保护，加大基础设施建设力度，以"中华水塔"、"大美青海"等优质旅游名片，全力推动旅游业、现代服务业、物流业等第三产业较快发展，积极培育新的经济、税收增长点。

2. 实行差异化产业扶持政策

青海省有着特殊的地理位置、资源及人文禀赋，应充分发挥这些特殊禀赋的作用，实现资源价值最大化。一方面对于传统产业，加大土地、资源、交通等基础条件的倾斜力度，引导其向上下游产业延伸或融合，逐步做大做强并具备一定的核心竞争能力；另一方面对于新型产业，通过资金、税费、技术、人才、特色资源等要素的倾斜，进行"定向滴灌"式扶持，使其加快成长、做精做强，并与传统产业互联互融，形成"倒梯形"税源结构模型，分散经济税收下行风险。

3. 调整光伏发电补贴政策

近年来，青海利用丰富的太阳能资源大力发展光伏发电产业，产能已位居全国前列，资源优势迅速转化为经济优势。但由于前期投入大，光伏发电成本高，国家对其实施特殊的财政补贴和税收扶持政策，光伏发电产业形成的经济优势未能同步形成税收优势，同时还使供电企业形成进销价格倒挂，形成大量留抵税金，侵蚀了一部分原有税基。作为欠发达省份，青海发展经济需要更加强大的财力保证，因此建议对光伏发电企业上网价格与标杆电价的差额实行国家采购，保证供电企业进销差在合理区间运行，促进税收收入增长，实现经济税收的协调发展。

4. 创新建设企业融资平台

发展循环经济、促进资源优势转化为经济优势，都离不开资金的支持。当前资金周转困难成为制约企业技术创新和成果转化的重要因素之一，应通过整合各类资金平台、推动企业上市融资、建立私募股权投资机构、成立技术创新基金等，保证资金衔接顺畅，提高企业融资效率，促进实体经济健康发展。

（二）加强国税收入的保障措施

1. 构建新型税收收入管理体系

根据新修订的《预算法》和国务院《关于深化预算管理制度改革的决定》精神，适应经济发展新常态，创新税收收入管理模式，构建新型税收收入管理体系。综合考虑各方面因素，客观确定税收收入增长目标。根据各地经济增长、税种情况、行业分布等要素科学分解收入增长目标。在组织收入过程中，根据经济税源变化，及时合理地调整收入增长目标。准确考核征管主观努力程度和税收收入质量，确保实现预算确定的税收收入目标。

2. 坚持依法征税，提高收入质量

坚持组织收入原则，狠抓税收收入质量，坚决防止"空转"、收"过头税"等违规行为，实现应收尽收。密切关注新常态下经济走势和国家宏观政策变化，在提高组织收入主观努力程度上狠下功夫，从征管、稽查、纳税评估、第三方协作等各个环节入手，以实际税源为基础、以绩效管理为抓手、以提高收入质量为目标，管理、服务双管齐下，切实管好、管住各类税源，全力做好组织收入工作，提高税收收入质量。

3. 加大税收风险防控力度

以信息化管理为手段，进一步完善、优化税收风险监控分析系统，定期开展系统指标的监控、分析，及时发现并向相关单位推送各类税收管理风险点，针对风险点开展纳税检查、评估，加大对重点行业、重点企业的评估核查力度，不断挖掘税源管理的深度，提高税收风险管控水平。

4. 认真落实税收优惠政策

严格执行各项税收优惠政策和结构性减税政策，同时做好小微企业等税收优惠政策执行情况统计、分析和跟踪监控工作，保证各项税收优惠政策不折不扣得以落实，帮助企业渡过难关，实现良性发展。

5. 不断提高纳税服务

全面开展新一轮的"便民办税春风行动"，积极推行《全国税务机关纳税服务规范》，加强承接、推行与落地工作，建立优质便捷的青海国税纳税服务体系，全面打通服务纳税人的"最后一公里"，不断提高纳税人满意度和税法遵从度，确保各项税收收入应收尽收。

6. 深化税收分析

建立完善的横向分工协作、纵向紧密联动的分析制度，依托信息技术，全面开展税收形势分析、税收风险分析、政策效应分析和经济运行分析，提高税收预测的准确性和税收分析的实效性，打造税收分析系列"拳头产品"，在税收分析上实现大的突破，更好地为宏观决策和组织收入工作服务。

参考文献

陈晴：《我国新一轮税制改革的理念变迁与制度回应》，《法商研究》2015年第3期。

孙海琴：《古代税收思想对当前财税体制改革的启示》，《北方经济》2015年第8期。

李俊：《对深化财政税收体制改革的思考》，《现代经济信息》2015年第14期。

B.5

新常态下创新财政投入方式研究

周国 刘怀文*

摘 要： 财政投资是拉动经济增长和增强企业信心的"稳定器"，是调结构、转方式、促进经济社会持续健康发展的重要途径和手段。在经济发展新常态下，要使积极的财政政策持续加力增效，进一步提升财政投资效益，需要根据财政政策和资金支持领域，合理选定财政政策工具，充分发挥财政投入在经济社会发展关键领域和重要环节的引导作用，区分不同社会发展对象及群体，进一步创新财政投入方式，多维度、全方位积极支持全省经济社会持续健康发展，促进社会和谐稳定和全省各族人民生活水平持续改善。

关键词： 财政 投入方式 青海 经济新常态

青海是经济弱省、财政穷省。在当前经济下行压力加大的形势下，投资仍然是拉动青海经济增长的关键因素。特别是财政投资是拉动经济增长和增强企业信心的"稳定器"，是调结构、转方式、促进经济社会持续健康发展的重要途径和手段，对稳增长、扩就业、惠民生具有十分重要的意义。在经济发展新常态下，要使积极的财政政策持续加力增效，进一步提升财政投资效益，就要优化财政支出结构，区分不同社会发展对象及群体，进一步创新

---

* 周国，青海省财政厅办公室干部，研究方向：宏观经济；刘怀文，青海省财政厅办公室干部，研究方向：财政经济。

财政投入方式，综合运用政府和社会资本合作模式（PPP）、政府购买公共服务、股权（产权）投资、中小企业发展基金等多种方式，多维度、全方位积极支持全省经济社会持续健康发展，促进社会和谐稳定和全省各族人民生活水平持续改善。

一　青海财政投入态势

近年来，伴随着全省经济加快发展，财政支出规模也越来越大，财政支出先后迈上 500 亿元、1000 亿元、1200 亿元大关，在有效保障民生改善的同时，财政用于支持经济社会发展方面的支出越来越大，有力地促进了全省经济社会加快发展。

（一）对公共领域投资以政府投入为主

当前的投资结构就是未来的经济结构。针对青海经济结构性矛盾，政府部门充分发挥政府性资金的拉动引导作用，将促进经济发展与调整收入分配格局、增加城乡居民收入、发展服务业以及改善民生相结合，"十一五"期间，青海省级财政累计投入 607 亿元，紧紧围绕"四区两带一线"、东部城市群发展战略、重大基础设施建设等方面，全力推动经济社会发展和发展方式转变，有效扩大发展空间。一是围绕有效发挥重大项目对经济发展的拉动作用，积极支持实施铁路、机场、公路等重大基础设施项目建设；二是围绕促进工业经济结构调整和转型升级，大力支持科技"123"、工业"双百"行动，加大对影响产业发展和经济结构调整的重点项目和企业的扶持力度，延长产业链，提升集聚度；三是围绕健全农村市场体系和农业社会化服务体系，加大对龙头企业的支持力度，大力支持实施农牧业产业化；四是围绕提高第三产业对经济社会发展的贡献能力，大力支持第三产业特别是高原特色旅游业发展。但受自然环境和青海经济发展现状制约，当前，青海市场主体发育与发达省份和中东部地区比，还存在着不小差距，市场主体对公共领域的投资微乎其微，全部靠政府性资金投入。

（二）对公益性设施建设以财政全程埋单为主

近年来，青海财政坚定不移地走"小财政办大民生"的路子，坚持集中财力办大事，大力加强公益性基础设施建设，积极推进公共服务均等化，尤其是加大城镇垃圾处理、湟水流域污水处理厂、青海大剧院、青海科技馆等公益性设施项目建设力度，全省各级公共服务的能力和水平实现了新的提升。以文化场馆建设为例，2008 年以来青海省级财政筹措资金 9.1 亿元，先后建成了体现全省科技、文化和社会发展形象的青海科技馆和全省规模最大、功能齐全的现代化综合性青海大剧院。目前，科技馆、大剧院已成为普及科普知识、提升青海形象、对外宣传青海的重要载体，成为群众文化娱乐的重要场所。但受多重因素制约，科技馆建成后，青海省级财政从 2012 年起，安排运行补助资金 1000 万元，支持青海科技馆免费开放运行；为保障青海大剧院的正常运营，青海省级财政从 2012 年起，连续 3 年每年安排西宁市补助资金 500 万元，充分发挥其功能作用，繁荣青海演艺市场，丰富群众文化生活。窥斑见豹，目前，青海大部分公益设施都同科技馆、大剧院一样，从建设到布展，从管理到运营，全都靠财政支持，基本上全程由财政"埋单"，由此导致财政刚性支出有增无减，保障难度也越来越大。

（三）对企业扶持财政投入以无偿为主

近年来，为促进青海企业加快发展，积极培植财源，青海财政不断加大对企业的扶持力度，全力促进企业转型升级。针对企业耗能高、产出低、结构单一、产业链短、技术含量低等一些普遍性问题，财政部门通过节能降耗与技术创新相结合，淘汰落后产能与支持产业振兴相结合，在巩固和发展原有优势的基础上，加强了品牌建设，有效促进了企业的转型和升级。"十一五"期间，青海省级财政用于支持企业转型升级的资金累计达到了 70 亿元，年均增长 59.4%。第一，建立了节能降耗支持机制，对节能项目给予奖励；第二，建立了对高新技术、新能源、新材料等新型产业发展的支持机制，引导企业开展先进技术的开发和推广应用等工作；第三，建立了企业淘汰落后产能的退出机制，设立了专项补偿资金，支持淘汰落后产能；第四，采取财政补贴和贷款贴息等方式，推动了企业技术进步；第五，支持企业品牌宣传和推广，对国家和省级知名品牌给予了奖励，促进生产要素向特色产业和优势区域集中。同时，还加大了对中小企业的扶持力度，"十一五"期间，累计扶持 3955 个项目，投入 21 亿元资金，帮助中小企业减轻负担。虽然近几年来，青海省级财政积极探索转变扶持方式，设立了中小企业担保基金、特色产业引导基金、中小企业发展基金和外经贸发展基金，但不论规模还是总量，都相对较小。从对企业扶持的方式上看，不论是设立的专项扶持资金，还是奖励、贴息等方式，财政资金全部是无偿支持，更多注重宏观经济发展效益，极少关注财政资金的资本回报。

二 新常态对青海财政投资的客观需求分析

当前，我国的经济发展开始从高速增长转向中高速增长，经济发展方式已开始从规模速度型粗放增长向质量效率型集约增长转变，经济结构正在由以增量扩能为主转向调整存量、做优增量并存的深度调整转变，经济发展动力正在由传统增长点向新的增长点转变。而青海省仍然面临生产力发展水平相对落后，经济总量小、财政底子薄，工业化、城镇化水平不高，基础设施水平客观相对滞后等突出问题，各生产要素市场发育程度相对较低，通过市场机制实现资源配置优化以促进经济发展的动力明显不足，经济发展呈现明显的后发展特征。因此，在经济下行压力加大背景下，强化政府对经济发展的引领和推动作用，特别是对一些事关全省经济发展大局的重要基础设施、基础产业、重大的应用技术研究等建设的投入，弥补了市场发育的不足，亟须积极的财政政策加力增效。

（一）基础设施投资需求和发展空间较大

近年来，青海以增强民生福祉为己任，积极加大基础设施建设力度，全力促进基本公共服务均等化，机场、铁路、公路、三江源和青海湖流域生态保护与建设、引大济湟、保障性住房等一大批重点项目、公益性项目相继建成并投入使用，在一定程度上改变了青海基础设施建设长期滞后的局面，为提升民生幸福指数、促进全省经济健康发展提供了有力保障。但在客观看待成绩的同时，更应清醒地认识到青海基础设施建设与内地发达省份比、与全省各族群众的需求比，还有一定的差距，特别是在与民生相关的基础设施建设方面，还有很大的发展空间。主要表现在：民族地区交通设施的连通性、网络性差，覆盖率低，总体水平不高，对外通过能力不足，运输方式单一。处于三省交界的黄南和果洛干线公路规模小、路况差，普通国、省道二级以上公路比重仅为 26.4%。农村公路通畅水平低，配套设施不完善。交通建设资金筹措困难，养护经费严重短缺。工程性缺水严重，水资源开发利用率只有 2.8%；灌溉设施简陋，农田灌溉水利用系数仅为 0.4；河道防洪设施薄弱，河道治理率不足 10%；尚有 118 万农牧民存在饮水不安全或解决不完善的问题，供排水、供暖、污水、垃圾处理、防洪防灾等基础设施建设滞后。

（二）社会事业建设投资仍需加力

近年来，随着青海省政府高度重视和关注民生等社会事业建设，千方百计加大投入力度，加快构建基本公共服务体系，稳步提升社会事业建设水平，多年来存在的社会事业发展"短腿"问题正在得到解决，社会保障水平不断提高，体育文化、医疗教育事业快速发展，农村养老保障正在逐步扩大，一些指标居西部乃至全国前列，社会事业建设取得了显著成效。但与内陆省份比，与全面建成小康社会的经济社会发展阶段需求比，仍呈发展滞后状态，基本公共服务供给不足、发展不平衡的矛盾依然十分突出，社会事业建设依然面临许多困难和挑战。突出表现在：就业市场容量不足，就业渠道狭窄，收入来源少，就业增收矛盾突出。教育、卫生、文化、科技等社会事业发展滞后，社会发育程度低，基本公共服务水平落后。一是经济发展滞后，历史欠账较多。受自然、地理、历史等因素制约，青海社会生产力水平较为低下，经济基础薄弱，经济总量小，发展滞后。2014 年青海地区生产总值为2301.12 亿元，比上年增长 9.2%，但总量只占全国的 0.48%。由于经济总量小，多年来在推进社会事业方面形成较多的历史欠账。二是特殊因素突出，公共服务成本居高不下。青海总面积72万平方公里，全省平均海拔超过3400米，其中54%以上的地区海拔在4000米以上，属于国际公认的不应或不宜人类居住地区。人口密度为每平方公里2.58人。特殊的地理环境和气候条件、低密度的人口，扩大了基层政府的服务半径，造成较高的服务成本、建设成本和运输成本等，增加了特殊的基本公共服务需求。如青海藏区每名卫生工作者服务面积达90平方公里，服务成本高于全国平均水平10倍以上。因气候严寒，取暖期长，办公及职工家庭取暖费用平均比内地高出3倍以上。由于高寒缺氧，单车百公里燃油费都比内地高出25%以上。三是生态保护任务繁重，制约当地经济发展。青海是长江、黄河、澜沧江的发源地，在全国的生态地位极其重要，环境保护与建设的任务重大。特别是随着三江源生态保护与建设工程的逐步推进，区域内经济发展和农牧民生产受到诸多限制，保护区内各级政府和老百姓为此做出巨大牺牲，失去加快发展的机会，地方财政新增支出压力与日俱增，严重制约了基层政府提供基本公共服务的能力。

三 创新财政投入方式对策建议

当前青海基础设施建设薄弱和财政底子薄的现象没有发生根本性转变。因此，只有在着力解决专项资金安排碎片化问题，集中财力办大事的基础上，根据财政政策和资金支持领域，合理选定财政政策工具，充分发挥财政投入在经济社会发展关键领域和重要环节的引导作用，更好地服务于稳增长、调结构、惠民生，才能更好地放大财政资金效应。

（一）在投入方向上，应由大水漫灌向精准投入转变

青海所处的发展阶段特点决定了财政在投入方向上必须坚持定向调控、精准发力的原则，在投入方式方面不搞"大水漫灌"，抓住重点领域和关键环节，更多运用市场和改革的力量，有针对性地实施"滴灌"，更好地发挥财政资金的最大效益。一是提高公共产品的有效供给。更好地发挥政府引导

作用，通过改革投融资体制，更好地调动社会资金和民间资本，形成政府、企业、社会资本多元投入的格局，加强铁路、水利、能源、生态环保、棚户区改造等重大工程建设，扩大医疗、养老等社会急需的服务供给，加快补上经济社会发展的"短板"，不仅可以改善民生、增加就业，也能有效优化发展硬环境，起到"一石多鸟"的作用。二是支持实体经济做强。青海正处于跨越发展的重要阶段，促进经济提质增效升级十分关键。要在深入落实对"三农"、小微企业、服务业降税减负和定向降准等措施的同时，进一步优化支出结构，大力支持小微企业、工业、农牧业、服务业发展，引导金融资源向实体经济倾斜，切实解决企业融资难、融资贵等问题，提升全省产业的综合竞争力，为经济持续健康发展提供有力支撑。三是支持创新推动。党的十八大报告中明确提出科技创新是提高社会生产力和综合国力的战略支撑，突出强调了要实施创新驱动发展战略，突出企业作为技术创新的主体地位。财政科技投入在引导和带动全社会科技投入，尤其是引导创新要素向企业主体集聚方面具有重要作用。要在总结已有实践经验的基础上，创新财政资金支持方式，针对不同类型的科技活动实施不同的补助资助方式，推动企业真正成为科技投入和科技创新的主体。

（二）在投入方式上，应由单一模式向复合模式转变

正确处理好政府与市场的关系，既要突出财政公共性，健全完善相关投入稳定增长机制，增加基本公共服务等领域的投入；又要坚持市场导向，以创新财政投入发展方式为主攻方向，发挥市场在资源配置中的决定性作用，实行财政资金直接投入与间接投入并举，根据财政政策和资金支持领域，合理选定财政政策工具，充分发挥财政在支持经济社会发展关键领域和重要环节的引导作用，最大限度地发挥财政资金使用效率，推动全省经济社会持续健康发展。一是创新产业发展资金投入方式。在整合各类专项资金的同时，综合运用产业投资基金、股权投资、财政贴息、金融激励或事后补助等方式，继续推动以财政直接投入为主向间接扶持转变，强化发展类资金的吸附放大作用，引导社会资金投向稳定增长、调整结构、节能减排、新兴产业、

生态保护、创业创新等经济发展的关键领域和薄弱环节，逐步形成财政专项投入与税收贡献、带动发展和创业就业等挂钩的新机制。调整优化基建投资结构，对省级基建投资、科技资金安排支出的项目，其他财政资金可不再安排或减少安排，避免重复安排支出和固化投向。强化年度预算理念，对于跨年度实施的重大公益性建设项目，要根据资金需求情况分年度下达预算。对经营性领域转变以往财政直投的方式，通过财政贴息、风险补偿、以奖代补、竞争招标、创业投资基金、产业投资基金等方式给予扶持，鼓励实行持股经营，明晰产权，履行出资人职责，改变无偿使用现状，引导社会资金投入积极性。采取股权投资、贴息、奖励等方式重点支持处在初创期、成长期的创新型企业，加快培育新的经济增长点。二是创新社会事业发展资金投入方式。推进社会事业发展，是完善政府社会管理和公共服务职能、统筹经济社会协调发展的重要任务。社会事业兼具公益、准公益和营利的性质，所以，在社会事业改革中，政府需逐步转换既是投资者，又是管理者、经营者的多重身份，推进社会事业举办的多元化、社会化、市场化，并按照管办分离的原则，对社会事业实行分类管理；同时，通过营造良好的环境，积极引导社会力量参与社会事业的举办。要按照保基本、兜底线、促公平、可持续的原则，健全完善民生保障机制，切实增强政府保障和改善民生的能力。探索实施以奖代补、民办公助，以及大力推行政府购买服务等方式，鼓励和引导社会力量兴办公益事业，有效动员社会力量构建多层次、多方式的公共服务供给体系，提高水平和效率，更好地满足人民群众需求。要积极引入绩效评估机制，加大对民生政策公平性和时效性进行评估的力度，并不断完善政策、集中资金、重点攻关，着力破解重点领域和薄弱环节投入不足的问题。三是强化财政与金融联动。加强财银合作，促进规范管理，推动融资担保体系建设，撬动信贷和更多的社会资金投入，加快形成多元化投入发展的良性机制，更好地服务实体经济发展。创新财政性存款撬动信贷机制，鼓励主办银行按优惠利率向创新创业市场主体、小微企业、"三农三牧"等小客户发放贷款。采取担保注资方式支持、引导担保机构强化服务，引导其做大政策担保和再担保规模。建立信贷风险补偿专项资金，专项用于金融机构发生中小微企业、"三农三牧"、扶贫开发、高校毕业生创业就业贷款损失或担保贷偿损失。分类搭建政策性农牧业担保平台，盘活"三农三牧"主体资产，放大普惠金融服务和改善民生的效力，着力解决融资难、融资贵的问题。探索设立创业引导基金、股权投资基金，促进风险投资基金支持市场主体创新创业。落实好现有各项政策措施，对符合政策规定条件的小额担保贷款给予一定的财政贴息。四是大力推广政府与社会资本合作模式（PPP）。鼓励社会资本通过特许经营等多种方式参与基础设施建设和公共服务领域等项目的投资运营，形成投资主体多元化、供给方式多样化的公益事业发展新格局，减轻政府债务压力。特别是对收益比较稳定、投资规模较大、长期合同关系比较清楚、支持发展较为成熟的重点基础设施项目（如市政工程、交通运输、水利、环境保护等），作为 PPP 模式的推广重点先行先试。

（三）在目标导向上，应由经济目标向综合目标转变

在追求经济效益最大化，加快发展的同时，要牢固树立科学发展的理念，既要经济效益，又要社会效益和生态效益。因此，财政投入要始终围绕青海维护稳定、保护生态、改善民生三大战略目标实现来安排。一是坚持加快发展。发展是解决一切问题的总开关。发展不足是青海当前的最大省情。客观省情实际决定了我们必须加快发展速度，必须坚持以经济建设为中心不动摇，持之以恒地抓发展、促改革、惠民生。要充分发挥财政投资在促进经济发展中的关键性作用，创新财政投入方式，放大财政资金投入效应，引导、撬动更多资金支持全省经济社会发展。二是坚决维护稳定。加强民族团结、维护社会稳定是青海经济社会可持续发展的必备条件。创建民族团结进步先进区是青海省贯彻中央治藏方略，实现稳藏、建藏、兴藏的战略选择，具有强大的生命力，是实现藏族聚居区科学发展和长治久安的基本遵循。要高举民族团结进步的旗帜，以科学发展、改善民生为根本，以解决问题、共创和谐为重点，统筹推进民族团结进步先进区创建，确保青海社会和谐稳定。三是坚决保护生态。通过深刻把握十八大以来中央关于生态文明建设的新要求，进一步认识青海生态的特殊重要地位和作用，以生态文明理念统领

青海经济社会发展全局，进一步推动重点生态功能区的工作重心转移，加快构建生态文明新的空间格局、产业结构和生产生活方式，总体与全国人民一起迈向全面小康社会。

参考文献

李俊：《对深化财政税收体制改革的思考》，《现代经济信息》2015 年第 14 期。

张明艳、田卫民：《财政支持科技型中小企业投入方式国际比较研究》，《特区经济》2010 年第 8 期。

范东君：《财政支农投入增加对于转变农业发展方式的影响》，《湖南工程学院学报》（社会科学版）2011 年第 1 期。

B.6
新常态下青海工业发展状况
分析及"十三五"预测

康 玲　任晓宁*

摘　要： 西部大开发以来，青海工业发展从资源特点和自身优势出发，
依靠科技进步，发展有市场前景的特色经济和优势产业，培育
和形成了一大批新的经济增长点，无论是总量还是产业优化方
面都取得了长足进展，经济快速增长，综合实力显著提高。"十
三五"时期，强化核心关键技术研发，突破重点领域，积极有序
发展新一代信息技术、节能环保、新能源、生物、高端装备制
造、新材料、新能源汽车等产业，推动高技术产业做大做强，形
成一定的规模，将是今后几年青海工业发展的主要方向。

关键词： 经济新常态　工业发展　"十三五"

工业作为国民经济中最重要的物质生产部门之一，决定着国民经济现代
化的速度、规模和水平，在国民经济中起着主导作用。经过几十年的发展，
青海已形成粗具规模的现代化工业体系，尤其是西部大开发战略实施以来，
青海工业发展从资源特点和自身优势出发，依靠科技进步，发展有市场前景
的特色经济和优势产业，培育和形成了一大批新的经济增长点，无论是总量
还是产业优化方面都取得了长足进展，经济快速增长，综合实力显著提高。

---

* 康玲，青海省统计局总统计师，研究方向：宏观经济；任晓宁，青海省统计局高级统计师，
研究方向：工业经济。

一　青海工业发展的基本情况和特点

青海坚持"稳增长、调结构、促发展"方向不动摇，多策并举，加快转变经济发展方式，大力发展特色优势产业，加快传统产业转型升级，推动服务业特别是现代服务业发展壮大。2014 年，三次产业增加值结构转变为 9.4∶53.5∶37.1，一产、二产比重较 2010 年下降，三产比重提高，其中工业比重为 41.5%，较 2010 年下降 3.9 个百分点。2015 年 1~9 月三次产业增加值结构为 7.2∶52.9∶39.9，其中工业比重为 39.8%。工业比重的下降既是经济现代化的必然结果，也是青海主动适应经济新常态、调整产业结构的有效见证。目前，青海共有规模以上工业企业 500 多家，经济总量占全部工业的比重达 90% 左右。以下就以规模以上工业为对象，展现近年来青海工业发展现状，探寻工业发展机遇和面临的挑战。

（一）工业生产增长趋缓，工业经济进入新常态

从近年工业经济的发展变化趋势可以看出，尽管青海经济还维持在一个较高增速的发展阶段，但却逐步由高速增长转向中高速发展时期。从各年工业增加值增速来看，即使 2009 年受金融危机影响，经济遭受巨大冲击，"十一五"时期青海规模以上工业仍保持了年均增长 18.3% 的高增速，比全国平均水平高 3.4 个百分点。从 2011 年开始，工业增速逐渐回落，"十二五"前四年，年均增长 13.9%，2015 年 1~9 月工业增速仅增长 7.4%。在这个阶段，前期政府为应对金融危机、推动经济增长迅速企稳回升所采取的拉动内需和产业振兴等一揽子刺激政策的累积效应和溢出效应还在发挥作用，对经济结构继续产生深远影响，同时这一阶段也正是化解过剩产能、优化产业结构、转型升级的关键时期。工业经济总体增长的基本面没有改变，但下行压力不断加大，高位、高速增长的局面不复存在，青海工业经济步入平缓增长的新常态（见图 1）。

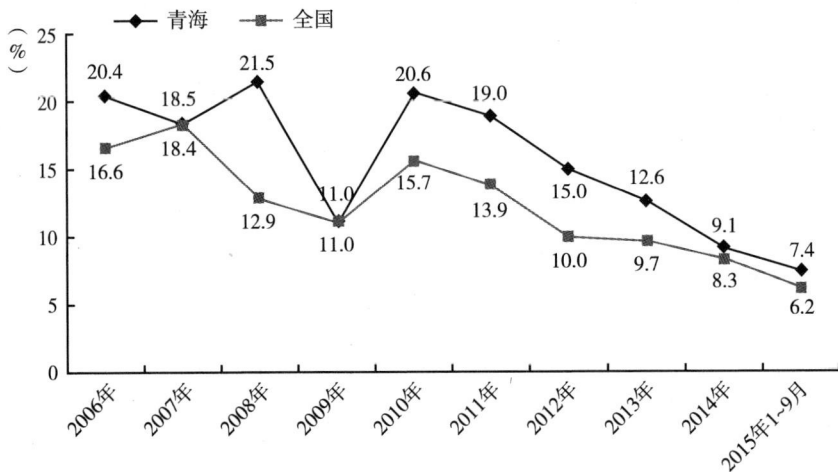

图1　青海与全国规模以上工业增加值增速对比

（二）结构调整加快，主动适应经济新常态

结构调整是工业经济发展的内生动力和内在活力，工业要健康、可持续发展，必须坚定不移地推进产业结构优化升级，形成以高新技术产业为先导、基础产业和制造业为支撑、服务业全面发展的产业格局。

1.从企业变动情况看结构

从新建企业行业分布来看，主要集中在电力热力生产和供应业（19户，占新建企业的15.2%）、农副食品加工业（13户，占10.4%）、有色金属冶炼和压延加工业（13户，占10.4%）、医药制造业（4户，占3.2%）。

从新升规企业行业分布来看，涉及25个工业大类行业，主要集中在以太阳能发电为主的电力热力生产和供应业（39户，占升规企业的22.9%），以水泥制品为主的非金属矿物制品业（22户，占12.9%），以菜籽油、肉制品为主的农副食品加工业（20户，占11.8%），以钾肥为主的化学原料制品制造业（15户，占8.8%），有色金属冶炼和压延加工业（8户，占4.7%），医药制造业（5户，占2.9%）等行业中。

近年来由于主营业务收入达不到 2000 万元、工业结构性调整、企业经营不善致使关停注销等原因，被退出基本单位名录库的企业主要集中在铁合金冶炼、水泥制造、碳化硅生产及煤炭开采和洗选业等高耗能及产能过剩行业。

新建、升规及退库企业近年来的变化，一方面是政府引导和市场机制的作用，另一方面也反映了青海结构升级、产业聚集、提质增效的方向和成绩。高耗能、资源消耗类行业逐步淘汰、整合、升级，高附加值、高技术、特色优势行业逐步扩大、聚集。

2. 从轻重工业占比看结构

在以资源类、初级原材料为主的工业体系下，重工业的稳步增长是支撑青海工业经济稳步增长的主力军，经过几十年的快速增长之后，面对主要工业产品价格持续下降、环境资源趋紧、融资及用工成本持续上涨等诸多压力，重工业受到的冲击更为明显，增速逐步回落。与此同时，随着青海不断推行绿色低碳、生态环保、循环经济的发展理念，地毯绒纺、中藏药、特色生物医药等产业链和产业集群体系的日趋完善，在青海春天药用资源科技利用有限公司、青海互助青稞酒股份有限公司、青海

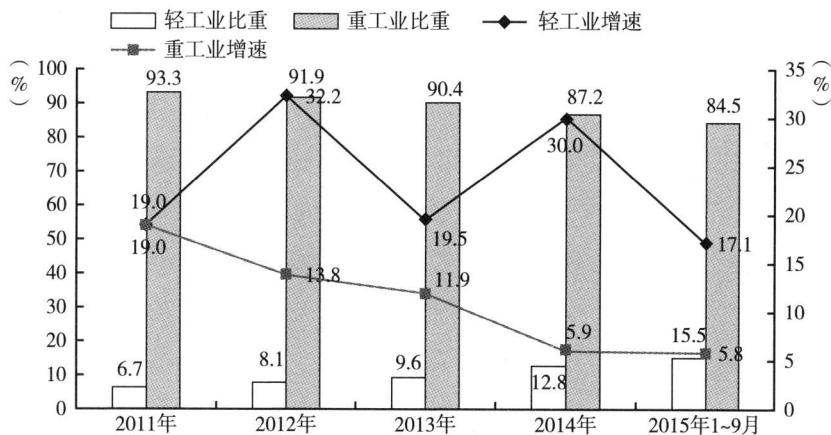

图 2　轻重工业增加值占比及增速

藏羊地毯（集团）有限公司、柴达木羊绒有限公司等一批产销好、品质优、前景广的龙头企业的带动下，青海轻工业发展势头强劲，企业规模逐步扩大，占青海工业的比重不断提高，对工业的贡献率和拉动作用不断增强（见图2、表1）。

表1 青海轻、重工业贡献率

单位：%

指标	2011 年	2012 年	2013 年	2014 年	2015 年 1 ~ 9 月
规模以上工业	100	100	100	100	100
轻工业	6.9	14.2	12.9	36.4	30.5
重工业	93.1	85.8	87.1	63.6	69.5

3.从行业布局看结构

工业三大门类变化情况反映出近年来青海结构调整的方向。2014 年采矿业、制造业、电力热力燃气及水生产和供应业三大门类增加值结构为 23.5：62.5：14.0，与 2011 年 28.5：62.1：9.4 的结构相比，采矿业比重下降 5.0 个百分点，制造业在消费品制造业和装备制造业快速扩张的影响下上升 0.4 个百分点，电力热力燃气及水生产和供应业在光伏发电、风力发电企业的带动下比重上升 4.6 个百分点。截至 2015 年 9 月，工业三大门类增加值结构为 17.1：67.1：15.8，采矿业比重呈现下降的趋势，而制造业和电力热力燃气及水生产和供应业比重继续呈现上升趋势。

（三）产业升级转型，特色优势行业凸显

工业增速总体虽然放缓，但新常态下也出现了新变化，高新技术产业、装备制造业及高附加值、高技术含量的消费品生产发展迅猛，增速高于平均增速，传统行业升级改造步伐加快，工业结构不断优化升级。

2014 年，青海高技术产业和装备工业增加值分别增长 36.8% 和 29.7%，高于青海规模以上工业增加值增速 27.7 个和 20.6 个百分点，成为青海工业经济增长新的亮点。从近两年新建的青海福田装备制造有限公司

（汽车零部件及配件制造）、青海泰丰先行锂能科技有限公司（锂离子电池制造）、青海风发科技发展有限公司（风能原动设备制造）这3家企业来看，2014年共实现工业总产值28.43亿元，占装备工业总产值的23.4%。在新建企业的推动下，2014年高新技术及装备工业增加值占比达8.7%，比2011年提高3.4个百分点。最新的数据显示，高技术产业比重已上升至5.9%，而装备工业也上升至5.1%，2015年全年高技术产业和装备工业增加值比重将比2014年有所提高（见表2）。

表2　高新技术、装备工业增加值比重

单位：%

行业	占规模以上工业增加值的比重				
	2011年	2012年	2013年	2014年	2015年1~9月
高技术	1.9	1.6	3.0	4.7	5.9
装备工业	3.4	2.6	3.2	4.0	5.1

近年来，通过组织实施"123"科技支撑工程、"1020"生态农牧业科技支撑工程和节能减排、制造业信息化等一批重大科技专项，青海全面实施创新驱动战略，把创新贯穿于传统产业和新兴产业的发展中，以创新驱动助推产业升级，促进工业化和信息化的融合发展，全面提升工业经济的质量。2014年，青海30项科研成果荣获年度青海省科学技术进步奖，获奖项目涉及新能源、新材料、生物产业、资源勘探开发、盐湖化工等特色优势产业领域，资源开发成果占总成果数的三成。水光互补并网光伏电站的建成，高低温新型镁基锂电池生产技术、大尺寸蓝宝石晶体生产技术、盐湖化工领域和特色生物领域高技术的研发与投入，大大提升了青海传统产业的升级和新兴产业的蓬勃发展。2014年，青海工业十大优势产业增速呈现"八升二降"态势，其中七个产业增速保持在两位数以上。与上年相比，增速提高幅度较大的产业是新能源产业（提高38.1个百分点）、生物产业（提高31.6个百分点）、油气化工产业（提高11.5个百分点）和装备制造业（提高9.9个百分点）。从2015年1~9月的数据来看，增长较

快的行业主要还是新材料、新能源及生物产业，增速保持在 20% 以上，大大高于全省平均增速（见表3）。

表3 青海工业十大优势产业发展情况

单位：%

指标名称	比上年增长		
	2013 年	2014 年	2015 年 1~9 月
新能源产业	44.7	82.8	27.7
生物产业	12.4	44.0	22.4
装备制造业	20.1	30	14.1
新材料产业	16.7	21.1	34.5
盐湖化工产业	11.2	18.4	-0.8
有色金属产业	15.7	16.4	13.6
轻工纺织业	25.3	14.9	7.2
油气化工产业	-2.0	9.5	7.3
煤化工产业	-1.5	-27.5	—
钢铁产业	12.2	-0.4	1.5

主要工业产品产量保持较快增长，其中锂离子电池、铜箔、化成箔等产品从无到有，2014 年产量分别达到了 750.68 万只、1.96 万吨和 2836 万平方米。

（四）盈利水平下降，有机遇有挑战

利用资源、依靠要素规模扩张和投资拉动的传统增长模式已难以为继，在经济发展新常态下，工业面临着提质增效、转型升级的问题。从近几年企业经济效益指标来看，有喜有忧，企业行业分化明显。一方面，主要行业（煤炭开采和洗选业、有色金属冶炼和压延加工业、黑色金属冶炼和压延加工业等）效益下滑状况进一步加重；另一方面，轻工业、装备制造业优势凸显，成为青海利润的增长动力。

1. 传统行业利润下滑明显

从实现的利润总额来看，青海传统行业受市场、价格、环境等多方因素影响更为突出，是青海利润下滑的主要原因。2014 年，有色金属冶炼及压延

加工业利润亏损16.95亿元，较2011年利润总额（15.11亿元）减少了32.06亿元；煤炭开采和洗选业亏损2.96亿元，较2011年（37.09亿元）减少了40.05亿元；石油加工、炼焦业和黑色金属冶炼及压延加工业分别亏损3.95亿元和1.96亿元，较2011年两行业利润总额（6.56亿元和7.57亿元）分别减少10.51亿元和9.53亿元。以上四个行业的利润总额比2011年共减少了92.15亿元，是影响青海利润总额急剧下降的主要原因。2015年1~9月青海省规模以上工业利润总额仅有50.03亿元，与2014年同期相比，利润减少28.34亿元，减少的行业也主要集中在有色金属冶炼及压延加工业、黑色金属冶炼及压延加工业、石油和天然气开采业等高耗能及资源消费类行业（见表4）。

表4　主要行业利润总额

单位：亿元

指标	2011年	2012年	2013年	2014年	2015年1~9月
规模以上工业	202.89	152.37	141.34	98.91	50.03
煤炭开采和洗选业	37.09	9.93	8.38	-2.96	-2.46
石油和天然气开采业	52.72	63.41	68.27	66.76	40.05
化学原料及化学制品制造业	46.43	44.12	22.75	11.90	8.48
石油加工、炼焦业	6.56	0.91	-1.47	-3.95	0.14
有色金属冶炼及压延加工业	15.11	0.52	-4.48	-16.95	-20.86
黑色金属冶炼及压延加工业	7.57	-0.88	-1.17	-1.96	-9.67
电力、热力的生产和供应业	2.72	8.31	15.66	17.84	19.13

2. 消费品制造及特色行业蓬勃发展

与传统行业相比，消费品制造业及省内特色行业则进入快速上升时期。企业规模不断壮大，盈利水平提高。农副食品加工业由2011年的28户增加至2014年的44户，主营业务收入增加了32.58亿元，利润总额也由0.64亿元增加至1.32亿元。酒、饮料和精制茶制造业由7户增加至11户，主营业务收入增加了16.98亿元，利润总额由-0.33亿元增长至2.97亿元。医药制造业由23户增加至28户，主营业务收入增加了26.70亿元，利润总额由1.45亿元增长至6.00亿元。

二 新常态下青海工业发展面临的问题

工业增速由高速转向中低速，增长方式由要素驱动变为创新驱动，结构调整进入攻坚期，在这一特殊阶段，有机遇同时也有挑战。在经济增长新常态及结构转型的大背景下，面对市场需求复苏缓慢、产能过剩，青海工业持续增长面临较大压力。

（一）工业产品价格持续下降，市场低迷

青海工业生产者价格在经历了2009年的大幅下降之后，2010年在经济政策刺激下回升至2008年水平，之后一路下滑，从趋势看，自2012年2月起至2015年9月工业生产者出厂价格已连续44个月处于下降区间。2015年1~9月青海工业生产者出厂价格和购进价格分别比上年下降6.1%和1.5%，"高进低出"，价格长期倒挂，导致企业盈利空间受到严重挤压，经营困难。工业品需求低迷，工业生产者价格持续在低位徘徊，特别是资源型工业产品价格受到重创，采掘业、黑色冶金、有色冶金、化学工业等主要行业的价格降幅逐步扩大，制约了工业生产增速的回升（见图3）。

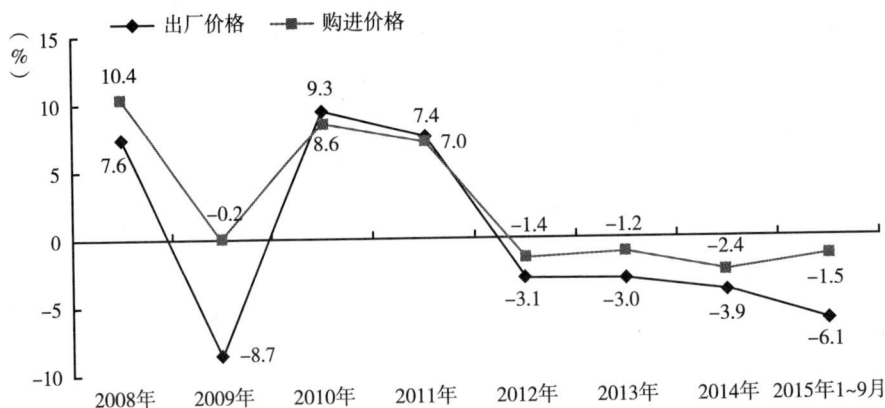

图3 青海工业生产者价格涨跌幅（2008年至2015年1~9月）

（二）获利能力锐减，企业持续经营动力不足

工业产品价格持续走低，电力、运输、融资、人工等生产要素成本不断攀升，企业利润削减，盈利水平下降。

一是企业利润持续下降。自 2012 年起，企业利润大幅下滑，2014 年规模以上工业企业实现利润总额 98.91 亿元，比 2013 年减少 42.43 亿元，比 2011 年减少 103.98 亿元。2015 年 1～9 月实现利润 50.03 亿元，同比下降 36.2%（见图 4）。

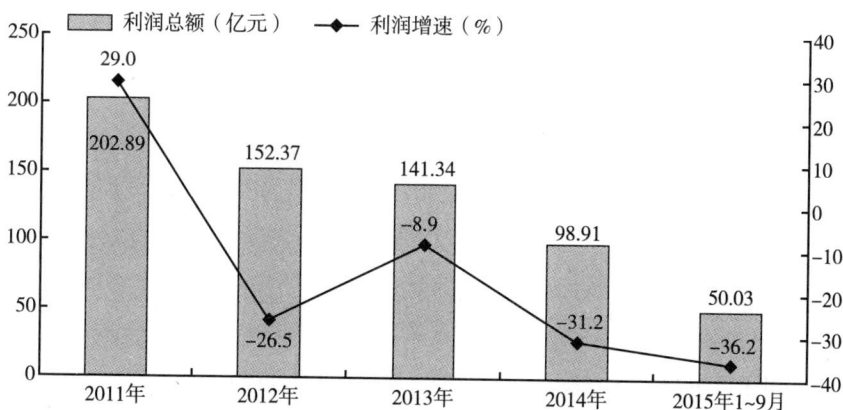

图 4　规模以上工业企业利润及增速（2011 年至 2015 年 1～9 月）

二是企业亏损严重。2014 年，青海规模以上工业企业 531 户，亏损 184 户，亏损面达 34.7%。与 2011 年相比，亏损面扩大 3.2 个百分点。主要行业亏损情况严重，其中：煤炭开采和洗选业亏损面 61.1%，比 2011 年扩大 44.4 个百分点；黑色金属冶炼和压延加工业亏损面 74.4%，比 2011 年扩大 21.6 个百分点；有色金属冶炼和压延加工业亏损面 51.0%，比 2011 年扩大 14.9 个百分点；化学原料和化学制品制造业亏损面 52.4%，比 2011 年扩大 11.8 个百分点；非金属矿采选业亏损面 50.0%，比 2011 年扩大 35.7 个百分点。

三是企业运营成本进一步加大。2014 年，青海规模以上工业企业主

营业务成本增速高于主营业务收入增速3.2个百分点，而2011年两者的增速基本持平。每百元主营业务收入中的成本为82.14元，比2011年增加了7.93元。管理费用、销售费用及财务费用均有不同程度的上升。企业成本及费用不断上升而产品价格一路下滑，企业盈利水平下降，影响生产积极性。

（三）发展与生态保护矛盾日益突出，环境资源趋紧

结构调整有序推进，但青海长期以来形成的依靠资源、以能源和原材料消耗为主的重化工产业结构并没有根本改变，高耗能行业的占比依旧很高。2014年六大高耗能行业增加值占规模以上工业比重虽然比2011年下降了3.0个百分点，但仍高达60.0%。而消费品制造业和装备制造业这些轻工、新兴产业占比虽然由2011年的7.5%提高至16.1%，但比重依然较小，对工业增长的拉动作用不够明显。随着节能减排以及化解钢铁、水泥、玻璃、电解铝等行业产能过剩的进一步加快，青海有色、黑色、非金属制品业必将受到较大冲击，对青海工业经济增长也将带来一定的影响。

（四）工业投资增速大幅回落，增长后续动力不足

工业的可持续增长离不开大项目、好项目的支撑，但从青海近几年的工业投资情况来看，增速呈现逐步回落的态势。2014年，青海工业投资总额1204.57亿元，比上年增长12.0%，增速较2013年回落18.3个百分点，较2011年回落30.1个百分点。2015年1~9月工业投资同比仅增长1.2%（见表5）。

表5　工业投资总额及增速

单位：亿元，%

指标	2011年	2012年	2013年	2014年	2015年1~9月
工业投资总额	632.07	826.06	1076.42	1204.57	1019.38
增长速度	42.1	30.7	30.3	12.0	1.2

三 "十三五"期青海工业发展预测

"十一五"时期，青海规模以上工业实现了年均增长 18.3% 的高速增长目标；进入"十二五"后，工业发展面临着结构调整及产业升级的关键时期，增速一度放缓，结构调整有序推进，并取得了较好的效果，成绩喜人。从硅材料制备、切片、电池组件制造，到锂电池材料制备、各类储能电池和逆变器制造；从建成大规模光伏发电基地，到形成相对完整的光伏产业链；从高原生态有机畜牧业和现代生态农业发展，到中藏药、畜产品深度加工和高原特色生物高值化利用等生物产业的蓬勃发展，青海工业发生着巨大变化，新材料、新能源、高技术产业、新兴产业从无到有。近年来，借助"中国（青海）藏毯国际展览会"、"青洽会"、"中国（青海）国际清真食品及用品展览会"等一系列活动，及青海省商贸促进会的成立，通过搭建技术引进、信息服务和商业机会等资源共享平台，大大提升了青海企业的知名度，同时也促进了省内企业与国内外企业间的交流合作。

"十三五"时期，是全面建成小康社会的关键时期，是深化改革开放、加快转变经济发展方式的攻坚时期。提升制造业核心竞争力，发展战略性新兴产业，将是工业发展的主攻方向。展望未来，对工业产生积极作用的因素正在逐步形成、壮大，高技术、装备工业占全省的比重逐年提高，制造业比重稳步上升。2014 年，青海制造业增加值占规模以上工业的比重为 62.5%，到 2015 年 1~9 月占比达到 67.2%。随着产业结构的进一步优化，通过加快淘汰落后产能、发展先进装备制造业、调整优化原材料工业、改造提升消费品工业，制造业将会由大变强，实现由量变到质变的飞跃。同时经济转型升级的加快也将带动战略性新兴产业的快速发展，新一代信息技术、节能环保、新能源、生物、高端装备制造、新材料、新能源汽车等产业的有序发展，将有利于拉动工业生产增长，并成为"十三五"工业经济新的增长点。但从影响当前工业经济增长的各种因素分析，首先，从外部环境看，世界经济总体上仍处在危机后的深度调整之中，国际国内经济形势仍较为复杂，不确定性因素仍较多。青海省产业结构偏重偏粗，结构性矛盾依然突出，主要依靠要素驱动和投资驱动的增长格局短期内难以根本改变，转型升级中必将牺牲一定的经济增长速度。其次，从2015年规模以上工业发展趋势看，工业生产增速一直处于低位增长，1~9月同比增长7.4%，低于2014年同期2.3个百分点。相关生产要素指标表现不佳，工业生产用电量、工业生产者出厂价格、铁路货运量均呈下降趋势且降幅较大，企业利润降幅也较大。再次，从新建企业看，前9个月新建入库规模以上工业企业11户，比上年同期少8户，对工业的拉动作用明显减弱。最后，新旧增长动力衔接不畅。冶金、化工、煤炭等传统行业处在深度调整中，增长空间有限，新材料、新能源、生物、装备制造以及特色轻工等成长性行业发展壮大还需要一个过程，短期内对工业增长仍会产生一定的影响。鉴于外部环境的不确定性，预计"十三五"时期工业经济仍存在一定的下行压力，回升较慢，依旧保持中低速发展态势。

四 建议与对策

针对当前新常态下工业发展的现状和存在的问题，应做好以下几方面的工作。

（一）继续加快产业结构调整升级

以科技创新为导向，提高企业自主创新能力，提升产品竞争力。让企业真正参与到市场竞争中，发挥市场主导作用，突出产业聚集效应。整合和提升传统产业，壮大优势产业，引导中小企业向"专、精、特、新"方向发展，全面推动工业经济快速发展。

（二）加快培育多元化经济增长点

充分利用国家实施"一带一路"战略所提供的新的历史机遇，积极引领、有所作为，加快筹划青海丝绸之路经济带建设，拓展对外交流合作的广度和深度，谋划一批重点项目，将青海地毯、特色纺织、新能源推向中亚、西亚、南亚市场，加快培育多元化经济增长点。引导重点企业开展电子商务工作，发展新型贸易方式，加快工业化和信息化的融合发展，全面提升工业经济的质量。

（三）谋划和推出能够形成支柱的大项目、好项目和科技含量高、市场前景好的项目

以项目建设为抓手，做强做大做优规模以上工业企业。贯彻落实省委、省政府有关促进青海工业发展的政策措施、方案规划等，以"双百"项目建设和省内重点基础设施建设为切入点，狠抓落实到位，让好项目尽快落地开花，转化为经济增长的后劲和潜力。此外，项目建设应从青海独特的生态地位、资源优势和可持续发展角度出发，更加注重经济效益、资源消耗、环境保护、劳动就业等方面的匹配性、协调性。

参考文献

郭德成：《新常态下青海特色工业发展路径探讨》，《青海统计》2015 年第 5 期。

张卫华、江源等：《中国工业经济增长动力机制转变及转型升级研究》，《调研世界》2015 年第 6 期。

B.7
新常态下青海畜牧业发展面临的挑战及政策建议

邵春益*

摘　要： 近年来，青海以草地生态畜牧业建设和农区规模养殖发展为驱动，大力培育新型主体，着力提升产业层次，示范推进科学养殖，加快推动畜牧业转型升级。随着中国经济步入新常态，增长速度从高速增长向中高速增长切换，青海畜牧业正处在一个由传统畜牧业向现代畜牧业转变的过渡期，伴随着畜牧业快速发展，一些潜在的深层次矛盾已凸显出来。如何适应新常态，促进畜牧业持续健康发展，是摆在我们面前的一个重大课题。

关键词： 经济新常态　青海　畜牧业发展　科学养殖

畜牧业是事关国家粮食安全、民生改善和经济发展的重要基础产业。近年来，青海以草地生态畜牧业建设和农区规模养殖发展为驱动，大力培育新型主体，着力提升产业层次，示范推进科学养殖，加快推动畜牧业转型升级，走出了一条具有青海特色、符合畜牧业发展规律的新路子，现代畜牧业发展呈现勃勃生机。当前，随着中国经济步入新常态，增长速度从高速增长向中高速增长切换。青海畜牧业正处在一个由传统畜牧业向现代畜牧业转变的过渡期，伴随着畜牧业的快速发展，一些潜在的深层次矛盾已凸显出来，随着国际国内农畜产品市场波动加剧和生产要素成本不断攀升，青海畜牧业

---

* 邵春益，青海省农牧厅畜牧业处副处长，研究方向：农牧经济。

发展面临的环境日趋严峻。如何适应新常态，促进畜牧业持续健康发展，是青海当前面临的一个重大课题。

一 新常态下青海畜牧业发展现状及亮点

新常态下，面对市场波动加剧、养殖成本持续提升、环保压力不断加大、建设用地日趋紧缺等新形势、新问题，青海各地依托资源优势、区位特点，以转方式、调结构、强基础为手段，发挥自身优势，不断加大畜牧业建设力度，畜牧业呈现快速发展之势。

（一）发展现状

1. 畜产品产量不断提升

2014 年，全省存栏牛 507.21 万头、羊 1435.16 万只，分别比 2009 年增加 42.63 万头、减少 43 万只；出栏牛 153.92 万头、羊 744.42 万只，分别比 2009 年增加 36.07 万头和 86.9 万只；牛羊肉产量分别达 14.35 万吨和 12.47 万吨，分别比 2009 年增加 4.48 万吨和 2.53 万吨。生猪存栏 117.87 万头、出栏 167.48 万头、猪肉产量 11.84 万吨，分别比 2009 年减少 2.12 万头、增加 17.45 万头、增加 2.36 万吨。奶牛能繁母牛存栏 15.05 万头、牛奶产量达 38.70 万吨，分别比 2009 年增加 1.3 万头和 9.81 万吨。鸡存栏 301 万只、出栏 326.29 万只，分别比 2009 年增加 80.97 万只和 36.3 万只；鸡蛋产量达 2.93 万吨，较 2009 年增加 1.28 万吨，鸡肉产量达 0.54 万吨。

2. 畜牧业产值稳步增长

2014 年，全省农牧业产值 327.49 亿元，为 2009 年产值的两倍多，其中牧业产值达 169.13 亿元，为当年农牧业产值的 1/2，比 2009 增加了 79.03 亿元，增长 87.71%。全省牧业纯收入达到 124.77 亿元，占当年牧业产值的 73.77%，比 2009 年增加 57.86 亿元，增长 86.47%。

3. 区域布局不断优化

近年来，青海各地以牛羊生产为重点、以奶牛发展为关键、以蛋鸡和生猪生产为突破，充分利用资源和区位优势，注重方式转变，逐步形成以牧区和农牧交错区为重点的肉牛、肉羊生产基地，以沿湟水河、黄河流域为重点的良种奶牛产业带，以东部农区城镇郊区和产粮乡镇为重点的生猪、家禽产业带。当前牧区和农牧交错区牛羊生产占全省比重达到90%以上，湟水河、黄河流域奶牛生产占全省比重达到87%以上，东部农区生猪和家禽生产占全省比重达到96%以上。

4. 发展道路逐步明晰

近年来，青海畜牧业在转方式、调结构的带动下，经过不断试点和创新，适合不同类型地区的发展路径逐步明晰，各地畜牧业发展的互补性逐步显现。其中，牧区以草地生态畜牧业建设为创新点，大力培育畜牧业新型经营主体，发展壮大草地适度规模经营，目前已在全省883个纯牧业村和78个半农半牧区以村为单位组建了生态畜牧业合作社，牧区草地生态畜牧业发展之路已确立；农牧交错区充分发挥上联牧区、下联农区，自身具有牛羊养殖传统和饲草资源优势的区位特点，积极推进草畜联动，年贩运育肥牛羊规模达385万头（只）以上，农牧互补、草畜联动的发展路径日渐明确；东部农区充分利用市场、资金、技术、劳动力等生产要素集中的特点，以规模养殖为突破口，建成适度以上规模养殖场2840家，其中通过省级认定的规模养殖场1003家，使规模养殖比重由2009年的27%提高到2014年的45%，规模养殖已成为驱动东部农区畜牧业发展的核心。

5. 装备水平显著提升

通过农区规模养殖、农牧交错区草畜联动、牧区草地生态畜牧业建设，青海畜牧业机械数量呈快速增长之势。截至2014年，全省牧草收割机发展到2959台，比2009年增加2249台；剪毛机达916台，比2009年增加612台；饲草料加工设备达502台，比2009年增加344台；挤奶设备达7036套，比2009年增加7030套；消毒防疫设备达50847套，比2009年增加50402套；监控设备达51089套，比2009年增加5053套。

6. 基础设施明显加强

通过不断加大基础设施建设投入力度，畜牧业基础设施，特别是畜禽规模养殖场基础设施条件得到显著改善。截至 2014 年，全省共建成牧区标准畜用暖棚 4.23 万幢、507.6 万平方米，建设养畜配套畜棚 10611 栋，2014 年与 2009 年比，全省青贮窖容积增加了 40 万立方米，达到 44.25 万立方米。其中，已建成的畜禽规模养殖场，办公区面积达到 83434 平方米，增加了 52566 平方米；生产区面积达 869039 平方米，增加了 652935 平方米；消毒室面积达到 9500 平方米，增加了 7331 平方米；畜棚面积达到 2612875 平方米，增加了 2054483 平方米；饲草料房面积达到 220066.85 平方米，增加了 190631.85 平方米；青贮窖容积达到 85365 立方米，增加了 77565 立方米。

7. 新型经营主体发展迅速

以转变分散经营方式为重点，积极引导培育畜牧业新型经营主体建设。据统计，全省从事养殖的合作社从 2009 年的 300 家增加到了 2014 年的 1253 家；从业人员从 2009 年的 3078 人增加到 2014 年的 52742 人，净增 49664 人；养殖规模从 2009 年的 1.75 万头只增加到 2013 年的 8.59 万头只，增量达到 6.84 万头只；畜禽规模养殖场从 2009 年的 282 家，增加到 2014 年的 2840 家，增长近 10 倍。

8. 社会资本投入畜牧业发展之势不断明显

随着经济新常态下工业经济不断衰落，作为青海基础产业的畜牧业却稳步增长，实现了"九连增"，吸引了越来越多的社会资本投入到以奶牛、肉牛、肉羊等为主的规模养殖当中。据不完全统计，2014 年各类社会资本投入到畜牧业发展将近 24.6 亿元，为 2009 年的 20 倍，且投入有不断增多的趋势。

（二）主要亮点及成效

新常态下，青海畜牧业紧紧围绕保供给、保增收的目标，结合省情特点，先行先试，发展亮点纷呈、成效斐然。

1. 大力推进草地生态畜牧业建设，在转变传统草地畜牧业发展方式上率先创新

为实现草原生态保护和畜牧业经济协调、可持续发展，青海在全国率先以转变草地畜牧业发展方式为核心，提出并试点和实践草地生态畜牧业发展

理念，按照"以保护草原生态环境为前提，科学转变生产经营方式为核心，组建牧民合作经济组织为切入点，建立草畜平衡机制为手段，实现人与自然和谐发展和牧业增效、牧民增收为目标"的发展思路，探索出适宜青海牧区的"股份制"、"联户制"、"大户制"、"代牧制"建设模式。截至目前，建成961家生态畜牧业合作社，入社牧户达11.5万户，牧户入社率达72.5%；共整合牲畜1015万头只、草场2.56亿亩，牲畜和草场整合率分别达到67.8%和66.9%；牧业组织化程度显著提高，其中有38个合作社通过股份制对牧业资源进行优化重组，彻底转变了传统分散经营的生产方式。以生态畜牧业合作社为载体，顺利完成减畜570万羊单位，2014年天然草场产草量达到平均每亩173.5公斤，比2011年提高9.05%；同时，牧区牛羊肉产量仍达到21.04万吨，较2013年增长7.79%，实现了草地生态保护和畜牧业经济发展双赢。

2. 大胆试点粮改饲发展草食畜牧业，在促进农牧结合资源互补上成效明显

青海作为我国五大牧区之一，牛羊养殖不仅是传统产业，而且是优势产业。为做大做强牛羊产业，近年来，青海省借鉴退耕还草项目种植牧草后农牧交错区肉牛肉羊产业快速发展的经验，大胆创新，利用低产田和高位坡耕地种植燕麦、黑麦等优质牧草，推广覆膜玉米发展玉米青贮，做好"草畜联动、农牧互补"工作，使牛羊产业快速发展。目前，全省覆膜玉米种植面积达42.51万亩、青贮资源量达213万吨，人工草地保留面积669万亩、年产饲草496万吨；肉牛肉羊养殖场发展到1800家，其中通过省级认定的标准化养殖场达到645家，牛羊规模养殖比重达到38.37%，比2009年提高11个百分点。其中，湟中、湟源、互助、民和、门源5县，利用农田已种植饲草58万亩，占5县耕地面积的25.52%，建成奶牛规模养殖场39家，其中百头以上的规模养殖场30家，存栏奶牛1.26万头；建成肉牛规模养殖场118家，其中出栏肉牛百头以上的规模养殖场99家，年出栏牛3.05万头；建成肉羊规模养殖场232家，其中年出栏羊500只以上的规模养殖场151家，年出栏肉羊21.58万只。

3. 积极实施牧繁农育发展牛羊经济，在实现"牧减农补"战略转移上作用显著

为充分发挥好牧区牛羊多、农牧交错区饲草料多的两个优势，青海先行先试，从 2000 年起，开始推进以牧区繁育牛羊、农牧交错区育肥为主的"西繁东育"工程建设，到 2009 年，全省共建设牛羊育肥户 4.4 万户，年贩运育肥牛羊规模达 395 万头（只），占当年全省牛羊出栏的 1/2，改变了过去青海牛羊 9 月、10 月屠宰季集中出栏上市、季节性供过于求的局面，实现了牛羊四季均衡上市，稳定了牛羊肉价格。从 2010 年起，针对以户为主的牛羊贩运育肥对村庄环境影响大且易受市场冲击的实际，及时调整工作重心，将发展肉牛肉羊规模养殖作为扶持的主要方向，结合生态畜牧业建设，大力推进牛羊标准化规模养殖场建设，使牛羊牧繁农育工作由牧户繁育农户育肥逐步转向合作社繁育养殖场育肥。工作重心的调整，不仅使农牧交错区适度规模牛羊育肥得到了良好发展，而且带动了牧区牧繁牧育和牧繁农育的发展。现牧区由合作社统一组织建成牛羊季节性养殖场（小区）达 232 个，冬季集中育肥出售牛羊 45 万头（只）以上；而农牧交错区肉牛肉羊场发展到 1800 家、规模养殖户发展到 2 万余户，年贩运育肥牛羊 385 万头（只）以上，形成了牧繁农育和牧繁牧育共同发展的格局。

4. 主动探索畜牧科技配套推广方式，在提升畜牧业科技应用能力上成果丰硕

随着牧区生态畜牧业合作社的组建和农区畜禽规模养殖场的建设，牲畜分群饲养、精细化管理的新型经营组织出现，为畜牧科技推广提供了平台。在此情况下，青海因势利导，先行先试，采取省内科研单位联合生态畜牧业合作社、联合畜禽规模养殖场的方式，大力集成已有科技成果，研究筛选适宜技术，使放牧条件下藏羊、牦牛高效养殖技术取得突破。其中，藏羊高效养殖技术使放牧藏羊母羊枯草期失重比传统放牧母羊减少 8 公斤，死亡率降低 2 个百分点，羔羊繁活率提高 5 个百分点，断奶时间比传统放牧缩短 2 个月，羔羊 6 月龄活重比传统生产方式增重 14~21 公斤；牦牛高效养殖技术使牦牛体重、泌乳量增幅均在 20% 以上。通过技术应用，藏羊实现了 2 年 3

胎，牦牛实现了1年1产，不仅有效提高了牦牛和藏羊的繁殖生产性能，而且改变了传统经验下形成的牦牛、藏羊季节性发情畜种、繁殖性能低下的认识。

5. 科学谋划养殖污染物治理建设，在实现资源循环利用上取得突破

针对畜禽规模养殖发展带来的粪污污染物对环境造成的污染问题，青海在总结本省范围内沼气工程推广以来得失成败的基础上，提出以生产有机肥、生物质燃料为主要处理方式，解决规模养殖粪污污染问题的发展思路，不等不靠，先行先试，委托省内从事有机肥加工的企业，研究设计了针对中小型规模养殖场，适用于牛、羊、猪、禽不同畜禽品种的不同粪污处理设备；在2013年选择部分养殖场进行试点的基础上，2014年在当年扶持建设的289家养殖场中，全面推行了粪污处理设施建设，并引导4家大型奶牛、肉牛和家禽养殖企业建设了有机肥加工厂，在养殖相对集中的区域引进了7家年加工能力达到31万吨的有机肥加工企业。与草畜联动发展相配套，青海农区和农牧交错区已初步形成了饲料种植—牛羊养殖—有机肥加工—饲料种植的产业循环发展模式。

二 新常态下青海畜牧业发展面临的挑战

青海畜牧业发展正处于起步加快发展的阶段，新常态下，畜牧业加快转型的同时，也面临着诸多挑战。

（一）投融资困难，资金不足问题仍是制约发展的重要因素

青海贫困程度深，经济社会发育滞后，全省46个县级行政区域中，有16个是国定贫困县，地方财力拮据。比如，作为国定扶贫开发工作重点县的泽库县2014年地方财政收入仅约4700万元，由于地方财力不足，投入畜牧业发展的资金十分有限。虽然青海省正在试点开展通过政府担保解决畜牧业投资短缺问题，但因融资平台建设尚处在起步阶段，加之养殖场（户）抵押问题无法解决，贷款难问题十分突出。

（二）资源约束趋紧，土地资源成为限制发展的瓶颈

通过调查，各地对国土资源部、农业部对畜禽规模养殖建设用地在农业用地调整中的规定在执行中落实不够，在土地调整过程中，由于没有预留用于养殖的用地，使建设用地紧张的局面凸显。如在西宁市、海东市调查时发现，两市根据城镇化建设需要将以往基本农田调整为城镇建设用地，将过去用于养殖场建设的坡地、山地调整为基本保护农田后，两地规模养殖建设用地稀缺，导致规模养殖场发展处于社会资本有投资建设的愿望、但因无法解决用地而无法建设的尴尬局面。

（三）养殖风险加剧，外部传导对畜牧业发展的影响明显

在调查中发现，近年来疫病、市场等养殖风险加剧，特别是外部因素的传导作用对青海畜牧业发展影响明显。如 2014 年全国小反刍疫情发生后，虽然青海未发生疫情，但受其他地区疫情影响，在兽医局停止牛羊活畜调动后，传统省外销售渠道断裂，牛羊一度出现大量压栏情况，到目前为止市场委靡不振的情况尚未得到根本改观。2015 年以来，受进口牛羊肉冲击，青海牛羊肉价格持续下滑，据行业估计，目前通过不同渠道进入青海的进口牛羊肉总量达 2 万吨左右，对青海牛羊养殖及加工销售带来巨大冲击，进口肉在价格上的优势使省内牛羊肉的市场竞争力不足、销路不旺，导致大量规模养殖场亏本。这一现象在奶牛养殖中也十分突出，受进口奶粉冲击，2015 年青海生鲜乳收购价格一路下跌，现在大多数奶牛规模养殖场处于保本观望状态。

（四）体制创新滞后，产业带动发展的能力有限

虽然青海在牧区大力推进生态畜牧业合作社建设，但受地域条件、牧民受教育程度等多种因素限制，尚有 1/3 的合作社不能有效运行，有 1/3 的合作社勉强维持，使转变草地畜牧业经营工作任重道远，缺能人带动、缺资金发展、缺产业支撑问题依然突出。为提升畜牧业产值，青海在黄南、海南、

海北、海西、果洛等州大力推进有机畜牧业建设，但本省有机畜产品加工企业能力弱，始终难以有效带动发展。

三　新常态下青海发展畜牧业的政策建议

青海畜牧业发展受生态环境的约束，转型发展尚需要从政府层面给予政策支持和机制创新的推动。

（一）建立有利于发展的扶持政策

1. 创建畜牧业项目投入新机制

创新并建立以地方为主的畜牧业项目建设机制。逐步推行财政资金切块下达，地方根据畜牧业建设需要，整合各类资金，确定建设内容，集中投入发展的项目投入新机制，提高资金使用效率。以培育畜牧业新型经营主体为核心，创新新型财政资金扶持机制，设立新型经营主体发展风险基金，鼓励新型经营主体先行先试，整合资源发展适度规模经营，对经营出现亏损的适度进行补助，提高新型经营主体应对市场发展的能力。

2. 创新牧业保险机制

建立保险支持农牧业发展机制，逐步扩大牦牛、藏羊等政策性保险险种，实现牧区全覆盖；探索建立牛羊肉、羊毛、羊绒、牦牛绒等主要畜产品价格指数保险机制，提升应对市场风险的能力。

3. 创新金融贷款机制

利用财政资金创新畜牧业担保平台建设，建立省级重点支持养殖企业和大型合作社、县级支持专业合作社和家庭牧场的金融担保平台，解决养殖贷款难问题。政企联动建立以养殖场和养殖户为管理对象的信用评定和管理平台，通过对规模养殖场和养殖户的信用等级评审等配套建立信用贷款制度，实现信用贷款的良性循环和管理。

4. 加大养殖场用地扶持力度

在严格落实国家占补平衡政策的基础上，各地及有关部门要落实好《国土资源部农业部关于促进规模化畜禽养殖有关用地政策的通知》（国土资发〔2007〕220号）和《国土资源部农业部关于进一步支持设施农业健康发展的通知》（国土资发〔2014〕127号）的要求，根据农业发展规划和土地利用总体规划，积极调整出养殖场（小区）建设用地。同时，农牧部门要积极协调国土部门，对一些虽然调整为基本保护农田但实际种植价值不大的耕地，要依据实际情况重新进行评定，将其调整为一般农田，切实发挥土地利用价值。

（二）大力支持青海全国草地生态畜牧业建设

1. 加大基础设施扶持力度

将生态畜牧业合作社作为建设主体，整合项目资金，统筹推进畜棚、贮草棚、围栏、免疫注射栏等基础设施建设；扩大能繁母畜补贴范围，实现草畜平衡饲养条件下能繁母畜比例不断提高、规模不断扩大；支持有饲草料基础的合作社开展牛羊育肥基地建设，形成"牧繁牧育"养殖新格局，实现禁牧不禁养、减畜不减收目标；扩大牧业机械补贴数量和范围；试点建立养殖直补政策；加快有机畜产品生产基地建设。

2. 抓紧启动草食畜牧业建设

结合国家西北旱区农牧业可持续发展建设，将青海作为重点，全面启动草食畜牧业建设工作，提升草食畜牧业发展能力和水平，实现可持续发展。

3. 扩大农牧交错带草畜联动试点

发挥青海农牧交错地区区位优势，进一步加大扶持力度，扩大试点范围，推进规模种草、牛羊舍饲育肥建设，建立"牧繁农养"的区域互补发展模式。

4. 强化良种繁育体系建设

突出牦牛、藏羊资源，兼顾肉毛兼用型良种羊，强化牲畜良种繁育体系建设，提升良种选育、繁育能力；扩大牦牛种公牛、藏羊种公羊等良种推广规模，逐步实现全覆盖；建立牦牛、藏羊生产性能测定中心，发挥农业部技术力量、青海省资源优势，开展牦牛、藏羊联合育种试点，提升牦牛、藏羊种畜质量；建立主要畜种生产性能定点监测机制。

（三）加快推进草原生态保护方式改革

1. 创新草原生态奖补绩效评价机制

推进草原生态保护奖补资金与保护责任和效果挂钩的绩效管理试点，以新型草地畜牧业经营主体为责任单位，采取减、转相结合的方式，落实禁牧和减畜任务，探索适宜不同地区的绩效考评模式，确保草原生态保护工作禁得住、能平衡，切实发挥奖补资金使用，实现生态好转。

2. 创新草原生态保护新机制

试点并创建草原生态保护红线划定和监管机制，落实基本草原保护制度，加快草原原生植物种子培育和推广利用进程。积极开展草原承包经营权确权登记试点，推进草原经营权规范流转，实现草原适度规模经营。创新退化草地治理模式，提高治理效果。建立天然草地产草量动态监测及草畜平衡指标定期公布制度，推进建立绩效和奖励相结合的以草定畜政策。建立禁牧草场产草量监测及季节性利用新机制，严格放牧时限和放牧强度，实现保护和利用有机结合。建立严格的工商企业租赁牧户承包草原的准入和监管制度。

（四）加快培育新型畜牧业经营主体

1. 促进牧业资源优化重组

坚持以股份制为主体、多种形式共同发展的原则，以培育能够有效带动农牧民将畜牧业资源投入到合作社，由合作社对资源进行优化重组，从而切实提高牧业生产效率的合作社为重点，以实现适度规模经营为标杆，加快培育畜牧业新型经营主体，促进生产要素向合作社集中。

2. 开展生态牧场建设试点

以合作社为建设主体，开展草地生态牧场建设，由合作社按标准化、规范化、专业化生产要求，对生产要素进行优化重组，实现牲畜按类重新组群、草场按群重新划区轮牧、饲草料统一种植、出栏牛羊合作社统一舍饲育肥、劳动力按技能重新分工，将合作社整体建设成为股权清晰、利益分配合理的现代生态牧场，实现生产标准化、分工专业化、服务统一化、经营产业化。鼓励农牧业龙头企业与生态畜牧业合作社联合，建立责权明确的利益联结体，实行产业化经营、品牌化发展。鼓励合作社横向联合，跨区域、跨行业合作，建立资源互补的生态畜牧业联合社，统一开展农畜产品生产、加工、经营，实现牧民和市场有效对接，提高市场竞争能力和产业发展能力。

（五）大力推进粮改饲试点建设

1. 实施饲草产业提速工程

把草产业作为一项引领产业、核心工程，树立"为养而种、立草为业"理念，在扩大牧草良种繁育基地建设规模、稳定牧区圈窝种草基础上，充分利用弃耕地、退耕地，扩大人工种草及饲草料生产规模；在农区、半农半牧区开展秸秆综合利用建设，充分利用玉米和其他作物秸秆，开展青贮、微贮等加工利用。

2. 加快种植业结构调整

坚持宜粮则粮、宜经则经、宜草则草，利用好牧区、半农半牧区和农区耕地资源，转变粮经二元种植方式，发展粮经草三元种植，不断扩大燕麦、黑麦等禾本科一年生和多年生饲草种植面积，加大全膜玉米饲料化利用力度，建立草畜联动生产机制。

3. 加快饲草加工企业建设

开展饲草料配送中心建设试点，加快饲草料加工企业、配送企业、青贮合作社建设，推进种、加、供一体化建设。

（六）推进科技服务方式改革

1. 健全社会化服务体系

强化公益性基层农牧推广体系建设，健全农牧业科技推广创新三级平台，加快产学研推一体化进程。鼓励科技特派员开展畜牧科技服务和科技创业。加快培育多元化服务主体，积极扶持合作社、龙头企业、科技园区、专业市场等各类市场服务主体开展有偿服务。

2. 加快技术创新和推广

充分发挥生态畜牧业合作社优势，实施草地生态畜牧业建设科技驱动战略，围绕草地遥感技术应用、畜牧业信息化建设、良种扩繁和高效利用、草原生态保护与建设、牛羊繁殖性能提升等技术领域展开技术攻关；扩大牦牛、藏羊高效养殖技术推广规模，加快绵羊"两年三胎"、牦牛"一年一胎"技术集成与推广。

3. 提高动物疫病防控能力

健全完善动物防疫体系，提高疫情监测、诊断及防治能力，加强动物卫生监督，健全重大动物疫情应急指挥、应急物资储备体系，提高应急处置能力。

参考文献

郭万春、郭占泽：《青海果洛州草地生态畜牧业建设调查分析》，《草业与畜牧》2015 年第 1 期。

郑建宗：《青海柴达木地区农牧专业合作社饲草料种植项目经营问题探讨》，《中国农民合作社》2015 年第 2 期。

B.8
新形势下青海普惠金融发展
形势及政策建议

林建华　韩涌泉　刘淑萍*

摘　要： 近年来，青海普惠金融取得长足发展，金融机构不断加大对辖区内涉农、涉牧、小微企业和弱势群体的支持力度，有力保障了贫困人群及小微企业等弱势群体发展所需资金。2016～2020年青海普惠金融发展目标为：力争全省小微企业和农牧户贷款余额增速每年高于全省各项贷款平均增速，贫困地区每年各项贷款增速高于全省各项贷款平均增速，实现全省小微企业和农户信用档案建档率逐年提高；在2020年前实现惠农金融服务点在全省有条件、有需求的农牧区村级全覆盖，把所有的惠农金融服务点打造成多功能综合惠农金融服务点。

关键词： 青海　普惠金融　金融服务　民生领域

　　普惠金融由联合国2005年首次提出，目的是让正规金融体系之外的农户、贫困人群及小微企业等弱势群体能及时有效获得价格合理、便捷安全的金融服务。党的十八届三中全会通过的《中共中央关于全面深化改革若干

---

*　林建华，中国人民银行西宁中心支行行长、高级经济师，研究方向：金融学；韩涌泉，中国人民银行西宁中心支行办公室主任、高级经济师，研究方向：金融学；刘淑萍，中国人民银行西宁中心支行办公室经济师，研究方向：金融学。

重大问题的决定》明确提出"发展普惠金融"。青海作为后发地区,发展普惠金融对完善金融组织体系、提高金融服务覆盖面和渗透率、促进社会公平正义具有重要意义。

一 2015年青海普惠金融发展现状

近年来,青海普惠金融取得长足发展,金融机构不断加大对辖区内涉农、涉牧、小微企业和弱势群体的支持力度。截至2015年6月末,全省各项贷款余额4448.45亿元,同比增长15.25%,有力保障了贫困人群及小微企业等弱势群体发展所需资金。

(一)初步建立多层次普惠金融组织体系

近年来,青海省先后吸引交通银行、浦发银行、太平洋保险公司等多家金融机构入驻。截至2015年6月末,全省有省级银行业金融机构13家、法人机构37家、机构网点1114个;法人证券公司1家、分公司1家、营业部18家、法人期货公司1家;省级保险分公司15家;融资担保机构、小额贷款公司、资产管理公司、财务公司等新兴金融机构100多家。青海省逐步形成了银行、证券、保险及其他金融机构并存,多元化、多层次、广覆盖的金融组织体系。同时,积极引导银行业金融机构向农牧区、金融服务空白乡镇延伸机构和下沉服务网点,在全省农牧区共设有金融服务网点580个,形成了以农业银行、邮政储蓄银行和农村信用社三家涉农金融机构为主力,国有商业银行、城市商业银行、村镇银行、助农取款服务点为补充的多元化金融服务体系,金融供给主体逐步增多,网点覆盖面进一步扩大。

(二)灵活运用货币政策工具,发挥央行政策导向和支持作用

相关金融部门通过综合运用再贷款、优惠利率和信贷政策指引等多种手段,引导和支持金融机构加大对贫困地区的信贷支持力度。一是发挥再贷款、再贴现的政策工具作用。2015年1~6月,中国人民银行西宁中心支行

向青海省贫困地区调增支农再贷款限额61.99亿元,贫困地区支农再贷款限额占青海省支农再贷款限额的76.63%,为地方法人金融机构提供了充足的资金支持。二是进一步发挥再贷款的正向激励作用,2015年上半年对贫困地区地方法人金融机构新增支农再贷款执行低于正常支农再贷款1个百分点的优惠利率,最低再贷款利率仅为1.55%。三是"普降+定向"降准与执行较低的存款准备金率三管齐下,支持贫困地区经济发展,据测算,2015年3次降准累计释放地方法人金融机构可贷资金16.13亿元;同时,对青海藏区新增存款用于当地贷款考核达标的22家县域地方法人金融机构,执行比同类机构低1个百分点的存款准备金率。

(三)创新建立小微企业和"三农"融资新模式

为改善小微企业融资环境,开展"小微企业信用培植工程",增强小微企业获得融资的能力,综合运用小微企业信用培植、央行支小再贷款和再贴现工具,使一些暂时不符合银行贷款条件的企业,经过多方努力满足银行贷款条件,获得资金支持。截至2015年6月末,小微企业贷款余额708.62亿元,同比增长19.49%。在支持"三农"方面,重点支持贫困农户脱贫致富、一般农户增加收入和新型农业经营主体发展壮大,探索建立"金惠工程导入+村级信用体系建设+信用贷款+人民银行支农再贷款定向支持"的"四位一体"支农融资新模式,在大通县试点启动了"一十百千"工程,即重点扶持一个乡镇、十个行政村、一百家专业合作社和新型经济组织、一千家农户。截至2015年6月末,全省第一产业(农林牧副渔)贷款余额31.8亿元,同比增长24.9%。

(四)推动金融产品与服务创新,提高金融服务可得性和便利性

金融产品的不断创新有效缓解了贫困农牧区融资难的局面。截至2015年6月底,全省农村金融创新产品贷款余额191.99亿元,同比增长48.9%,增速较上年同期提高18.9个百分点;农村金融创新产品17项,合计覆盖乡镇333个,受益农户87.67万户,受益企业总计565家。同时,也探索开展

了"代格模式"、"约该模式"、"牧户 + 农村专业合作社 + 财政资金担保 + 信用工程"等藏区特色扶贫开发金融服务模式,有效破解了一般农户特别是贫困农户贷款难、担保难、贷款贵的问题。

(五)不断加大民生领域金融扶持力度

近年来,青海省金融机构积极关注民生,金融服务民生理念得到较好体现。截至 2015 年 6 月底,全省各类助学贷款余额 5.37 亿元,同比增长 11.64%,累计发放助学贷款 8.01 亿元,累计帮助 16.04 万余名学子解决了上学困难问题;创业担保贷款余额 5.41 亿元,同比增长 58.18%;大学生村官创业贷款余额 458 万元,是 2014 年底的 3.2 倍;此外,金融支持保障房建设力度加大,保障性住房开发贷款余额 189.92 亿元,同期增长 41.11%,占全省房地产开发贷款的 67.21%。

(六)扎实开展扶贫开发金融服务工作

按照中国人民银行等 7 部委《关于全面做好扶贫开发金融服务工作的指导意见》(银发〔2014〕65 号)精神,青海相关金融部门建立了《四省藏区扶贫开发金融服务工作规划》,建立了扶贫开发金融服务主办银行制度,下发了《关于建立扶贫开发金融服务主办银行制度的意见》,两家主办银行承诺到"十三五"末将提供不少于 100 亿元的扶贫开发贷款。针对建档立卡贫困户制定下发了《金融支持精准扶贫青海行动方案》,实施精准扶贫金融服务。在环青海湖地区开展产业化扶贫金融服务试点工作,组织召开了金融扶贫试点推进会。

(七)持续优化金融生态环境

一是通过增加信贷投入、利率优惠、提高授信额度等多种途径,有效提高了农牧区贷款的可获得性,实现农牧区金融与经济发展的良性互动。截至 2015 年 6 月末,全省信用农户的建档面达到 65.46%,全省信用户贷款余额 20.08 亿元,较年初增加 34.05%,上半年对 34145 户信用户让利 3451.4 万元。二是金融业法制环境持续改善。根据金融业改革发展需要,青海省相继制定了

《青海省惠农金融服务管理办法》、《青海省基础金融服务薄弱地区银行业金融服务省级财政补贴资金管理办法》等多项规章制度，保障惠农金融服务良性发展。三是金融消费者权益保护工作稳步推进，在青海省全省范围内开通了"人民银行12363金融消费权益保护咨询投诉电话"，并选取全省涉农金融机构设立的1172个惠农金融服务点和市、州及县一级所有银行营业网点进行了公布。

（八）加强金融基础设施建设，着力解决农牧区金融机构网点不足的问题

针对青海地域辽阔、交通不便、偏远农牧区金融服务不足的实际，对不具备设立银行业金融机构网点基本条件的偏远农牧区，以"银行卡助农取款"为切入点，以"银行卡＋POS机"为平台，在金融服务缺失乡镇为农牧民倾力打造"家门口的银行"，2015年在乡级惠农金融服务覆盖率达到100%的地区，将惠农金融服务进一步向村一级延伸。截至2015年6月末，全省共设立"代理商户＋银行卡＋POS机"模式惠农金融服务点2715个。累计实现业务94万笔、金额4.4亿元，交易金额和笔数分别名列全国第4和第6，覆盖了全省153个银行网点空白乡镇，遍及2415个自然村。同时，借助现代科技手段，积极发展电话银行、手机银行、网上银行等电子金融产品，扩大服务覆盖面。

二　青海普惠金融发展面临的挑战

尽管青海在普惠金融方面取得了一些成绩，结合省情实际着力探索和创新，充分发挥了金融对经济社会发展的支撑作用，但由于发展不足等现实困难，普惠金融在经济新常态下尚面临不少挑战。

（一）农牧区金融服务普惠程度不够

一是金融机构网点不能实现全覆盖。出于成本、风险等因素考量，金融机构在经济落后地区所提供的金融服务总体不足，主要表现在网点设置偏少、贷款门槛偏高、金融产品与服务创新不够、存贷差逐年扩大等等。二是金融

资源配置失衡。全省金融资源主要集中在西宁地区，截至 2015 年 6 月末，西宁市存款余额、贷款余额分别占全省的 67.94% 和 81.40%。三是民间资本进入农牧区金融领域门槛高，审批程序烦琐，缺乏相应的财政补贴、税收减免等配套激励政策。新型农村金融机构设立缓慢，抵御风险的能力弱。

（二）农牧区金融机构发展普惠金融意愿不足

青海地广人稀，金融服务半径大、管理成本高，根据相关调查，青海藏区平均 1 个金融营业网点服务 1949 平方公里区域，平均 1 个从业人员为 452 人、165 平方公里区域提供金融服务，服务的对象点多、面广、涉及的金额小，同时又必须兼顾这些弱势群体的价格承受能力，只能以较低资金价格提供金融服务和产品，导致金融机构提供的金融服务所产生的收入往往难以覆盖其运营操作成本和资金成本，仅靠金融机构自觉履行社会职责，在贫困地区开展普惠金融服务意愿不足。

（三）信贷资金和财政资金的协调配合能力有待提升

政府相关部门在推动普惠金融中的配合协调机制有待进一步完善，部分地区财政支农资金落实不到位，不能形成财政、担保、保险全面参与的风险分担机制，信贷风险集聚在发放贷款的银行。而金融机构在追讨债务时面临承担高额的诉讼费、抵押物变现能力低等诸多困难，一些政府职能部门对恶意逃废银行债务的行为打击力度较弱，部分贷款向法院申请支付令后，迟迟无法执行，金融机构维权难度较大，常常处于"赢了官司，输了钱"的尴尬境地，影响了金融机构发展普惠金融的积极性。

（四）部分领域缺乏有效的担保抵押物

目前，青海的新型生产经营主体大多以土地、牛羊等为生产资料，申请贷款时，银行往往不接受这些抵押品。主要原因是大部分地区没有专业的土地经营权（林权）价值评估机构，银行难以处置抵押的土地经营权（林权），而牛羊、房屋等抵押风险较大，银行也不愿进行抵押贷款。调查显示：50% 左右的家庭农场、种养殖大户认为贷款困难的原因是缺少合格抵押物品。同时，未达到信用户标准的部分农户，由于缺乏有效的担保抵押物品，获取信贷资金的难度也较大。

（五）农牧民对非现金支付手段认知不足且应用能力较低

虽然近年来，涉农金融机构把转账电话、ATM 机、POS 机、网上银行、手机银行等电子设备的投放、应用作为弥补和创新农牧区金融服务的主要手段和渠道，使广大农牧民享受到平等、普惠的基础金融服务，但在实际应用中，不少农牧民缺乏现代金融及信息技术知识，对电子化支付服务渠道认知度较低，甚至存在抵触情绪，广大农牧民仍习惯一手交钱一手交货的传统交易方式，银行卡等电子支付产品的优势没有充分发挥出来。

三 "十三五"期间青海普惠金融政策取向及发展目标

从中央层面来看，2008 年国务院出台了《关于支持青海等省藏区经济社会发展的若干意见》，其中关于金融政策的规定体现了普惠金融的内涵，十分契合青海发展普惠金融的内容；十八届三中全会正式提出"发展普惠金融"，普惠金融上升到国家战略层面，为青海发展普惠金融提供了明确指引。

从地方层面来看，青海省委、省政府非常重视"三农"工作，重视农民增收，重视社会弱势群体帮扶，这都与普惠金融的理念相一致。2010 年青海省出台《关于促进金融业发展的意见》，注重金融对产业、中小企业、"三农"以及民生领域的支撑保障作用，体现了金融的普惠性特征；2014 年青海省出台《青海省深入推动金融改革发展的若干政策措施》，要求牢牢把握金融服务实体经济的本质要求，把加强薄弱领域的金融服务作为金融系统服务民生的切入点，为青海发展普惠金融提供了有力保证；2015 年青海省出台《关于推动全省加快发展普惠金融、绿色金融、移动金融的指导意见》，针对全省地域面积广阔、人口居住分散、民族成分多样的特点，统筹考虑不同区域金融服务需求的差异性，以实现城乡金融服务均等化为目标，以提升涉农、涉牧、小微企业、弱势群体四大薄弱领域的金融服务为重点，将货币政策工具与信贷支持政策相结合，将地区支持政策同国家层面的金融政策有机衔接，逐步建立多样化、广覆盖、可持续的普惠金融体系。

"十三五"期间，中国人民银行西宁中心支行、金融监管部门和金融机构将会大力推动发展普惠金融，进一步促进社会的均衡和公平，经过五年的努力，在青海全省构建广覆盖、高效率、可持续的普惠金融服务体系。针对青海省情和普惠金融发展现状，确定2016~2020年青海普惠金融发展目标为：力争全省小微企业和农牧户贷款余额增速每年高于全省各项贷款平均增速，贫困地区每年各项贷款增速高于全省各项贷款平均增速，实现全省小微企业和农户信用档案建档率逐年提高；在2020年前实现惠农金融服务点在全省有条件、有需求的农牧区村级全覆盖，把所有的惠农金融服务点打造成多功能综合惠农金融服务点。

四　相关政策建议

为确保"十三五"期间青海普惠金融进一步提升涉农、涉牧、小微企业、弱势群体薄弱领域的金融服务功能，在全省构建广覆盖、高效率、可持续的普惠金融服务体系，需要着重做好以下几个方面的工作。

（一）建立普惠金融联动协调机制

发展普惠金融是一项系统工程，需要各级政府、监管部门、金融机构和社会各界共同关注和参与。为扎实推动青海普惠金融发展，需建立青海普惠金融联动协调机制，成立全省普惠金融工作领导小组，组长由主管金融的省级领导担任，副组长由省金融办、人行西宁中心支行主要负责人担任，成员由省财政厅、省发改委、省银监局、省证监局、省保监局等单位分管领导组成。领导小组办公室设在人行西宁中心支行，主要负责普惠金融工作规划、文件起草、联席会议以及协调服务等工作。同时，建立普惠金融指标评价体系及统计监测制度，以形成有效的普惠金融评估监督机制。

（二）充实和完善普惠金融组织体系

构建多层次、多元化、广覆盖的普惠金融组织体系，不断扩大金融服务的覆盖面，是发展普惠金融的重要前提。一是进一步明确现有金融机构的功能定位，充分发挥其践行普惠金融的作用：农业银行要继续深化"三农金融事业部"改革，切实发挥好支农作用；邮储银行要强化县以下机构网点建设，积极拓展小额贷款业务，引导资金回流县域和农牧区；农信社要继续发挥支农主力军作用，加大对"三农"和县域地区的支持力度；其他金融机构也应结合自身业务特点，积极发展普惠金融。二是积极发展和培育小额贷款公司、村镇银行、农村资金互助社等新型金融机构，建立支持普惠金融发展的担保体系、保险体系、中介服务体系等，着力构建政策性金融、商业性金融和合作性金融并存的普惠金融体系，发挥多元化金融组织在践行普惠金融中的互补优势。

（三）引导金融机构自觉践行普惠金融

一是强化财税政策的支持作用。继续加大对金融机构涉农、中小微企业贷款增量的奖励比例和补贴力度，鼓励金融机构开展普惠金融业务。建立以地方财政出资为主的农牧区贷款担保机构或贷款风险补偿基金，建立农牧区发展专项基金，用于支持农牧区基础设施建设、优势畜牧业生产和加工、循环经济等符合国家和地方产业发展方向的项目。二是发挥货币政策的引导作用。引导银行业金融机构调整优化信贷结构，更好地支持青海省经济结构调整、产业转型升级、城镇化建设、小微企业和"三农"发展、重大基础设施和民生领域建设。继续实施差别化存款准备金率，通过"定向降准"等政策工具，不断增加"三农"、小微企业等领域的信贷投放。

（四）进一步加大普惠金融资金支持力度

在优先增加一般信贷的同时，鼓励通过银行间债券市场、青海省股权交易中心等渠道，加大直接融资力度，把腾挪出来的信贷规模，向薄弱环节和重点领域倾斜，优先投向大众创业、中小微企业、"三农"等领域。积极支持符合条件的银行业金融机构参与信贷资产证券化，发行金融债、专项债。支持小微企业、涉农涉牧企业发行集合票据和集合债券，并通过抵押、质押、典当、租赁、股权融资、风险投资等多种渠道进行融资，实现融资结构多元化。

（五）以"金惠工程"为切入点，打造青海普惠金融模式

2015年"金惠工程"计划在青海省42个贫困县内选择4个贫困县开展项目试点，适时在全省所有贫困县推动。在全省探索推广"金惠工程导入＋村级信用体系建设＋信用贷款＋人民银行支农再贷款定向支持"的"四位一体"普惠金融模式，在"十三五"期内，实现青海省农牧民群众金融素质明显提高、42个贫困县信贷投入总量持续增长、各类金融服务水平显著提升、金融扶贫组织体系日益完善的总体目标。同时积极推广农村土地承包经营权抵押、集体林权抵押、农房产权抵押等贷款方式，开展应收账款、质押、专利权质押、订单质押等贷款业务。

（六）实施金融精准扶贫，不断提高建档立卡贫困户的申贷获得率和贷款覆盖面

一是建立青海省内三级联动机制，以贫困户为点，以贫困村为面，以贫困县为片，中国人民银行青海辖区各级行与县、村、户实施三级联动，并探索建立中国人民银行、主办银行扶贫开发金融服务包村联系点制度。二是建立精准扶贫金融服务档案，对有需求的贫困户配套建立金融服务档案。三是实施贫困户特殊评级，结合贫困户的现状和特点，制定区别一般农牧户的信用评级标准。四是主办银行要建立贫困户贷款专户，实行专户管理。五是完善贫困户贷款贴息和风险补偿机制。

（七）推动村级信用体系建设和小微企业信用培植工作

制定全省第2个农村信用体系建设五年规划（2016～2020），积极推动村级信用体系建设，有效满足农牧民的小额信贷需求。组织开展"小微企

业信用培植工程"，金融机构对符合信贷条件的小微企业申贷提高审批和发放效率，合理确定贷款利率，对暂不符合信贷条件的企业，组织开展"小微企业信用培植工程"，联动小微企业信用体系建设、小微企业贷款和支小再贷款，力争经过多方培植使更多的小微企业满足银行贷款条件，不断提高金融服务效率和信贷覆盖面。

（八）健全完善农村金融基础设施

一是金融机构要在社区、农牧区增设自助银行和自助机具等服务终端，扩大 ATM 机的覆盖范围，实现现金自动缴存功能，通过 POS 机、电话银行、手机银行、网上银行等创新服务，改善农牧区支付服务环境。二是要将惠农金融服务进一步向村一级延伸，在功能上拓宽现金汇款业务、代缴各种费用等服务，力争在有无线通信信号的地方，对于不需客户现场办理的金融业务实现全覆盖，推动移动金融发展，实现全省有条件、有需求的农牧区村级惠农金融服务点全覆盖，满足农牧民"远不出乡、近不出村"便可享受小额取款、余额查询、补贴领取的最基本金融需求。

参考文献

汪来喜：《金融生态环境对金融业及区域经济发展效应分析》，《企业经济》2012 年第 2 期。

高万东、吕鹰飞：《我国金融业发展水平测度及区域比较》，《东北师范大学学报》（哲学社会科学版）2013 年第 2 期。

B.9
青海电子商务发展现状及形势分析

马 俐　王忠文　郭军辉*

摘　要： 随着国家和青海相关文件的出台及有关战略部署的形成，青海
　　　　　电子商务迎来重要发展机遇期，电子商务以其开放性、全球
　　　　　性、地域性、低成本和高效率的特点，不断向省内商贸、物
　　　　　流、金融、生产、生活服务等各行业渗透，潜移默化地改变着
　　　　　青海人民的生产生活方式，成为青海经济社会发展的全新引擎。

关键词： 青海　电子商务　"互联网＋"

　　2015年3月5日，第十二届全国人民代表大会第三次会议上，李克强总理在政府工作报告中首次提出了"制定'互联网＋'行动计划，推动移动互联网、云计算、大数据、物联网等与现代制造业结合，促进电子商务、工业互联网和互联网金融健康发展，引导互联网企业拓展国际市场"，将"互联网＋"行动计划纳入国家经济发展的顶层设计。5月4日，国务院印发《关于大力发展电子商务　加快培育经济新动力的意见》（国发〔2015〕24号），进一步明确电子商务在经济社会发展中的重要作用，大力发展电子商务被提上国家日程。5月13日，商务部印发了《关于印发〈"互联网＋流通"行动计划〉的通知》（商办电函〔2015〕179号），明确了各流通环节和流通领域的电子商务应用方向，电子商务已逐渐渗透到整个商品流通环节，最终融入千家万户。

---

* 马俐，青海省商务厅电商处处长，研究方向：电子商务；王忠文，青海省商务厅办公室主任，研究方向：电子商务；郭军辉，青海省商务厅电商处副主任科员，研究方向：电子商务。

一 2015年青海省电子商务发展现状

2014年12月26日，《青海省加快电子商务发展的政策措施》正式印发，青海电子商务发展的政策环境得到有效改善。"十二五"时期青海开创性地提出了"建设国家循环经济发展先行区、建设生态文明先行区、建设民族团结进步示范区"的"三区"战略，凸显了青海基础资源优势与地处丝绸之路经济带腹地的地域优势，而"宽带青海"工程的实施以及《青海省现代物流发展规划（2005～2020年)》的落实，也为青海电子商务的发展奠定了较好的网络基础与物流服务基础。

（一）青海电子商务发展现状

随着国家和青海相关文件的出台及有关战略部署的形成，青海电子商务迎来了重要发展机遇期，电子商务以其开放性、全球性、地域性、低成本和高效率的特点，不断向省内商贸、物流、金融、生产、生活服务等各行业渗透，潜移默化地改变着青海人民的生产生活方式，成为青海经济社会发展的全新引擎。

1. 行业发展规模

近年来，在青海省委、省政府高度重视和具体指导下，省内各部门采取积极有效措施，强力推进，全省电子商务的发展取得了长足进步，在扩大消费、促进流通现代化、促进经济增长方面发挥着积极作用。2014年全省实现电子商务交易额264.06亿元，同比增长39.6%；网络零售额73.96亿元，同比增长80.8%，相当于全省社会消费品零售总额的12%。2015年1～6月，全省实现电子商务交易额137.2亿元，同比增长26.0%；网络零售额40.43亿元，同比增长27.5%，相当于上半年全省社会消费品零售总额的13.3%。

截至2014年底，全省20余个电子商务交易平台上线运营，其中包括依托第三方电商平台建设的电商交易平台："京东商城中国特产·青海馆"、"1号店特产中国·西宁馆"、"1号店特产中国·海东馆"、"1号店特产中国·海南州馆"、"114mall·青海专区"、"集群 e 家智慧生活网"等；本土电商交易平台："青海商务网"、"青海过日子网"、"大美易购网"、"青海交电大楼网购商城"、"西宁菜篮子网"、"城市公众服务和服务产业孵化平台"、"惠民通平台"等。除电子商务平台外，省内现有多家基础电信运营商、软件供应商、系统集成商等电子商务服务企业，提供平台开发、信息处理、数据托管、应用系统和软件运营等外包服务。2015 年，青海又建成并投入运营了"淘宝特色中国·大美青海馆"、"广汇二手车阿里巴巴青海交易平台"、"赶集网青海区电商平台"、"京东商城·大美青海馆江源巧姑频道"以及省内农村（社区）电子商务 O2O 综合服务站"赶大集网"、"双树农村电商服务中心"等农村综合服务站点。这些平台的建成，突破了时间和空间的限制，在将省外优质产品带入青海惠及民生的同时，为传统企业开展电商业务、开拓线上销售渠道奠定了良好基础，为青海电子商务发展注入了新的活力，推动青海电子商务进入综合发展的良性阶段。

此外，为促进青海电子商务行业快速发展，发挥产业聚集和行业示范引领作用，青海首个电子商务公共服务平台——朝阳国家电子商务示范基地建成并投入运营。已有近 50 家（不含线上虚拟入驻企业）与电商相关的省内外各类企业和机构入驻电商基地，基本涵盖了电子商务交易服务、支撑服务和衍生服务等服务类别。为提升电商基地服务能力，拓展服务范围和领域，满足企业入驻电商基地需求，青海还筹建了线上电子商务公共服务平台，为省内企业提供电子商务方面的政策咨询、专业化服务、企业产品展示和交易等服务功能。线上线下公共服务平台的建成，能够有效聚集省内外各类电商资源，在探索公共服务模式创新，多元化多渠道投融资机制，促进电子商务产、学、研、用紧密结合，吸引更多产业链上下游企业开展电商活动等方面起到积极的促进作用。在辐射带动传统企业创新发展，促进实体经济转型升级，发挥产业聚集效应，形成特色产业优势集群，打造良好电商发展环境方面具有重要意义。

2. 各领域电子商务应用水平

随着电子商务的不断发展，其在省内各领域的应用水平不断提升，总的来看，电子商务渗透的行业和领域越来越广泛，除服务业外，电子商务在工业和农牧业领域的应用已开始逐步显现。此外，对电子商务的正确认知，是提升各领域电子商务应用水平的关键所在，发展电子商务的目的并不仅仅局限于建设多少个网络交易平台，而是将网络化的商业、管理理念引入到传统产业、行业和企业，使其能够利用互联网提高管理水平，降低成本，提升效率，拓展市场空间，提升经营能力和营运水平，让网络真正发挥其开放、广泛、便捷的效力，使商业、管理活动中的各个环节、端点紧密结合，进而带动整个产业快速健康发展。青海电子商务目前主要集中应用在服务业范围内，如网络购物、服务消费、充值缴费、票务预定、在线金融等。在农牧业领域的应用主要偏重于农畜产品的销售环节，而将电子商务贯穿整个农畜产品生产、加工、销售环节的实例还相对较少，距离实现互联网技术在农牧业上全面应用的智能农牧业还存在不小的差距，虽然省内部分电商企业已将电子商务便民服务点开设至社区、乡镇、农村、牧区，但仍以提供服务以及畅通农畜产品和工业生产品双向流通环节为主要功能。在工业领域，电子商务的应用相对就更少，工业企业的产供销仍以传统经营方式为主，企业利用电子商务的实例少之又少。

3. 两市六州电子商务发展现状

从两市六州电子商务发展和应用水平情况来看，西宁市、海东市、海北州、海西州、海南州发展水平相对较好，黄南州、果洛州、玉树州电子商务发展水平相对落后。从平台建设情况来看，目前省内已有的 20 余家主要电商平台，一半以上集中在西宁，但"1 号店特产中国·海东馆"、"1 号店特产中国·海南州馆"等市州已正式上线运营，"海北州馆"、"海西州馆"正在建设当中。从电商基地建设情况来看，目前朝阳国家电子商务示范基地位于西宁，成为全省电子商务服务体系建设核心，海东已建成创业孵化园区支持电子商务企业入驻园区创业，海西州已建成青海首个市州电子商务服务基地——"中国青海柴达木电商绿洲"，海北州已入驻朝阳国家电子商务示范基地，并建成"海北州馆"线下体验店。从企业应用电子商务情况来看，西宁地区多数传统商贸流通企业已开展或已准备开展电子商务业务，海东、海南、海西、海北部分企业已开展电子商务业务，黄南、果洛、玉树地区开展电子商务活动的企业数量较少。此外，西宁地区企业开展电子商务活动的形式多样且较为丰富，传统电商、移动电商、专业电商等各类形式较为全面；而其他市州的企业仍以搭建传统电商平台的方式开展电子商务活动，活动种类相对单一，缺乏创新。从电子商务交易额来看，青海电子商务交易额70%来自西宁市，其他市州交易额总量只占30%。2014年青海"双十一"网络购物节期间，"青海过日子网"的销售数据显示，特产销售总额占销售总额的70%，其他种类的商品销售额仅占30%。各市州都具有自身特色的土特产品，唯有合理利用电子商务手段，充分利用青海名优特产品的良好声誉，有针对性地开展电子商务活动，才能有效推动当地经济社会发展。

（二）青海电子商务发展存在的主要问题

1. 行业发展缺乏特色

近年来，随着信息技术水平的不断发展，青海电子商务行业发展取得了一定的成绩，但是电子商务专业细分市场及专业化电商企业缺乏、服务内容单一、交易模式简单重复等问题，制约着青海电子商务的发展。迄今为止，青海还没有一家经营规模较大的电子商务平台企业，专业化电商服务企业还不多。多数省内电子商务网络交易平台缺乏地域特色，在用户规模及平台宣传方面竞争力相对较弱。

2. 发展环境有待完善

朝阳国家电子商务示范基地虽已正式建成并投入运营，但短期内辐射带动、示范引领全省电子商务发展的作用还不能得到充分发挥。此外，青海省电子商务货源基地、生产加工基地、展示销售基地、养种植基地的建设才刚起步，产业聚集效应还未全面形成。行业配套的电子商务信用、认证、金融、物流等体系建设相对滞后；行业统计、监测、评价工作体系还不完善；物流成本仍相对较高，城市配送和快递物流业发展仍跟不上电子商务发展的步伐；提供认证、咨询、软件、代运营、用户体验设计、数据挖掘与分析的公司还不多，电子商务专业服务能力还有很大的提升空间。

3. 专业人才严重匮乏

虽然以青海大学财经学院、青海民族大学为代表的省内高校已经与部分企业展开合作，开办电子商务、物流方面的专业，但仍不能满足省内企业对电子商务方面的人才需求。电子商务策划、运营等方面中高端人才的匮乏，成为企业应用电子商务的屏障，也成为制约青海电子商务快速发展的瓶颈。此外，与之配套的建立人才引进机制、出台优惠政策的滞后，在一定程度上限制了电子商务高端人才来青就业创业。

4. 社会参与程度不高

虽然电子商务在青海的普及和应用水平不断提高，但省内多数企业和民众参与电子商务的程度并不高。一是多数消费者传统消费观念尚未转变，未养成通过网络购物的习惯。二是多数企业经营模式缺乏创新，利用电子商务拓展销售渠道的企业数量有限。三是部分地方政府对开展电子商务在提高效率、促进经济发展方面的重要作用认识不足。

5. 网络基础设施建设滞后

电子商务是以互联网为基础开展的商务活动，对宽带、网络安全系统、数据管理系统、支付系统等信息技术有着一定的要求。综合青海情况来看，除西宁市外，乡镇、农牧区信息化基础设施建设相对滞后，还不能适应电子商务快速发展的需要。

6. 市场主体发展缓慢

青海电子商务行业起步较晚，行业企业整体实力相对较弱，缺少电子商务龙头企业。电子商务在零售、社区、旅游、家政等领域应用刚刚起步，行业企业发展缺少可借鉴的经验。另外，农牧区缺乏电子商务企业、电子商务应用水平低等因素共同制约着行业市场主体发展。

二 2016年青海省电子商务发展形势分析

目前，青海电子商务仍处在起步阶段，营造良好的电子商务发展环境，构建覆盖两市六州的电子商务服务体系，开展电子商务试点示范工作，促进电子商务与相关产业协同发展，引导传统行业、企业转型升级仍是当前的主要任务。下一步，根据国家开展电子商务进农村试点示范工作要求，积极指导电子商务企业向农村牧区延伸业务和服务，开设电子商务进农村综合服务点，全面做好电子商务进农村综合示范县创建工作。同时，结合青海实际，选取有代表性的外贸企业开展跨境电子商务试点，畅通青海产品的海外销售渠道，引导企业和青海名优特产品"走出去"。未来，青海电子商务将不断向工业和农牧业渗透，真正实现传统工业和传统农牧业向智慧工业和智慧农牧业转型升级和跨越发展。

优势方面：凭借独特的地理位置和气候条件，出产的名优特产品享誉盛名；由于行业发展相对缓慢，可借鉴的先进发展经验较多；行业发展潜力巨大，消费潜能有较大的释放空间。劣势方面：发展环境不完善；信息基础设施和行业配套设施不健全；缺乏行业示范，整体发展水平低；专业人才匮乏；本省企业知名度和影响力不足。同时，国内成熟的第三方平台对本省自建平台（功能、服务均不完善）构成强有力的威胁；省内网络消费潜力不断通过国内大平台释放到省外。机遇方面：国家高度重视电子商务发展，电子商务迎来发展契机；信息技术水平提升并不断应用到流通领域；国内知名第三方平台为本省企业开展电商提供了成熟的技术支撑；社会舆论、宣传、教育不断加强，民众电子商务认知程度加强，网购人群不断增加。

三 青海省发展电子商务的基本思路和推进重点

作为一种新型的商业形态，青海电子商务近年来整体发展态势良好，但由于起步发展相对较晚，今后的发展壮大还将面临一系列新的困难和挑战，需要进一步结合省情实际，厘清发展思路，明确发展重点。

（一）发展思路

以朝阳国家电子商务示范基地为核心，建立覆盖两市六州的电子商务服务体系；依托大数据、云计算、物联网等现代信息技术，结合青海优势、特色产业，推动建设养殖种植基地、货源基地、展示销售基地和专业化市场；强化电子商务服务体系对传统产业的专业化服务，逐步打通生产、流通、消费产业链条，带动青海名优特产品在流通方式上的创新，使电子商务发展与地方优势产业发展紧密结合，发挥对区域内传统产业转型升级、产业结构调整和融合发展的助推作用。

（二）发展目标

深入发掘青海电子商务发展优势，建立完善的符合省情的电子商务法规、监管和统计监测评估体系，促进全省电子商务规范健康有序发展。重点推动西宁、海东、格尔木等核心城市实现产业聚集，积极申报国家级或省级电子商务示范城市、示范基地、示范企业，引领和扶持一批试点示范企业，全面提升青海电子商务发展水平。推动省内网络经济与实体经济深度融合，深入拓展电子商务在高原特色农牧业、旅游业、生产加工产品等领域的应用。发挥企业在电子商务发展中的主体作用，鼓励企业探索并积极运用新模式、新技术，坚持市场化运作，按市场规律促进电子商务普及和深化应用。

（三）主要阶段

1. 集聚融合创新阶段

促进特色农牧业、旅游业、服务业等产业与电子商务融合集聚发展，依托各地已有工业园、养种植基地、产业园等载体，引领和扶持当地龙头企业积极应用电子商务。创新营销模式，开拓合作渠道，培养并引进电商专业人才，引进平台类与服务类电商企业，促进全省电子商务规模化发展。

2. 打造精品品牌阶段

依托青海丰富资源，形成重点产业品牌，并建设重点产业电商平台；建立"青海省旅游服务电商平台"，全力打造以夏都西宁、三江源、青海湖、祁连山风光、金银滩草原和中国原子城为代表的高原生态旅游，深度开发文化旅游，积极发展城郊休闲旅游，满足城乡人民多层次、多元化旅游消费需求。通过建设行业电子商务平台、大宗商品网上交易平台以及培育电子商务龙头企业，推动 B2C 与大宗商品 B2B 交易快速发展。

3. 国际化、集约化阶段

依托丝绸之路经济带区位优势，积极推动跨境电商试点工作。支持跨境电子商务零售出口企业加强与境外企业合作，通过"海外仓"、"体验店"等模式，拓展海外市场；鼓励外贸企业依托第三方电商平台开展跨境贸易；加快电子口岸、跨境电商公共服务平台和交易平台建设，优化货物快速通关、提升外贸综合配套服务能力，改善跨境电子商务交易的公平性、安全性、便捷性，大力推进边贸口岸建设，加强与南亚、中亚、西亚的国际贸易，实现产业集约化发展。

（四）电子商务重点工程项目

1. 电子商务创新发展工程

以电子商务示范创建、创新创业孵化为重点，加快推进国家级、省级电子商务示范基地和创业孵化平台建设。重点项目：①电子商务示范基地建设项目。推动建设朝阳国家电子商务示范基地（二期工程）和省级电子商务服务基地，完善电子商务示范基地设施及配套服务，形成集贸易、物流、融资、培训、创新等多功能、多业态于一体的功能聚集区。②县乡村电子商务服务体系建设项目。在全省县级行政区、乡镇、行政村建设电子商务服务中心、服务站和服务点，形成覆盖县乡村三级电子商务专业服务能力。③电子商务仓储货源基地建设项目。在全省主要城市和特色产业地区建设集物流和仓储于一体的电子商务货源基地，为企业开展电子商务提供省内外优质货源储备。④电子商务创新创业孵化工程。依托科技创新，结合各地区产业园区、创业孵化基地、电子商务示范基地，建设电子商务创新创业孵化平台，加快培育青海电子商务主体。

2. 电子商务应用融合工程

以推进电子商务进农村、进社区、进企业为重点，促进农牧业、零售业、旅游业、制造业等领域电子商务应用，基本实现主要领域电子商务全覆盖。重点项目：①电子商务进农村综合示范试点项目。以国家和省级电子商务进农村工作为契机，在全省范围内创建一批具有典型带动作用的电子商务示范县。加快农牧区商业网点改造、电子商务配送和综合服务网络建设，逐步畅通工业品下乡和农畜产品进城双向流通渠道。②电子商务扶贫项目。加快全省贫困地区基础通信网络、电子商务服务站、快递配送站点建设。鼓励和支持电商企业、个体网商和大学生创业者帮助贫困地区开展农畜产品网络销售；开展农牧区电子商务培训，培育农牧区电子商务从业人员。③电子商务线上线下融合（O2O）项目。一方面，推动电子商务平台企业开展渠道下沉，在城市（城镇）社区建设电子商务体验店，提升消费者体验感；另一方面，以互联网、大数据应用改造省内线上批发、零售、餐饮等服务企业，形成新型的商业业态，促进线上线下融合发展。④跨境电子商务交易平台项目。一方面，推动外贸企业开展跨境电子商务试点，自建或依托第三方平台拓展海外销售渠道；另一方面，吸引国内知名跨境电商平台在青海落地，满足消费者对进口商品的需求。

3. 电子商务人才教育培训工程

建立电子商务示范教育培训基地，整合省内外培训资源，有针对性地开展多层次、多渠道人才教育培训。积极推动高等院校进一步完善电子商务专业学科建设，完善电子商务专业人才培养机制，鼓励和支持电子商务企业与高校开展多层次、多形式合作，畅通人才就业渠道；鼓励职业教育和社会培训机构开展电子商务技能培训，加快电子商务应用型人才培养；充分发挥省内相关行业协会作用，鼓励行业协会、社会各界积极组织企业中高层管理人员和在职人员开展电子商务知识普及培训；健全电子商务人才引进机制，积极引进电子商务复合型人才。

四　对策建议

根据上述研究分析，今后一段时间青海电子商务发展还需要从建立部门联动机制、推动试点示范工作、加强宣传培训等方面着手，确保电子商务在青海发展壮大，推动全省经济社会更好发展。

（一）完善组织保障，建立部门联动机制

尽快建立覆盖两市六州的电子商务工作协调机制和服务体系，形成全省跨部门、跨区域的电子商务联动协调机制和连通省、市、县、乡、村的电子商务服务体系。依托各级政府部门联动机制，加快电子商务服务基地、服务中心、服务站、服务点建设；推动信息网络基础设施建设，提升网络覆盖能力和水平；鼓励支持城市共同配送、快递物流合理布局，提高电商快递物流的配送效率；加快形成电子商务专业协同服务能力。

（二）加强政策引导，推动试点示范工作

一是继续优化电子商务政策软环境，在落实《青海省加快电子商务发展的政策措施》的基础上，根据国务院大力发展电子商务指导意见和商务部"互联网＋流通"行动计划，结合青海实际，会同省内相关部门研究出台《青海省大力发展电子商务培育经济新动力实施方案》。二是加快省级电子商务示范基地、示范企业和电子商务进农村综合示范县的标准制定，指导条件成熟的市州县先行先试，不断深化试点示范工作。

（三）加快平台建设，深化电子商务应用

一是开拓青海"名优特"产品线上销售渠道。通过培育本土电商交易平台，引进国内知名电商平台，拓宽青海"名优特"产品销售渠道，提升产品知名度和品牌影响力，辐射带动相关产业快速发展。二是深化电子商务应用，加快农村电商发展。落实"互联网＋流通"行动计划和电子商务政策措施，加快"农村电子商务示范县"建设步伐，促进农产品网上交易和农村电子商务服务工作，为推动全省农村电子商务发展工作做充分准备。三是筛选一批具备开展跨境电子商务业务、诚实守信的电子商务企业、外贸企业参与跨境电子商务试点。鼓励外贸企业利用自建平台或依托国内成熟的第三方跨境电子商务交易平台开展跨境出口业务，开拓海外市场。四是强化电子商务与展会、节庆日融合。组织省内企业开展"网上年货大集"、"双十

一网络购物节"、"网上清食展"等电子商务活动,促进电子商务同传统节日、网络活动、重大展会的有机融合。

(四)加强宣传培训,营造电商发展良好氛围

一是充分发挥省内主流媒体舆论导向作用,加大电子商务宣传力度。多渠道、多层次大力宣传普及电子商务知识,提升民众对电子商务的认知度,提高企业应用电子商务的水平。二是充分发挥行业商(协)会作用,开展服务、引导、交流等活动,联合省内高校、企业、社会团体等开展电子商务大赛,鼓励大学生利用电子商务实现自主创业。三是推动电子商务人才培养工作。积极引导高校、企业及研究机构联合开展电子商务技术、营运和服务人才培训,将电子商务专业人才的长期教育与技能人才的短期培训结合起来,加快向青海企业输出急需的电子商务人才。

参考文献

葛梦瑶:《电子商务在金融创新中的应用》,《企业改革与管理》2015 年第 18 期。

陈敏瑶:《基于电子商务环境模式下的供应链管理》,《企业改革与管理》2015 年第 8 期。

B.10
2015年青海保险业发展及2016年展望

谢磊 李天然*

摘 要： 2015 年，青海保险业保持了快速发展势头，改革创新进一步
深化，服务经济社会的能力进一步发挥。在经济下行压力增
大的情况下，2016 年保险业将全面贯彻落实"新国十条"的
各项任务，确保行业平稳较快发展。

关键词： 青海保险 发展状况 "新国十条"

一 2015年青海保险业发展及其特点

2015 年，青海保险业进一步深化改革创新步伐，保持了快速发展势头，
呈现良好的发展特点。

（一）2015年青海保险业发展概况

2015 年上半年，全省实现原保险保费收入 33.1 亿元，同比增长
27.28%，增速列全国第 8 位，高于全国平均增速 8.01 个百分点，高于西部
地区平均增速 6.2 个百分点。其中，财产险公司实现原保险保费收入 14.37
亿元，同比增长 10.71%；人身险公司实现原保险保费收入 18.72 亿元，同
比增长 43.8%，增速列全国第 4 位。财产保险公司上半年实现承保利润
1.56 亿元，利润率 13.52%，全国排名第一。截至 2015 年上半年，全省共

---

* 谢磊，青海保监局党委书记、局长；李天然，青海保监局统计研究处。

有保险公司省级机构 15 家，省级以下分支机构 250 家；全省共有保险从业人员 10357 人，其中，寿险公司 7876 人、产险公司 2350 人、保险专业中介机构 131 人。

（二）2015年青海保险业发展特点

1. 财产险公司业务增速持续回落

2015 年上半年，全省财产险公司实现原保险保费收入增速继续回落，较上年同期回落 6.47 个百分点，增速仅列全国第 22 位，尤其是与经济发展密切相关的营业性货车交强险、工程险等业务同比下降幅度很大，分别下降 28%、52.74%，占据财产险公司龙头地位的商业车险件均保费同比下降 181 元。

2. 寿险公司业务实现高速增长

2015 年上半年，全省寿险公司实现原保险保费收入 18.72 亿元，同比增长 43.8%，增速高出全国寿险机构同期平均增长水平 20.83 个百分点，居全国第 4 位，较上年同期增速高出 21.93 个百分点。一方面，从销售渠道看，个人代理业务仍是寿险公司稳健发展的基础。截至 2015 年上半年，全省个人营销渠道原保险保费收入同比增长 30.39%，高出上年同期增长水平 16.7 个百分点，为人身保险市场的快速健康发展贡献突出，增长贡献度高达 43.41%。另一方面，从险种结构来看，得益于普通型寿险费率改革的持续红利，青海省普通型寿险业务实现了快速增长。全省寿险公司普通型寿险原保险保费收入 7.91 亿元，同比增长 143.68%，其中普通型寿险新单保费收入 6.95 亿元，同比增长 186.91%。在同期寿险总保费规模中的占比达到了 51.92%，较上年同期提高了 20.13 个百分点。

3. 消费者权益保护工作有效推进

强化保险公司维护消费者合法权益的主体责任，督促各家寿险公司进一步加强失效保单清理工作；在全省组织开展"主动为消费者寻找保险理赔理由"活动，优化理赔流程，简化理赔手续，改进服务措施，创新服务模式，提升理赔服务效率和质量。加大监督检查力度，提高保险公司经营透明度，开展"亮剑行动",严厉打击销售误导、侵占保费等违法违规行为。以推进制度机制建设和信用体系建设为基础,拟定《青海保险业信用体系建设工作方案(2015~2020年)》,推进保险市场主体践行"守信用、担风险、重服务、合规范"的行业核心价值理念;开通"12378"保险消费者投诉维权热线;与西宁市仲裁委员会尝试在西宁市构建"仲调对接"工作机制。提升公众保险消费风险防范意识,印发《青海保险业消费者教育工作实施方案(2015~2020)》,努力构建保险消费者教育工作的长效机制;充分利用新闻媒体和微信公众平台等新媒体平台,利用好"3.15"消费者权益保护日、"7.8"保险公众宣传日、青海综合治理宣传月、安全生产宣传月等重要时点,遵循促进发展、维护稳定的原则,努力做好保险消费知识宣传教育工作。

二 2015年青海保险业服务经济社会情况

2015年,青海保险业全面提升为全省经济社会服务的能力,特别是在完善社会保障服务"三农三牧"、促进社会管理等方面发挥了推进作用。

(一)在完善社会保障体系中发挥积极作用

一是2015年大病保险签单保费23132.33万元,参保人数462.65万人。截至上半年,累计结报18059笔,结报金额8343.41万元,结报金额约占全年大病保险资金的36.07%,其中单笔最高结报14.31万元,件均结报4620.08元;大病保险赔付金额占医疗总费用的比例约为14.36%,大病保险赔付与基本医保赔付合计占医疗总费用的比例约为63.8%。二是黄南州和果洛州也被纳入了2015年商业保险机构经办城乡居民医保服务试点范围,试点地区扩大到2州1市1县。三是相关商业健康保险税收优惠、养老机构综合责任保险和老年人意外伤害保险工作等正在积极推动落地中。

(二)服务"三农三牧"能力显著增强

2015年,青海省农业保险在原有险种的基础上,新增藏香猪保险、蔬菜价格指数保险，开办险种不断丰富；大田作物保险新增旱灾和病虫草鼠害保险责任；承保面积进一步扩大，2015年大田作物全省计划承保面积为240.97万亩，同比增长18.87%，冷水鱼计划承保33.06万立方米，同比增长近13倍；实现藏系羊、牦牛保险在玉树州治多县的扩面。为推动农房保险试点工作，加快附加地震巨灾责任落地步伐，联合相关政府部门下发了《关于开展政府向社会力量购买农村住房保险试点工作的通知》。

（三）积极促进社会管理方式创新，维护社会和谐稳定

开展第二批环境污染强制责任保险试点工作，涉及全省4个市州54家有色金属矿（含伴生矿）采选、冶炼，化学原料及化学制品制造等高环境污染风险企业；在全省启动医责险承保工作，通过招投标确定4家公司为医疗责任险承保主体，并将在年底前完成全省二级以上公立医院的承保工作；道路承运人责任保险统保工作正在全面开展；安全生产责任保险和首台（套）重大技术装备保险补偿机制落地，食品安全责任保险和见义勇为责任保险稳步推进。

三 2016年青海保险业发展形势展望

2016年，面对经济新常态，青海保险业将积极挖掘发展潜力，以增加内生动力为重点，以助力经济社会为核心，确保平稳快速发展。

在经济下行压力加大的背景下，青海省保险业快速发展存在一定的困难，但整体上机遇大于挑战，主要体现在：一是政策红利期。宏观层面上随着《国务院关于加快发展现代保险服务业的若干意见》、《国务院办公厅关于加快发展商业健康保险的若干意见》及《青海省人民政府关于加强发展现代保险服务业的实施意见》的全面深入推进，各级政府对保险的重视程度不断提升，支持行业大力发展的各项政策将陆续出台，行业发展的政策环境进一步优化，保险业将在完善现代金融体系、社会保障体系、农业保障体系、防灾减灾体系、社会管理体系中大有作为。二是发展潜力巨大。从保险

深度和保险密度指标来看，青海省分别低于全国平均水平 1.18 个百分点和 681.47 元，说明保险业渗透力不够，尚有巨大的发展空间；经济的转型升级为科技保险、环境保险及服务于三产的诸多新型保险业务带来难得的发展机遇；财政支出逐年向民生领域倾斜的趋势势必给社会管理功能强、事关民生的农牧业保险、大病保险、责任保险、小额人身保险带来稳定持续的发展。三是行业内生动力持续增强。青海省保险市场持续保持快速发展，全行业加快发展的主动性大大增强；保险改革进一步深化，行业可持续发展的能力不断提高；行业整体实力大大增强；保险监管和防范风险的能力不断增强，市场秩序不断规范。

通过观察 2010～2014 年青海省原保险保费收入线性图，发现其增长具有趋势性且呈现一定的非线性，因此我们采用时间序列非线性趋势外推预测 2015 年原保险保费收入。在非线性趋势曲线中，指数曲线较好地拟合了近五年原保险保费收入的增长趋势，通过指数曲线，预测 2015 年原保险保费收入增速约为 22%，达到 56 亿元左右。

四　政策建议

针对青海保险业发展面临的许多困难和挑战，结合青海经济社会发展实际，青海保险业将从以下五个方面重点推进。

（一）加强防范风险，更好地服务经济社会发展

加强对保险公司经营情况的风险监测和分析评估，密切关注市场风险变化，对市场的苗头性问题和风险隐患做到早发现、早防范。加强对退保风险和满期给付风险的排查、监测和预警，对可能出现的系统性、区域性风险和影响社会安定的群体性事件做到早介入、早处置。做好非法集资相关风险排查，强化保险机构内部管控，严防从业人员参与非法集资的风险。以反保险欺诈中心建设为契机，开展"警保"执法联动，努力构建"政府主导、执法联动、公司为主、行业协作"的反保险欺诈工作体系。

（二）促进农牧业保险发展，切实服务"三农三牧"

按照《青海省2015年农业保险实施方案》的要求，全面做好2015年农业保险工作，指导保险公司做好治多县等地的藏系羊、牦牛保险和西宁市蔬菜价格指数保险及平安、祁连、乌兰、称多和杂多五县的农村住房保险试点的承保和理赔工作，进一步提高青海省农业保险的保障范围和服务水平。加大各级财政对农牧业保险的支持力度，进一步扩大农牧业保险覆盖面，发展高原特色农牧业保险，积极推动建立由地方财政支持的大灾风险基金，确保农牧业保险可持续发展。

（三）大力开展商业养老、医疗等保险发展，积极服务于社会保障体系建设

一是研究出台青海省加快发展商业健康保险的实施方案。进一步完善保险公司第三方医疗风险管控机制，尽快赋予承办保险公司监控医疗机构医疗行为的工作职责和具体抓手，建立对医疗机构违规行为的有效监督制度。二是在西宁市正式启动实施商业健康保险税收优惠政策试点工作。三是继续指导保险机构做好青海省养老机构综合责任保险和老年人意外伤害保险政策落地工作。四是借鉴江苏、云南等省经验，出台相关政策允许使用职工医保个人账户一定比例余额购买商业健康保险，为人民群众创造更好的医保条件，在意外身故、疾病身故、意外残疾、重症监护津贴、意外、疾病住院津贴、长期护理等方面为农牧区群众提供更强的风险保障。

（四）持续推进环境、安全生产、食品安全等责任保险发展，积极服务于社会管理

一是做好全省环境污染强制责任保险落地和全省二级以上公立医院承保工作。鼓励非公立医疗机构积极参加医疗责任保险和意外伤害保险。二是积极推动安全生产和食品安全等与公众利益密切相关的责任保险发展，进一步提高覆盖面和渗透度，切实服务地方经济社会发展。

（五）发挥保险在解决小微企业"融资难、融资贵"问题中的作用

做好小额贷款保证保险试点工作，参与解决小微企业融资难问题；积极推动活禽活畜保险保单质押贷款业务，探索活禽活畜融资新模式。

参考文献

《2014 年青海统计公报》，青海统计信息网，http：//www. qhtjj. gov. cn。

社 会 篇
Social Reports

B.11
青海省创建民族团结进步先进区
成效与经验、不利因素
及对策建议

陈玮 谢热 马进虎*

摘 要： 本文根据党的十八大和中央有关会议关于进一步加强各民族
共同团结进步，开创民族工作新局面以及"治国必治边，治
边先稳藏"和"依法治藏、富民兴藏、长期建藏"等一系列
重要指示精神，结合当前青海省开展创建民族团结进步先进
区活动的具体实践，在全面、客观总结和评价创建活动所取
得的主要成效及经验的同时，系统梳理、概括分析了目前存

* 陈玮：青海省社会科学院党组书记、院长、博士、教授，研究方向：民族宗教学、藏学、民族
社会学；谢热：青海省社会科学院藏学研究所副所长、研究员，研究方向：民族宗教学、藏学；
马进虎：青海省社会科学院文史研究所所长、副研究员、博士，研究方向：民族宗教学。

在的一些不利因素及其成因，并围绕下一阶段工作目标任务，提出了若干具有一定可操作性的对策建议。

关键词：　青海　民族团结进步先进区　依法治藏

青海省创建民族团结进步先进区活动开展两年多来，全省上下以《青海省创建民族团结进步先进区实施纲要》（以下简称《纲要》）为引领，创新思路，狠抓落实，全面推进创建民族团结进步示范区向创建民族团结进步先进区的战略转移，使民族团结、经济发展、宗教和睦、文化和顺、社会和谐的局面进一步增强。

一　开展创建活动的主要成效

第一，加强基础设施建设，改善生产生活条件，使民族地区的落后面貌、发展差距得到明显改变。创建伊始，省委、省政府就把加强民族地区基础设施建设、改善农牧民生产生活条件作为首要任务进行全面落实，先后完成了大型国省道干线公路建设项目，同时还实施了一批旅游、州县际、农村等公路及桥隧工程。到目前为止，共和—玉树高速公路基本建成，隆大、牙同和花久等高速公路也在加速推进，全省高速公路通车里程已达 2000 余公里，藏区通达公路的行政村增加约 660 个，基本实现了全省公路联网的目标。与此同时，机场、车站、铁路等建设突飞猛进，日新月异。除完成西宁和格尔木两个机场的改扩建外，德令哈、花土沟支线机场已建成使用，果洛支线机场将于 2015 年底试航，青海湖和黄南、祁连 3 个机场也将上马；兰新铁路客运专线和西宁新火车站建成营运，青藏线关角隧道铺轨开通，格敦、格库铁路建设加速推进。此外，大力推进电力建设和电网延伸工程建设，以彻底解决民族地区长期面临的电力短缺问题。短短两年多时间，玉树联网工程投入运行；青海无电地区电力建设工程全面完工，提前实现了大电网覆盖下全部无电人口用上电的目标；花土沟 330 千伏输变电工程竣工投运；果洛与省内主网联网工程、塔拉 750 千伏输变电工程基本完工，将实现班玛、久治、玛多三县电网与省内电网主网相连。两年多来，一大批事关民族地区跨越发展的重大基础设施陆续建成，成为服务农牧民群众、增进民族团结、促进藏区经济社会发展的一项民生工程、幸福工程，对支持地方经济社会发展、保护三江源地区生态环境、加快推进民族团结进步先进区建设发挥了重要作用。

第二，优化公共医疗卫生资源，完善、提升社会保障体系和公共服务能力。省委、省政府针对青海省农牧区自然环境恶劣、条件艰苦，尤其是医疗卫生等公共服务体系和服务能力建设相对薄弱的实际，以疾病预防保健体制改革为突破口，以探索建立多种形式的合作医疗体系为途径，优化重组卫生资源，将 5 万人以下县的县医院、藏医院、卫生防疫站、妇幼保健站和计划生育服务站合并，组建医疗预防保健中心或医疗防保计生服务中心，实现资源共享、服务优质、效率良好的目标。与此同时，推进新一轮深化医改综合试点取得良好成效，使农牧区医疗服务综合能力得到进一步增强，特别是藏区各州全部实现了以县、乡为单位儿童全程免疫接种率达到 85% 的目标。目前，青海藏区已形成了布局合理、功能完善的医疗卫生服务体系，农牧民健康水平显著提高，人均期望寿命达到 65.5 岁。生存条件的改善和人性化服务的保障，体现的是党和政府的关心、爱护，本质上是一种对人的心灵和精神世界的抚慰与安顿，所以，其社会效应是不言而喻的。

第三，实施城乡安居工程，使民族地区群众住房升级换代加速，村容村貌焕然一新。各级党委、政府始终把解决人民群众吃、住、行等基本生活问题摆在一切工作的基础地位，优先谋划、实施，实现全覆盖。活动开展伊始，大力加强城镇保障房及农村奖励房、游牧民定居工程等建设和棚户区改造与农村危房改造等安居工程，并实施"草原新帐篷行动"，开工建设保障性住房 34.07 万套，惠及城乡居民 50.9 万户，85% 的农牧民住房得到根本性改善。全省城镇住房保障标准提高到人均 16 平方米，农牧区人均住房面积提高到 27.57 平方米。总体而言，民族地区的落后面貌大为改观，农牧民群众居住条件更加舒适、便利，村容村貌焕然一新。特别是随着新农村、新牧区建设的不断推进，田园美、村庄美、生活美的"高原美丽乡村"新景象遍地盛开，处处呈现一派繁荣发展、欣欣向荣的新气象、新图景。

第四，积极扩大就业门路，实现民族地区大中专学生充分就业。两年多来，通过实施"春风行动"等一系列转移就业项目，实现城镇新增就业6.14万人，高校毕业生就业率增长到89.4%。特别是在组织行政和事业单位公开考录招聘工作中，坚持加强藏区基层人才队伍建设与促进高校毕业生就业相结合，坚持面向社会公开考录招聘与照顾倾斜藏区相结合，实行放宽年龄限制和学历要求、提高定向藏区考录招聘比例等18项政策措施，先后考录招聘3118名毕业生充实到藏区基层机关和事业单位。统计数据显示，2014年，青海省藏区大中专学生初次就业率达82.6%，高出全省初次就业平均水平2.8个百分点。此外，进一步加大藏区就业创业扶持力度，用于促进就业的社保补贴和一次性奖励资金约为2010万元，职业培训补贴达1551万元。通过采取一系列积极、有效的政策措施，既实现了藏区大中专学生的充分就业，也使基层组织力量及干部队伍结构、面貌、能力等得到充实、加强。与此同时，为促进藏区人口就业，先后实施了经济园区用工万人培训、三江源生态移民技能培训、大中专毕业生专项就业、大学生创业引领等计划。

第五，优先发展教育民生工程，实现教育均衡发展，大力培养"四有"新人，营造全社会崇尚科学文明新风。近年来，全省各地通过优化学校布局和规模，有效整合教育资源，大力改善办学基础条件，使民族教育得到均衡发展，办学质量有了显著提高，尤其是农牧区基础教育实现了从"有学上"到"上好学"、从分散办学到规模办学、从松散管理到规范管理、从传统模式向现代新模式的转变。随着青海省"两基"目标的全面完成，人民群众对优质教育的需求不断增长，"上好学校，受好教育"成为农牧民群众的新期待、新愿望。

第六，加快经济发展，统筹稳增长、调结构、促改革、惠民生，使农牧民收入增速持续加快，城乡居民收入差距不断缩小。省委、省政府始终把经济发展、增加收入、改善民生作为头等大事来抓，以创造性思维、方法推动工作，经济社会发展取得了巨大成就。在不断调整和优化经济结构的基础上，大力推进现代农牧业示范（实验）区建设，各类设施农牧业、生态农牧业及水上、林下经济等特色产业规模和产能不断扩大，经济效益大幅增长，农牧业专业合作社及产业化发展趋势不断增强。扶持发展一批藏毯、肉食、乳制品以及民族特需品和手工艺品生产项目，同时大力推进农牧业综合服务体系建设，优化服务业结构。两年多来，省上通过增加对藏区农牧民有针对性的培训，改变了藏区农牧民单一的收入方式，使他们在旅游、餐饮、工程建设、运输、手工艺制作、商贸、文化产业等多个领域实现增收，农牧民人均纯收入保持年均增长两位数，同时实施精准扶贫，贫困人口减少21.3万人。

第七，全面加强生态保护建设，牢固树立绿水青山就是金山银山的思想意识，使经济发展与生态、资源的相协调、可持续发展得到强化、提升。各级党委、政府坚持中央关于创建青海生态文明先行区重要战略部署要求，进一步加强生态保护力度，取得显著成效。目前，三江源生态环境恢复良好，功能趋于增强。该区域植被覆盖度呈增加趋势，尤其是森林、草原植被盖度年均提高11.6%；同时重要水源涵养地保护、小流域综合治理、天然林保护工程等全面实施、推进。经过多年探索、努力，青海湿地面积不断扩大，总面积居全国第一。各类野生动物种群明显增多，栖息地域逐年扩大，生物多样性得到有效保护，同时民族传统文化的继承和发展得到大幅提升、增强，社会公众自觉参与生态文明建设的积极性普遍增强，文明进步意识显著提高，生态关系、社会关系更加趋向和谐、融洽，极大地推动了创建民族团结进步先进区的加快发展。

第八，探索创建社会治理"班玛模式"、"班玛经验"新路径、新方法，使社会治理体系和治理能力建设取得新突破、新进展，成为实现民族团结进步、社会和谐稳定、经济健康发展的思想法宝和精神动力。从2013年起，省委决心对班玛县存在的问题进行集中整治。通过整治，一些积案得到清理，尤其是诸如"黑出租"、盗窃、赌博、非法持有枪支、销售反动图书音像制品等现象得到全面整顿、治理，社会治安状况恢复良好，政府的权威、公信力极大提高；与此同时，大力整顿基层组织存在的软弱涣散问题，全县调整22名村干部，选派8名干部兼任村支书、村主任，并提高村"两委"成员报酬，从而使一些非法组织、部落势力、宗族势力抢占基层阵地的现象得到彻底改变。此外，寺院管理得到加强，依法治寺取得新进展、新收获。以总结"班玛经验"、"班玛模式"为基础，省委、省政府部署在青甘川边界地区 7 个县实施"平安与振兴"工程，使重点乡镇、村社、寺院、学校和移民安置点等地区和部位的综合整治取得重大进展，使藏区治理逐步走向规范化和法治化轨道，探索积累了具有青海特点的科学治藏新方法、新经验。

二 开展创建活动的成功经验

第一，始终把创建工作置于全省大局的首要位置，强化党委"一把手"工程，这是创建民族团结进步先进区的根本保证。省委及时成立创建工作领导小组，由省委书记骆惠宁担任组长，并制定了《青海省创建民族团结进步先进区重点任务分工方案》，对各地区、各部门和各级党政领导落实分工任务提出明确要求，层层以党委"一把手"工程启动实施，迅速形成"党委统一领导，党政齐抓共管，创建办组织协调，有关部门各负其责，全社会共同参与"的工作格局。不仅为创建工作制作了具体的顶层设计，而且为全面、深入推进创建工作提供了坚强、可靠的组织保障。

第二，始终把人民群众的主体地位和主体作用摆到创建工作的核心地位，充分激发和调动群众的积极性和创造性，这是创建民族团结进步先进区的生命线。我们看到，从创建民族团结进步示范区到创建民族团结进步先进区的战略调整和转移，一个最突出的特点是把创建活动的重点延伸到乡镇村社、寺庙教堂、学校社区和农牧区城镇转移人口最多、管理难度最大、问题最为复杂的市、县、乡镇所在地和生态移民聚集区，并且实现了由以往多注重读文件、念报纸、办墙报的灌输式宣传教育向多注重"贯通民间社会，内化深层价值"的群众参与式创建的根本性转变，把创建活动融入群众的所思、所想、所盼之中，通过植根群众、发动群众、服务群众、依靠群众，真正实现群众在创建活动中的主体地位和主体作用，做到"社会协同、公众参与"，夯实基层基础工作，激发和调动群众参与创建活动的积极性与创造性，从而使创建活动显得更具活力、动力，为持续、深入推进创建工作赋予了强大的生命力。

第三，始终把维护群众利益和解决群众实际困难作为创建活动的出发点和落脚点，坚持"一线工作法"，做实、做细各项惠民工程，这是创建民族团结进步先进区的有效途进。自创建活动开展以来，省委、省政府把改善民族地区交通、水利、能源、信息、住房等基础设施条件和保障、服务民生等作为首要任务谋划、实施，把创建活动融入改善民生的一切举措当中，实实在在为群众办事，特别是在抓落实上强调责任在一线落实、资金在一线保障、任务在一线完成。各级干部与群众在这种"一线工作法"中的面对面、心贴心接触、交流，不仅使民生工程及服务民生的质量和效率大大提高，群众和乐，群众满意，而且使一些矛盾纠纷得到有效排除、化解，群众关系、民族关系、干群关系、党群关系得到进一步增强，处处呈现一派民族团结、社会和谐、经济发展的美好景象。

第四，始终把解决和治理影响发展稳定的一些社会乱象和深层次矛盾及问题作为创建活动的突破口和着力点，因地制宜，分类施策，这是创建民族团结进步先进区的重大举措和思想法宝。从一开始，各地按照《刚要》确立的原则和要求，坚持问题意识和问题导向，树立正视问题和解决问题的勇气、信心，特别是在涉及治理一些地方社会乱象和加强维稳重点区域工作上，三级党委、政府主要领导注重蹲点调研，掌握实情，摸清底数，集中整治，探索建立了社会治理"班玛模式"、"班玛经验"新路径、新方法，使社会治理体系和治理能力建设跃上新台阶、新水平，也为继续深入创建民族团结进步先进区起到了示范、引领作用。特别是在藏传佛教寺院管理上根据不同情况、不同特点，分类指导，区别对待，建立了共同管理、协助管理、自主管理的三种方式，实现了藏传佛教寺院管理从应急处置向常态化管理的突破与转变。不少过去很难解决的矛盾及问题得以清理、消除，团结进步因素不断增多，稳定、和谐的局面进一步增强。

第五，始终把依法治省及建设法治青海贯穿于创建活动的始终，依法依规推进创建活动各项事业良性发展，这是创建民族团结进步先进区的又一重要保障。基于对民族地区特别是藏区特殊实际的充分认识，始终把普法宣传教育、加强立法、依法行政及司法公正与推进创建工作有机结合，同步推进。

一系列依法治省重要举措的逐步落实，"在很大程度上改变了长期以来藏区治理主要依靠行政手段、应急处置的传统做法，密切结合青海实际，创造性地贯彻落实党中央关于稳藏、建藏、兴藏的战略决策部署，探索创造了具有青海特点的治藏方式"，从制度上保证了创建民族团结进步先进区的有序、扎实推进。

三　目前影响创建民族团结进步先进区的不利因素

第一，目前有些地方在"三基"建设方面仍存在一些不足和薄弱环节，不仅制约了基层基础建设的发展，而且直接影响到创建民族团结进步先进区的推进及其成效。从调查掌握的情况看，一是有些地方对基层基础建设的重要性认识还不到位，一些干部特别是领导干部，对上级精神还没有准确全面地理解掌握，对本地的情况了解不是很透彻，处于重视不够、思路不清、措施不力、进展不大的状态。缺乏抢抓机遇、敢于拼搏的精神，查摆客观因素多，发挥主观能动性少。二是农牧区一些乡镇由于人力不足、经费紧张，通常一人当两人甚至三人用，即便这样，仍有一些最基本的工作无暇顾及，更谈不上调查研究和统计分析。同时也存在上级部门多头重复考核，使基层应接不暇的问题。三是近年来随着惠农支农资金的不断增加，群众生产生活得到明显改善，同时农牧区一些基层组织特别是村（牧）"两委"班子个别成员截留、挪用、克扣国家惠农支农补贴资金，套取征地补偿款和冒领、骗取低保金，大办婚丧嫁娶借机敛财，涉农乱收费等违纪违法问题易发多发，造成国家资金受损、群众利益受侵害，影响恶劣。

第二，农牧区重大基础设施建设尚需不断加强，尤其是综合交通建设布局不尽合理、水资源供需矛盾加剧、水综合利用率不高，以及能源基础设施和信息基础设施建设滞后等问题仍然制约着民族地区经济发展和创建民族团结进步先进区的进程及其成效。从调查掌握的情况看，一是目前青海省综合交通建设规划和布局尚需不断完善，主要表现在：结构缺乏协调，比如国道、省道与县乡公路间的衔接尤其是青南牧区州与州、县与县、乡与乡、村与村间的联网有待加强，至今有些乡镇、村社间只能绕道通行且公路等级很低。

这不仅制约了地区、民族间的交往和互动，而且影响了经济发展和民族团结进步。二是水资源供需矛盾和水综合利用问题仍不乐观。近年来，由于城镇化的加速发展，大量农牧区家庭、人口迁居州、县、乡镇所在地生活，加之外来务工、创业人员剧增，导致当地水资源供需矛盾加剧，影响人们正常生产生活，同时原有的水利基础设施规模弱小、功能老化，不能满足城镇化发展需求。三是局部地区如东部干旱山区、共和盆地、柴达木盆地一带水土流失防治步伐还较缓慢，水源涵养地保护仍显不足。四是全省能源基础设施建设仍滞后于发展需要，突出表现是电力供应紧张、电源结构不合理、电网结构薄弱。

第三，民生领域仍存在较多问题，尤其是在一些偏远地区利益分配不公、保障能力不足、供给辐射不均、服务质量不高等问题仍较突出，不仅影响了服务民生、改善民生的质量和效率，导致政府公信度和形象、声誉受损，而且在一定程度上制约了创建民族团结进步先进区的全面推进。从调查了解的情况看，一是一些地方在选择和确定低保户、孤儿、残疾人，以及危房改造户、奖励性住房补贴户等救助对象过程中"跑关系"、"说情"，以致弄虚造假的现象仍然存在。二是农牧区一度存在的缺医少药、看病难问题虽有很大改观，但在治病过程中出现的过度住院、过度检查、过度用药的新问题值得关注、了解。这一现象，既导致了看病贵、国家医保负担重的问题，也造成了药品、器械及人力的大量浪费、消耗，同时至今农牧区医疗装备落后、人才缺乏、供给辐射有限、服务能力薄弱等问题仍然是一个短板。三是一些领域和部门服务意识、服务质量尚有待改进、提高，主要表现在教育教学领域和窗口服务单位。比如农牧区普遍存在的师资能力不强、教学设施落后、网络信息不畅等问题解决得不好、不均，客观上制约了服务质量和工作效率的提升。又如，有些窗口服务单位的一些干部主观服务意识缺乏，改进意识不强，至今"人难找、门难进、脸难看"问题整改慢、成效低，群众满意度不高。

四 加快推进民族团结进步先进区建设的对策建议

第一，进一步提高思想认识，切实增强抓好"三基"建设工程的责任感和紧迫感，不断探索新思路、新方法，真正把"三基"建设提高到一个新水平、新境界。根据青海省农牧区实际和发展远景，目前主要做好以下一些工作。一要深入调查研究"三基"建设面临的新问题、新情况，以长远眼光和打算，既要进行"激励型"体制改革，也要开展"包容性"制度创新和组织创新。二要规范管理和服务，建立健全为群众上门服务、巡回服务和代办服务制度，同时要加强对乡镇站所、学校的领导和管理，乡镇站所、学校人员调动以及其主要负责同志的任免，主管部门须事先征求乡镇党委、政府的意见。三要组成专门工作组，在农牧区城镇转移人口最多、管理难度最大、问题最为复杂的市、县、乡镇所在地和生态移民聚集区进行深入调研，研究制定具体的党组织设置方案，并进行试点。四要建立机关基础工作目录，规范办事流程，加快工作节奏，制定和完善机关行政、财务、公文处理、印章管理、会务安排、车辆使用、机要保密、后勤接待和安全保卫等方面的制度，保证机关工作高效有序运转。

第二，进一步加强基础设施建设，完善和优化城乡设施布局及功能，为创建民族团结进步先进区打造更加优良、便捷的环境条件。一要积极实施公路畅通战略，提高公路畅通率。重点加快解决至今偏远地区一些村社、寺院、旅游景区不通公路和一些地方村社、乡镇间没有直线公路，以及一些乡村已通公路不合标准、质量差、功能弱，群众多有意见等问题。二要加快铁路干线建设，形成铁路运输网络。进一步完善路网结构，建设格尔木至成都、西宁至昌都铁路，形成辐射全省大部分地区的路网格局。同时，全面提高铁路运输能力，既要适应青海经济发展需要，也要适度超前发展，提高线路技术标准，增强技术装备水平，主要干线客货运输实现快速化。三要进一步完善机场布局，发展通用航空。主要是在大力发展民用机场建设的同时，秉承加强普通航空服务的理念，加紧规划建设通用机场，以完善机场布局，提高航空运输服务覆盖面，最大限度发挥通用机场的公共服务功能、经济建设服务功能及消费市场服务功能。同时要拓展现有机场的造血机能，提升机场管理水平，积极开展航线营销，并统筹考虑机场营销需求，实现设施设备资源的合理配置和运行高效安全。四要加快实施水利工程，优化水资源配置。

除继续全面加快拉西瓦、李家峡、公伯峡等罐区和蓄积峡、湟水河、黄河干流防洪，以及湟水北干渠一期、引大济湟调水总干渠等水利骨干工程建设外，要不断加大东部干旱山区、环湖一带及西宁市属三县等人口相对密集区水源地保护和小流域治理以及小中型水库建设力度，并继续建成一批农牧业高效输配水工程，推广和普及田间及草场喷滴灌等高效节水技术，全面提高农牧业节水水平，推广工业节水技术，提高企业用水循环利用率。同时完善城乡供水设施，加快城乡供水管网改造、升级，提高用水质量、安全。五要全面加快电源电网建设，不断优化能源结构。六要加快综合信息网络建设，大力推进信息化进程。七要完善城镇基础设施体系，加快新型城镇化进程。

第三，进一步保障和改善民生，不断完善社会保障制度，优化利益资源配置，最大限度地提高供给辐射的公平性与均衡度，充分调动广大农牧民群众投身创建民族团结进步先进区的积极性和创造性。根据省委、省政府提出的打造民生改善升级版的目标要求，通过不断增加投资规模、形式，推进制度创新步伐，提升保障民生的层次与能力，既要实现服务和改善民生的"提标扩面"，也要把改善民生的质量、效率提档升级，使农牧民群众能够获得更加高效、便捷的民生扶持与帮助服务。具体而言，一要全面推进新型农村社会养老保险、合作医疗保险以及低保等制度与城镇居民社会养老保险、基本医疗保险以及低保制度的合理衔接、整合，并完善城乡低保户确定和政策调整，以及与物价联动、工作推进等机制。二要加强组织领导，深入宣传动员，全面推进落实，促进民生工程责任在一线落实、资金在一线保障、任务在一线完成。做到项目落地，群众收益。三要结合当前开展的"三严三实"主题教育活动，切实转变工作作风，强化投身民生、服务群众的宗旨意识，不断提升能力、素质，真正把民生工作做细、做实，赢得群众的满意、好评。四要从制度建设入手，建立健全县、乡、村民生工程行政负责人述职制度，"五心"服务制度和民生工程优秀、合格单位、重点单位管理制度及绩效评价制度等多项新举措，保障目标任务的全面实现。五要健全完善民生工作基础资料数据库，全面启动各级部门民生数据库在线填报工作，安排专人负责信息提供和录入，做到准确、规范，以适应数字化、信息化发展需要。六要高度重视基础设施类民生工程的后续管理养护，明确管理养护主体和职责及办法，形成常态化，确保设施功能与作用的安全、高效、持续。

第四，进一步推进依法治国战略，全面加快法治建设进程，为创建民族团结进步先进区营造良好的法治环境。一要规范农地草地确权和流转，依法维护农牧民土地草场承包经营权，保障农牧民集体经济组织成员的权利，保障农户宅基地用益物权，慎重稳妥推进农民住房抵押权、财产权的抵押担保转让试点。二要各级党委、政府充分认识治理藏区习惯法的重要性和紧迫性，真正把治理藏区习惯法提到极其重要的议事日程，并纳入全省"七五普法"和当地"十三五"经济社会发展规划中，制定强有力的治理办法和措施，彻底清理习惯法存在的社会土壤。三要铲除封建特权与部落习惯势力的遗风，全面净化社会环境，大力倡兴现代文明新风。各地应借鉴果洛州的一些好做法、好经验，坚决禁止原部落头人后裔、宗教上层及新生的经济暴发户即"草二代"等势力运用习惯法处理一切民、刑事案件及各类矛盾纠纷，并深入广泛开展习惯法的社会危害性教育活动，形成强大的舆论宣传声势，做到家喻户晓，人人皆知。四要不断加强普法宣传教育，深入推进"法律七进"活动，重点宣传"三个不允许"和"三个讲清楚"（不允许原部落头人后裔及宗教界人士干预执法和司法活动，不允许私自插手民间纠纷的调处，不允许基层党政干部出面邀请他们；讲清楚法律的严肃性与权威性及公正性，讲清楚各项法律法规的具体内容，讲清楚用习惯法解决民事、刑事案件及各类矛盾纠纷的不公正、不公平及其危害）。五要在"12.4"国家宪法日、综合宣传月及各种节假日、纪念日、主题日等活动中，集中开展形式多样的普法宣传教育活动。六要努力提高群众的科学文化教育水平，通过实现每个人自身观念和文化素养的进步与提高，削弱他们对习惯势力及习惯法的认同、依赖，增强对执法机关的尊崇和信任，加强对法律法规的学习和掌握，不断增强法律意识，树立法治思维和观念，最终达到知法、守法、用法的目标。

第五，进一步提升和激发经济发展活力与动力，促进城乡经济均衡较快发展，保持城乡居民收入持续增长，不断筑牢创建民族团结进步先进区的中轴支撑力。一要推进城乡一体化发展，纠正土地"农转非"扭曲因素，合理配置城乡土地资源。重点要通过深化城乡体制机制改革，取消地方政府的土地财政，实现乡村土地与城市建设用地同权同股同价，并逐步走上证券化，实现更大盈利。二要增强农村牧区集体经济组织服务功能，推进新型合作化。主要是要进一步规范土地草场承包经营权的流转，积极引导农牧民群众以土地草场承包经营权入股，继续发展壮大各类农村牧区经营主体，并通过设立村社内置金融服务体系，解决融资难、资金难以保障的问题，以促进农牧业产业化发展。三要全面贯彻落实习总书记在 2015 年上半年考察贵州等省有关推进城乡发展一体化工作时提出的"把工业反哺农业、城市支持农村作为一项长期坚持的方针"这一重要指示精神，纠正认识上的偏误，理清思路、拓展视野，"动员社会力量，加大对'三农'的支持力度"，真正让广大农牧民群众平等融入社会发展潮流，共享改革开放成果。四要以新的战略思路和举措，不断推进服务业的较快发展。同时加快培育服务业市场主体，加强改革和完善有利于多样化主体发展的市场准入制、税收政策，着力推进服务业监管体制改革与机制创新。五要大力促进、繁荣农村牧区经济，注重提高农牧民群众收入。在坚持农牧区基本经济制度、经济政策的基础上，必需重振农牧业的基础地位和优长，大力发展现代农牧业，以自身更加科学和现代的产业发展途径、方式，提高收入，提升生活质量，逐步实现城乡收入均衡化，真正体现社会主义"共同富裕"原则。

参考文献

高梁：《重视农村工作全面统筹城乡发展》，《经济导刊》2015 年第 7 期。

王微：《加快服务业发展要有新的战略思路和举措》，《改革内参》2015 年第 20 期。

樊纲：《政府应少做和不做什么——以产业政策为为例》，《改革内参》2015 年第 7 期。

赵静：《加快构建适度普惠统筹发展的社会养老服务体系》，《青海日报》2015 年 5 月 23 日。

苏海红、朱华、杨军：《实现青海城乡居民收入翻番目标的形势分析与对策建议》，

《青海研究报告》2013 年 7 月。

毛月平、加年丰：《中心城市与区域经济协调发展研究》，《经济问题》2011 年第 9 期。

郭志仪、杨浩然：《基于结构熵权——模糊推理法的区域生态经济发展度研究》，《经济问题》2011 年第 8 期。

亨廷顿：《变化社会中的政治秩序》，生活·读书·新知三联书店，1989。

候惠勤：《"普世价值"与核心价值观的反渗透》，《马克思主义研究》2010 年第 11 期。

尹世杰：《再论当代经济学应加强对人的研究》，《经济新动态》2004 年第 7 期。

刘玉瑛：《生态文明是一种新的文明形态》，《人民论坛》2012 年第 33 期。

刘峻：《基于生态足迹理论的青海适度人口研究》，《青海社会科学》2013 年第 5 期。

B.12
青海省非物质文化遗产保护现状与政策建议

申红兴　吕　霞　邓福林　王　渤*

摘　要：　青海省非物质文化遗产保护工作自启动以来，在名录体系建设、文化生态保护区建设、传承人的保护、展示交流、研究出版、人才培训等方面取得了显著成效，但也存在保护环境逐渐缺失、队伍能力较弱等问题。展望"十三五"非遗重点工作，需要从工作机制、传承人保护及管理机制、非遗利用、保护区建设等方面予以加强。

关键词：　青海　非物质文化遗产保护　传承人保护

近年来，在文化部的大力支持下，青海从省情实际出发，把国家级项目的保护作为全省非物质文化遗产工作的龙头来抓，突出重点，明确任务，强化措施，全力推进，使国家级项目的保护规划得到较好落实，国家级项目的保护体系基本建立，省级项目的保护体系正在规划中，一个政府主导、社会参与的保护机制初步形成。通过加强机构队伍建设、完善政策措施、制定保护规划等措施，加强了"非遗"保护工作的力度，促进了非物质文化遗产项目保护的健康有序推进。

---

*　申红兴，青海省文化新闻出版厅厅长，研究方向：文化管理；吕霞，青海省文化新闻出版厅副厅长，研究方向：民族文化；邓福林，青海省文化新闻出版厅非遗处处长，研究方向：民俗文化；王渤，青海省文化新闻出版厅非遗处主任科员，研究方向：民俗文化。

一 青海非物质文化遗产保护的实践与成效

"十二五"期间，青海从非物质文化遗产项目名录建设、生产性保护、推进非物质文化遗产的合理开发利用等方面开展了积极有益的探索，并取得初步成效。

（一）名录体系建设规范

建立国家级和省、市（州）、县级非物质文化遗产代表作名录体系，是我国非物质文化遗产保护制度的核心内容。近年来，在首次普查和"寻根行动"的基础上，青海加大"非遗"项目的评审、认定、公布工作，以便确定保护的重点对象。青海省"非遗"工作自 2005 年正式启动以来，组织开展了四批国家级"非遗"代表性项目及其代表性传承人的推荐申报工作，共有 73 个项目列入国家级名录，57 名传承人被命名为国家级代表性传承人。省政府公布了四批省级"非遗"代表性项目名录共计 209 项，省文化和新闻出版厅认定公布了三批省级代表性传承人，共计 297 名。以项目申报为契机，各地也加大了对当地特色文化资源的挖掘、整理和申报力度，将本地最具民族特色的非物质文化遗产列入项目名录予以保护。一个以国家级项目为龙头、省级项目为骨干、州县级项目为基础的全省"非遗"名录体系基本建立。

（二）保护工作扎实有效

1. 以首次全国"非遗"普查和"寻根行动"为契机，全面摸清资源家底

近年来，根据文化部的部署，青海省从全省文化系统抽调专业人员，组成三个普查组，利用一个多月时间，赴全省 46 个县（市、区）开展了非物质文化遗产资源普查，新登记项目 1539 个、传承人 100 余位，拍摄图片8200 余张、录像近 7000 分钟。通过普查，基本摸清了青海省"非遗"资源

的种类、数量、分布、生存状况和保护现状，为下一步采取针对性保护措施奠定了良好基础。但受经费、设备等客观条件的制约，首次普查遗留了掌握信息线索不够、普查不系统等缺憾。因此，"十二五"期间，启动实施了"寻根行动——全省'非遗'资源再调查"工作。这是青海省为夯实"非遗"工作基础而采取的一项重大举措。该项目分三年实施，按照"四个不留"（不留线索、不留项目、不留传承人、不留乡村）的原则，对全省43个县（区、市）的"非遗"资源进行拉网式再调查。截至2015年上半年，完成了两批27个县的"寻根行动"任务，新登记"非遗"资源2619项，形成了近200万字的分册文本资料。第三批16个县（区）的"寻根行动"正在有序进行，计划2015年底前完成。通过开展"寻根行动"，进一步扩大了"非遗"工作的影响，理清了"非遗"清单，形成了一批较高质量的调查成果，基层业务人员在实践中得到了锻炼和提高，为基层培养了一批专业人才。

2. 以国家级项目为龙头，加大保护传承力度

根据非物质文化遗产的类别特点，青海省采取了相应的保护措施，对格萨尔、玉树民歌、海西蒙古族民歌、玉树卓舞等项目实施了抢救性保护，运用文字、录音、录像、数字化多媒体等各种方式进行了真实、系统和全面的记录，并建立了完整的档案。省格萨尔研究所共搜集、整理各种手抄本、木刻本、艺人说唱本50多部，完成18部汉译本。对一些传承困难的项目加大了扶持力度，如黄南民间藏戏通过国家资金的持续支持，得到了较好的恢复和发展，由过去的2~3家民间剧团发展到2015年上半年的11家剧团，传承群体和队伍不断壮大；对藏毯、黑陶、藏医等具有经济效益和市场潜力的项目采取生产性保护，鼓励和引导传承人在坚守传统核心技艺的基础上，借助生产、流通、销售等手段，实现保护传承与开发利用相结合，推动"非遗"融入社会、融入生活。黄南州热贡画院、海湖藏毯有限公司、金诃藏药药业股份有限公司、囊谦藏族民间黑陶工艺有限责任公司被文化部列入国家级非物质文化遗产生产性保护示范基地。近些年，青海省政府连续举办的"青海国际唐卡艺术与文化遗产博览会"、"中国（青海）藏毯国际展览会"、"青洽会"等重大节庆，已成为青海省特色文化资源、特色文化产品对外展示

交流、商贸交易的重要平台，也有力地带动了"非遗"的保护和传承。

3.以文化生态保护区建设为抓手，探索整体性保护的路子

2008年文化部批准设立了国家级热贡文化生态保护区，这是在少数民族地区设立的第一个国家级文化生态保护区。保护区成立以来，在文化部的支持下，在省委、省政府的领导下，通过当地政府和广大民间艺人的积极努力，保护区建设已取得显著成效。在政府的政策引导下，民间艺人、传承人投资兴办的画院、博物馆、文化宫、民间艺术学院等各类传习设施建设蓬勃兴起，如热贡画院、龙树画院等已成为传承、保护、传播热贡艺术的重要基地。2015年上半年，黄南州有热贡文化生态保护区管委会命名的综合传习中心多达14个。生产性保护已成为热贡文化生态保护区建设的一大亮点，形成了传承保护与经济发展互动双赢的新格局。非物质文化遗产的有效保护，也推动了文化产业的蓬勃发展。黄南州文化产业经营户达120家，文化产业经营实体达4256家，文化从业人员达2.4万人，全州以热贡艺术为龙头的文化产业收入达4.48亿元。年生产销售收入达到100万元以上的文化旅游企业有10余家。生态区核心村庄同仁县吾屯、年都乎村从艺户数占总户数的98%以上，形成了"人人是画师，户户有画室"的繁荣景象。2014年7月，文化部批准设立了格萨尔文化（果洛）生态保护实验区，这是国家在青海省设立的第二个文化生态保护区，对格萨尔文化的保护传承将起到积极作用。同时，积极推动省级文化生态保护区建设，循化撒拉族文化生态保护区、互助土族文化生态保护区、海西德都蒙古族文化生态保护区建设工作正在有序开展。

4.以文化与旅游融合为载体，推动"非遗"可持续保护传承

"非遗"只有与文化产业、旅游相结合，才能实现最积极、最有效的可持续保护。2012年7月，省政府转发的文化、旅游等部门制定的《关于促进文化旅游融合发展的若干意见》明确提出，鼓励和引导有代表性、有特色的"非遗"项目通过多种方式进入旅游景区，以丰富景区的文化内涵，提升景区的文化品牌，促进"非遗"的可持续保护利用。这项工作实施以来，进展顺利，效果明显。据统计，在全省66个AAA级以上景区中，34

个景区都有"非遗"项目的展示、展演和销售。如海西州政府正在投资建设的德都蒙古文化产业园区，集"非遗"项目展示、体验等多种功能于一体，将成为弘扬宣传德都蒙古文化的重要基地；湟中县政府投资建设的"八瓣莲花'非遗'体验中心"已于 2015 年正式对外开放，该中心主要以湟中县域国家级、省级非遗项目为依托，展示当地的民俗民间文化。

（三）学术研究成效丰硕

近年来，非物质文化遗产成为青海省高等院校、社科机构及专家学者高度关注的青海文化研究课题，呈现多方参与、成果丰硕的良好态势。省文化和新闻出版厅借助高等院校、社会机构等社会力量，编辑出版了《青海省首批国家级非物质文化遗产代表作名录丛书》（10 卷本）、《守望精神家园——百位青海非物质文化遗产代表性项目传承人讲述》、《青海省非物质文化遗产名录图典》、《青海花儿大典》、《美善唐卡——唐卡大师西合道口述史》、《热贡艺术》等一批"非遗"保护丛书。社会和基层文化部门也整理出版了大量的"非遗"图书，如省格萨尔研究所出版研究专著《〈格萨尔〉史诗概论》、《〈格萨尔〉与藏族民俗研究》、《雪域〈格萨尔〉遗迹遗物普查与考证》、《中国〈格萨尔〉文化之乡玛域果洛》等 12 部。《玉树文化研究》、《海西"非遗"丛书》、《互助"非遗"丛书》、《循化"非遗"丛书》等丰富了当地文化研究的内容。省文化厅同时启动了 20 卷本的《青海省第二批国家级非遗代表作名录丛书》。

（四）人才培训不断加强

强化人才培训，着力提高项目保护单位专业人员的综合能力。采取"请进来"、"走出去"等方式，加强对全省非物质文化遗产保护管理人员、业务人员的培训，引导广大"非遗"保护工作者提高政策水平和业务能力。先后举办和参与了"全省非物质文化遗产保护工作"培训班，"三江源非物质文化遗产保护"高级研修班，"全省国家级非物质文化遗产项目代表性传承人"培训班，国家级文化生态保护区建设规划编制、中国非物质文化遗产省市级非物质文化遗产保护中心负责人、西部地区非物质文化遗产项目申报工作等系列培训班，人数达600余人。从专业技能、学科背景、具体保护实践各层面培养了一大批扎根基层、具有良好业务素养的"非遗"保护队伍。

（五）"非遗"展演丰富多彩

大力开展以非物质文化遗产为主题的展示交流活动，以活动促保护、促传承、促利用。青海先后组织热贡艺术、玉树卓舞、藏族拉伊、藏族黑陶烧制技艺、加牙藏族织毯技艺等60多项非物质文化遗产项目通过参加"中国非物质文化遗产传统技艺大展系列活动"、"青海国际唐卡艺术与文化遗产博览会"、"全省非物质文化遗产项目展演"、"青洽会"、"第四届西部非物质文化遗产展演"、"第四届中国成都国际非物质文化遗产节"、"山东非遗节"、"北京文博会"以及青海文化旅游节等重大经贸活动，进一步宣传和展示了青海省非物质文化遗产保护工作取得的成绩和实效。2011年在北京恭王府举办的"莲生妙相——青海唐卡艺术精品展"，集中展出以热贡唐卡为主的各类唐卡100余幅，创收1000余万元，这是青海唐卡走出省门、对外举办的首个专题展，取得了良好的社会效益和经济效益。同时，近年来青海"非遗"以"青海文化活化石"的身份肩负起了青海文化"走出去"的重任，先后在英国、意大利、荷兰、韩国、马耳他、贝宁等国进行展示、展览、展演，很好地推介了青海文化。

二 青海非物质文化遗产保护中存在的突出问题

近年来，青海省非物质文化遗产保护工作虽取得一定成效，但还存在不少困难和问题。

（一）非物质文化遗产项目传承环境逐渐缺失

随着经济社会的发展，广大农牧区同样受到了现代文明生活方式的冲击，致使一些珍贵的非物质文化遗产面临失传或濒危的境地，如酥油传统提炼技艺由机器替代，如今使用手工制作的牧户极为稀少；黑帐篷、蒙古包等传统技艺因费时费力，年轻人不愿学习，后继乏人，加之现代工艺制作的新式帐篷、蒙古包的冲击，客观上加速了这些传统手工技艺的消失；格萨尔说唱艺术的传承也面临严峻挑战，随着三江源牧民的城镇化进程，格萨尔文化所赖以生存的自然人文生态环境发生了新变化，对孕育、产生格萨尔艺人的语境自然而然产生重大影响。过去那种口耳相传、口传心授传统技艺的非遗传承环境遭到前所未有的冲击。

（二）档案建设有待加强

建立系统、完整的档案资料是开展非物质文化遗产保护工作的重要前提，既是各级非物质文化遗产项目保存、保护的需要，又是衡量一个地区非物质文化遗产保护工作水平的重要标志。近年来，各级文化主管部门和责任保护单位积极开展项目档案资料的收集、整理，做了大量基础工作，初步建立了国家级、省级项目及其代表性传承人的基本档案。但总体看，全省非物质文化遗产项目建档工作还普遍滞后，不少地方和项目责任保护单位对项目建档工作的认识不够、抓建档的意识不强，许多项目及其代表性传承人没有建立起完整的档案库，档案资料不齐、不全、不规范的问题仍很突出。这种状况与国家对非物质文化遗产保护提出的工作要求不相适应，亟须采取有效措施，切实加以改进和完善。

（三）专业队伍能力相对薄弱

非物质文化遗产保护工作专门人才匮乏的问题在青海省"非遗"保护工作中极为突出。目前，从事非物质文化遗产保护工作的多为市、州群艺馆和县文化馆的兼职人员，青海省除西宁市成立专门的非物质文化遗产保护中心外，其他地区均无专门的非物质文化遗产保护工作机构，这正在成为影响青海省"非遗"工作持续健康发展的重要瓶颈。因此，"十三五"期间要加大对青海"非遗"人才的培养力度，从机构设置、人员编制、工作管理、业务骨干以及传承人培训等方面加强专业队伍的建设。

（四）资金投入力度仍需加大

非物质文化遗产保护事业是一项长期的事业，必须加大人财物等保障力度。省财政对"非遗"工作的支持力度到"十二五"期间增加到每年400万元，为青海省"非遗"工作的开展提供了有力的支持。但随着新挖掘的"非遗"项目增加、各地"非遗"基础利用设施不断建设、"非遗"宣传展示渠道的拓宽、省级文化生态保护实验区的设立等新的工作和问题的出现，各级政府财政部门应进一步加大资金投入力度，拓展扶持平台，为"非遗"事业的持续发展提供保障。

三 "十三五"时期青海非物质文化遗产保护重点工作及展望

"十三五"期间青海省将重点从八个方面探索和开展非物质文化遗产保护工作。

（一）"十三五"重点工作

1. 建设青海非物质文化遗产博览园

博览园立足"非遗"保护传承和弘扬，打造以文化产业运营为核心的研发、品牌、投融资、生产、营销全链条平台，构建文化旅游、演艺、会展、培训等文化产业集群。园区将按照"非遗"博览区、博物馆、体验区、创意区、剧场等功能布局进行建设。

2. 青海文化记忆工程

运用数字多媒体等现代化信息技术手段，依照国家标准，完成60%国家级代表性项目名录的数据库建设任务。整合资源，完成50%国家级代表性项目名录的纪录片拍摄制作。推动省"非遗"保护中心、市（州）级群艺馆建设"非遗"网站。

3. 国家级代表性传承人抢救性记录工程

运用数字多媒体等现代信息技术手段，全面、真实、系统地记录代表性传承人掌握的"非遗"丰富知识和精湛技艺。分阶段完成73名国家级代表性传承人的抢救性记录工作。

4. 省级非物质文化遗产传承基地建设

鼓励和引导企事业单位以及传承人、民间艺人投资建设各类功能的"非遗"传承基地。批准设立15~20家省级"非遗"传承基地。推动各级博物馆或群艺馆、文化馆设立"非遗"展厅，对当地特色"非遗"资源进行宣传展示。

5. 文化生态保护区建设

抓好已有的2个国家级、3个省级文化生态保护实验区的同时，"十三五"期间将批准设立2~3家省级文化生态保护实验区，在全省形成对民族、地域特色文化资源进行整体性保护的格局。

6. 代表性实物征集

整合资金，有计划地征集最能体现青海特色文化，特别是与藏族、回族、土族、撒拉族、蒙古族等少数民族"非遗"项目相关的器具、服饰等实物资料，重点征集代表性传承人的作品，如银铜器、唐卡、刺绣、藏毯、藏刀等，为下一步"非遗"博物馆建设打基础。

7. 国家非物质文化遗产保护利用设施建设

国家投资与地方、企业自筹相结合，根据项目实际，建设一批规模不等的传统表演艺术类、传统手工技艺类、传统民俗类非物质文化遗产保护设施，支持传承人、民间艺人改善保护、传承、利用的设施条件，并带动当地经济发展，有效拉动就业。

8. 青海花儿文献资料收藏中心

以省文化馆为依托，建设"青海花儿文献资料收藏中心"，全面搜集、整理民国以来围绕"花儿"研究在全国形成的各类文献资料，包括图书、期刊、内部资料、录音带、光碟以及知名艺人的手稿等，使该中心成为全国"花儿"文献资料最齐全、管理最规范的收藏基地。

（二）"十三五"展望

"十三五"时期，面对经济新常态和结构转型形势，文化事业及文化产业发展将面临前所未有的机遇。全省国家级、省级和州、县非遗项目"四级名录"保护更加规范有序，对民间文学、民俗类等弱势项目的扶持力度进一步加大。传承人的保护范围进一步扩大，通过加大对传承人群的培训力度，吸引更多的群众从事非物质文化遗产的保护与利用；设立一批综合性非遗展示场所，对技艺精湛、带徒授艺显著、带动能力强的优秀民间艺人给予必要的扶持。

结合非物质文化遗产项目的生产性保护，依托国家扶持资金，建成一批国家级非遗项目保护利用设施，使"非遗"资源与文化产业、旅游市场进一步融合；依托文化生态保护区建设，以整体性保护为抓手，形成一批特色鲜明、基础扎实的"非遗"保护区域；依托文化部传承人群研修班和培训班，培育一批懂核心技艺、能传承文化、懂市场经营的非遗传承人群，并力争通过他们的努力，创造一批具有青海特色的文化旅游产品。从而实现非物质文化遗产保护工作的可持续发展。

非物质文化遗产保护工作队伍逐渐壮大，涌现出一批非遗保护学术带头人；项目保护工作有序进行，对外展示交流平台不断扩大；文化生态保护区整体性保护形成合力。

四 "十三五"时期青海非物质文化遗产保护政策建议

（一）从依法治省的高度全面提升"非遗"工作机制

各级政府应认真贯彻《中华人民共和国非物质文化遗产保护法》，把非物质文化遗产保护工作纳入重要议事日程，并将非物质文化遗产保护工作同国民经济和社会发展规划、城镇建设规划相结合，按照"保护为主、抢救第一、合理利用、传承发展"的方针，遵循"政府主导、社会参与，明确职责、形成合力，长远规划、分步实施，点面结合、讲求实效"的工作原则，切实加强非物质文化遗产保护政策措施，加大保护传承的政策扶持力度，建立依法开展非物质文化遗产保护工作的机制，推动青海省非物质文化遗产保护事业持续发展。

（二）健全代表性传承人保护及管理机制

各级文化主管部门应制定出台相对应的《非物质文化遗产项目代表性传承人认定与管理办法》，各级传承人应在项目保护单位指导下，制定项目传承计划和具体目标任务，并与相关部门签订年度目标责任书，作为考核和支持的依据；非物质文化遗产项目代表性传承人在掌握所传承领域或项目的完整操作程序、技术规范、原材料要求、技艺要领的同时，采取收徒、办学等方式开展传承、保护工作，传授技艺，培养后继人才，做好传承、保护工作。

（三）积极推动非物质文化遗产的合理利用

非物质文化遗产资源的保护不仅要充分发挥政府的主导作用，而且要积极动员社会力量参与"非遗"保护，拓宽生产性保护的路子，使原真性产品与衍生产品相结合、"非遗"产品展示与销售相结合，依托青海文化旅游节着力打造"非遗"产品展示销售平台，在有效保护非物质文化遗产的基础上，开发具有地方、民族特色和市场潜力的文化产品和文化服务，继续推进"非遗"项目进景区、进社区、进校园等活动，推动非物质文化遗产融入生活、融入社会、融入群众，不断增强非物质文化遗产可持续传承发展的活力。使非遗保护成为农牧民增收致富的重要文化业态。

（四）推进文化生态保护区建设

截至 2015 年 6 月，青海省有两个国家级文化生态保护区，拟设立 3 个省级文化生态保护区（已进入规划论证阶段）。今后一段时间在文化生态保护区建设方面，一是在调查研究、统筹协调和科学论证的基础上，组织制定两个国家级文化生态保护区"十三五"时期建设规划。二是加强对文化生态保护区内非物质文化遗产项目、非物质文化遗产项目代表性传承人,以及重点区域、濒危项目的整体性保护。三是加大对青海省文化生态保护区的保护力度,加强对文化生态保护区理论和政策的研究,展示出版一批非物质文化遗产保护成果。四是要明确保护范围、保护目标、保护重点,逐步建成一批综合性传承展示场馆,确保文化生态区建设形成合力。

参考文献

李树文、信春鹰、袁曙宏、王文章:《非物质文化遗产法律指南》,文化艺术出版社,2011。

张旭:《全国非物质文化遗产保护试点工作经验交流材料汇编》,文化艺术出版社,2007。

B.13
青海社会工作发展态势及
对策建议

乔益洁*

摘　要：　青海是新时期西部地区社会工作探索的先行之地，青海社会
　　　　　工作在专业人才培养、本土化服务模式、体制机制建设等方
　　　　　面均取得了引人注目的成绩，积累了一定经验，也存在人才
　　　　　队伍、服务机构等方面的一些问题，需要采取措施，进一步
　　　　　推动和促进青海社会工作的发展。

关键词：　青海　社会工作　本土化服务模式　人才培养

青海社会工作在西部地区起步较早，专业教育先行、行业协会发挥引领
作用是其两个突出的特点。经过十多年的不断探索，在人才培养、实践探
索、制度建设等方面，为西部地区社会工作本土化、专业化、职业化积累了
颇具地方特色的经验，具有一定的推广和借鉴意义。

一　青海社会工作的发展态势

青海社会工作地方特色鲜明，社会工作教育先行，行业协会一枝独秀，
服务成效显著，呈现良好的发展态势。

＊　乔益洁，青海师范大学法学与社会学学院教授，研究方向：社会工作。

（一）推进政策研究创制

1. 组织保障

2006 年，中共十六届六中全会提出建设宏大的社会工作人才队伍，人事部、民政部出台《社会工作者职业水平评价暂行规定》和《助理社会工作师、社会工作师职业水平考试实施办法》后，青海省为推进全省社会工作人才队伍建设，确保工作落实，于 2007 年 4 月成立了"青海省民政系统社会工作人才队伍建设领导小组"，负责全省社会工作人才队伍建设、职业水平考试等日常管理工作。随着青海社会治理创新的地方实践不断深入，社会工作引起省委、省政府的高度重视，2012 年 8 月，经省编制委员会批准成立青海省民政厅社会工作处，负责全省社会工作政策制定和相关业务指导工作。

2. 政策保障

自 2004 年以来，青海省结合地方实际先后出台了《青海省关于加强社会工作人才队伍建设的实施意见》、《青海省社会工作岗位开发指导意见》、《青海省社会工作专业技术岗位设置方案》、《青海省社会工作员职业水平考试办法》、《青海省政府购买社会工作技术岗位试点工作方案》、《青海省社会工作职业水平评价实施方案》、《青海省社会工作员评价条例》、《青海省社会工作员考试办法》、《青海省社会工作员评价办法（试行）》、《青海省关于政府购买社会工作服务实施细则》、《青海省社会工作领军人才选拔办法》、《青海省"三区"计划专项经费管理使用制度》、《青海省"三区"计划社会工作选派人员工作制度》、《2014 年青海省"三区"计划评估标准》、《关于加强青少年事务社会工作专业人才队伍建设的意见》、《青海省志愿者管理条例》等一系列政策措施，为推进全省社会工作的发展奠定了良好的政策环境。由青海省委组织部、省民政厅、省人才工作领导小组联合下发的《青海省中长期社会工作人才规划（2011～2020 年）》，全面系统地提出到 2020 年全省社会工作专业人才队伍建设的指导思想、基本原则、战略目标、主要任务、体制机制与重大政策、重点工程和保障措施，准确定位今后一个时期青海省社会工作专业人才队伍建设目标，是进一步推动专业社会工作事业发展和人才队伍建设的指导性文件。

3. 推动落实

（1）摸清家底。2011 年对全省民政系统社会工作人才队伍基本状况进行了首次普查，全省共有社会工作机构 5311 个，从业人员 42555 人；社区建设机构 4905 个，从业人员 16561 人；民间组织社会公益性服务类机构 798 个，从业人员 6384 人。同时根据民政部、省委组织部《关于开展 2010 年全国人才资源统计的通知》精神，又对全省 15 个系统和有关领域的社会工作人才队伍进行了调查统计，全省有社会工作人才 26550 人，其中社会工作专业人才 402 人。通过调研，基本摸清了民政系统社会工作人才队伍的总量和结构，确定了社会工作服务机构和服务范围。

（2）明确方向。按照省委人才办《关于开展人才专题调研的通知》精神，通过问卷调查、专题会议、深入访谈等多种方式，对全省社会工作人才队伍建设存在的问题、困难、发展目标和趋势、人才教育和培训、人才需求等问题进行了专题调研，初步形成了推进全省社会工作专业人才队伍制度建设、岗位开发、评价体系的建立、教育培训、社会组织发展的基本思路：
"以人才培养为基础，以岗位开发和人才使用为根本，以人才评价激励为重点，以改善民生、服务群众为落脚点，着力建立制度、健全机制、制定政策、优化环境、创造社工人才发展的社会氛围。"

（3）试点带动。2007 年，民政部批准青海省的 1 个社区、2 家社会福利单位为第一批社会工作人才队伍建设试点地区和单位；2009 年，青海省又有 2 家社会福利单位被批准为第二批社会工作人才队伍建设试点地区和单位。2009 年民政部对全国首批试点地区和单位进行了检查评估，青海省的试点单位全部通过了评估。2014 年，民政部批准青海省的 1 个社会福利单位和 1 家社会工作服务机构为首批全国社会工作服务示范地区、社区和单位。试点单位立足实际，改革创新，在社会工作人才队伍建设方面积累了经验、探索了路子。

（二）社会工作专业人才队伍建设进一步加快

1. 社会工作专业教育发展迅速

青海省的社会工作专业教育相对于其他西部地区而言，起步早、发展快，本土特色鲜明。全省有2所高校开办了社会工作本科教育，1所高校开办了社会工作硕士教育，每年招生在80人左右。青海师范大学2002~2014年共招收454人，毕业345人；从2009年开始，从预科生中面试招收"民考民"学生共33人，毕业17人。青海民族大学2004~2014年共招收297人，毕业160人；从2012年开始，招收的133名社会工作本科生均为藏汉双语学生，尚无毕业生。这些学生为青海的社会工作职业化提供了人才支撑。

2. 社会工作专业人才培训成效显著

2004~2014年，青海省民政厅、青海省社会工作协会争取多个专项培训资金，实施社会工作人才培训工程，先后邀请多名国内社会工作领域的顶尖理论专家以及各地有丰富实务经验的社工作为培训教师，培训了民政和妇联系统干部、城乡社区干部、社会工作专业师生、大学生村官、社会福利机构人员、社会组织从业者、"三区计划"选派的社工等各类人员6000余人次，培训理论与实践结合，采取省内交流互访、外出参观学习等多种方法，分阶段、分层次持续不断地培训，使有限的资源发挥了最大的作用，有力推动了青海社会工作的发展和专业化进程。

3. 社会工作专业人才培训基地建设卓有成效

2013年5月，经过申报、面试等多个环节，青海师范大学获批"首批民政部社会工作专业人才培训基地"。基地依托师大社会工作专业化师资队伍，结合多年来在社会工作专业人才培养中积累的经验和本土化特色的培训模式，进一步凝练青海特色，发挥专业社会工作人才培养的示范引导作用，助推青海社会工作专业人才队伍建设上新台阶。为满足青海对多元化社会工作人才培训的需求，2014年青海省民政厅批准在青海民族大学建立"青海省社会工作人才教育培训基地"。两所高校各取所长，相得益彰，在探索有青海特色社会工作专业人才的培训模式中合力发挥示范引领作用。

（三）行业协会发挥引领作用

青海省社会工作协会立足青海实际，走出了一条具有青海特色的"雪中送炭"式的社工之路，获得了极高的社会声誉，先后被评为"省级先进民间组织"、"先进社科学会"、"中国十佳低碳公益组织"等称号。

1. 青海省社会工作协会在回应地方社会需求中稳步发展

青海省社会工作协会是西北地区成立最早、发展速度最快、实务经验最丰富的省级社工协会。2004 年青海省社工协会成立后，在青海省民政厅的支持下，遵循"发展公益、助残济困、解难施慈、服务社会"的办会宗旨，针对青海实际，主动回应地方社会需求，积极整合社会资源，以"雪中送炭"式的服务解决了大批弱势群体的困难，形成了鲜明的服务特色。青海省社会工作协会引进各类项目资金多达 6500 多万元，实施了 40 多个公益项目，项目覆盖全省所有地区，服务领域包括社会工作者专业能力培训、社会工作机构能力建设、社会工作实务研究以及助医助学、为老服务、绿色扶贫、抗震救灾、人畜饮水、残疾人服务等，受益群体超过 10 万人。

2. 项目化运作推动社会工作实务

青海省社会工作协会在整合社会资源开展以社会救助为主的工作基础上，从 2013 年开始，尝试用行政化、实体化的方式推进社会工作实务，通过社会建设专项资金，在全省选择具有一定基础条件的西宁市城东区富强巷社区、城北区北川河东路社区、城西区海晏路社区、城中区前营街社区和水井巷社区、大通县桥头镇八一社区、互助县威远镇南街社区和北街社区、乐都县碾伯镇乐东社区和雨润镇社区等十个社区成立社区社会工作站，作为社会工作协会的派出机构，力图通过项目化推进培育发展专业机构，探索具有青海特点的社区社会工作发展模式。

3. 持续不断的专业培训推进社会工作职业化

青海省社会工作协会努力发挥行业领路人的作用，向高校社会工作专业学生开放实习和就业平台，引进社会工作专业毕业生。通过项目资源，积极邀请国内专家学者、省内高校教师参与社会工作培训。一方面，针对各类社工人才开展职业培训，建立了社会工作专业的实训基地和见习基地；另一方面，针对各级各类工作人员开展社会工作专业知识培训，已开办培训班 30 多期、培训近 3000 人次。

（四）民办专业社会工作机构发展加速

2013 年 4 月以来，随着社会组织管理办法改革的不断深入，通过直接登记和备案制度，社会组织成立的门槛减低。短短几年时间，青海的民办社会工作机构实现了零的突破，走上了迅速发展之路。2006 年 3 月，化隆县成立了全省第一家县级社会工作协会。目前全省有 2 个州级社工协会、5 个县级社工协会；4 个社会福利机构成立了社工部；登记注册的专业社会工作服务机构共 19 家、社会工作站 20 个。民办社会工作机构的服务范围涉及社会福利、社会救助、就业援助、教育辅导、心理健康、卫生健康、社区建设、居民自治、权益维护、人民调解、文化建设、民族宗教、环境保护、社区发展等诸多领域。服务的层次上，从最初的微观社会工作服务逐步过渡到社区发展、群体增能、政策倡导等宏观社会工作服务，从单纯满足服务对象物质需要逐步发展到全面关注服务对象心理、精神和社会需求。

（五）政府购买社会工作服务项目和服务岗位在一定程度上推动了职业化发展

青海经济社会发展相对滞后，是国家扶贫开发的重点地区，面临的社会问题较之其他地区而言更复杂艰巨，开展社会工作的重要性和紧迫性更加突出。从 2012 年起，由中央财政支持社会组织参与社会服务项目、民政部福彩公益金项目、大爱之行——全国贫困人群社工服务及能力建设项目、"三区计划"等 25 个项目相继为青海的社会工作提供了 2000 万元的服务经费支持，在很大程度上缓解了青海新办社工机构因人员薪资不足、项目经费短缺难以提供有效服务的尴尬局面，也为缩小区域社会工作发展差距、推动实现社会工作服务均等化提供了现实条件。2015 年，青海省开始实施首个政府购买服务项目，由西宁市城东区委区政府购买了青海省泽德社会工作发展中心"睦邻社区综合服务项目"，并孵化了"西宁睦邻社会工作服务中心"负责具体实施，为社会组织开展专业社会工作服务，也为地方政府购买社会服务进行了有益探索。

二 青海社会工作发展面临的挑战

青海对推进社会工作发展进行了大胆的探索与实践，取得了较大的进展，但也面临诸多问题和挑战。

（一）持证社会工作人才队伍发展缓慢

2008 年我国启动了社会工作者职业水平考试。2008～2014 年，青海报名参加考试的人数为 4756 人，取得资格证书者为 268 人（其中助理社会工作师 213 人，社会工作师 55 人），通过率仅为 5.6%（全国通过率在 10%～12%）。职业水平考试提升社会工作认可度的预期目标没有实现，参加考试者在一次次的失利中不断受挫，热情减退。究其原因，一是缺乏有针对性的考前培训；二是民办社会工作机构生存压力大，资格证未与薪资待遇、发展前景等挂钩，考证推动职业化的作用有限。

（二）社会工作专业人才流失严重

目前，一方面省内高校每年有 40～80 名社会工作专业的毕业生面临较大的就业压力；另一方面社区、社会福利机构、民办社会工作机构急需专业人才却难以招到，其中主要的原因是社会工作的社会认知度、认同感普遍较低，社会工作者的薪资待遇低；民办社会工作资金来源不稳定且专业化服务水平和效果难以得到社会认可，社工流失严重；行政事业单位因受岗位限制，吸纳社工有限。诸多因素造成社工的作用得不到有效发挥而无法安心工作，多数人改从他业。

（三）民办社会工作服务机构能力有待提升

民办社会工作机构处于起步阶段，依靠政府购买服务项目生存。由于社会工作服务项目尚未纳入《政府向社会力量购买养老服务实施办法》等地方性政策中，民办社会工作机构的融资渠道单一且缺乏可持续性，社会筹资困难，服务领域随项目支持领域转移，难以形成可借鉴学习的服务模式和服务效果；加上服务机构数量少、规模小，社会影响力不足，社会融资、舆论宣传倡导等能力亟待提高；社会工作人员的专业服务理念、专业化服务水平、服务技巧和服务体系不完善等问题，在很大程度上影响了社会工作的发展。

（四）政府购买社会工作服务力度亟待加大

社会转型时期社会问题凸显，群众对社会服务需求的层次越来越多、数量越来越大、质量要求越来越高，迫切需要大量社会工作者协同参与社会服务与管理，在化解社会矛盾、解决社会问题及满足日益复杂化、多元化和个性化需求等方面发挥作用。社会工作已列入青海省政府购买公共服务的13个领域之一，但"小财政大民生"的特点给政府购买社会工作服务带来了新的挑战，加上社会组织规模小、资金紧张、人才不足、服务水平和能力不高等问题，使有关部门购买社会工作服务的主动性和积极性不高，创新动力不足。

三　加快发展青海社会工作的对策建议

基于以上态势，发展青海社会工作，应当重点从社会治理模式、社会力量参与及宣传等方面予以推进。

（一）加快推动"三社联动"，创新有地方特色的社会治理模式

结合青海实际，以政府购买服务为牵引，以社区为平台，以社会组织（民办社工机构）"三社联动"为载体，以社工为骨干，以满足居民需求为导向，通过社会组织引入外部资源和社会力量，通过社工提供专业化、针对性服务，把矛盾化解在社区、把多元服务供给实现在社区，创新社会治理模式。

（二）加大民办社会服务组织的培育和支持力度

结合青海实际，创建青海省社工服务基地和社工实习基地，建立"社

会工作督导制度和专家库"，发挥本土资源优势，依托民政部的社会工作试点单位和示范项目，向具备条件和资质的民办社会工作机构购买"社会工作示范项目"，先行先试，总结提炼具有推广性的政府购买社会工作岗位的经验。积极为民办社会工作机构创造项目平台，提供更多资源支持，为提升全省社会工作专业化服务水平提供支撑。

（三）加大宣传力度，营造良好的社会氛围

推动宣传载体和平台建设，及时将全省社会工作及其专业人才队伍建设的成绩和亮点进行宣传报道。重视新媒体在宣传工作中的重要作用，在省民政厅门户网站开设社会工作栏目，及时公开部、省政策文件，交流州地工作动态；建立青海社会工作微信群，为社工机构和社工专业人才搭建交流平台，实现传统媒体和新型宣传平台相互融合、协同配合，共同助力社会工作发展。

B.14
青海藏区扶贫攻坚"同德模式"调查报告

杜青华*

摘　要：　青海藏区贫困成因是多方面的，除了具有一般贫困地区的特点，如基础设施落后、人口出生率高、人均可支配收入少、劳动力素质较低等外，还具有其区域性整体贫困的特殊成因。"同德模式"在全面整合资源整体提升县域发展水平、建设扶贫产业园区推动特色产业集聚发展、全面细化扶贫制度建设保障扶贫成效等方面进行了有益的探索和创新，在全面完成整体脱贫目标任务的同时推动地区和谐发展和民族团结进步成效显著，为青海藏区整体脱贫工作提供了重要借鉴。

关键词：　青海藏区　扶贫攻坚　"同德模式"

同德县地处海南藏族自治州东南部，总人口 6.67 万人，藏族人口占全县总人口的 90.7%。长期以来，人均耕地和草场资源少、高寒缺氧、区位偏僻、交通不便、自然灾害频发、缺少二三产业支撑、整体发展水平低于全省藏区平均水平，贫困人口比重多年居全省之首。同德县的贫困问题在青海乃至全国藏区，都具有较为显著的代表性和同质性。2012 年 11 月，青海省委、省政府研究制定并实施了《同德县特殊类型三年规划》，决定用 3～5

* 杜青华，青海省社会科学院经济研究所所长、副研究员，研究方向：区域经济与农牧区贫困问题。

年时间集中力量解决同德县特殊类型贫困问题。中国农业大学《同德县特殊类型三年扶贫攻坚规划中期评估报告》显示，截至 2014 年底，同德县共减少贫困人口 2.9 万人，贫困发生率从 75% 下降到了 16.6%，提前 1 年完成了减贫目标。《规划》中的各项目标任务完成情况良好，总体进展顺利。2015 年《规划》项目实施完成后，同德县有望实现"六个第一"。即成为全省牧区第一个县、乡、村三级网络体系完整的县，第一个全面解决城乡供水、农田灌溉、灌区改造的县，第一个大电网覆盖到乡镇、村社的县，第一个无危房，游牧民全部实现定居的县，第一个广播电视全覆盖、教育文化卫生设施功能较为齐全的县，第一个率先退出贫困县、同步进入小康的县。开创了青海特殊类型地区扶贫攻坚的"同德模式"。

2015 年 8 月，青海省社会科学院与海南州组成联合课题组在充分调研的基础上，对"同德模式"的创新做法和成效进行了系统梳理和总结，以期对青海其他藏区贫困地区扶贫攻坚提供有益的借鉴。

一 青海藏区扶贫攻坚"同德模式"的创新做法

在实践过程中，同德县采取因策扶贫、资源整合、特色发展、民生保障、制度建设、联点负责等一系列措施，有重点、有步骤、较为系统地进行了扶贫攻坚的探索和创新。

（一）以"三分天下"战略为蓝图，推动县域经济跨越发展

面对全县草场面积小、耕地少，可利用资源缺乏，仅靠发展农牧业很难解决农牧民脱贫问题这一现实情况，同德县采取了"三分天下"战略开展扶贫攻坚工作：一是将 1/3 的牧户（2959 户）搬迁到县城定居，牧户在原有的草场耕地承包关系不变的基础上，以入股方式从专业合作社取得牲畜和草场的股份红利；同时在县城新区建设扶贫开发农贸市场、购置铺面为农牧民转产转业提供创业平台，鼓励农牧民从事对外租赁、交通运输、商贸餐饮等行业，进城创业以增加收入。二是将 1/3 的牧户（2170 户）搬迁到各农

业点新建住房与原有牧户集中定居，引导和鼓励牧户将草场、牲畜、饲草料通过入股方式获得分红，合作经济组织将所有劳动力组织起来，分别在45个绵羊养殖育肥小区和6个生猪养殖小区从事牛羊育肥、生猪养殖，以拓展增收渠道。三是剩余的1/3牧户在原有草场，通过草场流转，牧户逐步向现代家庭牧场发展，牧民群众生产生活水平得到明显提升。

（二）以资源整合为平台，整体扭转贫困落后面貌

同德县围绕基础设施、产业发展、民生改善、社会事业发展与公共服务和能力建设五大类扶持项目，进一步加大了全县扶贫攻坚创新区、生态特色农牧业发展区、三江源重点生态功能区、牧区城镇聚集区和民族团结进步先行区"五区"建设力度。积极发挥各部门优势，有效整合了游牧民定居、危房改造、奖励性住房、易地扶贫、人畜饮水、村道建设等项目资金，实现了整合资源和协同作战。这种整合资源协同作战的扶贫模式，从根本上扭转了该县长期以来由于基础设施建设滞后、公共服务体系不完备，扶贫开发难以取得明显成效的困局。

（三）以特色产业发展为核心，增强农牧民发展能力

同德县依托当地的草地资源、畜种资源和高原农作物资源，按照河北、秀麻乡高海拔地区建立有机牦牛繁育基地，尕巴松多、唐谷镇农牧结合地区培育种草育肥产业，巴沟乡农业区发展现代设施农业和农区养殖业的农牧业发展布局和思路，大力发展高原有机牦牛、绵羊育肥、肉牛养殖、生猪繁育、珍珠鸡养殖等特色种养业，着力打造饲草料、牛羊肉、有机肥料、乳制品、藏服、石雕、民族工艺品等特色产品加工园区，有序有效流转现有草场和耕地，在推动集约化、组织化、规模化的扶贫产业发展，确保贫困群众收入稳中有增方面开展了一系列创新探索。

（四）以民生保障为基础，创建民族团结进步先进区

同德县始终坚持从思想教育和制度建设两方面入手，突出抓好治安环境

整治，全力维护社会和谐稳定。探索建立健全城乡居民基本医疗保障、重特大疾病二次补助、大病医疗救助和大病商业医疗保险"四道保障线"，把县城新区医院建设成为全州标准化县级医院。进一步完善各类新型社会救助制度，城乡居民社会养老保险参保率在92%以上。把县城新区宗日学校建设成为全州标准化小学。

（五）以制度建设为保障，建立项目后期管理长效机制

省、州、县每年召开一次扶贫攻坚分析会和推进会，分析项目建设中存在的困难和问题，及早着手部署下一年的扶贫攻坚工作。同时，从项目后期管理制度建设入手，逐步建立了扶贫项目选择、论证、审批、实施、验收、审计、后期管理机制，贫困人口的建档立卡机制，县级领导及部门联点帮扶的保障机制，绩效考评激励机制和村民自我管理机制等扶贫项目后续管理"五大"长效机制。为加强项目管理及监督，制定了《同德县特殊类型三年扶贫攻坚建设项目纪检监察监督实施办法》，定期或不定期按照"一月两督察"的要求，对扶贫攻坚工作进展情况进行专项督察，全方位接受社会各界的监督。

（六）以联点负责为抓手，落实干部考核激励机制

制定下发了《关于选派干部组成工作组驻扶贫攻坚村（社区）开展项目建设工作的通知》，抽调全县26名县级领导干部具体负责项目村建设，形成了由1名县级领导联点，1名乡镇班子成员牵头抓总，1名县直机关干部和1名乡镇包村干部具体负责的四级干部驻村联动共建格局，实行了"领导包片、单位包村、干部包户"的工作机制和"八抓八定"工作举措，即抓领导、定机制，抓调研、定方案，抓组织、定任务，抓落实、定责任，抓考评、定奖惩，抓项目、定目标，抓示范、定标杆，抓成效、定方向。同时建立健全了考评体系和奖惩机制，将工作成效作为干部考核、选拔任用和奖惩的重要依据。通过落实联点包干和考核激励机制，为按时间、高质量完成《规划》目标任务提供了有效的工作保障。

二 青海藏区扶贫攻坚"同德模式"的
主要成效和经验启示

青海藏区贫困成因是多方面的,除了具有一般贫困地区的特点,如基础设施落后、人口出生率高、人均可支配收入少,劳动力素质较低等外,还具有其区域性整体贫困的特殊成因。藏区的贫困需要通过扶贫开发与可持续发展政策的联动,促进人口的相对集中和人力资本的不断提升,逐步改善农牧民生活和农牧业生产的基础条件,努力提升特色农牧产品的品质和附加值,促进资源的合理有序开发,逐步破解贫困难题。扶贫开发"同德模式"在这些方面为我们提供了有益的借鉴和启示。

(一)主要成效

1. 扶贫攻坚助推民族团结,社会风气明显好转

同德县寺院多、僧尼多,人员流动频繁,寺院公共服务设施建设相对滞后,加之地理位置特殊,农牧民贫困程度深,社会纠纷问题较突出。《规划》实施以来,同德县严格按照创建民族团结进步先进区的工作要求,及时建立了社会管理、寺院管理、学校管理、基层组织、思想教育"五个长效"机制,设立了覆盖县城和五个乡镇/集镇的治安监控指挥中心。两年多来没有发生过重大矛盾纠纷和社会不稳定事件。

2. 扶贫攻坚助推同德发展,社会大局和谐稳定

由于同德县地处偏远贫困地区,经济总量小,竞争能力弱,财源渠道少,经济发展缓慢,部分低收入群体生活困难问题没有得到根本解决,维护社会稳定的任务尤为艰巨。《规划》实施以来,同德县积极把握政策机遇,大力培育和发展特色产业,先后建立了有机牦牛繁育示范园、现代农业科技观光示范园、草产业示范园"三大示范园",重点打造了绵羊育肥、农区特色养殖、温棚蔬菜种植、城郊奶牛养殖等"八大种养区",组建农牧业专业合作社 79 个,流转土地 1.7 万亩、草场 23 万亩,全县经济社会快速推进,发展面貌日新月异。

3. 扶贫攻坚助推"三基"建设，基层组织不断夯实

长期以来，受贫困程度深、自我发展能力不足等因素困扰，基层党组织尤其是村委班子组织凝聚力、号召力不强。《规划》实施以来，同德县把推动扶贫攻坚作为连接民心党心的"德政工程"，统筹实施了重点村综合办公服务中心和文化活动广场建设项目，极大地改善了基层工作条件。整顿转化软弱涣散基层党组织 15 个、后进村 6 个，招聘社区工作人员 56 名，培训县、乡镇、村社区党组织负责人 810 人（次）。对违反相关规定的单位和个人进行了通报批评，对长期无故不上班、长期病假无备案等六类人员进行了严肃处理，基层党组织和党员服务群众能力得到显著提升。

4. 扶贫攻坚提升党政威信，密切党群干群关系

长期以来，公路等级不高、电网设施落后、农牧区人畜牧饮水困难、城乡统筹发展缓慢等问题严重制约着同德县经济发展。《规划》实施以来，同德县以完善县域水电路等基础设施建设为突破口，实施水电路房等工程 102 项，解决了 8000 余人、16 万头（只）牲畜的饮水困难问题，4036 户农牧民群众住进了新房。全县交通、住房、通信、供电、供水、供热、排水等基础设施条件大为改善，贫困农牧民群众自我发展奔小康的信心不断增强。

5. 扶贫攻坚助推民生改善，城乡面貌日新月异

长期以来，同德县教育、卫生、文化等建设远远落后于全州其他地区，民生保障面临诸多困难。《规划》实施以来，先后编制完成了 73 个村级 3 个社区的村庄规划，重点开展了扶贫攻坚示范村建设、城乡低保提标扩面、城乡社会救助、各项保险政策落实、民生工程建设等工作。同时在农牧区实施了教育基础设施、卫生医疗体系、公共服务体系等建设项目。全县在校学生全部实行免费教育；城镇基本医疗保险和农牧区新农合参保率分别达到 100% 和 99.9%；4242 名城镇居民和 8100 名农牧民得到了政府最低生活保障。

（二）经验启示

一是只有把维护民族团结当作民族地区扶贫攻坚的"根基"，对贫困地区和弱势群体存在的紧迫问题优先解决，对不均等、不到位的公共管理和服务主动

解决，才能实现宗教有序和睦、民族团结融洽，才能筑牢民族团结进步基石。

二是只有提升民族地区经济的整体发展水平，下功夫努力缩小区域差别和贫富差距，为群众带来更多实惠，才能凝聚民心，从根本上实现民族地区和谐发展，地区稳定和谐的根基才能牢固。

三是只有着眼服务发展大局，不断加强基层干部队伍建设和制度建设，夯实工作基础，才能使基层党组织和党员干部的能力真正得到提升，干部作风得到根本转变，才能形成加快发展、实现脱贫的强大合力。

四是只有把扶贫攻坚当作当前民族贫困地区最重要、最迫切的群众工作，心系民生，找准路子，对准焦点，精准发力，努力缩小区域差别和贫富差距，才能有效改变贫困落后面貌，才能赢得群众的支持和拥护。

五是只有把扶贫攻坚的成效体现在贫困群众真真切切的生活改善上，让群众更多地享受到改革发展成果，才能真正实现贫困群众脱贫致富奔小康。

三　青海藏区实现长期稳定整体脱贫的对策建议

总体来看，"同德模式"在全面整合资源、整体提升县域发展水平，建设扶贫产业园区、推动特色产业集聚发展，全面细化扶贫制度、建设保障扶贫成效等方面进行了有益的探索和创新，在全面完成整体脱贫目标任务的同时推动地区和谐发展和民族团结进步的成效显著。下一阶段青海藏区要实现长期稳定、整体脱贫，需要在认真借鉴"同德模式"发展经验的基础上，重点做好以下几个方面的工作。

（一）对扶贫对象进行分类细化，为"六个精准"工作打好基础

借鉴"同德模式"中"三分天下"的战略扶贫方式，即针对不同类型的贫困人口开展分类扶贫的做法，相关部门可根据藏区农牧民在不同的资源禀赋条件下的自我发展能力，将其细分为三种贫困类型。第一类贫困人口，主要是一些生活无依无靠、没有必要的劳动能力和生存技能的老弱孤寡和残疾人员。这类贫困人口很难从劳动力市场及当地的产业发展政策中获益，需

要通过更加完善的社会保障政策体系使生活水平维持在贫困线以上。第二类贫困人口，主要是一些身体健康，受教育水平相对较高，掌握了一些基本生产技能的人员。这类贫困人口长期受到资金、技术、信息、就业机会等外部条件约束，需要政府及时提供教育、培训、资金、技术、信息、就业机会等有针对性的帮扶，是今后精准扶贫需要重点关注的贫困群体。第三类贫困人口，主要是一些个人自我发展能力较强，受教育水平以及拥有土地资源等在当地均处于绝对优势，能够充分利用一些城市就业和非农产业就业等外部就业机会，提高自身福利水平的人员。对于这一类贫困人口，政府只需为其提供更加便利、有更多就业机会的城乡一体就业市场，拓展其就业渠道就可以令其整体收入水平提高，实现脱贫致富。分类细化贫困人口，有助于下一阶段扶贫开发做好"六个精准"工作中有的放矢、事半功倍。

（二）针对不同的贫困成因分类施策，有效提高扶贫开发的边际效应

目前来看，青海藏区贫困成因大致可以归纳为制度贫困、经济贫困、生态贫困和文化贫困四大类。消解制度贫困方面，在不断消除由于城乡户籍、教育、医疗、社保等方面的差异造成的不平等就业问题的同时，积极探索建立贫困地区信用保障和政策性农业保险体系，不断完善城乡一体发展的制度体系。根治经济贫困方面，针对藏区农牧业人口密度相对较低、居住较为分散的现实，有计划地开展小城镇建设，以扶贫产业园为平台，促进三次产业集聚发展。缓解生态贫困方面，对于一些重要的生态保护禁止或限制开发区域，采取以地域上相连的人口集聚区（村、组）为单元的整体搬迁，对生产区和生活区实施分类发展。消除文化贫困方面，建立稳定的贫困地区文化投入保障机制，通过城市辐射、城乡联动、成片开发共建，逐步缩小城乡间的文化差距，整体提升贫困群体的人力资本。

（三）创新藏区劳动力培训转移方式，帮助更多劳动力实现转产就业

一是开展对农民工的"二次培训"。针对那些已顺利实现第一次转移就

业，但由于知识技能老化、产业更新换代等原因失业，希望进一步学习职业技能的贫困群体进行二次职业技能培训。二是重视富余劳动力在农业内部的转移。在将富余劳动力向第二、第三产业转移的同时，重视充分发挥土地和农业产业链的劳动力吸纳能力，提高农村富余劳动力的农业技能，以缓解当前及今后一段时间内劳动力转移就业的压力。

（四）提升藏区和贫困人口的发展能力，从根本上阻断贫困"代际传递"

进一步强化对贫困人口实行"强体增智"的柔性帮扶，在加快贫困地区城镇化进程，完善城镇产业支撑体系，实现产业发展、区域发展和城镇发展的空间整合，有针对性地重点加大藏区以县为单位的教育、医疗、卫生等项目帮扶力度的基础上，切实提高藏区教育、医疗、卫生等领域工作者的待遇和妇女儿童的健康、营养及教育水平，推动扶贫开发战略从注重物质资本投入向注重自然资本、物质资本、人力资本和社会资本统筹投入转变，从提升区域发展能力和藏区贫困人口的自我发展能力两个层面入手，打破贫困的"代际传际"。

参考文献

苏海红、杜青华：《中国藏区反贫困战略研究》，甘肃民族出版社，2009。

刘解龙：《经济新常态中的精准扶贫理论与机制创新》，《湖南社会科学》2015 年第4 期。

郭亮、李锦：《关于青藏高原牧民"贫困"的解读》，《西藏民族学院学报》2014 年第 3 期。

焦克源、徐彦平：《少数民族贫困县扶贫开发绩效评价的实证研究》，《西北人口》2015 年第 1 期。

B.15
青海省城镇化进程中失地农民集中安置社区治理问题研究

李桂娥*

摘　要：　青海省在快速推进城镇化中，失地农民集中安置社区治理中基层政府职能、社会主体发育、现有法律制度以及农民生产生活方式等难以适应社会治理需求的问题，需要从政府职能转变、制度供给、社会主体培育、社区教育功能拓展等方面加强安置社区良性治理。

关键词：　青海　城镇化　失地农民　集中安置社区

国家治理现代化是十八届三中全会确定全面深化改革的总目标，国家治理现代化包括社会治理现代化。社会治理现代化更加广泛、复杂，更加艰难，包括原子化公民个人的社会生活及其组织化的全过程。国家经济体制改革和快速城镇化战略进程积累了大量的社会问题，使社会治理面临许多崭新的情况。习近平指出，社会治理的重心必须落到城乡社区，作为治理的基本单元，社区治理无疑是创新社会治理的基础和着力点。青海省快速城镇化进程中，出现了失地农民集中安置社区，这样的社区多种多样，有的是原来行政村整村安置；也有部分村民失地安置，其他村民仍居住在原居住地；还有几个行政村混合安置在一起等情况。同时，这些社区中集体土地情况各不相同，集体权益情况也各不相同。在城镇化进程中，各种征地情况给予的补偿

---

* 李桂娥，中共青海省委党校法学教研部教授，研究方向：法理学、经济法学。

不相同。另外，征地后失地农民生活方式、生产方式发生了根本变化，这种社区的治理是地方相关部门为之头痛的事情。

一 青海省失地农民集中安置社区治理概况

青海省失地农民集中安置社区，尤其是工业园区大量用地过程中，出现了跨行政村、跨行政区划集中安置社区，治理情况日趋复杂。

（一）青海省失地农民集中安置社区的分类

青海省城镇化进程在近十余年全面提速，失地农民集中安置社区也快速出现。失地农民集中安置情况与征地规模密切相关。

1. 行政村整村集中安置社区——传统安置社区

最初，城市的扩张是渐进的，征地是零散的、点状分布的，基本是以行政村部分土地为对象，有时不涉及宅基地，也就不存在安置问题；有时涉及部分或者全部宅基地，就以部分村民或者全部村民为安置对象，集中在村集体的土地进行新村建设。这种征地方式下逐渐形成城市中所谓的"城中村"和"城郊村"。如西宁市殷家庄村，该社区是对殷家庄村分两次进行了集中安置后形成的。回族人口占48.3%的回汉村民完全聚居在一个24栋楼的居民社区中。该村2015年完成了"村改居"，成为青海省第一批由城中村转型为城市社区的失地农民集中安置社区，选举产生了居民委员会。又如西宁市国际村，起初农业用地逐渐被征收，逐步成为"城中村"。后来，房地产开发中，宅基地全部被征收，整体行政村被集中安置。目前，省会西宁市在海湖新区建设征地中的新村安置社区和通过棚户区改造项目完成的新村建设基本属于行政村整村集中安置类型，绝大多数安置社区建设在村集体土地上，极个别建设在国有土地之上，建设在集体土地之上的房屋仍然属于"小产权房"。

2. 跨行政区划各村混合安置社区——新型安置社区

近几年为满足经济开发区的用地需求，连片征地成为主要征地模式，失地农民集中安置社区成为安置的主流，出现跨行政区划的若干行政村集中安置社区，如西宁市的康川新城和海东市的高铁新区。康川新城是因甘河工业园区西区建设和发展需要，将西宁市湟中县汉东乡 12 个行政村和大才乡 4 个行政村约 2.2 万失地农民集中安置的社区，其中回族人口占 53%。汉东乡部分行政村仍然有农民居住在汉东乡，也有部分农民的土地没有完全被征收。高铁新城是因海东市工业园区临空经济园建设征地需要，将平安县小峡镇 7 个行政村、互助县高寨镇 8 个行政村（全镇居民全部搬迁）、互助县红崖子沟 7 个行政村（部分居民搬迁），共计 3.5 万失地农民安置的社区，社区地处平安县小峡镇。

（二）青海省失地农民集中安置社区治理的特殊性

1. 多民族杂居

青海省是多民族聚居的地区。失地农民集中安置社区基本是多民族聚居的情况，只是民族组成不同、人口比例不同，汉、回是失地农民集中安置社区主要的民族组成，其他民族人口很少。目前，在社区住房的分配上，政府及其部门基本依照"小聚居"的原则，即住房的分配以分民族聚居的方式进行。

2. 产城融合明显

青海省经济发展现状使政府在征地中难以将集体土地的价值完全货币化，对失地农民的土地补偿标准偏低，征地中往往存在其他征地附属的优惠条件，表现在园区管委会对失地农民征地后的生活补贴或者物业费补贴上。失地农民自身受教育程度、技术培训、就业观念、生活方式等制约了自身充分自主就业。园区管委会及地方政府想方设法促进入园企业在用工方面倾向失地农民。因此，失地农民就业主要依赖于工业园区。

3. 政府强主导的高度依赖

青海省失地农民集中安置社区，从征地、拆迁到安置各阶段，基层政府极其重视，甚至基层政府全面把关分房的程序设计，并监督其实施。在这 2~3 年的时间中，基层政府与原村委会、个体失地农民之间进行了无数次的沟通、交流，采用多种方式，如民意代表与政府相关部门的主要负责人开会协商、电话沟通（基层乡镇领导及相关工作人员电话号码公开到每一位失地农民)、基层政府领导及工作人员参与村民大会（村民代表会）、基层政府及部门领导召开现场会等，失地农民对这些沟通交流方式已经非常娴熟，并形成行为依赖。待入住之后，政府强势主导依然继续。因此，失地农民集中安置社区的治理模式表现为政府强主导下的政府行为与社区及社区住户行为的高度依赖。

4. 具备自治良性发展的条件

传统安置社区是以行政村为单位的安置，传统的乡土社会关系短期内依然存在，社区共同体具有较高程度的认同，具备最基本的自治条件。同时，传统安置小区的住宅用地大多属于集体土地，共同的利益链条使居民对社区发展和事务高度重视，具备社区公共生活的重要纽带。新型安置小区，除了考虑民族的聚居外，也基本是以原有行政村为单位聚居考虑分配住房，因此，形成社区内天然的不同行政村团体。各团体内部也是传统的乡土社会关系，具备较高的认同度。在征地、拆迁、安置过程中，各方的利益博弈锻炼了失地农民较强的沟通能力和参与公共生活的热情。

二　青海省失地农民集中安置社区治理现状

失地农民集中安置社区的类型不同，其治理的情况也不相同。

（一）传统安置社区的治理现状

行政村整村集中安置社区，绝大多数社区房屋的"小产权房"性质存在的法律障碍，导致房屋很难进行流转，原村民之外的人员难以进入社区中，因此，没有打破其"熟人社会"的特质，以"城中村"和"城郊村"的方式存在于城市中，其治理主要是基层政府主导下以村两委班子为治理核心的治理模式。具体而言，部分"城中村"和"城郊村"在城镇化进程中往往在本村集体所有的土地上发展了一定的村集体经济，如农贸市场、建材市场、花卉基地等，有的村年收入上千万元。共同的利益，激发了村民参与社区治理的热情。村民委员会的选举基本是直选方式，村民的参与度较高，同时，矛盾纠纷也比较多。这些社区内部的公共服务由村集体经济收益承担，如城北区小桥村新村正在建设，其村委会计划成立老人委员会负责社区物业管理，村集体每年拨款 10 万元经费。部分行政村征地后，没有集体经济或者新村建设的地缘不具备发展集体经济，两委班子对社区的基本公共服务捉襟见肘，只能通过收取相关费用来外包。但是，当社区内公共设施出现大额维护、维修、更换费用，就可能发生不可持续的问题。

目前，青海省城市社区治理主体（居民委员会工作人员）的选举，并不要求必须是本社区的居民，但是，要求具备相应的业务素质、知识水平，并由政府民政部门承担其工作报酬和社会保障。这些工作人员自身对在社区工作的定位更接近于职业行为，而不是履行社区自治的行为，虽然提高了社区工作的效率，但是，也是社区自治在社会生活中更多停留立法层面的原因之一。

（二）跨行政区划各村混合安置社区的治理现状

康川新城分为三个社区，分别为锦绣苑、海欣苑、伊信苑，其中伊信苑是回族安置社区，安置回族占整个康川新城安置人数的 53%。社区中建有两座清真寺，还建有一座综合性民族和谐苑。2015 年康川新城进行了新一轮的基层自治组织改选，采用笔试、面试的方式招聘康川新城居民中大学毕业生组成社区自治组织，成立 16 个党支部（保留原 16 个行政村党支部）作为居民小组的管理组织。调研发现，超过一半的被访问者对通过考试招聘的居民委员会组成人员信任度不高，有些卸任的老村干部认为社区工作千头万绪、复杂多变，不经历一定的社会生活很难做好。实施网格化管理，以各行政村为单位成立 16 支志愿"群防群治"联防队，建立社区安全监控平台，实施 24 小时安全监控。

在高铁新区建设过程中，互助县高寨镇政府成建制搬进了新区，红崖子沟乡部分居民搬迁。这两个乡镇属于互助县，安置的有些行政村在互助县地域内还有属于村集体所有的山地、林地。目前，高铁新区中高寨镇安置片区是互助县的居住"飞地"，下一步有可能会成为互助县的经济"飞地"，因为高寨镇政府正在筹划由互助县支持在高铁新区安置居民进行养殖、种植和农贸市场经营的项目。平安县小峡镇和互助县高寨镇在拆迁安置过程中，被征地农民征地后由于处于过渡期，分散居住，镇政府及村委会非常重视使用现代信息技术来进行信息的传递。通过开通的行政村级微信群、信息群群发信息等方式，及时将政府有关安置的事宜、政策等信息快速、全面地传递给所有相关人员，保障安置农民的知情权。高寨镇党委和政府在征地拆迁中，支持村级自治工作，凡是征地拆迁中应当由村民自己决定的事情，能够按照《村民委员会组织法》确定的村民大会、村民代表大会的议事程序进行民主决策。

在康川新城和高铁新区的治理中，工业园区管委会是一个特殊的主体。社区物业公司由管委会选聘，并由管委会监督。社区物业费缴纳，起初是管委会与住户分担缴纳。社区中商铺的初始产权归属于管委会。康川新城安置的失地农民中 2008 年 12 月 31 日以前出生的人员有生之年都会享有管委会给付的生活补贴。

三 青海省失地农民集中安置社区治理存在的问题

青海省失地农民集中安置小区因类别不同，治理的现状也各不相同，但是，不同治理现状的背后存在着基本相同的问题。

（一）失地农民难以适应快速变化的生产、生活方式

生活方式包括人们物质生活和精神生活以及与这些方式相关的方面，可以理解为在一定的历史时期与社会条件下，社会群体的衣、食、住、行、劳动工作、休息娱乐、社会交往、待人接物和价值观、道德观、审美观等生活模式。在城镇化进程中集中安置社区中的失地农民，首先，伴随着失去作为生产资料的土地，他们或外出打工，或自主创业，劳动方式和工作环境发生巨大变化；其次，社会交往的对象也由原来的地缘、血缘关系为主的人群转为业缘关系为主的人群；再次，生活由绝大部分自给自足转变为货币化消费，如物业费、日常饮食所需原料等。在康川新城的调研中发现，劳动力人口比

例基本接近60%，能够实现劳动力转移的人口占劳动力人口的60%。不能实现劳动力转移的人员基本是40~60岁的失地农民。在高铁新区的调研中发现，高寨镇政府为了促进失地农民的就业，通过多方努力与企业联系、协调，企业进行了8次招工，但是，响应的失地农民并不多。这表明，失地农民中部分人群无法适应快速变化的生活、生产方式。在殷家庄和康川新城调研发现，40岁以上的女性、45岁以上的男性，非不得已（如家中有正在读大学的孩子）大多闲在家中，他们的生活圈子更加狭窄。年轻人实现稳定就业的情况也不充分，大多数从事技术含量不高的工作，工资也不高，很多人宁愿选择临时、灵活就业。很多情况下，不是用人单位不签劳动合同，而是就业者不愿签合同。因此，导致失地农民劳动权益和社会保障权益很难得到法律保护。

（二）基层政府职能转变难以支撑社区治理的多元需求

在我国，依据《村民委员会组织法》和《居民委员会组织法》的规定，农村社区和城镇社区都是自治体。但是，很多政府部门认为社区是一级行政组织，是政府职能在基层延伸和拓展，特别是城镇管理重心下移和社区服务半径扩大，许多政府部门工作下沉不是"进社区"而是"交社区"。目前，社区实际承担着党建、社会保障、民政优抚、计划生育、综合治理、文化体育等20多个大项180多个小项的工作以及其他临时性工作，如入户调查（包括全民健身情况、残疾人基本情况、劳动力状况抽查、文化产业情况、公共场所控烟情况、卫星无线接收情况、地名普查、人口普查、产业活动单位基本情况、经济指标统计等）、安全生产检查、消防安全检查等，甚至专业性极强的天然气安全检查、锅炉使用安全检查、电梯安全检查、节能减排检查等。事实上，社区缺乏专业人员和技术手段，只能被动应付，有时无奈编造数据。社区本身的自治工作被边缘化。调研中，公众认为社区干部是"给政府办事"，而不是"为居民议事"。

（三）社会主体发育难以适应社区治理的需求

社区实现真正的自治是国家治理现代化的必然要求，这并不意味着社区脱离国家和政府而存在。社区自治的前提是居民对社区的认同，实际上，政府与社区关系的异化，一方面导致居民不可能认同社区；另一方面使居民对社区公共生活的参与匮乏，难以对社区中的"公权力"[1] 形成有效监督制约，使社区中的"两委班子"出现腐败现象。社区公共生活建设，有赖于原子化的居民适度组织化，即社区内非营利性社会组织必须适度发育。同时，政府提供给民众的基本公共服务和社会管理工作，也需要借助社区内外的社会组织高效实现。

调研发现，社区内的社会组织非常弱小，属于松散的自发团体，仅限于满足部分社区居民娱乐、怡情、健身等需求，如舞蹈社、篮球队、武术队、书画诗词协会等，惠及公共生活的具有稳定组织架构、组织章程的社区内社会组织几近不存在。为社区居民提供非营利性服务的社会组织数量也很少。有些政府部门以购买公共服务的方式发展社会化监管，获取监管信息，如食药监部门意欲完成社区内食药安全监管的信息收集，就没有合适的社会组织可以委托，而只能委托给企业——营利组织——来完成。其他为社区提供服务的，如社区养老，西宁市只有一家民间投资的养老机构，而西宁市四区三县设置的老人日间照料中心基本是政府行为。

（四）现有法律制度难以保障失地农民集中安置社区治理的良性发展

目前，规范社区治理的现行法律制度主要是国家层面的两部基层群众自治法，即《村民委员会组织法》和《居民委员会组织法》，我国对农村社区和城镇社区实行二元治理。这两部组织法，前者就自治权的运行方式、程序、救济等规定较后者翔实得多，可操作性也强得多。根据我国《立法法》的规定，基层群众自治属于全国人大的立法事项。

失地农民集中安置社区想实现"村改居"，因二元土地法律制度，对财

---

[1] 此处的"公权力"不是指一般意义上的国家公权力，而是意指在社会层面，社会自治组织依据我国宪法、法律赋予的自治权，或者社会组织依据组织章程授权，对自治体内成员或者社会组织成员具有的管理权及其他权力。

产的确权非常高。但是，政府部门对财产确权工作开展得比较滞后。传统安置社区——整个社区土地的村集体或者村集体经济组织所有，在现实生活中所有权法律关系主体仍然是模糊的；集体所有的法律性质，即按份所有抑或共同所有，也是模糊的，因此，"村改居"的社区治理中，适用城镇社区的《居民委员会组织法》是不足以规范社区内各类权利的有效运作。失地前适用《村民委员会组织法》进行社区治理，"村改居"后要适用《居民委员会组织法》，前后治理制度的巨大差异导致治理行为的正式制度断裂，加大了治理中的风险因素。对于新型安置社区，存在有的行政村可以"村改居"，有的行政村不能"村改居"，同一个社区治理可能就存在"无法可依"的问题。

四 青海省失地农民集中安置社区良性治理的建议

实现失地农民集中安置社区良性治理，本质在于厘清国家与社会的关系，通过法治化渠道保障国家与社会的权力运行在恰当的轨道上，并且能够实现优势互补和协同。

（一）加强政府职能转变，理顺政府管理与社区自治的关系

政府管理与社区自治之间的关系，是社会治理的模式问题，即国家权力与社会权力的关系问题。二者之间应当是"合作"关系，而非"对立"关系，也不是"从属"关系，是十八大后国家、地方各界达成的高度共识。但是，二者之间是此消彼长的关系，还是共生共长的关系，在实务界和理论界都存在分歧[1]。从青海省社区治理整体情况来看，国家权力与社会权力处于"从属"关系，不利于多元善治的发育和成长，与社会治理现代化差距较大。因此，必须进一步深化改革。

1. 加强依法行政，治理政府懒政

目前，依法行政要求属于政府职能范围内的职权，必须由法定职能部门

---

[1] 张宝峰：《现代城市社区治理结构研究》，中国社会出版社，2007，第23页。

履行,不得放弃、不得超出法定范围。前文中政府应当"进社区"履行职权,是通过"交社区"进行的,属于不依法行政。因此,政府及其部门必须依法行政,将"交社区"的事项收回来,自己履行职权。

2.厘清政府职能,还权于社会

政府大包大揽社会应当自治的事项,也不利于公众现代公民意识的生成和公众参与社会治理积极性的调动。因此,政府应当深入研究自身管理与社会自治之间的边界,坚决把属于社会自治范畴的事项交予社会。

3.建立良性合作关系

国家权力与社会权力在社会治理中的各自范围应当是此消彼长的关系,在确定的时空范围内社会治理的事项应当是一个定数,国家与社会对确定事项的分工,就构成了各自权力涉入的范围。"小政府、大社会"的比喻就是在描述这个关系,但是,这个比喻绝不意味着政府权力涉入的范围必须比社会权力涉入的范围小。因此,国家权力与社会权力的良性合作关系应当建立在依据客观情况,关照公平与效率的最优平衡,确立国家权力与社会权力的清晰边界。

(二)加强制度供给,夯实社区依法治理的基础

我国城乡"二元"体制在社区治理中表现为二元化的基础群众自治制度,对应于《村民委员会组织法》和《居民委员会组织法》。二元的治理法制,在失地农民集中安置社区的治理中就会呈现前后法律规则的不一致,不一致的规则产生不一致的行为方式。新型城镇化进程中,失地农民"市民化"是根本路径,这要求失地农民生活方式、生产方式的根本转变,其中行为方式的转变是核心。二元化的治理制度,是通过立法人为造就的障碍。因此,加强制度供给,快速形成一元化的社区治理制度,是实现十八届四中全会提出的建设法治社会的基础。

制度供给中,特别关注社会保障体系的健全。失地农民集中安置社区,在相当长的时间内始终面临着就业不足的风险,快速变化的居住空间、交往空间、劳动方式,严重挑战着失地农民的心理、能力、经验。从西宁市城西

区的殷家庄到湟中县的康川新城，就业不足一直是困扰失地农民、社区和地方政府的问题，为失地农民构建健全（包括养老、医疗、失业、工伤等）的社会保障体系至关重要。

（三）培育发展社会主体，提升社区服务职业化水平

完善的制度设计，需要合适的执行人。通过理论研究和制度建设，架构起社会治理现代化的政府职能和社会自治的良性模式是可能的。即便是有了这样的制度架构，但是，社会主体的能力不足、力量薄弱，难免会落入政府"单一"治理的泥潭，造成治理低效、混乱及出现危机。政府通过自身改革和社会改革，期望实现社会治理现代化。政府的自身改革，具体表现在持续的简政放权，在培育发展社会主体上，2014 年政府对社会组织登记注册制度进行了修订，简化了四类社会组织（行业协会商会类、科技类、公益慈善类、城乡社区服务类等）登记注册的条件和程序，可直接向社会组织登记管理机关依法申请登记，不再需要业务主管单位审查同意。同时，青海省政府也在探索培育社会组织的各种思路，其中城西区社会组织孵化基地建设是一条可行的方法。当然，为了快速提升社区服务的职业化水平，在孵化基地准入制度建设中可以考虑向城乡社区服务类社会组织倾斜。

（四）拓展社区教育职能，提高社区治理参与度和认同度

社区公共生活的塑造，可以有效提高失地农民参与社区治理的积极性和有效性，同时，社区公共生活也可以促进失地农民现代公民意识的提高，进而加快失地农民"市民化"进程。社区治理必须加强社区的教育职能，社区不仅要加强失地农民就业培训，而且要加强就业培训的有效性，同时，社区还要进行失地农民参与社区治理的培训，拓展教育内容和培训方式。一方面，重视社区精英的领导力培训，使他们快速成长为善于进行沟通的社区精英，掌握沟通的方式、方法和技巧，使社区治理真正实现以社会自治为主要方面的合作型治理模式；另一方面，通过广泛的公民教育，使失地农民适应社区治理的要求，自觉遵守社区中的乡规民约；再一方面，加强法治教育，

提高失地农民的法治意识，引导失地农民自觉守法、遇事找法、解决问题靠法，营造良好社区依法治理的氛围。

参考文献

张宝峰：《现代城市社区治理结构研究》，中国社会出版社，2007。

李炳辉：《当代中国民间治理的宪政功能》，武汉大学出版社，2013。

新玉言：《国外城镇化——比较研究与经验启示》，国家行政学院出版社，2013。

理查德·C. 博克斯：《公民治理：引领 21 世纪的美国社区》，孙柏英译，中国人民大学出版社，2013。

B.16
青海藏区公共文化服务体系
建设的现状及其展望*

冶英生 甘晓莹**

摘 要： 青海藏区的文化建设经历了从发展群众文化事业到构建公共文化
服务体系的转变，目前藏区已经初步建立了公共文化服务体系。
但是由于藏区经济相对滞后，公共文化服务体系建设也较为薄
弱。围绕构建现代公共文化服务体系的要求，展望藏区公共文化
服务体系发展的未来，需要激发公共文化服务活力，推进藏区公
共文化服务体系的标准化和均等化，实现藏区文化建设大发展。

关键词： 青海 藏区 公共文化服务体系

2015 年 1 月 14 日，中共中央办公厅、国务院办公厅印发《关于加快构
建现代公共文化服务体系的意见》（以下简称《意见》），从总体要求、统筹
推进公共文化服务均衡发展、增强公共文化服务发展动力、加强公共文化产
品和服务供给等 7 个方面对加快构建现代公共文化服务体系、保障人民群众
基本文化权益作了全面部署。青海高度重视公共文化体系建设，始终把该工
作作为强化文化建设顶层设计的重中之重。对青海藏区①公共文化服务体系

---

* 本文系国家社科基金项目"文化认同视角下青海藏区公共文化服务体系建设研究"（项目号：
14XMZ088）的阶段性成果。

** 冶英生，青海省文化馆调研部主任、副研究馆员，研究方向：文化管理；甘晓莹，青海省
社会科学院经济研究所助理研究员，研究方向：产业经济。

① 本文所指的藏区是青海六个自治州的辖区。

建设现状的梳理和未来的展望有利于推动实现青海藏区公共文化体系标准化、均等化，对藏区公共文化服务理念与藏族世代生活的高原地区和民族情感以及宗教信仰相融合，进一步促进藏区经济社会发展、人民生活改善、生态保护建设等具有重要的理论和现实意义。

一 青海藏区公共文化服务体系建设现状

"十二五"以来，随着国家对藏区大力支持，以及青海自身经济社会的快速发展，文化建设力度也随之加大。与此同时，农牧民文化需求不断增加，文化需求呈现多样性、地域性的特点，加之公共文化设施不断完善、公共文化服务供给能力提升、文化活动丰富多彩以及文化传承体系更加健全等，青海藏区公共文化服务体系初具格局。只有清楚认识青海藏区的公共文化服务体系建设现状，紧紧围绕藏区群众公共文化需求的实际，才能更加准确地把握今后藏区公共文化服务体系建设中的重点，为建设现代性的藏区公共文化服务体系建言献策。

（一）公共文化服务设施不断完善

随着国家和地方对青海藏区的经济和社会发展的大力支持，藏区公共服务体系建设有序进行，完善了基层文化服务设施网络，逐渐扩大了各族群众共享文化发展成果的范围，文化惠民工程成效显著。近年来，青海省在公共文化基础设施建设方面累计投入资金约 16 亿元，对 28 个国有、民营博物馆进行改扩建，建成文化站 358 个，向全省各级公共图书馆配发图书 35 万册。建成覆盖全省 4169 个行政村的农（牧）家书屋，为藏区 33 个县级新华书店配备流动售书车。截至 2015 年上半年，青海藏区有文化（群艺）馆 39 个（州级 6 个、县市级 33 个），占全省文化（群艺）馆的 70%；图书馆 37 个（州级 6 个、县市级 31 个），占全省图书馆的 75%；乡镇综合文化站 214 个，占全省乡镇综合文化站的 59%；文物保护管理机构 19 个，占全省文物保护管理机构的 63%；艺术表演团体 8 个，占全省艺术表演团体的 61%；

艺术表演场馆 17 个，占全省表演场馆的 94%；博物馆 9 个，占全省博物馆的 45%。中央第五次西藏工作会议以来，青海省实施了 28 个藏区县的文化馆、图书馆建设，全面完成了藏区农（牧）家书屋工程的全覆盖，并完成了 1000 家卫星数字农（牧）家书屋的工程。藏区不断建设县级"两馆"、乡镇综合文化站，争取实施藏区村级文化活动室建设工程。深入实施文化建设"八大工程"；藏区六州电视、广播综合人口覆盖率分别达到 95.77% 和 95.8%，省、州（市）、县、乡、村五级公共文化设施网络初步确立。另外，藏区六州大力实施广播电视"村村通"、"两新工程"、文化信息资源共享、农牧区电影放映、"农（牧）家书屋"、"寺院书屋"等一系列提供公共文化服务的惠民工程。

（二）公共文化活动丰富多彩

藏区各州坚持文化下乡、进社区、下基层等公益性活动，举办县、乡镇、街道的文化艺术节活动，最大限度地满足藏区人民群众精神文化生活需求。开展了大型广场舞、民族服饰展演、篝火晚会等节庆活动；举办了城乡广场文化活动，海西州"柴达木之夏"广场文艺演出、《汗青格勒》说唱、果洛州"夏日文化广场"活动、《格萨尔》说唱、马背藏戏、海北州西海文化广场活动等深得各族群众喜爱；组织承办了文艺体育活动，如"热贡艺术博览会"、"环阿尼玛卿徒步行"文艺晚会、"盐湖城文化旅游节"、"柴达木民族文化艺术节"等，吸引大量的当地群众和省内外游客的热情参与；举办了赛马、赛牛、锅庄舞、拉伊大赛、青年歌手、传统射箭等赛事活动，为城乡居民生活增添色彩，各州群众也在节庆之际自发组织社火、趣味游戏等活动；以果洛州为代表的原生态民间文化及非物质文化遗产展示，开发制作国家级非物质文化遗产"德昂洒体"藏文书法软件等文化活动，将民族文化通过文化活动和项目申报等方式更好地展示给大众。

（三）文化产业实力日益壮大

2015 年，根据《青海省文化产业示范基地管理办法》的有关规定，开展第五批青海省文化产业示范基地建设，其中藏区六州的许多文化产业园区提交审批。藏区把发展文化产业作为市场经济条件下繁荣社会主义文化的重要途径，不断发展民族文化旅游业、文化演艺业、工艺品制作、文化体育业等重点产业，从政策、管理等多方面扶持文化产业发展，以藏区六州自然地理环境和海西州昆仑文化、吐谷浑·吐蕃文化、德都蒙古文化、黄南州热贡文化、果洛州格萨尔文化等人文资源为依托，优化产业布局，全面实施昆仑文化产业园、德都蒙古文化产业园、吐谷浑·吐蕃文化产业园、海南州藏文化创意产业园、热贡画院、同仁县吾屯热贡文化艺术村、久治年保玉则藏乡文化旅游产业园等项目，全面启动藏区文化产业重点项目申报工作，果洛州开展玛多黄河源国家公园试点方案编制工作，加快推进各州交通干线以及物流基地建设，着力打造以民族工艺美术、歌舞演艺、艺术培训、出版印刷、音像制品、文化旅游为内容的文化产业园区、文化聚集区及高端文化旅游基地，创建"一州一品"特色文化品牌。

（四）民族传统文化传承体系更加健全

青海成立了非物质文化遗产保护工作领导小组，组建了专家委员会，设立了专职从事非物质文化遗产保护的科级文化事业单位——民族民间文化保护研究所等。藏区六州属县也相应成立了领导机构，配备了专职工作人员。非物质文化遗产保护政策逐步完善。青海先后出台及转发了《关于加强非物质文化遗产保护工作的意见》、《非物质文化遗产代表作申报评定暂行办法》、《关于加强文化遗产保护的实施意见》及《实施方案》等一系列政策。制定了民间文化传承人管理办法，开展了民族民间文化传承人命名工作，对代表人物、艺人、资料保存者的申报、命名、保护与管理做了政策性规定。青海成功举办了各类民族民间文化活动，如一年一度的民族文化旅游节、青海国际唐卡艺术与文化遗产博览会、宗日文化艺术节、热贡艺术节、黄河文化旅游节、康巴艺术节、柴达木文化艺术节、盐湖旅游文化艺术节等大型民族文化艺术活动。创作了《秘境青海》、《雪白的鸽子》、《天域天堂》、《文成公主》、《六月六》、《中国撒拉尔》、《格萨尔王传·姜国王子》、《弓之舞》、《可可西里的呼唤》、《美丽富饶的地方》等舞蹈、戏剧及音乐情景剧。热贡艺术、塔尔寺酥油花、藏族服饰、格萨尔、藏族婚宴十八说、藏族拉伊、锅庄舞、藏戏、赛马会、藏文书法、藏族黑陶烧制技艺、藏族金属锻造技艺、藏医药、扎念弹唱等57项文化遗产被列入国家级非物质文化遗产名录。

二 青海藏区公共文化服务体系建设面临的问题

由于藏区公共文化发展滞后，尤其是农牧区文化发展基础薄弱、历史欠账较多等客观原因，以及基层政府和文化单位领导主观认识不到位，青海藏区面临公共文化基础设施不完善、提供服务的主体缺失、文化投入机制不健全以及供给和需求之间的偏差等问题。

（一）公共文化基础设施建设不完善

藏区六州公共文化设施网络已经基本形成。然而"低水平、广覆盖"的现象依然存在，部分基层公共文化设施仍存在数量不足、标准不高的问题。各州普遍存在"三馆"建筑面积达不到国家规定的评估标准，没有独立的活动场所，文化馆、图书馆、博物馆合署办公现象，尤其是农牧区的文化设施陈旧、质量差，有的偏远山区甚至没有覆盖文化设施。从基层看，普遍存在建设年代久远、建筑面积相对不足、功能不全等问题。部分文化馆（站）的整体空间布局设计大多不符合现代馆舍的建设标准和技术要求，有的文化馆虽然达到了最低建筑面积评估标准，但和图书馆、体育馆三馆合一；一些乡镇和村级公共文化基础设施建设滞后，总量不足，规模偏小，乡镇文体基础设施也参差不齐；有的乡镇有文化站但无文体器材，无法吸引农牧民参与其中，更无法开展文体活动。

（二）公共文化服务主体缺失

藏区文化建设的决策程序一直是主动向民族地区提供文化服务，这种

"自上而下"的决策程序忽视了受众群体的切实需求，造成文化建设的盲目性，这样供给文化的方式自然或多或少影响农牧民参与文化建设的主动性。政府是提供公共文化服务的部门，农牧民是有文化需求的受益方，由于农牧民的自治程度相对较低，而且缺乏能够真正表达自己意愿的渠道，加之藏区基层政府财政和动力等体制机制的制约，政府难以保证公共文化服务的有效供给，严重影响了农牧民参与文化建设的积极性。随着经济社会快速发展，藏区劳动生产率提高，社会流动性增强，农村牧区文化建设的主力军不在本土，大部分受过一定教育的青壮年离开故乡外出求学、务工，迁移放牧的也多为青壮年，所以留守在农村牧区的多为老人、儿童。有文化、有思想的青壮年农牧民外出务工，使藏区基层公共文化服务的受众范围缩小，农牧民参与程度低，导致文化工作难以开展。藏区公共文化服务体系的建设，离不开社会组织的参与，这包括村委会、农牧区精英组织以及以寺院为主的宗教组织。但由于村委会落实的事务更多是行政安排的事务，其文化服务能力弱化，农牧民想要通过村委会实现文化需求有一定的阻力。一些来自民间、由农牧民精英组成的民间文化团体和艺人由于多方因素逐渐成为边缘群体。藏区寺院原有的文化教育功能逐渐被新的宗教文化形态取代，以寺院为主的宗教组织发挥文化职能的特点逐步弱化，很难为藏区文化建设提供新鲜血液。

（三）群众文化需求与供给偏差

藏区群众对文化需求的表达有限，加之文化需求受自然条件、资金投入的约束，文化供给和需求出现一定的偏差，缺乏藏区群众喜闻乐见的公共文化产品。各州县大部分有文艺团队和民间艺术团，但提供的文化表演等活动并不能覆盖所有农牧区，文化供给存在城乡不协调的问题。部分基层文化机构花大力气组织的文艺节目，难以得到藏区群众的青睐；部分乡镇综合文化站、农（牧）家书屋的藏书内容偏离"三农"特点，农牧民看不懂、用不上，实际效果非常有限；各州、县、乡图书馆每年都有图书下乡的活动，但由于藏区留守的农牧民多为老人和儿童，受教育水平较低，不精通汉语，所以图书利用率非常低。而且区域内的图书流动服务还没有完全建立起来，电子化的文化资源还不能进入千家万户。寺院书屋的图书数量少，僧人需要的藏语专业书籍更是屈指可数，图书馆也未能发挥其职能满足广大农牧民的文化需求，藏区文化供需结构不合理。农牧民文化活动单一，受文化教育程度和语言限制，农牧民获取信息的渠道大多是电视，安多卫视是懂青海安多话的农牧民收看的主要频道，玉树地区农牧民以收看康巴卫视为主，但两个频道与生产生活相关的农牧业知识、法律宣传等相关藏语电视节目供给较少，不能满足农牧民日益增长的知识性文化需求。

（四）文化建设体制机制不健全

随着国家对藏区的政策支持力度加大，青海藏区文化事业发展的财政支持有所增加，但与医疗等公共服务投入相比，藏区文化建设投入机制不健全，投入基数小，基层公共文化机构运行经费短缺，影响了工作的开展。由于资金投入不足，藏区州、县文化建设方面的财政支持力度不够，一些文化馆（站）缺乏活动经费，因此不能发挥其作用，文化活动开展次数减少。藏区州县财政拨款只用于文化系统在编人员的工资和部分业务经费，事业经费和活动经费投入严重不足，无法开展高质量和群众喜闻乐见的文化活动，有些文化馆免费开放的经费和地方财政配套资金不到位，一些歌舞剧院和专业剧团没有艺术创作经费，图书购置经费不足等严重制约了藏区文化活动的开展。公共文化资源的总量和人均投入量在分配上存在重城镇、轻乡村的现象，农牧区的投入远远落后于城镇，农牧区文化建设经费投入的严重不足使城乡文化的差距越拉越大，城乡及区域差距明显。加之有关藏区公共文化服务体系建设的机构、管理、人员配置等方面缺乏刚性要求，在文化设施建设、文化服务方面缺乏相应的标准，或者出台的政策落实不到位、缺乏制约措施等使农牧区公共文化服务体系建设明显落后于城镇。藏区公共文化服务的绩效考核评估机制还未完全建立，无法调动更多基层文化部门和公益性文化单位的工作积极性。

三 青海藏区公共文化服务体系建设展望

"中央一直强调要紧密结合藏区发展实际和藏区农牧民群众的生产生活实际，持之以恒地开展特色鲜明、寓教于乐、寓教于学的公共文化活动。"[①]目前，国家一系列支持藏区发展的政策规划出台，青海藏区经济社会发展势头良好，为推进公共文化服务体系建设提供了优越的发展环境。2015 年 1 月，中共中央办公厅、国务院办公厅印发了《关于加快构建现代公共文化服务体系的意见》，指出 2015～2020 年，争取全国各个省（自治区、直辖市）都能达到国家基本公共文化服务保障这一标准，发展先进文化，创新传统文化，扶持通俗文化，引导流行文化，改造落后文化，抵制有害文化。建立以群众需求为导向的公共文化服务模式，根本目标是统筹城乡和区域文化均等化发展，加快形成覆盖城乡、便捷高效、保基本、促公平的现代公共文化服务体系，工作重心放到城乡基层和老少边穷地区等薄弱环节，弥补公共文化服务的短板。加强对不同部门公共文化服务设施、项目和资源的统筹以及社会资源的统筹，积极拓展社会参与渠道，培育和发展多元化的社会服务主体。在随意见一同印发的《国家基本公共文化服务指导标准（2015～2020 年）》中，对政府提供公共文化服务的内容和范围做出了规定，要求各地在制定基本公共文化服务标准时，坚持以需求为导向，体现地方特色，在明确基本服务项目和内容的基础上为基层创新公共文化服务内容、形式留空间，充分激发基层的积极性。

"十三五"期间，青海藏区公共文化服务应该以群众为出发点，以"服务"为落脚点。政府的角色应该由公共文化服务的主导者转变为监督者，要将满足藏区广大群众的实际需求作为青海藏区公共文化服务体系建设的最终目标，因地制宜地探索出符合青海藏区六州的公共文化服务体系内容。比

---

① 满却顿智：《以创新型思维引跑藏区公共文化服务》，《中国文化报》2015 年 2 月 6 日，第 3 版。

如，作为传统文化依附的村落、山水神文化等也应该是公共文化服务的对象，不能将其作为载体，而是作为活的对象进行服务，并借助公共文化服务平台实现现代化的转化和文化创新，在传统文化传承和保护中留住宝贵的文化。合理安排 2015 年中央财政支持边疆民族地区文化人才队伍建设和支持民族语言文字出版、广播影视节目译制等少数民族地区重点文化工程、计划、项目建设等，探索适合藏区的"自下而上"反映群众文化权益和文化愿景、满足其文化需求的道路。

对藏区公共文化服务体系的建设，将提高到文化生态保护的高度对文化进行保护和传承，政府提供文化资源、网络资源共享等，使全民享受基本公共文化服务。推进喇家国家考古遗址公园、热贡和格萨尔（果洛）国家级文化生态保护区建设，与各州政府整体产业发展规划相结合，同时在建成省图书馆、文化馆和美术馆等基础设施之外，引入市场机制，发挥市场在文化资源配置中的决定性作用，繁荣文艺创作和文化市场，健全政府向社会力量购买公共文化服务机制，借助提升公共文化服务的契机，发展文化产业，形成以文化事业带动文化产业发展，以文化产业园为平台发展数字出版、网络广播电视、影视制作等新业态，实现青海藏区基本公共文化服务的标准化和均等化，实现藏区经济发展、文化振兴和文化生态保护等共赢。

四 青海藏区公共文化服务体系建设的政策建议

今后一个时期，我国将进入新兴工业化、信息化、城镇化、农业现代化和绿色化加快发展的阶段。青海藏区公共文化服务体系建设要充分考虑并不断适应这些新变化。一方面，需要国家层面建立健全长效机制，从根本上保障文化建设长期稳定发展；另一方面，也需要全国文化系统和文化机构开拓创新，扎实工作。因此，青海加强藏区公共文化服务体系建设的主要思路是：以不断满足基层人民群众的基本公共文化需求为导向，以少数民族地区和贫困地区为重点；继续深化改革、加强制度建设，不断提高藏区公共文化服务的保障能力；提升公共文化服务效益，实现公共文化服务体系的标准化、均等化。

（一）统筹城乡文化资源，完善公共文化制度建设

确立统筹城乡文化发展理念。将统筹城乡文化发展理念贯穿于藏区公共文化服务体系建设的各个环节，包括基础设施建设、财政金融支持、文化产业发展等各个方面，集中财力在城镇建成图书馆、展览馆、科技馆和文化站等基本公共文化设施，整合资源在每个行政村建设集文化活动、电影播放、体育等功能于一体的综合性文化服务中心。创新公共文化服务方式，利用政府部门网站、文化部门组织以及当地媒体，加强对公共文化服务体系建设的宣传，使农牧民了解公共文化服务中政府的服务和其拥有享受公共文化服务的权利，从而增加农牧民的参与度。建立城乡互动、统筹发展的机制，统筹城乡安排现有三馆资源，打破现有文化资源的部门界限、地域与行业界限，使藏区城乡居民共同享有文化资源。通过对藏区文化活动的宣传，吸引更多社会力量参与城乡文化建设，推进公共文化资源的合理配置，共享公共文化资源，实现公共文化服务均等化。

完善公共文化制度建设。以法律的形式明确公共文化设施的建设、文化机构的定位、文化投入的保障、文化活动的开展等相关内容，明确各级政府在公共文化服务体系建设中的权力、责任和义务，明确各级文化部门与相关部门的职责分工等；进一步建立健全藏区公共文化设施的建设标准体系、公共文化机构的服务标准和公共文化经费的保障标准和方式等，从制度上解决藏区公共文化设施管理使用中存在的困难和问题，促进文化服务日常化和规范化，提升文化设施利用率。一方面，要结合现有的文化统计数据，探索出一套科学规范的绩效评价指标体系，把文化改革发展列入各级经济社会发展总体规划，列入各级政府效能和领导干部政绩考核体系。另一方面，要加快建立藏区公共文化工作的绩效评价考核和监督机制，制定具体考核标准和量化指标，明确奖惩措施，建立服务项目公示制度，定期开展检查督导工作。

（二）加强信息科技创新，推进文化信息共享工程

网络媒体和移动终端成为当前藏区文化传播的普通媒介，公共文化服务

发展可以借助现有的工具和手段，发挥移动媒体的快速性、及时性和直观性的特点，使文化传播更加快捷和便利，使得藏区群众能及时接收最新的文化内容。因此，在"十三五"规划中合理规划藏区六州文化站、图书馆、博物馆等文化基础设施，特别是加强偏远地区网络通信设施的建设，以及网络安全的监管，在考虑国家安全的情况下，扩大网络覆盖面，使更多的农牧民能利用信息技术、科技等方式更加便捷地接收文化信息。运用现代信息技术手段，对优秀文化资源进行数字化加工和整合，让藏区群众普遍享受文化硕果；将文化共享工程服务网络建设纳入财政预算，保证共享工程的顺利实施，使之具备数字资源的存储能力、传输能力和服务能力；加强公共上网场所建设，为广大藏区群众，尤其是青少年提供文化信息服务和绿色上网空间。

继续实施文化信息共享工程，在藏区普及计算机应用技术，保持藏语的方言特色，在资源库中增加安多、卫藏和康巴语方面的文化资源，内容包括社会主义核心价值体系、民族特色文化资源、历史文化资源、少数民族文化产品译制资源等，让文化信息共享工程惠及更多的藏区群众。

（三）完善文化投入机制，丰富公共文化产品

建立合理的文化事业经费投入机制，确保文化单位有开展文化活动的经费，以及人员经费保障，解决当前文化馆等部门聘用人才待遇低、留不住人的问题。设立专项基金，引导文化发展，扶持具有民族特色和高水准的艺术创作和作品，对文化名城（村）和非物质文化遗产集中的地区安排资金保护特色村寨及文化遗产。完善财政支持文化发展的政策，拓宽融资渠道，放宽市场准入，降低公共文化服务门槛，鼓励个人、企业、社会团体独资或合资发展民族文化产业，积极引导社会力量参与，改变公共文化服务投入主体单一的状况。

文化部门和文化机构要转变观念，真正实现从办文化到管文化的转变，从文化产品的生产者向文化产品的提供者转变；进一步深化公益性文化单位内部机制改革，完善监督考核机制，提高公共文化机构的管理和服务水平；

改进服务方式，针对基层群众的文化活动习惯，利用传统节庆和地方特色活动，开展群众乐于参与、便于参与的文化活动，提高服务的针对性和满意度，让农民群众自觉主动地加入农村文化建设中来；加强文化资源的流动性和数字化，提高文化资源的利用效率。

（四）加强文化人才队伍建设

文化人才队伍建设采取院校教育、培训交流、基层辅导等多样化的形式，切实加大藏区文化人才培养的力度，加强文化专业队伍、文化经营队伍和文化管理队伍的建设，为文化建设提供人才保障；明确核定乡镇综合文化站人员编制，确保每个乡镇综合文化站配备不少于1个的人员编制，稳定基层文化队伍。推行人员聘用制和岗位目标责任制，逐步打破人员能进不能出、干好干坏一个样的局面，促进基层公共文化服务人才资源合理配置和流动。制订引进人才计划，指导开展文化活动，尤其是对州、县、乡级文化馆、文化站、文化中心户等文艺骨干、民间艺人、非遗传承人和社会文艺团体的辅导、培训工作，给予优惠。要加大对本土人才的培训和投入力度，培养当地的乡土文化能人。通过共享文化资源、业务合作、人员培训、工作指导等方式，通过东部沿海发达地区对青海藏区的对口支援活动，帮助解决文化产品和服务相对缺乏的问题，支持藏区文化建设。

特 色 篇

Special Reports

B.17

新常态下青海市场主体发展的
主要困境及政策建议[*]

苏海红[**]

摘　要：　在经济新常态的宏观发展背景下，青海经济运行中的结构性
矛盾和当前市场压力相互交织叠加，市场主体发展存在诸多
问题和困难。深入分析和破解这些问题，不仅是推进市场主
体转型升级和提质增效的关键，也是促进当前乃至"十三
五"时期全省经济持续发展的重中之重。

关键词：　经济新常态　市场主体　信用担保　市场放权

---

* 本文为国家社科基金项目"基于生态环境约束的青藏地区转变发展方式实证研究"（项目号：
10XJL0016）的阶段性成果。
** 苏海红，青海省社会科学院副院长、研究员，研究方向：区域经济。

改革开放 30 多年来，青海立足资源开发，大力扶持特色经济发展，以新能源、新材料、盐湖化工、有色金属、油气化工、煤化工、装备制造、钢铁、轻工纺织和生物产业为核心的工业经济体系，已经成为青海经济社会发展的重要支撑。当前，在经济新常态的宏观发展背景下，青海经济正处于爬坡过坎、攻坚转型的关键时期，经济运行中结构性矛盾和当前市场压力相互交织叠加，加之全省生态保护、市场化改革、法治化建设等任务较为艰巨，市场主体发展存在诸多问题和困难。深入分析和破解这些问题，及时挖掘新的经济增长源泉，加快构建统一开放、竞争有序的市场体系，进一步优化市场主体环境，不仅是推进市场主体转型升级和提质增效的关键，也是保持合理稳定的经济增长速度，促进当前乃至"十三五"时期全省经济持续发展的重中之重。

一 新常态下青海市场主体发展的主要困境

据青海省经信委对全省各地区、园区规模以上工业市场主体的摸底调查，截至 2015 年 1～5 月，全省规上工业企业利润同比下降 43.4%，亏损面达 42.7%，企业生产经营困难局面未改观。上半年民间投资增幅回落 19.6 个百分点，工业投资下降 8.2%，亿元以上新开工项目同比减少 27 个。可见，在当前宏观经济不景气的大背景下，经济下行压力较大，青海资源型产业面临成本持续上升、经营负担加重、部分行业产能过剩更加突出等困难和挑战，更多的困难则是市场主体长远、可持续发展绕不开的问题，如融资难、用工难、投资难、盈利难、转型难等。

（一）宏观发展环境方面的困境

1. 新常态下的市场低迷以及市场主体利润持续下滑

受国内外整体经济下滑、工业品出厂价格负增长、要素成本上升和投资收益下降等因素影响，工业市场主体实现利润持续 2～3 年下降。市场主体产品销售难，物流运输成本持续增加，流动资金普遍紧张，采矿类市场主体税负较重，环保压力大，利息高、税费高、汇率高，资金周转困难日益加剧。劳动力成本持续上升，市场主体支出的附加在工资上的各类社保支出与工资比例接近 0.5∶1，用工成本高企，加之原材料价格上涨而产品价格下降，市场主体的利润空间较低，全省绝大多数市场主体依靠以往低成本优势以及粗放式发展方式已难以为继。

2. 主体功能区背景下的发展制约

青海地处三江之源，被誉为"中华水塔"，是全国重要的水源涵养区，全省 90% 以上的区域面积为禁止开发和限制开发的区域，生态环境约束性强，加之国家层面顶层设计的政策支持较为缺乏，如重点生态功能区的免税区政策、生态补偿政策、循环经济发展的技术及基础设施支持等。在生态保护第一的发展理念中，结构调整和产业转型升级任务十分繁重，且需要一个转型过程。

3. 区域经济发展的同质性竞争异常激烈

各地方的招商引资中，为获取当地土地、资源、补贴等未来升值空间，市场主体对市场前景和同质性竞争风险欠考虑，随着市场竞争的日益加剧，区域性各具特色的优势产业发展布局明显不足，园区基础设施制约发展，不少名优特产品的同质性竞争较为激烈，加之关键性技术引领特色产业发展能力弱，影响了全省特色优势品牌建设取得长足进展。

4. 地方政府在发展理念上仍有偏差

在发展理念上，受政绩观的影响，不少地方政府仍存在重招商、轻发展，重投资、轻培育，重国有、轻民营，重二产、轻三产，重发展、轻生态等思想，特别对市场机制的培育力度不够，发展环境和制度安排尚不能很好地实现资源的有效配置，使地方经济的内生发展动力明显不足。

5. 新型城镇化对实体经济的支撑力不足

城镇化发展有利于促进产业结构调整、消费市场培育和劳动力供给等，青海城镇化总体水平较低，特别是城乡一体化步伐缓慢，青南地区人口相对分散且发展基础薄弱，城镇发展及市场消费能力等对市场主体发展的支撑力较弱。

（二）产业发展方面的困境

1. 产业结构不合理引发的高成本

目前，青海资源型大中型市场主体发展主要依托廉价的水电、资源等低成本优势获得市场份额，在经济形势下行的压力下，以往相对便宜的电价已没有优势，加之运输成本较高，特别是全省由于三次产业发展不协调，市场竞争红利少，产业链短，产业集聚度低，产品生产的整体成本远高于内地同类产品，缺乏市场竞争优势。

2. 产业与就业之间缺乏良性互动

长期以来，全省重工业与轻工业比例严重失调，而重工业解决就业的能力非常有限，产业与就业间的长期矛盾和非协调性已成为引发当前全省各类技术人才、科技研发十分缺乏的突出问题。

3. 第三产业缺乏长足发展

长期以来，无论是生产性服务业还是生活性服务业，无论是传统服务业还是现代服务业，在青海的发展都较为滞后，占经济总量的比重偏低，第三产业内部结构也不尽合理，现代服务业、高新技术产业发展水平仍然较低，影响了全省的产业结构优化升级。

（三）民营经济和小微市场主体发展方面的困境

1. 发展政策与软环境仍然对民营或小微市场主体存在差别化待遇

主要体现在土地、资源、资本这三种生产要素的投资政策、项目布局、发展机会、发展软环境等方面，特别是当政策因素使民营或小微市场主体相关利益受损时，缺乏公正、公平的保障渠道。

2. 市场信用担保体系建设仍显滞后

尽管青海省委、省政府出台了很多促进小微市场主体发展的优惠政策，但困扰民营经济和小微市场主体发展的"融资难、融资贵"等问题，在一定程度上主要受制于全社会市场信用及担保体系没有建立健全，民营和小微市场主体信用状况参差不齐，征信体系尚不完善，信息不对称、市场风险、负债率、诚信等问题影响市场主体做强做大。

3. 行业协会组织作用发挥不足

发达地区协会组织在行业政策、行业自律、信息交流、资源共享、技术攻关等方面的促进作用非常有力和有效，但青海市场主体出现问题时更多依赖于政府解决，行业协会组织亟待加强和规范。

4. 全社会的创业氛围欠佳

进入 21 世纪以来，非公经济在全省经济总量的占比提高不到 10 个百分点，全社会创业能力培养不足，缺乏市场主体家和企业家精神，缺乏立足本土的创业、创造和创新的精神，缺乏具有核心竞争力和持久竞争力的产品，创业氛围和创业政策亟待建立健全。

（四）市场主体自身及其发展服务体系方面的困境

1. 市场主体自身发展能力不足

面对产能过剩和经济形势下行压力，绝大多数市场主体未能主动加强产品研发创新或走差异化发展路子，而是选择观望或被动应对，缺乏立足本土创业、创造和创新的精神，热衷于急功近利的经营项目，缺乏核心竞争力和持久竞争力的产品，面对市场压力主要期望政府给予更多扶持政策。

2. 融资环境和融资成本问题凸显

产能过剩行业和地方政府融资平台等缺乏利率弹性的部门的资金需求拉高了资本成本，贷款的刚性需求较强，直接融资困难，间接融资条件难以达到信贷条件，市场主体融资成本居高不下。加之民间资本投资渠道不畅，传统行业大多面临转型，市场上资金拖欠现象增加，"融资难、融资贵"始终是市场主体发展面临的难题。

3. 信息化建设明显滞后

当前信息化和大数据越来越成为市场主体发展中不可或缺的服务环境，但信息化滞后不仅影响了全省"互联网＋"的有效融合推进，而且成为青海市场主体技术创新、管理创新和核心竞争力提升的短板。

4. 现代市场主体管理不规范，人才队伍、科技力量薄弱

青海市场主体积极跟进现代经营管理的能力弱，缺乏人才，科技创新能力偏低，并随着劳动力成本上升，后发优势和竞争力挖掘不足。

二　政府层面积极应对的政策建议

准确把握中央全面建成小康社会、全面深化改革、全面依法治国、全面从严治党的战略布局，结合省情实际，树立信心，积极破解当前市场主体发展的难题，构建统一开放、竞争有序的市场体系，在促进公平竞争、诚信体系建设和完善行政执法体制等方面加大改革力度，引导各类资源要素向实业领域聚集，以科技创新和产业升级为主线，全力激发市场主体内生增长动力，进一步扶持实体经济发展壮大，营造良好的发展环境，从而努力使青海成为全国行政审批事项最少、审批效率最高、创新创业环境最优的省份之一。

（一）转变政府职能，营造良好的发展环境

处理好政府与市场的关系，核心是合理界定政府与市场的适宜边界，关键在于厘清政府行为的边界。因此，应矫正政府的准市场主体化行为，强化政府的公共服务职责，调整政府的微观事务管理，完善宏观调控。

1. 把握好向市场主体和市场放权的"度"

青海经济发展基础薄弱，市场发育程度低，市场体系不够完善，既需要充分激发市场主体的创造活力，增强经济发展的内生动力，为市场主体发展创造良好的营商环境，又需要发挥好政府的引导和调控作用。面对青海工业、农业和服务业在激烈的国内外市场竞争中的巨大压力，需要做到政府和市场作用的"双兼顾"。与此同时，在各地方区域间的竞争上，应从单纯促进经济增长向更多地促进公共服务和改善发展环境转变。

2. 建设法治政府和服务型政府

强化政府的公共服务职责，合理选择公共服务供给模式。一是建立法治社会，从根本上解决政府管理部门之间职责不清、分段管理、推诿扯皮、法

律空白等问题，为市场主体发展提供公平、公正的市场环境。二是确立市场主体投资主体地位，市场主体依法自主决策，减少政府对市场主体投资活动的干预。三是建设统一开放、竞争有序的市场体系，着力强化在食品、药品、环境、物价等方面的监管职能，发挥好在公共服务和社会保障中的"兜底"作用。四是完善金融市场体系，积极发展普惠金融。在加强监管前提下，允许具备条件的民间资本依法发起设立中小型银行等金融机构。五是探索合理的公共服务提供模式，依托于市场机制的私人部门、依托于自愿机构的第三部门包括社区组织，探索公共服务供给主体多元化，积极建立公共部门—营利性民间部门—非营利性第三部门的合作。

3. 强化科学有效的宏观调控

一是调整政府的微观事务管理，加强宏观调控的科学性、有效性，保持宏观调控政策的前瞻性、连续性、稳定性，为市场主体创造一个稳定的、可预期的发展环境。二是积极培育区域新经济增长点。除了三大园区，还积极培育具有高原特色的区域经济新增长点。如在农牧交错与东西联结中心区域，将海南州打造成为我国藏区绿色产业集聚发展桥头堡；在祁连山区域，将海北州打造成为全国民族团结进步示范州和高原特色生态经济高效发展区；在三江源区域，将玉树市打造成为三江源地区生态文化旅游集散地。三是夯实城镇化的经济基础。重点加强城镇的区位优势、资源优势、农产品优势、传统文化优势，着力发展具有区域特色的资源开发、农畜产品加工、商贸物流及文化产业，加快完善城乡发展一体化，为市场主体发展增添后劲和劳动力支撑。

4. 积极争取国家层面的政策支持

依托全省生态文明先行区以及循环经济先行区、民族团结进步先进区建设，积极加入全国相关的顶层设计，争取更多有利于全省经济社会转型发展的政策体系，如建立生态补偿机制、生态环境保护与治理目标考核制度等，减少和补偿市场主体发展中的生态成本。

（二）扶持市场主体提质增效，加快产业转型升级

以科技创新有效化解工业产能过剩，扭转市场主体实业投资收益率低下

的格局，增强市场主体发展实业的信心。新常态下的稳增长、调结构主要依靠科技创新，而市场主体是创新的主体和载体。下大力气支持市场主体进一步提升管理水平应对日益上升的成本压力，加快产业升级，引进人才和更新设备，加大研发投入力度，开拓国内外市场，主动应对挑战。

1. 市场主体转型升级是全省经济发展方式转变的关键之举

在全省产业转型升级的总体部署中，提高转型升级促进政策对市场主体的开放度，引导政策资源流向市场主体，促进和帮助市场主体提升技术水平和优化市场主体管理，提高市场主体的核心竞争力。同时，加快技术服务与技术转移平台的建设，推进产学研合作，推进科研院所占有的大量科技资源向市场主体特别是中小市场主体开放，强化以科技成果产业化为抓手，以科技创新带动市场主体发展。

2. 推进工业结构调整和转型升级

一是发挥财政奖补机制的导向、杠杆作用，重点支持和创建市场主体转型升级公共服务平台，化解产能过剩矛盾，推进节能减排，重点引导钢铁、水泥、光伏、乳业等行业市场主体兼并重组，促进资源型市场主体转变组织和管理模式以及经营方式。二是增强市场主体的自主创新能力，一项科技成果运用对应的是一个行业的跨越发展，以及占有市场的优势，只有支持和落实对市场主体的技改、研发、创新等扶助政策，才能使创新资源和要素进一步向市场主体集聚，才能增强市场主体的创新意识与能力。三是加快推进特色工业和轻工业产业集群及园区积聚的进程，建立产业关联和分工协作机制，以推动地方特色工业如高原生物产业以及轻工业快速发展，带动全省产业结构调整和转型升级。四是大力扶持新兴产业发展，对光伏、风电装备制造项目和资源开发项目进行资源统一配置，捆绑上游装备制造、下游资源开发项目一体化招商。五是鼓励市场主体在技术更新改造、节能环保、新技术与新产品产业化方面的投资，对市场主体购买先进设备、现有设备升级改造、市场主体节能设备的购置与升级、环保设备的购置与升级等方面的投资适当提供财税支持。

3. 推进现代农牧业和第三产业加快发展和提质增效

一是建立和完善农村牧区的基本经营制度、土地管理制度、支持保护制度、金融制度以及城乡一体化的市场经济制度。根据市场需求采取多种方式培养新型职业农牧民，提高农牧民参与市场的能力，提高农牧业生产组织化程度。二是在集约化、专业化、组织化、社会化相结合的新型农业经营体系中要充分发挥市场的作用。三是加大对第三产业发展的支持力度。

4. 进一步深化国有经济改革

结合省情实际，着力解决好如何优化国有资本配置和提升国有经济效率这两个核心问题，促使国有企业尽快完成从装备升级到技术、管理和产品的综合升级。一是因企制宜地分类推进国有经济改革，针对青海省主要大中型国有企业，如黄河水电、水利水电、中铝青海分公司、盐湖集团、西宁特钢等，以强化主导力、优化资源配置和加强监管为主线，可采取"一企一策"的办法推进改革，激发企业活力，提升核心竞争力。二是积极发展混合所有制经济，将其作为国企改革的主线之一，规范有序地迈出在重组改制、投资并购、产权转让等方面符合省情实际的混合所有制改革步伐。三是建立多层次、专业化和规范化的国有资产运营及监管体系，优化国企内部管理，进一步提高国有资本运营效率。

（三）创新创业环境，促进非公有制经济健康快速发展

进一步优化市场主体经营投资环境，简政放权，降低非公有制经济的投资风险，加大金融财税支持力度，激励非公经济扩大投资规模，培育非公有制经济做强做大。

1. 创新创业环境

一是着力营造公平竞争的市场环境，放松市场准入的管制，加快建立和完善政府权力清单制度，下决心简化和消化不必要的行政审批，给各类市场主体提供公平进入市场的机会，破除阻碍非公有制经济的"玻璃门"、"弹簧门"、"旋转门"等体制障碍，给予非公经济与国有企业同等的政策待遇，使其平等使用生产要素，公平参与市场竞争，同等受到法律保护。二是制定

非公有制经济进入特许经营领域的具体办法。如在城市供水、供气、供热、污水处理、垃圾处理、城市公共交通等领域推出民营经济进入特许经营领域的范围、经营形式和期限、申请程序、权利和义务以及监管制度。同时，切实放开民营资本投资领域，降低中小市场主体投资门槛。三是发挥各类培训、研发机构的作用，支持发展为非公经济服务的技术创新、科技示范和科技市场主体孵化基地，激励大学毕业生、农民工、城市青年创业投资兴办市场主体。四是依法切实保障非公经济的合法权益。

2. 加大金融财税支持力度

注重市场运行和政府调控、短期增长和长期发展相结合，运用财政贴息资金、财政性存款和信贷风险补偿资金，推动银行业金融机构、融资性担保机构扩大信贷投放和担保规模等，缓解市场主体融资难、融资贵问题。一是完善金融服务体系。在加强金融监管的同时，消除不必要的审批和准入管制，逐步放开银行业等金融服务行业的准入管制，鼓励更多民间资本进入金融领域发展，发展社区银行、区域性银行。二是降低融资成本。在银行贷款额度中要确定一定比例用于中小企业的低息贷款，还要一定比例的人专门为中小企业提供金融服务，帮助其发展实体经济。而银行贷款无论对国企还是民企要一视同仁，负同样的法律责任，为民企解决融资难问题。三是减少税种，降低税率，减轻市场主体税负，同时要降低市场主体所缴纳的各项社会保险费率，帮助市场主体有更多的赢利资金去发展实体经济。四是降低或免除市场主体的各类费用负担。明确究竟哪些费用可以收，除此之外各种名目的费用应该坚决予以取缔，切实为市场主体减负。

3. 培育非公有制经济做强做大

一是提升整体素质。指导非公经济不断完善内部管理，跳出家庭经营、家庭式管理模式，健全法人治理结构；鼓励支持非公经济参加各种培训、考察，学习沿海发达地区优秀企业文化；通过商会、行业协会平台，实现行业自律，提升整体素质。二是增强市场竞争力。鼓励非公经济加大科技创新投入力度，与高校、科研机构一起建立各类技术创新合作组织，增强内生动力。三是实施品牌战略。引导非公经济树立商标意识，鼓励生产"精、尖、特、新"产品，积极争创知名、著名、驰名商标，支持非公经济走品牌发展道路。

（四）完善全社会的服务体系建设，提升发展支撑力

将科技创新平台、公共管理服务、综合信息网络、社会保障建设等投入都纳入政府的"软"投资中，进一步完善市场主体公共服务体系，从服务主体培育、服务机制形成、服务队伍建设、服务方式改革等方面有重点、有层次地推进市场主体服务体系建设和服务功能的完善。

1. 积极发展各类市场中介服务组织

支持会计、法律、保险、资信评估、海关报关、税务代理、海外市场代理等各类公共服务机构的发展，为全社会提供创业辅导、市场主体诊断、信息咨询、管理咨询、市场营销、投资融资、贷款担保、产权交易、技术支持、人才引进、人员培训、对外合作、展览展销和法律咨询等服务。

2. 建立信息服务体系

一是开发建立省、市、县三级市场主体信息服务平台和市场主体数据库，实现信息共享、联动服务。二是建立面向全社会的信息发布制度，为区域发展提供国家产业政策、国内外市场等信息。三是对进入开发区、示范区、工业园区的非公市场主体或中小微市场主体，开展工商登记、产品试制、人才培训、市场策划、技术开发、形象设计、营销管理等方面的创业辅导服务。

3. 加强全社会信用体系建设

一是建立以市场主体、经营者、中介机构为营运主体的信用征集体系、评级发布制度以及失信惩戒机制。推进建立市场主体信用档案试点工作，建立和完善市场主体信用档案数据库，逐步建立覆盖全社会的信用信息共享网络。二是强化市场主体信用意识，加强市场主体诚信教育，引导市场主体守信经营。建立完善行业自律、群众参与、社会监督、依法管理的市场主体信用管理体系。

4. 支持市场主体人才队伍建设

一是根据市场主体发展需要，编制人才需求计划，帮助市场主体引进紧缺急需人才，开展多种形式的市场主体家培训。二是鼓励和支持大专院校、成人

教育机构、职业学校、各类培训机构积极开展法律、法规、产业政策、经营管理、职业技能和技术应用等方面的培训，为市场主体培训各类所需人才。

5. 支持开拓国际国内市场

进一步拓展交流合作的广度、深度，支持青海省市场主体开拓中亚、西亚、南亚市场，加快推进融入丝绸之路经济带建设步伐。一是抢抓国家"一带一路"等政策机遇，支持创办中外合资、合作市场主体，鼓励市场主体以技术、实物投入和产品投入，到国外组建加工市场主体，开办商业贸易网点。二是充分发挥商会、行业协会及中介组织作用，鼓励市场主体参加政府组团的经贸推介活动，并在统一布展和组织费用方面，从专项扶持资金中给予适当补贴，支持各类市场主体开拓国际市场。

6. 着力打造产业共享，塑造产业群体竞争力

产业共享包括支撑相关产业群体共同发展的能力、资源、生产体系、产业基础设施等，能够促进产业群体的合作发展，并塑造产业群体竞争优势。青海在资源型经济发展道路上应积极探索基于PPP（公司合作模式，指政府与私营商签订长期协议，授权私营商代替政府建设、运营或管理公共基础设施并向公众提供公共服务）共同投资行业研发和增加新兴产业发展所需要的技术员工数量与技能等，以强化共性技术、行业标准、基础理论与应用研究、生产体系、供应链体系等产业共享，不仅能完善配套产业链、降低成本，还能极大提升全省产业群体的竞争力，更有利于全要素市场的建立和完善。

参考文献

厉以宁：《新常态有赖新的市场主体》，《中国经济周刊》2014年第48期。

王一鸣：《全面认识中国经济新常态政策》，《瞭望》2014年第12期。

张占斌：《周跃辉关于中国经济新常态若干问题的解析与思考》，《经济体制改革》2015年第1期。

黄群慧、原磊：《步入"新常态"的工业经济运行：发展特征与未来趋势》，《区域经济评论》2015年第3期。

B.18
新形势下提升青海第三产业
及其消费问题研究

马生林*

摘　要： 第三产业与民众日常的生产生活密切相关，第三产业的平稳有序发展对促进消费所产生的影响是积极和长远的，特别是健康理性的第三产业及其消费对经济发展所带来的成效更是显著而持久的。在"新常态"的大背景下，为实现经济平稳较快发展，需要强化扩大内需，增强消费对经济增长的拉动作用。针对青海产业结构有待调整、居民消费有待增长等诸多需迫切解决的问题，本报告探析了青海第三产业及其居民消费构成的特点，提出了优化产业结构、促进居民消费、提升第三产业及其消费有序发展的对策建议。

关键词： 新形势　青海　第三产业　消费

在经济、信息等全球化的时代背景下，青海为了更好地适应经济"新常态"，并在"一带一路"战略实施中有所作为，除了提高和强化第一、二产业效率，还必须在第三产业及其消费领域谋求新的经济增长途径，充分利用经济转型带来的大趋势，统筹稳增长、调结构、促改革、增消费、惠民生，全力助推"消费这驾马车跑起来"。第三产业及其消费是拉动经济增长

---

* 马生林，青海省社会科学院经济研究所研究员，研究方向：生态环保与资源开发。

"三驾马车"中最稳定、最持久、最具活力的重要因素。在三次产业划分中第三产业涵盖面最广，与民众日常的生产生活息息相关，在新的形势下，随着民众消费模式的转变升级，提升青海第三产业及其消费已成为区域经济增长的发展主体与新途径。

一 青海居民消费及第三产业发展状况

青海消费需求的快速提升对促进经济总量增长、特色产业发展及优化产业升级发挥了不容置疑的拉动作用，尤其是第三产业的发展推动了消费需求的较快增长。2015 年 1~9 月，青海完成地区生产总值 1633.66 亿元，同比增长 8.3%，高于全国平均水平 1.4 个百分点，其中第三产业增加值为651.17 亿元，同比增长 8.5%，占同期总产值的 39.86%。全体居民人均可支配收入 11279 元、人均消费支出 9510 元。服务业和消费结构不断优化，旅游、现代服务业等步入"快车道"，信息业投资大幅增长，文化产业发展明显壮大。

（一）全省消费及构成状况

在青海生产总值消费额及其构成中，居民消费一直是最终消费中的重点，其中又以城镇居民为主要消费群体。2014 年，全省最终消费支出1154.40 亿元，其中居民消费 785.77 亿元（农村居民 236.40 亿元、城镇居民 549.37 亿元）、政府消费 368.63 亿元，分别占最终消费支出的 68.07%和 31.93%；人均消费水平全体居民为 13534 元、农村居民为 8007 元、城镇居民为 19252 元。与 2006 年相比，最终消费支出增加 730.91 亿元，居民消费增加 555.08 亿元（农村居民 165.89 亿元、城镇居民 389.19 亿元），政府消费增加 175.83 亿元。人均消费水平中全体居民消费增加 9305 元，农村居民消费增加 5879 元，城镇居民消费增加 11771 元，分别增长 220%、276%和 157%（见表 1）。

表1 2006~2014 年青海消费总体情况

年份 \ 类别	最终消费支出(亿元)	居民消费(亿元)		政府消费(亿元)	人均消费水平(元)		
		农村居民	城镇居民		全体居民	农村居民	城镇居民
2006	423. 49	70. 51	160. 18	192. 8	4229	2128	7481
2007	509. 45	81. 36	192. 28	235. 81	4978	2453	8819
2008	593. 51	102. 75	219. 65	271. 11	5830	3121	9816
2009	616. 51	111. 91	249. 43	255. 17	6501	3435	10845
2010	720. 57	122. 14	288. 12	310. 31	7326	3848	11878
2011	859. 75	151. 32	343. 45	364. 98	8744	4905	13348
2012	997. 36	185. 56	401. 61	410. 19	10289	6116	15026
2013	1048. 49	208. 17	486. 41	353. 91	12070	6954	17617
2014	1154. 40	236. 40	549. 37	368. 63	13534	8007	19252

资料来源：根据青海省统计局《青海统计年鉴2014》（中国统计出版社，2014年8月第1版）第70页和《青海统计年鉴2015》（中国统计出版社，2015年8月第1版）第76页整理。

（二）全国与青海居民消费状况比较

近年来，尽管我国的国民总收入与居民消费在逐年增加，但随着人口基数的加大和总体增长，其居民消费率反而呈现逐年下降的趋势，使其由2006年的37.27%下降到2014年的33.03%。在此期间，青海居民的消费率也在逐年下降，由35.57%下降到29.05%，其下降幅度高于同一时期全国平均水平0.28个百分点。由于居民在第三产业中的消费率持续下降，因此直接影响了全省经济增长速度和质量（见表2）。

表2 2006~2014 年全国、青海居民消费及其消费率情况

单位：亿元，%

年份 \ 类别	国民总收入		居民消费		居民消费率	
	全 国	青 海	全 国	青 海	全 国	青 海
2006	215904. 4	648. 5	80476. 1	230. 69	37. 27	35. 57
2007	266422	797. 35	93317. 23	273. 66	35	34. 32
2008	316030. 3	1018. 62	110594. 49	322. 5	34. 99	31. 66
2009	340320	1081. 27	121129. 89	361. 37	35. 6	33. 42

续表

类别 年份	国民总收入		居民消费		居民消费率	
	全 国	青 海	全 国	青 海	全 国	青 海
2010	399759.5	1350.43	136957.6	410.26	34.26	30.38
2011	468562.4	1670.44	160013.92	494.77	34.15	29.62
2012	518214.7	1893.54	172202.74	555.76	33.23	29.35
2013	566130.2	2122.06	187219.26	610.57	33.07	29.06
2014	636462.7	2303.32	197689.57	785.77	33.03	29.05

资料来源：根据国家统计局《中国统计年鉴2014》（中国统计出版社，2014年9月第1版）和青海省统计局《青海统计年鉴2015》（中国统计出版社，2015年8月第1版）相关内容整理。

（三）青海第三产业发展及其消费状况

如何加快第三产业发展、增强第三产业消费率既是当前青海适应经济"新常态"的需要，也是优化产业结构的关键。2014年，青海第三产业增加值为853.08亿元，较上年增长10.28%。从第三产业发展的行业来看，主要集中在批发零售、房地产、金融及信息、交通运输、公共管理、科教文卫体与其他服务业，人均消费性支出中城镇居民的恩格尔系数为33.62%，高出农村居民4.16个百分点。但因居民消费波动性较大、缺乏稳定与持续性，特别在房地产、汽车、奢侈品等"狂热"后，民众又在寻求新的、可持续的、更加理性的"消费新常态"。

近10年来青海第三产业增加值虽然逐年有所增长，但整体状况不尽如人意，住宿餐饮、租赁商务、科学技术、水利设施、生态环境等产业不仅覆盖面狭小，而且发展后劲不足，因此消费需求依然不高。在人均消费性支出中，不论是城镇居民还是农村居民其消费的重点同样是食品、衣着、家庭用品及其他服务、医疗保健、交通信息、科教文卫体、住房等方面。从区域性消费看，恩格尔系数玉树州最高，为60.9%；海东市最低，为29.5%。尽管如此，第三产业作为青海经济发展中的"后起之秀"，对强化特色产业品牌、转变民众消费理念、增强民众消费欲望、活跃城乡消费市场依然发挥着重要作用。

（四）青海提升第三产业及其消费的重要性与必要性

在第三产业发展中，消费需求每增长 1 个百分点，对经济增长所产生的拉动作用相当于投资增长 1.5 个百分点。在新的形势下，随着青海投资的不断增加，居民在第三产业的消费水平与全国相比差距较大，依然是"三驾马车"中的短板。所以，充分认识提升第三产业及其消费的重要性有利于强化第一、二产业的基础地位，以消费促进第三产业的持续发展。

时下，青海的交通运输、旅游等现代服务业有很大的发展潜力，为就业提供的岗位比重高、空间大。同时对青海的可持续发展、降低单位 GDP 能耗、减轻环境污染、促进社会和谐、提高民众生活质量、满足精神与物质需要，使消费需求从量的增加转向质的提高具有较强的现实性。从物质生活富足殷实延伸到精神生活丰富多彩，人们期盼教育、文化、旅游、医疗保健、住房、出行条件等服务环境有所改善，此需求只能由三产来完成。因此，第三产业的发展与人民群众的切身利益直接相关，是生活质量日益提高的重要基础。

由此，提升第三产业消费的必要性显而易见。首先，提升第三产业发展可进一步增强消费需求。"十五"以来，青海第三产业发展有力提升了城乡居民的消费结构和生活质量。在未来 5～10 年，随着全面建成小康社会战略的实施和城镇化进程的加快，其消费也在提升，在衣食住行、文教医疗、金融保险、休闲娱乐、信息网络等方面转型升级的同时，消费理念和消费形式也会发生质的变化。其次，提升第三产业可有效改善居民的生产生活条件，促进消费总量增加。目前，青海农牧区家庭平均每人在医疗卫生、交通信息、文化教育及其他方面消费总支出为 6060.2 元，是 2000 年 1218.2 元的近 5 倍、2010 年 3858.5 元的约 1.6 倍，占全部生活消费总支出的 35%，比 2000 年提高 5.76 个百分点；城镇居民平均每人在医疗保健、交通通信、文化教育、娱乐保健等方面消费总支出 13539.5 元，占全部消费支出的 45.23%，比 2000 年提高 6.3 个百分点，年均提高 1.58 个百分点。再次，提升第三产业发展可有效吸纳富余劳动力，刺激居民的消费欲望。近 10 年来，青海在国家宏观调控产业结构、不断扩大内需、刺激居民消费的大环境下，第三产业也得到较快发展。全省第三产业增加值比 2000 年增长83.5%、年均递增 6.42%，比 2010 年增长 32.29%、年均递增 10.76%，在三次产业中的贡献率为 30%（第一、二产业贡献率分别为 4.2% 和65.8%）。与第一、二产业相比，第三产业对就业的带动作用也较为明显，成为吸纳富余劳动力的主渠道，拉动经济年增长近 5 个百分点，使其成为吸纳就业的重要渠道和改善民生的有力手段，从而成为推动全省第三产业平稳发展的重要引擎及助推器。如今，第三产业从业人员达 124.8 万人，占当年全社会从业人员总数 314.2 万人的 39.7%，比"十一五"末的 2010 年增加14 万人，增长 11.22%、年均递增 3.74%，高于第一产业 2.6 个百分点、第二产业 16.5 个百分点；年内第三产业全部单位从业人员劳动报酬 695.5 亿元，占全省单位从业人员劳动报酬的 33.1%，比 2010 年增长 32.29%，年均递增 10.8%。

二 青海第三产业及其消费的主要特点与存在的问题

（一）主要特点

因青海经济发展长期滞后，所以第三产业及其消费问题既有全国的共性，又有青海的个性。概而言之，其第三产业及其消费的特点主要有"四性"。

一是"传统性"。即民众的消费方式与理念基本都维持在日常的衣、食、住、行方面，时常随着可支配收入的增加和生活质量的提高，其消费水准也有所变化，如名牌服饰的选择、饮食的多样化、住房的改善及出行便利等方面的消费是重点。

二是"保守性"。由于青海第三产业发展面窄量小、就业空间有限、可支配收入缺乏稳定性，所以民众消费都很慎重，往往是"前怕狼后怕虎"，对下一步生活有较多的顾虑，缺乏超前消费的自信心，尤其农牧民的消费预期很少。

三是"观望性"。青海第三产业发展市场有待逐步健全与完善，参与其中的民众收入有许多不确定因素。因此，当亲朋好友、周围群众在买房买车、旅游休闲等消费时，既不去迎合，也不会攀比，以"穷怕了"的心态观望着社会的发展。

四是"跟随性"。老年人总是以"仓里有粮不怕心慌"来增加储蓄，基本不赞成透支消费和预期消费；而年轻一代则"今朝有酒今朝醉"，认为钱是挣来的并非存来的，大多跟随和顺应时代潮流，不但消费方式新颖，而且消费意识超前。

（二）存在的主要问题

近年来，随着国家一系列扩大内需和强化消费需求措施的逐步实施，青海第三产业中居民消费实现了较快增长。2013 年，全省城乡居民在第三产业消费中的总额分别增长 86.8% 和 13.2%。尽管如此，第三产业总体消费、内需和外需比例关系仍不协调，最终导致消费率偏低，目前只有 49.9%，因而使第三产业消费对青海经济增长的拉动作用不明显，在此方面存在的主要问题有以下三个方面。

1. 第三产业消费贡献率不但低，而且下降幅度较大

2014 年，青海省生产总值为 2303.32 亿元，与 2005 年相比增加 1760 亿元，增长 76.41%，年均递增 8.49%；最终消费支出 1154.40 亿元，比 2005 年增加 793.68 亿元，增长 68.75%，年均递增 9.63%。虽然第三产业消费对生产总值的贡献率由 2005 年的 24.78% 上升到 35.33%，提高了 10.55 个百分点，但在最终消费支出中的贡献率由 2005 年的 91.85%（拉动 11.21 个百分点）下降到 2014 年的 3.17%（拉动 0.33 个百分点），9 年间第三产业消费的贡献率减少 88.68 个百分点，对第三产业的拉动作用减少 10.88 个百分点。

2. 第三产业中居民消费倾向呈递减态势

改革开放后，国家通过"扩大内需"、"促进消费"等一系列政策的实

施，使城乡居民在解决温饱的同时进入了"享受性"消费。"十一五"时期以来，居民在第三产业消费中偏重于住房、汽车、电器、旅游、移动电话等方面的消费倾向，使其曾一度达到 105.38%。然而，近年随着城镇居民在房地产、汽车等大宗消费品方面的"降温"以及新型城镇化建设速度的加快，农牧区大量青壮年进城务工，使其第三产业消费倾向也发生了相应变化。城乡居民的消费倾向分别降至 71.26% 和 63.17%，与 2005 年相比分别下降了 16.11 个和 13.18 个百分点。

青海城乡居民第三产业的消费轨迹说明，近年来消费需求不足已成为第三产业发展亟须解决的主要问题之一，同时亦反映了居民收入水平偏低，对第三产业及其消费需求有限。2014 年，全国城镇居民人均可支配收入为28843.9 元、农村居民人均纯收入为 10489 元，而青海城镇居民的人均可支配收入为 22306.6 元、农村居民人均纯收入为 8283 元。相比之下，青海城镇居民的人均可支配收入比全国平均水平少 6537.3 元，在全国属于中等偏下水平；农村居民人均纯收入比全国平均水平少 2206 元，在全国属于中等收入水平。因此，受收入水平的限制，2010 年后青海城乡居民特别是农村居民的家庭消费倾向开始转向以食品、衣物等生活用品为主，第三产业及其消费需求同样有限（见表 3）。

表3　2005～2014 年青海城乡居民第三产业消费倾向变化情况

单位：%

类别 \ 年份	2005	2006	2007	2008	2009	2010	2011	2012	2013	2014
城镇居民消费倾向	87.37	85.32	85.07	83.76	81.45	79.67	76.55	72.08	71.26	70.56
农村居民消费倾向	76.35	75.31	71.15	69.36	67.42	65.16	65.07	63.22	63.17	63.06

资料来源：青海省统计局编《青海统计年鉴 2015》，中国统计出版社，2015。

3. 第三产业发展仍较滞后，产业结构有待调整优化

尽管青海的国民生产总值在逐年增加，但第三产业所占比重呈下降趋势，对经济增长的贡献率偏低。"十一五"初，全省三次产业对经济增长的贡献率分别为第一产业 3.14%、第二产业 57.96%（其中工业 52.97%）、

第三产业 38.9%。随着固定资产投资不断增加和基础设施建设力度的加大，三次产业的贡献率分别为第一产业 4.2%、第二产业 65.8%（其中工业 52.8%）、第三产业 30%，第三产业贡献率比第二产业低 35.8 个百分点。从青海第三产业内部增加值构成情况来看，交通运输、仓储及邮政业，批发零售贸易业，住宿与餐饮业等传统产业增加值占第三产业比重达 32.3%，信息传输、计算机服务和软件业占 8%，租赁和商务服务业占 3.5%，金融业、房地产业、科学研究及技术服务与地质勘查业占 25.8%，教育、卫生、文化娱乐、体育、社会保障、水利环境、公共管理与社会组织等占 29%，居民服务和其他服务业仅占 1.4%。表明第三产业整体消费滞后，如信息、家政等现代服务业尚处于起步阶段，产业结构有待进一步调整优化。青海第三产业增加值占 GDP 的比重为 33.1%，远低于当年全国 46.32% 的平均水平；对生产总值增长的拉动只有 3.25 个百分点，比全国平均水平低 0.35 个百分点。虽然近年全省旅游、服务消费比重有所提高，但整体来看，其消费结构难以在短时间内为第三产业拓展提供更为广阔的空间。

三　提升青海第三产业及其消费的主要 思路及对策建议

新形势下，青海面对经济发展的机遇和挑战，为实现其平稳较快发展，仍需强调扩大内需，特别要增强消费对经济增长的拉动作用和产业的转型升级。因此，提升青海第三产业及其消费的主要思路：一是加大政策支持和扶持力度。为提升第三产业及其消费提供更多的便利条件，进一步发展壮大现代服务业，从而增加有效生产性服务业供给。二是促进第三产业消费就必须以城镇与专业市场为载体。城镇是一个区域交通商贸、电子信息、科教文卫、娱乐休闲等方面的中心，第三产业相对集中，民众消费需求大。要强化区域中心在金融、商业、信息、中介、旅游、文化、教育、体育等方面的服务功能，适时建立中央商务区。三是把第三产业及其消费定位在较高起点上。结合青海未来发展趋势，实现第三产业及其消费的总量扩张和比重提高，依靠科技进步增强第三产业发展与消费需求。在产业结构调整优化中改变目前的"二、三、一"结构，逐步趋向"三、二、一"结构，使第三产业发展及其消费倾向比重随着国民经济发展和产业结构的优化实现"水涨船高"。据此，按照当前青海第三产业及其消费问题，提出以下对策建议。

（一）以资源优势确立品牌，以产业融合促进消费

青海高原自然风光独特、名胜古迹闻名遐迩、传统文化历史久远、矿产资源富集等优势，随着经济发展和社会进步共同构成了青海的品牌因子。在生态文明建设已成为国家战略的时代背景下，生态文化、绿色发展、产业融合、增强消费必然是未来青海发展的主流体系。据此，要以"一带一路"建设为契机，充分利用青藏铁路与兰新高铁带来的联动效应和影响力，构筑青海、西藏、新疆铁路大动脉，架设南亚大陆桥与建设青藏国际大通道，以此实现三省区经济一体化。将朝阳物流园、北川物流园、多巴综合物流园的聚集效应向周边辐射，建立物流共享信息平台，大力发展公共仓储、终端配送等，全面提升第三产业消费水平。同时，加大行业品牌与基地品牌建设培育力度，借鉴国内外发达地区成功模式，不断提高重点项目与基地建设的社会知名度。打造与大美青海齐名的商贸市场、建材市场、旅游文化市场和农产品市场，将旅游与文化体育深度融合、与三次产业联动发展。在第三产业消费中着力推动电子商务、文化创意、互联网金融产业融合发展，启动家政、住房、绿色、教育、咨询等领域的消费工程。

（二）力求拓展新兴消费领域，培育新的经济增长点

"十三五"时期，青海要把第三产业消费作为扩内需、调结构的新引擎，着力推动电子商务、交通运输、现代物流、信息传播、批发零售、金融商贸、科教文卫、健康养老等十大服务业快速发展，逐步形成第三产业消费与制造业、现代农牧业有效衔接、相互支撑的新兴消费需求格局。力争"十三五"末使第三产业增加值增长17%，提高城乡居民消费能力，优

化市场消费环境，完善财政资金支持消费政策。制定消费带动产业发展政策措施，积极扶持成长性消费品企业，扩大节能环保产品、信息产品、新能源汽车等消费需求，促进消费提档升级，使全社会消费品零售总额增长20%。同时提升高原旅游名省建设水准，深度开发生态、环保、科研、探险、休闲、教育、体育、文化等复合型产品与冬春季旅游市场，着力培育独具特色和高原魅力的旅游业由数量向质量转变。力争使信息产业投资达到120亿元，信息消费达到160亿元，实现全省行政村通宽带。培育一批专业化、市场化的中介服务机构，形成公平竞争、运作规范的中介消费市场体系。

（三）缩小城乡与地区差距，提升第三产业及其消费水平

利用新型城镇化带来的机遇，增加农牧民和城镇居民收入，提高居民整体服务性消费水平，增强第三产业及其消费的内在动力。大力发展现代服务业。通过放宽市场准入、实施税收优惠、加大财政支持、规范行业管理等措施，着力推动金融、保险、信息、物流、法律服务和咨询服务等第三产业和与此相关的文化产业发展，运用连锁经营、特许经营、代理制、多式联运、电子商务等现代组织经营与服务方式和信息化技术，提升商贸、住宿、餐饮及交通运输等传统服务业生产效率和服务水平，使第三产业及其消费向更高层次为消费者提供视觉、听觉和触觉等全方位的体验型消费延伸，加快生态文明、健康向上、绿色节能的现代新型消费产业向高端、绿色等产业发展。加大社会保障建设力度，最大限度地解除城乡居民消费中的后顾之忧，增强消费预期和服务业发展动力。健全社会保障体系，促进第三产业消费领域非公有制经济发展和人才合理流动，提高城乡居民整体服务性消费水平。确保文化、教育、卫生等公共服务领域的持续性投入，不断满足城乡居民的基本公共消费需求。

（四）提高居民消费层次，逐步转变消费理念

要坚持和完善合理的分配制度，使劳动、资本、技术、管理等生产要素

按贡献参与分配。在注重效率的过程中，逐步提高居民收入在国民收入分配中的比重，逐步扩大中等收入者比重，使之成为第三产业增强消费的中坚力量。政府要发挥财政转移支付的职能，加大社会公共产品和服务的投入力度，减少居民对公共产品和服务的支出。使居民对失业、住房、养老、医疗、教育、保险等方面的预期支出稳定并减少，优先考虑低收入群体，使补贴制度常态化和规范化。在新型城镇化进程中，各州府所在地与县城建设大型购物中心、超级市场、连锁超市、零售网点，加快流通业态创新。改善市场设施以适应刷卡消费、电子商务等需求，创造充分消费的良好市场环境，制定和完善鼓励消费政策。要积极引导转变消费观念，倡导适度消费和超前消费的新观念。利用宣传舆论工具，加强消费的正面引导，消除不正确的攀比心理。摒弃铺张浪费等陋习，鼓励居民在吃好、穿好、住好的同时，积极开展丰富多彩的精神文化生活。

（五）强化农牧区居民的消费需求，促进产业结构调整优化

第三产业产值每增加 1 个百分点，其消费就会增加 0.41 个百分点。第三产业消费水平和经济发展有很强的关联性。促进第三产业消费，要进行体制创新，打破部门条块分割，加快现代服务业（如旅游业、文化产业、电子通信业、商贸流通业、交通运输业、休闲养老等产业）的发展。当前青海居民消费存在的一个重要问题就是农牧区居民消费在整体上和结构上的相对滞后。因此，扩大居民消费，必须重点强化农牧区居民的消费需求。青海农牧民增收的关键在于城镇化，而城镇化的前提是因地制宜，走符合青海农牧区发展的城镇化之路。应凝聚国家、地方、集体、个人四方力量，多渠道、多层次、多方位筹集建设资金，使农牧区具备消费的基础条件，为农牧民提供良好的消费途径，释放其消费潜力，促进城乡居民消费结构升级。健全医疗、养老、子女教育的社会保障制度以及贫困家庭的最低生活保障制度。根据现有财力，参照农村合作医疗经验，先建立低水平、广覆盖、分不同年龄阶段的国家、集体、个人三者适当比例的缴费模式，改善农牧区居民的消费预期，增强其经

济安全感和消费信心，从而促进第三产业及其消费水平的提高和消费结构的改善。

参考文献

国家统计局：《中国统计年鉴 2014》，中国统计出版社，2014。

青海省统计局：《青海统计年鉴 2015》，中国统计出版社，2015。

B.19
青海省少数民族发展资金使用
效益及对策建议

青海省民委与青海省社会科学院联合课题组*

摘　要： 青海省少数民族发展资金根据省情特点，将资金项目用于民族贫困地区农牧民迫切需要解决的问题，为少数民族地区扶贫攻坚、加快发展、全面建成小康发挥了重要的作用。青海省少数民族发展资金的投入使用，为民族地区发展提供了有力的保障。本文对少数民族发展资金的使用效益进行评价，并总结专项资金的使用经验，为推进少数民族地区经济社会发展提出可行的对策建议。

关键词： 少数民族　发展资金　使用效益

根据中央财政设立用于支持贫困少数民族地区发展专项资金的要求，青海少数民族发展资金资助的主要类别包括特色村寨项目、自主统筹项目、特助贫难补助项目、人口较少少数民族资金项目等，主要用于改善民族地区少数民族群众的生产生活条件，扶持少数民族地区发展。长期以来，青海省少

---

* 课题组成员：开哇，青海省民族宗教事务委员会党组书记、主任，研究方向：民族经济；苏海红，青海省社会科学院副院长、研究员，研究方向：区域经济；董福海，青海省民族宗教事务委员会民族经济发展处处长，研究方向：民族经济；鄂崇荣，青海省社会科学院民族宗教研究所所长、研究员、博士，研究方向：青海民族文化；孙勇，青海省民族宗教事务委员会经济发展处副调研员，研究方向：民族经济；甘晓莹，青海省社会科学院经济研究所助理研究员，研究方向：产业经济。

数民族地区发展十分薄弱，基础设施、社会事业发展等历史欠账较多，贫困面广，贫困程度深，整体扶贫项目难以满足少数民族地区和农牧民特殊的发展需求。少数民族发展专项资金根据省情特点，将资金项目用于民族贫困地区农牧民迫切需要解决的问题，为少数民族地区扶贫攻坚、加快发展、全面实现小康发挥了重要的作用。本文选择了青海省循化县、互助县、民和县等接受少数民族资金扶持的地区进行调研走访，其中，人口较少少数民族资金项目占比较大，特色村寨、自主统筹、特助贫难补助也有涉及。

一　青海省少数民族发展资金投入使用情况

2011～2015 年，国家民委下达青海省的少数民族发展资金为 76233 万元（含项目管理费 1489 万元）。项目、资金涉及全省 8 个州（地、市）36 个县，74.7% 的资金用于支持人口较少少数民族发展，重点安排在基础设施、文化体育设施建设及民生等方面。根据国家扶贫开发方针政策和 2015 年中央财政预算安排，2015 年国家下达的少数民族发展资金 19930 万元，其中人口较少少数民族项目资金 14520 万元、特色村寨项目资金 1360 万元、特殊困难补助项目资金 3650 万元、项目管理费 400 万元。特色村寨项目和特殊困难补助项目资金较往年有所增长。

（一）加大农村基础设施建设力度，改善少数民族群众生产生活条件

五年来，少数民族发展资金主要用于修建民族地区乡村道路、桥梁，建设基本农田，兴修农田水利，解决人畜饮用水困难，建设农村能源，以及改造特困群众的危房等。各地用于农村基础设施建设的资金大部分用于通村道路、道路硬化、修建广场以及人饮工程，为当地村民出行和打工提供了便利，出行成本的降低加快了人员流动和物资运输，实现了"想要富，先修路"的先决条件——道路的建设。生产发展资金一部分用于扩大厂房、增加设备，另一部分用于牛羊育肥、蛋禽养殖、獭兔养殖等项目，负责人将资

金分配于选择优良品种、改善养殖车间环境、引进先进技术、疫病控制等，对提高种养殖业经济效益起到关键性作用。在资金项目的引导下，市场对纯天然、无公害食品的需求得到满足，受少数民族项目资金扶持的乡镇企业的发展，逐步改变了少数民族地区产业结构单一的状态。

（二）加大少数民族地区产业引导力度，促进群众增产增收

五年来，少数民族发展资金用于少数民族地区群众引进优良的动植物品种，发展具有一定资源优势和地方特色的种植业、养殖业、农副产品加工业、手工业和民族特色旅游产业等，扶持民贸民品企业做大做强，这些项目的实施，加大了民族地区产业结构的调整力度，改变了民族地区产业结构单一的状态，充分发挥民族地区农牧业优势资源，加大扶贫开发的扶持力度。在扶持生产方面不仅提高了资源利用率，促进产业链延伸和产品层次的提升，增加经济效益；而且有助于推广有地域特色、民族特色的品牌，形成辐射周边的产业效益。举办了以"拉面经济"、农业技术推广等内容为主的培训，为少数民族群众增产增收提供了智力支持。

（三）积极支持文化传承和生态保护，推动民族团结示范村建设

五年来，为了推进青海省民族团结进步事业发展和新农村建设，少数民族发展资金中的部分用于支持文化保护和传承，重点支持民族文化保护和传承、民族旅游开发和拓展等方面。在"三区"建设的背景下，受益地区积极打造民族团结进步示范村，展示民族文化，扩大民族特色旅游的影响力。乡镇文化站、活动广场等基础设施的建设，为当地群众提供了享受公共文化权利的载体。街道环境综合整治项目、经济林项目和人居环境改善等项目的实施，将集镇建设与减少植被破坏结合发展，以生态优先的理念，开展基础设施建设以及河道治理等绿化生态环境的工作，不仅改善了当地环境质量，还提高了土地净收益。核桃经济林、苗木培育等项目中的复合经营模式能够保存现有森林覆盖率，保持水土、改良土壤、提高土地利用率和系统生产力，获得更高、更多、更稳定的产品及生态效益。

二 青海省少数民族发展专项资金使用效益评价

为了进一步了解和评价少数民族专项资金在青海的使用效益，项目组根据少数民族发展资金使用过程中涉及的群体分别设计了 A、B、C 三种问卷，通过发放调查问卷的形式分别收集受益村民代表、基层单位以及主管单位的一手资料。由于资金数量有限等原因，调研组对政策渗透性较强的地区进行问卷调查，问卷调查对象为随机抽查。其中，受益民众主要分布在西宁市和海东市，以循化县撒拉族群众、民和县土族和藏族群众为主。对基层单位以及主管单位的调查包含藏区实施少数民族专项资金地区的相关单位，数据有较强的针对性，供决策部门参考。

（一）受益民众评价

受益民众参与的是问卷调查 A 卷。调查问卷的样本数为 120 个，有效样本数为 100 个。调查对象中，人口较少少数民族占比较大，撒拉族和土族分别为 43% 和 37%，藏族占 16%，汉族占 4%；年龄构成中 34 岁及以下占46%，35～44 岁占 32%，以中青年为主；受教育程度两极分化严重，43%为大专以上学历，6% 为高中学历，21% 为初中学历，30% 受教育程度为小学以下。少数民族地区的整体受教育程度较低，一半以上的人高中毕业后不再继续读书而留在家乡务农，少部分大专以上学历且留在当地的群众打工或者经商，他们是家庭收入的主力军。调查对象中通过经商增加收入的占38%，其中撒拉族群众占比较大；阶段性的短期或者长期外出打工者占35%，这类人群青壮年居多，属于家里的主要劳动力；在家务农的占 11%，多为年老体弱的人，无力承担重活儿，就留在家里务农；政府保障和其他收入来源占比都为 8%，部分是低保人群。

调查对象中听说过少数民族发展资金设立的占 18%，听周围人说的占12%；对国家设立少数民族发展资金有一些了解的占 47%，听周围人说的占 20%，其他是通过村委会以及网络、电视广播等大众媒介获知的；详细了解过少数民族发展资金的占22%，通过村/居委会详细了解的占13%；不清楚少数民族发展资金的占5%。由此看出，受益地区群众对少数民族发展资金有所了解，尽管得知信息的渠道不同，但政策的普惠性体现仍然较为明显。此外，也存在对少数民族发展资金的宣传不够等问题，群众获取信息的渠道还是停留在听周围人说，这样容易产生信息传递的失真，并降低信息的时效性，影响少数民族发展项目资金从计划实施到资金落实的过程（见图1）。

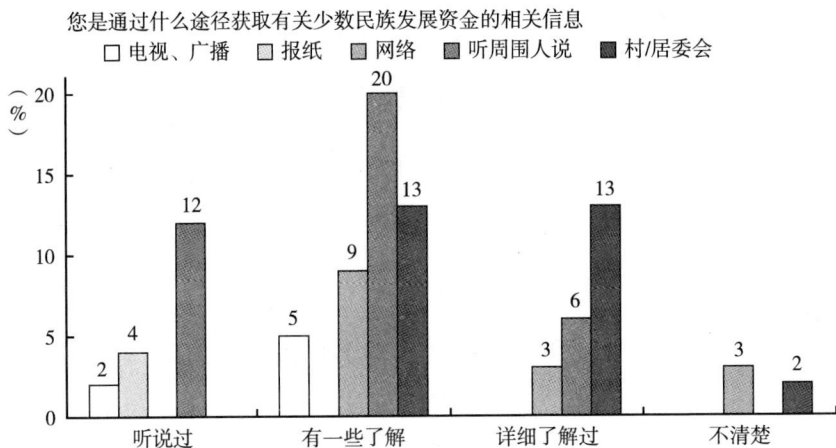

您是通过什么途径获取有关少数民族发展资金的相关信息

图1 受益民众对国家设立少数民族发展资金的了解程度

调研对象中，认为少数民族发展资金改善乡村道路桥梁等基础设施建设的占46%；支持农林渔业等特色产业发展的占27%；用于解决人畜饮水困难的饮水工程占10%；在兴修水利和保护特色民居方面改善程度较低，占比分别为2%。可见，近年来少数民族发展资金用于基础设施建设的资金数目仍然较大，说明偏远少数民族地区基础设施建设，尤其村道路的建设仍然存在遗漏。对于产业发展的支持有较高的期待，期望对产业发展处于初期的企业有持续性的资助。少数民族发展资金在改善生产生活条件上，普遍认为作用非常大或者较大。在其他方面，如认为技能培训等有所改善的群众占13%，其中大部分是青壮年，希望少数民族发展资金对劳动技能培训等方面有更多的支持，让村民就地学习，就近就业，减少家中只留空巢老人和留守儿童等社会问题的发生（见图2）。

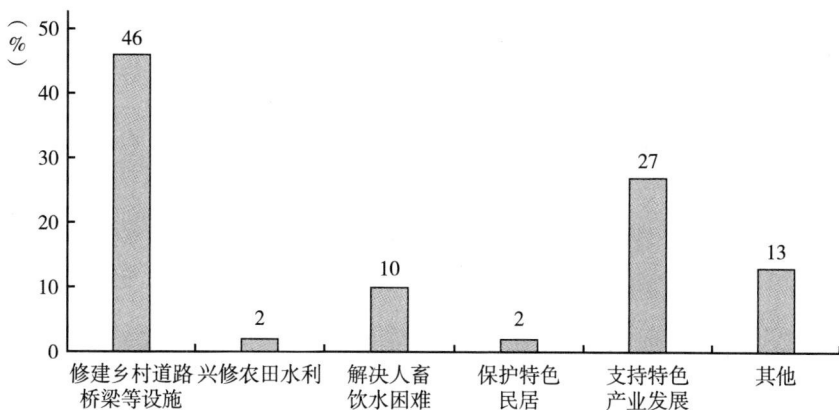

图2　受益地区少数民族发展资金主要改善了哪些方面

在调查中，将对少数民族资金使用情况的满意度分为五个层级。在调查对象中，对少数民族发展资金持满意态度的占68%，持非常满意态度的占22%，持一般满意态度的占10%，没有出现不满意和不清楚。可见，少数民族发展资金深得民心，90%的受访群众对资金支持项目实施后持积极态度。受访群众对少数民族资金发展有更高的期待，并提出了宝贵的意见。

少数民族发展资金项目涉及产业发展、水利、交通设施等的建设，体现了良好的联动性。项目的实施在解决就业、增产增收方面都发挥了很大的作用，虽然项目扶持的产业在后续发展中存在资金短缺等问题，但少数民族发展资金及时快速地解决了受益群众当务之急，是其他资金项目无法达到的。整体来看，少数民族发展资金在群众中已经有良好的口碑，被称作真正"以人为本"的项目。

（二）基层单位评价

基层参与的是问卷调查B卷。本文中基层单位指的是调研区域县级及以下乡镇、村等，此次调研对象为基层单位的相关工作人员，样本数130

人，有效样本 120 分。接受问卷调查的均为 55 岁以下干部群众，其中县干部占 33.3%，县干部整体文化程度较高，其中拥有大专或本科学历的占 30%，高中学历的占 3.3%；乡镇干部占调查对象的一半，他们对少数民族发展资金项目的实施有具体操作经验，其中拥有大专或本科学历的占 46.7%，硕士以上学历的占 3.3%；基层村干部占 10%，文化程度均为初中或者高中，分别占 6.7% 和 3.3%；文化站、下乡人员等其他干部占 6.7%。基层干部和下乡人员长期在少数民族发展资金扶持的地区，对资金的落实情况十分了解，对群众反映问题的把握更为精准（见图 3）。

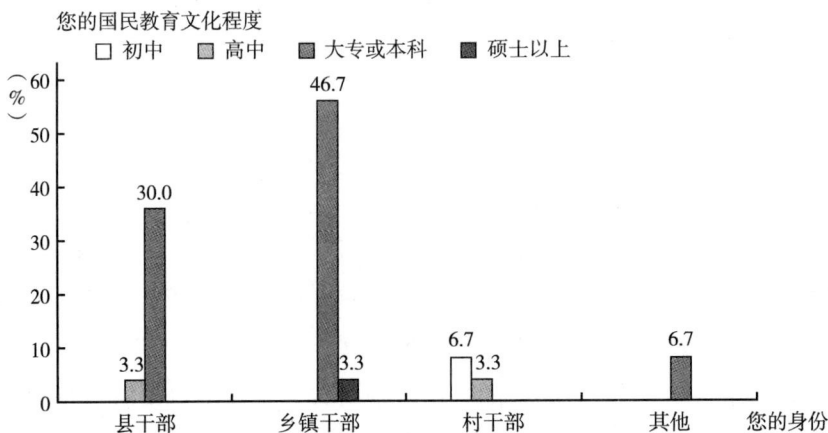

图 3　基层单位受访对象的身份

调研区域主要为海东市循化县、民和县、互助县等地。调研对象中土族占 33.3%，汉族占 23.3%，撒拉族占 25%，回族和藏族分别为 8.3% 和 10%。各县乡村干部中，民族干部占比较大，在语言交流和沟通中更为方便。少数民族发展资金调研地区实施中，大部分为人口较少民族发展项目，有些地区人口较少项目与特色村寨（镇）项目都有所涉及，少部分地区人口较少项目与困难补助项目都有覆盖。项目实施后，66.7% 的干部群众认为当地群众的生产生活条件改善比较大，30% 的干部群众认为改善非常大，只有 3.3% 的干部群众认为改善程度一般。基层单位受访者大部分都长期工作在各县各地区，岗位调动较少，对少数民族发展资金实施前后的情况非常了

解，普遍认为群众生产生活步入更具享受性的阶段，而非之前的关注温饱和
住房问题（见图4）。

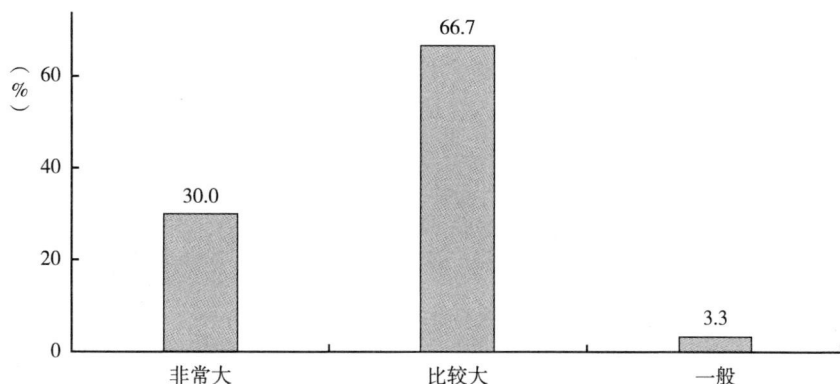

图4 项目实施后生产生活条件改善程度

在劳动技能提升方面，30%的受访者认为少数民族发展资金对提高劳动
技能程度一般，60%和10%的受访者分别认为对劳动技能提高比较大和非
常大。可见，少数民族发展资金在劳动技能培训上的支持力度不够大，对劳
动技能的培训时间不长，一两周的培训并不能让村民掌握一门技能并以此谋
生，所以认为劳动技能提高程度一般的占30%，一半以上的干部群众认为
拉面匠等简单技术的培训对群众提高较大，也是符合海东市通过发展"拉
面经济"增加群众收入的政策，经济效益和社会效益十分明显（见图5）。

在特色优势产业发展引导方面，调研地区种养殖业受资金扶持较多，
66.7%的受访者认为少数民族发展资金对特色产业的引导和辐射作用比较
大，16.7%的受访者认为作用非常大，16.7%的受访者认为作用一般。循化
县的冷水养殖、牛羊育肥、禽类养殖已成为特色优势产业，冷水鱼均销往内
地，牛羊肉、蛋禽加工后销往周边城市，供不应求。可见，少数民族发展资
金对产业的扶持产生了很大的经济效益（见图6）。

在保护特色民居方面，60%的受访者认为少数民族发展资金对特色民居
保护和传承民族文化作用比较明显，20%的受访者认为作用非常明显，只有

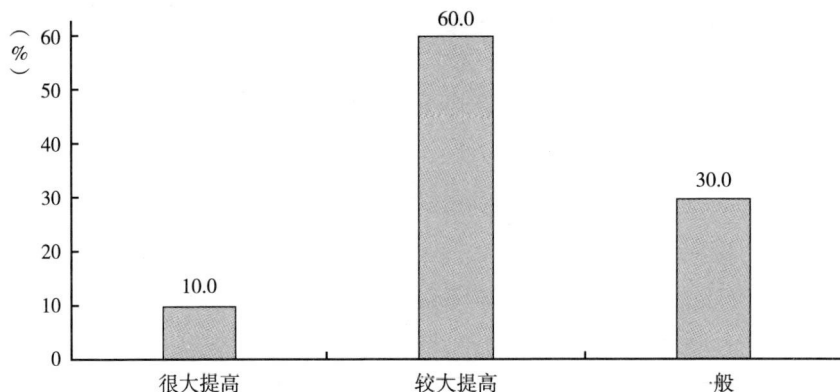

图5 项目实施后群众劳动技能提高程度

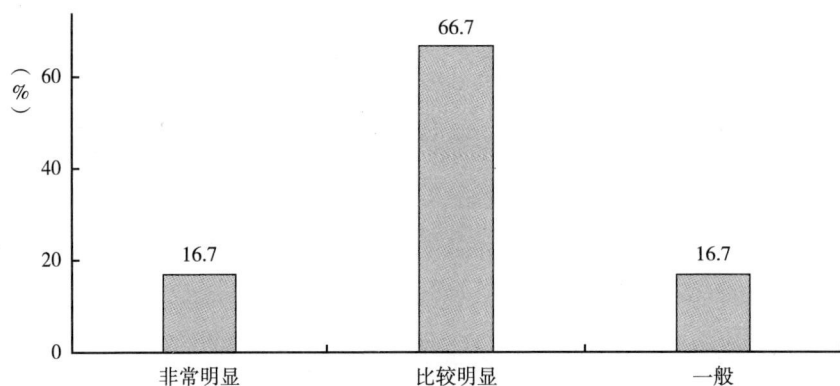

图6 项目实施后对产业引导和辐射程度

3.3%的受访者认为作用不太明显。由于少数民族发展资金对特色民居的保护扶持范围不广,只有接受地的干部群众对此表示作用比较明显(见图7)。

少数民族发展资金项目实施后,基层单位跟踪观察项目实施地区的基础设施建设、产业发展、文化传承等方面都有明显的作用。循化县公伯峡的冷水养殖将项目资金用于初期阶段购买设备,现已将其打造成为青海唯一的全国休闲渔业示范基地;查汗都斯乡红光村发展红色文化,将资金用于特色民居保护,已获得国家民委认定的"中国少数民族特色村寨"称号;民和县杏儿乡将项目资金用于基础设施、河道治理等方面,村容村貌都有较大的改

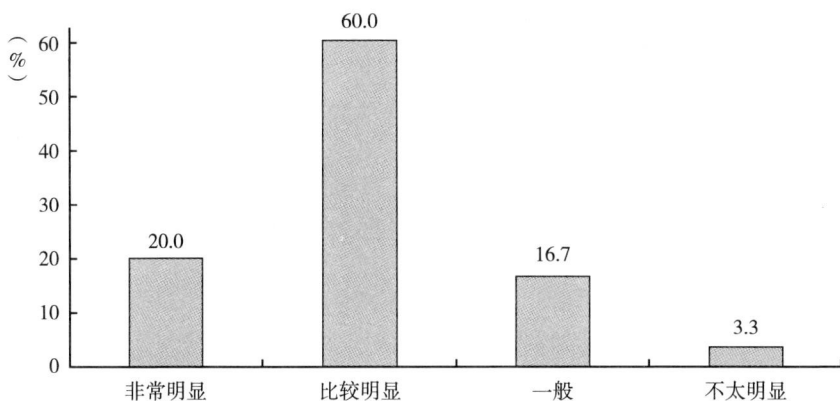

图7　少数民族发展资金对特色民居保护和传承民族文化的作用

观；互助县东沟乡塘拉村目前将项目资金用于基础设施建设和挖掘土族文化发展上，对土族文化的传承发展起到实质性的推动作用。受益基层单位对少数民族发展资金的评价存在明显的地域性，接受扶持较大的地区干部群众对少数民族发展资金的满意程度更高，接受扶持较小的地区干部群众对其提出了更高的期望。

（三）主管单位评价

主管单位参与的是调查问卷 C 卷。主管单位包括各县民宗局或者人口较少办等相关部门。此次调研对象为主管单位的相关工作人员，样本数 50 份，有效样本 30 份。由于问卷中多为多选题和自主回答题，有些问题以深度访谈形式进行，因此，在对访谈问卷整理的基础上得出主管单位对少数民族发展资金的态度。

参与调查问卷的 86.7% 的人员认为少数民族发展资金项目最好效益主要表现在改善基础设施建设（水、电、道路）和发展地区经济上，并以此树立了更高的政府形象。虽然少数民族发展资金存在资金项目偏少、受众区覆盖面不广、持续扶持力度不够等难点，但是它以审批程序方便、项目类别实用性强、实施及时、受众群体特殊以及针对偏远少数民族地区等特点，在民族地区得到很高的反响。与其他资金相比，少数民族发展资金实施的项目见效快，实用性和针对性更强，在较短时间内能在基础设施建设、产业扶持等方面产生较为明显的效果，并且使受益地区民众更加拥护当地政府的决策，从而增强国家认同。主管部门在高度认同少数民族发展资金的基础上，希望资金扶持范围能更广，在培育乡村经济、美化乡村环境、传承民族文化方面加大支持力度，使少数民族资金在新常态下发挥更加显著的作用，产生更大的经济、社会、文化和生态效益。

三　青海省少数民族发展专项资金使用的主要经验

（一）领导重视，落实到位

青海省民委和相关部门领导经常深入基层调查研究，检查督导并解决问题。项目地方党委、政府和相关部门高度重视项目申报和实施工作，严格执行财政审计等部门对少数民族发展资金的管理要求，杜绝豆腐渣工程。组织纪检、监察、财政、审计等部门积极开展资金审计，加大对少数民族发展资金的监督检查力度，保证各类项目实施方案、工程决算清单、拨付款项票据、项目审计报告、验收报告等资料齐全，确保了资金违纪"零记录"。此外，各地均把少数民族发展资金投入与扶贫攻坚结合起来，把解决少数民族群众的实际困难与促进经济发展和构建和谐社会结合起来，让少数民族发展资金在民族地区扶贫攻坚、加快发展、维护稳定、实现小康目标中发挥更大的作用。

（二）发挥实效，示范引领

青海省民委坚持立足实际，突出示范引领，强化扶持带动，对部分少数民族发展专项资金坚持集中使用，重点支持建设具有示范引领作用和发展潜力的项目。因地制宜地培育了一批具有发展潜力、民族特色鲜明的重点项目，带动了少数民族特色经济发展，进一步拓宽了项目区群众的致富渠道，增强了发展后劲，使群众真正得到了实惠。

（三）群众参与，改善民生

青海省少数民族发展资金将技能培训、劳务输出、扶持特色产业等作为实施内容，在扶持示范基地建设和种植业时将吸收基层群众作为投资重要条件，通过资金项目广泛吸引群众参与。促进了各族群众交往互动，营造了团结、友善、互助的人际关系，并使项目地群众充分认识到国家统一、民族团结的重要性。以改善民生为核心，从实施以来及时有效地解决了部分少数民族干部群众普遍关心的突出问题，修建乡村道路、桥梁和涵洞，解决群众出行困难问题，架设输水管道，解决人畜饮水问题，处理乡村垃圾、美化村容村貌，改善少数民族群众生产生活条件，使偏远山区少数民族群众共享发展成果，有力夯实了少数民族地区经济基础，增强了少数民族群众的凝聚力和向心力。

（四）文化创新，增强认同

青海少数民族发展资金促进了少数民族传统文化的传承、保护和创新。培育了一批有影响、有效益、具有鲜明民族特色的"美丽乡村"建设典型，进一步推进了少数民族新农村建设。一些民族特色村寨还加大了文化设施建设的投入力度，并且组建农牧民演出队，开展演出活动，丰富了村民的文化生活，促进了民族文化的保护与传承，增强了村民的民族自豪感和建设家园的自信心。除支持一些少数民族村落和文化能人加大对民族特色产品的研发力度外，还组织一些群众开展民族手工艺、传统服饰、刺绣、特色饮食等的培训，提高了技艺，为进一步做大做强民族特色产业奠定了一定基础。少数民族村寨的投入项目收到了良好的效果，修建了一批集党员活动室、卫生室、文化图书室等于一体的综合性村级活动场所，配备了办公、服务等设施，实施了村道硬化。这些项目的实施为创建民族团结进步示范区创造了有利条件，为增强"五个认同"打下了坚实的基础，为少数民族村镇快速发展注入了强劲的活力。

四 进一步推进青海省少数民族发展专项资金
使用的对策建议

（一）注重多民族相互嵌入的居住特性

中共中央、国务院印发的《关于加强和改进新形势下民族工作的意见》强调："要推动建立相互嵌入式社会结构和社区环境，促进各民族群众相互了解、相互尊重、相互包容、相互欣赏、相互学习、相互帮助。"青海部分地区特别是青海河湟等地，由于历史政治、经济和文化等原因，形成了多民族杂居、相互嵌入的社会结构和社区环境。长期以来各民族在小区域或社区中互动交往交融，随着城镇化进程的加快，各民族生产生活方式相互尊重甚至融合，趋同性日益明显。建议在实施少数民族发展资金项目时，考虑青海多民族相互嵌入性居住特点，实施项目兼顾民族性和地区性，对同一地区各民族统一纳入中央财政少数民族发展资金扶持范围同等对待，实现项目区各民族享受同等的政策和资金支持，均衡发展，共同繁荣进步。进一步加大区域攻坚和精准扶贫力度，不让一个民族、一个地区、一个困难群体在全面建成小康中掉队。

（二）采取差别性财税政策，保持专项资金持续性投入

扶持民族地区发展是一项长期性、复杂性和艰巨性的工程，需要坚持不懈的努力。通过调查发现，青海民族地区多为生态环境脆弱、自然灾害频发和自然条件比较恶劣的偏远地区，基础设施的投入存在"成本高，成效低"的特点，有些项目需要长期持续性投入。一些少数民族企业通过前期扶持，因独具特色、做工细致而树立了自己的品牌；但大部分少数民族企业，前期投资多用于购买生产设备或培训员工，甚至有些企业当前面临资金链断裂的危险，急需后期持续性的资金投入。一些少数民族地区乡村道路、桥梁和广场也需要后续维护或收尾资金，部分少数民族地区防灾、抗灾能力差，医疗

条件差，当地各族群众因灾、因病返贫现象时有发生，青海民族地区全面建设小康任务艰巨、节点关键，从根本上改变民族地区的落后面貌，实现共同富裕的目标，还需要付出长期艰苦的努力，更需要少数民族资金的持续投入。发挥财税在资源配置中的弹性作用，分类指导，分地区、分层次制定政策，财政拿出一定比例资金配套少数民族资金发展项目，以增大规模，加大扶持力度，引导资本、技术、人才流入民族地区，对具有发展潜力、前景好的少数民族企业进行持续性的支持和帮助直到企业步入稳定期。实行符合民族地区发展的税制，减轻民族地区因自然环境而存在的成本压力。

（三）提高少数民族发展资金标准，扩大覆盖面

近年来，水电资源的不断开发征占了大面积耕地、林地等生产资源，失地群众逐年增多，人地矛盾尤为突出，结构调整任务十分艰巨。许多少数民族乡村虽有发展的愿望，但缺乏自我发展的能力。青海省财政预算安排的少数民族发展资金与少数民族人口和民族乡村总数相比，可以说是杯水车薪。每年的少数民族发展资金下拨时间较晚，不利于项目的按期完成，影响了经费的使用效益统计工作。建议提前下达资金计划并提高少数民族发展专项资金标准，根据财政情况逐步增加青海少数民族发展资金，扩大少数民族资金在产业引导、兴修水利和保护特色民居等方面的覆盖范围，让少数民族在更多的方面受益，为加快民族地区经济社会发展增加动力。

（四）加大培训力度，推动互动观摩交流

加大对少数民族农牧民的培训力度，针对不同年龄层次、不同文化层次、不同地区差异采用不同的培训形式。对文化程度不高的农民，要采用多媒体视频等形式，必要时技术人员把课堂办在农户的田间地头，解决农民学不会的问题。对有一定基础的农民要有针对性的培训，教他们新技术、新工艺，让他们真正学到知识、学有所用。对有文化基础的年轻农民要开展订单培训，做到培训和就业同步进行。促进企业和职业技术学校联合办好职业教育，帮助更多少数民族群众成长为合格的产业工人。开展实用技术培训，结

合种植养殖业、民族手工工艺、农产品营销、民俗歌舞、旅游餐饮等实用技术培训，开发农家乐、牧家乐等旅游项目，让游客"吃民族饭、住民族屋、干民族活、享民族乐"。举办形式多样、丰富多彩的少数民族发展专项资金交流班和现场会，鼓励不同项目区各族干部群众相互观摩交流，取长补短，激励观念落后地区干部群众改变观念，学习先进地区干部群众吃苦耐劳、开拓创新的精神，培育和发展一批具有鲜明地方特色的龙头企业和市场品牌。

（五）完善资金管理信息化，做好检查验收后续工作

完善少数民族经济发展资金管理信息化，包括基本信息维护管理、储备项目管理、项目申报管理、项目审核管理、项目资金分配、项目汇总查询、辅助信息管理等业务功能模块。实现项目管理网络化，使项目资金管理规范化、制度化、科学化，形成管好用好少数民族发展资金的有效机制。建立健全少数民族专项资金管理制度，严格资金申报、资金拨付、项目实施、督办检查、绩效评估等工作程序。做到项目申报严格遵循资金使用性质和使用范围，项目实施确保达到改善少数民族群众生产生活条件。继续加强项目资金的使用和管理，提高项目投入的科学性和长远性，推动少数民族和少数民族聚居地区加快发展步伐。深入民族乡村调查研究，与农业、水利等有关部门主动对接，认真筛选、扶持对少数民族和民族聚居地区经济发展覆盖面大、带动性强和成长性好的项目。

（六）健全项目审查监督机制，强化宣传引导

优先扶持能改善少数民族和民族地区生产生活条件、有助于民族地区人民群众脱贫致富、具有良好经济效益和社会效益的项目，确保项目选择的科学性、可行性，克服盲目性和随意性。对上报的项目组织有关部门进行认真的申报筛选、评优论证，按标准文本进行申报。项目批准后，严格按照资金使用的用途，严禁擅自改变资金的投向，确保资金使用效果。在资金使用过程中，严格按照省财政厅、省民委的要求，实行专人负责、专户管理、专款使用，资金使用根据工作进度按比例拨款，采取定期或不定期检查的方式，

对资金使用情况进行全程监管，跟踪问责。创新宣传形式，拓宽宣传渠道，加强舆论引导，扩大影响。充分运用各类传统媒体和新兴媒介的力量，采取群众喜闻乐见的形式，深入开展宣传活动，扩大少数民族发展资金的知名度和影响力。认真总结各地成功经验做法，积极宣传鲜活个案，利用舆论引导大众参与到少数民族地区发展以及少数民族资金项目的实施和监督中，引导和鼓励社会各界友好协作和鼎力相助，关心和支持民族工作、民族事业，加快少数民族地区脱贫致富。

参考文献

陆学艺等：《中国社会建设与社会管理：探索·发现》，社会科学文献出版社，2011。

苏海红等：《海北州创建全国民族团结进步示范州的创新做法与经验启示》，《青海经济社会发展报告（2015）》，社会科学文献出版社，2014。

B.20
青海省生态文明体制改革面临的
形势和思路

王成龙*

摘　要：　《生态文明体制改革总体方案》明确了我国生态文明的顶层
设计和制度架构，标志着全国生态文明体制改革进入加速阶
段。青海省作为首批国家生态文明先行示范区，加快生态文明
体制改革，对探索建立生态文明制度体系，促进生态文明建设
具有重要意义。本文在深入分析青海省生态文明体制改革现状
的基础上，全面分析青海省生态文明体制改革所面临的形势，
以生态投入、生态补偿、生态环境监管、产业调整等方面为主
要内容，研究提出青海省生态文明体制改革总体思路，并有针
对性地提出了科学利用国土空间、生态保护和治理长效机制、
自然资源产权、生态补偿、产业调整、绿色考核机制等措施建
议，为加快推进生态文明体制改革提供参考。

关键词：　青海省　生态文明　绿色考核机制　生态环境监管

党的十八大提出保护生态环境必须依靠制度，要把资源消耗、环境损害、
生态效益纳入经济社会发展评价体系，建立体现生态文明要求的目标体系、
考核办法、奖惩机制。十八届三中全会《中共中央关于全面深化改革若干重
大问题的决定》对生态文明体制改革做出了详尽部署，中共中央、国务院印

---

* 王成龙，青海省工程咨询中心研究室主任，研究方向：生态经济。

发的《生态文明体制改革总体方案》进一步明确了我国生态文明的顶层设计和制度架构，全国生态文明体制改革进入加速阶段。青海是我国青藏高原生态安全屏障的重要组成部分，在全国生态文明建设中具有举足轻重的地位，探索建立适合青海省情实际的生态文明制度体系、建立生态保护长效机制，对全省加快生态文明建设、建成全国生态文明先行示范区具有决定性的作用。

一　青海省生态文明体制改革现状

青海省自实施生态立省战略以来，不断在生态保护体制机制上先行先试、改革创新，国家批准设立三江源国家生态保护综合试验区及全国生态文明先行示范区后，体制机制改革进一步拓宽领域，不断向纵深推进，推陈出新，在一些重点领域取得了突破性的进展。

（一）探索推进科学的空间利用体系

以主体功能区划为主要措施，青海省印发了《青海省主体功能区规划》，将全省89.2%的辖区划定为禁止开发区和限制开发区，新划定省级中部生态功能区，成为全国禁止和限制开发区域比重最高的省份。在全面评价全省生态系统敏感性和服务功能重要性基础上，积极推进生态红线划定及落地工作，开展县域生态红线保护落地试点，强化生态保护属地责任。确定格尔木市、贵德县、海晏县等7个市县为"多规合一"和"三规合一"试点地区，探索"十三五"经济社会发展规划与城乡统筹规划、土地利用总体规划、生态环境保护规划等规划之间的有效衔接途径。玛多县国家公园体制试点积极推进，探索直属管理、权属责任、特许经营等新型体制，有望成为中央层面批复的第一个国家公园。在海东市试点开展城市"三区四线"和城乡建设用地盘活整治工作，探索确定城市边界、优化空间结构的具体措施，可以说青海省在空间利用制度改革方面走在全国前列。

（二）加快建立生态环境监测预警机制

建立资源环境监测预警机制，对生态质量、环境容量、资源实行限制性措施，是全面深化改革的一项重要任务。青海省在实施三江源自然保护区生态保护工程、青海湖流域生态环境保护和综合治理工程的过程中，基本建立了多专业融合、站点互补、地面监测与遥感结合、驻测与巡测相结合的生态监测站网体系及综合数据服务平台，并制定发布了三江源生态监测技术规范，成为全国首个生态环境监测的地方性技术标准，具备了较强的生态监测技术和监测能力。为进一步加强对资源环境的监测预警能力，目前省有关部门正在研究制定全新的资源环境承载能力监测预警指标体系和技术方法及探索对超载地区的限制性政策措施，并积极推进县级监测预警试点，着力建设完善有效的资源环境监测预警机制。

（三）稳步推进自然资源产权确权登记和资源有偿使用制度

以建立明确的权属关系为目标，推动自然生态空间的确权登记，基本完成青海省农村集体建设用地和宅基地（含住房）使用权确权登记发证；加快产权管理体制改革，设立省级不动产登记局，制定了《青海省构建不动产统一登记实施方案》；进一步规范土地流转，出台了《青海省集体林权流转管理办法》，组织开展了大通县、平安县集体林权流转管理服务试点。推进以资源税为主的资源有偿使用制度改革，取消原生矿产品生态补偿费，推进煤炭从价计征改革，资源税税率整体负担从19.7%下降至6%，开始形成企业调整生产结构的倒逼机制；开展青海省岩金和卤水资源税征收管理前期研究，为进一步规范岩金和卤水资源税征收管理奠定了基础；开展排污权有偿使用和交易试点工作，成功举办了主要污染物排污权竞买交易会，在西北地区属第二家；印发《青海省水土保持补偿费征收使用管理办法》，全面实施水土流失防治资金补偿机制。

（四）初步建立生态补偿机制

在中央财政的大力支持下，青海省实施了草原生态保护补助奖励、国家公益林中央财政森林效益补偿、天然林管护补助、湿地生态效益补偿等补偿政策。为推进三江源地区生态保护和解决生态移民群众生活困难问题，青海省财政统筹资金实施了搬迁群众生活困难补助、燃料补助和子女就业补助等补偿政策，设立三江源生态移民创业扶持基金；大胆创新，印发《青海三江源国家生态保护综合试验区生态管护员公益岗位设置及管理意见》，建立农牧民参与生态保护的有效渠道，改革管护员监管机制，管护补助与责任、报酬与绩效相挂钩。成立三江源生态保护基金会，积极探索利用市场机制、社会资金建立多渠道生态保护融资机制。

（五）不断完善绿色考核和监督机制

近年来，青海省政府先后取消了玉树州、果洛州、黄南州的 GDP、财政收入、工业化等指标的考核，成为全国取消重点生态区 GDP 考核最早的省份；调整其他市州经济社会发展考核指标权重，进一步加大保护生态、节约土地、资源消耗、环境损害等指标的权重，建立各级政府的绿色考核评价体系。强化执法监督和监管，持续在水泥、铁合金、电解铝等行业深入开展行业专项对标活动，不断强化主要污染物排放和节能管理；由省领导带队开展全省生态环境大检查，进一步完善生态环境联合执法监督工作机制。推行环境污染强制保险，将全省环境风险较大的企业纳入保险范围。重视公众力量的监督作用，制定环境信息公开过错责任追究及新闻发布制度，启动环境违法行为有奖举报制度。

二 青海省生态文明体制改革面临的形势

特殊且重要的生态地位、偏重偏粗的产业结构及落后的经济社会发展水平，决定青海省生态文明体制改革较其他省份难度更大，特别是要实现"未富先转"，需要更大的勇气和魄力，开辟有别于全国绝大多数地区的全新的生态文明发展道路和模式。

（一）需要通过体制改革进一步强化生态文明意识理念

由于自然资源的生态价值没有在生产或者消费成本中得到充分体现，加之生态文明理念宣传教育不够深入，干部群众对生态补偿政策与环境保护责任义务相对应的意识还不强，地方政府以掠夺式开发自然资源和牺牲生态环境为代价，片面追求经济快速增长的价值观念和扩大宣传生态环境保护成效的政绩观依然不同程度地存在，尚未形成全社会共同维护可持续发展环境的良好氛围。这就需要建立有效的引导教育机制、责任的落实机制、考核监督机制及责任追究机制，逐步使生态文明理念深入人心。

（二）需要通过体制改革加快建立产业结构调整的倒逼机制

多年来，青海保持以工业为主的经济结构，工业领域重工业占比达到90%左右，工业结构严重失衡。尽管近年来大力发展循环经济，推动产业转型升级，但目前单位能耗物耗水平还较高，全省完成"十二五"期间的节能目标压力十分巨大。未来一段时间，能源消费总量、碳排放总量仍将保持一定幅度增长，仅依靠市场自身调节已远远不够，需要建立更为严格的资源利用和环境标准，推进落后产业和高排放高耗能产业的整合淘汰的强制性机制，建立有利于节能环保产业发展的产业政策，通过倒逼机制加快绿色产业体系建设步伐。

（三）需要通过体制改革充分发挥市场经济的作用

青海省多年的生态环保工作基本全部依靠政府强制手段推进，人民群众、社会团体、企业主体参与程度十分低，不仅不利于培育社会生态环保意识，也使各项工程措施收效有限，需要更多地依靠市场，以更加有效的方式来解决。发展市场经济，需要建立明晰的自然资源产权，需要尽快将全省的自然和生态资源资产化，明确受益人和责任人，建立完善的产权交易和定价机制，在增强市场主体责任的同时也使群众和企业获得生态环境保护带来的收益。

（四）需要通过体制改革建立资金筹措渠道

青海省财力有限，生态环保投入基本靠国家投资，而近年来国家投资每年仅为9亿元左右，远远不能满足全省加大生态保护建设力度的资金需求，生态保护资金不足已成为制约青海省生态文明建设的重要因素，需要建立有别于目前为全国设计的管理体制、机制、政策，更加完善有效的生态补偿机制，才能保持全省生态步入良性循环。"十三五"期间，国家投资难有大幅增长，需要积极建立社会资本筹措渠道，大力实行税权改革和资本市场的公益资金融资制度，建立有效的资金补充机制。

（五）需要通过体制改革改变政府监管机制

多年来，生态环境监管权依据各部门管辖职责，分别由农牧部门、林业部门、国土部门、水利部门、环保部门负责草原、林地、耕地及建设用地、河流湖泊、环境污染等领域的违法监督，除环保和国土部门外，其余部门无执法处罚权，加之各部门协调机制不顺，导致全省生态环境监督能力总体偏弱。需要加快政府管理由单纯的行政监管向依法管理转变，向综合执法转变，向实时监督转变，切实建立起强有力的生态环境监察体系。

三 青海省生态文明体制改革的思路与对策

（一）总体思路

将生态文明体制建设作为加强生态环境保护和巩固提升生态保护成果的关键措施，以引导和约束全社会形成规范、有效的生态环境保护和资源开发利用的秩序为目标，充分发挥行政职能和经济杠杆力量，从完善生态环境管理体系、加强监督检查、调控开发利用布局、调配生态环境保护成本、激发群众积极性、扶持生态环境友好型生产生活方式等环节入手，引导鼓励措施为主、行政监察措施为辅，以生态投入、生态补偿、生态环境监管、生态产业调整为主要内容，统筹协调推进自然资源产权、国土空间开发保护、空间规划体系、资源总量管理、环境监管治理、生态文明绩效评价考核等制度改革，并在空间规划利用、资源环境监测预警、生态补偿、绿色绩效考评等具有突破性和代表性的重点领域大胆探索、加速改革，形成既有青海特色又统领全局的生态文明制度体系。

生态投入机制方面，将生态投入作为维持生态功能稳定持续发挥的必要保障，不断和国家有关部委加强衔接，强调青藏高原生态安全屏障建设是国家战略，将青海省重大生态工程作为"十三五"期间全国重点项目纳入中央预算内资金盘子，保证工程资金；推进以青海省生态保护基金、三江源生态保护彩票等为主的社会融资渠道，在筹集资金中划拨一部分用于生态工程建设；积极发挥财政作用，在省财政一般预算收入中安排生态资金，逐年提高资金比例；建立以国家投资为主、省财政适度配套、社会资金为辅的生态投入长效政策。

生态补偿政策方面，紧紧围绕青海建设国家生态安全屏障的历史任务，合理划分中央政府、地方政府、企业的责任和事权，以补偿地方政府因生态环境保护而造成的财政损失、农牧民因生态环境保护而造成的收入损失为主要内容，逐步建立稳定、有效、持续的补偿资金征缴渠道。建立以中央政府预算内投入为主、地方配套资金为辅的生态保护和建设投入补偿，以企业环境税收为主的环境治理投入补偿，以中央政府转移支付为主、流域省份横向转移支付为辅的地方财政损失补偿，统筹使用各类补偿资金，对农牧民的收入损失进行合理补偿。根据国家近年资金下达情况、地方经济发展状况、农牧民人均收入水平、企业经营情况等，合理确定补偿标准，做到国家可接受、省里能满意、人民能受益。

生态监管制度方面，以提高监管能力为工作核心，从生态环境区域管理、生态环境标准管理、理顺工作机制三方面入手建立完善的生态监管政策体系，建立和完善与生态安全屏障相适应的主体功能区制度、自然资源产权和用途管制制度、国家公园体制、生态和环境标准体系、考核评价机制、行政监察机制和管理政策、社会监督机制等政策措施，做到监督检查有规章可遵循、有标准可参照、有队伍能落实、有机制能保证。

产业调整制度方面，以产业结构和产业区域布局为核心，在落实主体功能区划的基础上，完善不同区域的产业准入政策和环境标准政策，将高污染、高排放、高破坏的产业逐步从限制开发区和禁止开发区调整出去，进一步严格对重点开发区产业的污染物排放和资源利用管理政策，制定生态产业的鼓励扶持政策，逐步引导产业结构向绿色低碳转移。

（二）措施建议

1. 以生态保护红线为重点，建立国土空间科学利用体系

全面落实主体功能区制度，将主体功能区划细分至县级区域，划定生产、生活、生态空间开发管制界限，建立健全与青海省主体功能区制度相适应的财政、产业、投资、人口等政策。逐项划定由生态功能红线、环境质量红线和资源利用红线构成的生态保护红线，其中生态功能红线划定限定在禁止开发区及限制开发区部分区域，包括国家级和省级自然保护区、国家地质公园、国家森林公园、国家风景名胜区、历史文化遗址及省级中部生态功能区、基本农田，严格禁止矿产资源开发和大规模生产经营活动；分别划定重点开发区、限制开发、禁止开发区环境质量红线，重点开发区严格执行国家环境质量标准，限制开发区和禁止开发区要制定更为严格的环境标准及产业排放标准；资源利用红线一是划定资源开发区域的地理界限，二是划定不同区域水、主要矿产资源利用率底线，控制开发活动影响范围，严格生产技术标准，强制提高资源利用效率。积极推进市县空间规划体系改革，明确落实主体功能区定位和空间用途管制，加快划定并严守永久基本农田、基本草原、天然林、公益林和重要湿地等生态红线。结合青海省"十三五"规划编制，在重点开发区、限制开发区和禁止开发区全面推行"多规合一"，探索研究开展经济社会发展规划、城乡规划、土地利用规划和生态环境保护规划，对重点市县探索划定"三区四线"，限定开发建设边界，探索将开发强度指标分解到各县级行政区域，重新核定各县级行政区域的建设用地指标。加快推进国家公园体制建设，在试点基础上，加快在三江源、青海湖等区域推行国家公园体制，解决保护地交叉重叠、多头管理等问题，助推国家公园旅游产业提质发展。

2. 以国家差别化投入政策为重点，建立生态保护和治理长效投入机制

受发展水平所限，青海省地方财政无力支付大规模、系统性的生态保护投入。一方面，应积极与国家衔接，争取国家调整对青海省的生态工程资金下达方式，建立差别化的生态工程投资政策。一是在审批青海省生态建设和环境保护总体规划的基础上，每年向青海省切块下达生态环境保护建设中央预算内投资，国家发改委按照年度项目计划进行考核，将按项目下达转变为固定、长效的投资；二是允许青海省整合各类生态工程资金，统筹安排工程项目；三是充分考虑青海物价较高的实际，生态工程投资标准做适当的差别化调整，不能与全国或低海拔地区执行同样的投资标准。另一方面，创新投融资机制，充分发挥政府投资的引导、放大作用，为社会力量参与生态环境保护建立一种投资渠道，吸引大量社会资金加入生态环境保护建设。从目前其他省份的做法看，以基金方式建立资金筹集平台是比较可行的办法。一是建立公募资金投资政策，申请国家将青海省生态保护基金核准为面向全社会的公募公益基金，以政府平台发行无息债券，鼓励社会群众、企业以捐出债券利息的方式支持青海生态保护建设，允许基金进行适度的资产投资和参与项目运营，所得收益纳入生态补偿范畴；加强和国家有关部委的衔接，由财政部主导在全国范围内发行三江源生态彩票，参照体彩、福彩的发行和管理办法，将彩票收益金的部分划拨给青海省，统筹用于生态保护和建设。二是创建产业结合的投资政策，以产业带动生态建设、生态带动民生改善，在柴达木地区和海东地区将水土保持和经济林建设相结合，引进企业种植规模化的经济林带，提高经济林的种植和产出收益水平；在共和盆地及柴达木地区将规模治沙和中药材种植相结合，鼓励企业延伸发展医药加工产业，保证企业有盈利的空间；鉴于本土的中小型企业投资能力有限，呼吁和鼓励省境内的中大型资源型企业、清洁能源企业成立联合投资体，共同投资生态产业技术的研发和基地建设。

3. 以推动"两个统一行使"为重点，建立资源资产产权和用途管制制度

建立健全归属清晰、权责明确、监管有效的自然资源产权制度，创新管理和监管体制，为生态环境管理体制奠定权属和责任落实基础。尽快深入开展自然资源调查，摸清家底，对水流、森林、山岭、草原、荒地等自然生态空间进行统一确权登记，整合不动产登记职责，统一不动产登记信息平台，

全面实施不动产登记制度。在此基础上开展划界工作，配合国家划清属国家自然资源由国家直接行使所有权和地方政府行使所有权的边界；划清属省级政府行使所有权和地方政府行使所有权的边界；划清集体所有自然资源集体行使所有权和个人行使承包权的边界。加快推进不动产登记职能整合和机构组建，尽快建立市级不动产登记管理机构，按照所有者、管理者分开的原则，研究组建统一行使全民所有自然资源管理权的职责部门和统一行使所有国土空间用途管制权的职责部门。探索城镇化推进过程中的全民所有自然资源资产管理体制。开展河流、湖泊管理和保护范围划定及水利工程确权划界工作，积极推进河湖水域岸线统一登记，积极开展草原流转规范试点和集体林权流转及管理服务试点。探索开展重点生态功能区生态资产评估和服务价值核算，编制自然资源资产负债表，完成典型区域生态资产和服务功能研究评估，探索建立全民所有自然资源管理体制和所有国土空间用途管制，在试点地区形成"两个统一行使"的管理模式后推广。

4. 以资源税费改革为重点，建立资源有偿使用制度和全面节约制度

按照谁使用资源谁付费和谁污染环境、谁破坏生态谁付费的原则，探索实行以资源税为主、环境行政监管为辅的资源有偿使用制度。推进资源税费改革，积极推进金属及非金属矿产品资源税从价计征改革；按照国家改革进度，争取作为全省扩大资源税征收范围试点，研究建立水资源税征收办法，探索对省内水电开发企业按电量征收水资源税；对个体及民营的采沙采石企业征收资源税，并同步征收生态环境恢复保证金；执行新的水资源费、污水处理费征收标准等政策，积极推动居民用水阶梯价格改革、农业水价综合改革；探索建立能源税，核定并分配各企业的天然气、石油、煤炭等化石能源定额，对超过配额的企业征收能源燃料增值税，税率实行阶梯制浮动税率，按超出配额的百分比进行上浮，对消费者征收车船能源燃料消费税，随石油、CNG 等汽车化石燃料等销售一同征收，按照汽缸容量分别制定不同的税率，税收全部归地方政府。健全和完善资源总量管理制度，实施最严格的水资源管理制度，逐级分配制定年度用水总量考核标准，进一步加强对地下水位开采的总量控制，划定限采区和禁采区；落实最严格的土地节约利用制

度，逐级核定修订建设用地指标，划定城镇和工业园区建设边界，进一步完善耕地占补平衡制度，建立占补平衡等级评价制度和交易制度，完善建设用地储备机制；建立能源消费总量和节约制度，大力实行能源消费强度和总量"双控"目标，强化节能监察和节能审计，扩大节能评估审查制度，分项目类别、用能等级确定节能评估审查制度适用范围，建立节能新技术补贴制度；强化矿产资源的综合开发利用，开展矿产资源开发利用水平调查评估，加强矿产资源查明占用、消耗登记管理和矿业权准入管理，严格重要矿产资源开发回收率、选矿回收率、综合利用率指标监管，进一步落实矿山地质环境保护和土地复垦制度，执行好地质环境恢复治理保证金制度。

5. 以水资源补偿为重点，建立多元化生态补偿制度

结合在 2020 年前建成国家生态安全屏障和全面建成小康社会的目标，以地方财政损失补偿和群众收入损失补偿为主要对象，对因生态功能区限制矿产资源及其他资源开发导致地方经济发展受限的发展机会成本进行补偿，对群众因生态保护而导致的收入损失以及因生态环境遭到破坏而导致生产生活条件下降的损失进行补偿。考虑到发展机会成本的定量核算存在较大困难，为便于补偿资金的确定，可将限制发展地区人均地方财政一般预算收入与全省平均水平的差距进行衡量。补偿内容上，一是积极申请国家建立差别化的生态补偿及重点生态功能区转移支付制度，逐步提高现行的草原生态保护奖补、公益林效益补偿、湿地生态补偿等政策的补助标准，扩大补偿范围，使现行的补偿政策更符合青海省生态保护需要；二是积极争取建立水资源流域生态补偿、自然保护区内矿业权退出补偿、资源储备补偿、设立生态管护公益岗位专项转移支付、增加青海省用水配额等补偿政策。补偿资金来源上，一是逐步提升青海生态保护在国家事权中的地位，争取中央财政补偿资金。二是参照国家新安江流域生态补偿试点及东江流域生态补偿试点的做法和经验，应尽快向中央申请，建立三江源流域生态补偿试点，可以对口支援资金为渠道，由国家协调目前已经确定的北京、上海、天津、江苏、山东等对口援青省份和对口支援央企加大对口支援力度，增加部分作为对青海省水资源的补偿；或建议建立黄河流域水电开发基金，所征收的基金由中央政

府统一调配，根据各省水量情况差异化制定分配系数，作为水资源生态补偿；或是根据国家推行水资源税改革的进度，在落实水量分配和水权制度的基础上，对用水地区和单位按用水量征收流域生态补偿基金，部分由中央政府统一调配，重点用于增加生态功能区转移支付，部分依据各流域产出水量直接转地方政府，由地方政府用于生态保护与建设及相关项目的支出。三是探索建立资源开发利用单位补偿资金筹措机制，逐步提高矿产资源采选企业的资源税率，对全省水电开发企业、盐湖开发企业按发电量征收资源税，对个体及民营的采沙采石企业征收资源税，申请国家调整矿产开发利用央企增值税的中央和地方分成比例。四是推进生态产品交易补偿资金筹措机制，在国家建立碳排放配额的基础上，加快全省草地碳汇的核算，促进全省碳汇资源在碳交所挂牌交易；开展用能权和碳排放权交易，全面推行以合同能源管理为主要模式的专业化、市场化的节能服务，鼓励企业开展自愿减排交易活动，推动青海省节能量和减排量在区域市场进行交易，探索建立省内地区间和企业间的配合分配机制及节能量、减排量交易机制。努力培育和规范矿业权、水权、土地使用权等产权市场及二级市场，加快政府对资源调控和服务职能的分离，有效推进转让权活化。

6. 以推进法制化为重点，建立行政监察和管理制度

用严格的法律制度保护生态环境，在落实国家法律规章的基础上，研究制定《青海省三江源生态保护条例》、《青海省生态补偿条例》、《青海省环境事故处置条例》、《青海省草地资源保护条例》、《青海省国土空间开发条例》、《青海省资源利用条例》等地方性法规。积极创新环保执法方式，加强省级监督性执法、市级区域联动和交叉检查、县级网络化管理，成立由司法部门、公安部门、环保部门、农牧部门、林业部门以及新闻媒体组成的联合执法监管队伍，由省生态文明先行区建设领导小组直接管辖，减少执法监督部门的行政干扰。积极开展部门横向联动执法和省市县三级联动执法，加强检查司法工作，推进环境保护公益诉讼，依法查处破坏生态、污染环境的案件。进一步完善针对环境违法行为的媒体曝光、挂牌督办、"黑名单"、区域限批等制度以及荣誉摘牌、考评降档等制约性措施。进一步规范环境行

政许可和现场执法检查、排污收费、行政处罚等执法行为,加强和改进行政复议工作,建立健全行政执法监督检查和稽察制度,规范环境行政执法内部监督机制。加强环境总量准入管理,大力推行区域和行业规划环评,强化规划环评刚性,开展区域和行业规划水资源论证,优化环境资源配置。加强建设项目环评管理,严格执行重污染行业环境准入标准,开展建设项目空间布局和总量控制符合性审查。强化建设项目全过程环境管理,建立对环境影响评价、技术评估、环境监理、验收监测和评审专家的责任追究制度。完善全省生态环境管理办法体系,做到行政监督管理有法可依、有规可循。

7. 以产业准入负面管理为重点,建立产业结构调整引导制度

坚持摸清家底、分区控制、细化分类、兼顾发展的工作思路和分工合作、加强指导的工作方法,重点从维护生态、土地利用、资源消耗、环境保护四个方面设立准入门槛,生态维护以功能区划控制为主,土地利用、资源消耗、环境保护则以产能控制为主要手段。禁止开发区重点研究制定好自然保护区实验区的产业准入负面清单,在限定畜牧业发展规模的同时,要明确提出禁止发展的产业行业名录清单。限制开发区按照国家主体功能区划中"禁止大规模工业城镇化发展及城镇建设与工业开发要依托现有资源环境承载能力相对较强的城镇集中布局"的要求,一是产业负面清单以产能控制为主、以产业类型控制为辅,基本保证现有工业结构不作大的调整,也为今后工业项目引进留有余地;二是在设置环境排污总量和资源利用总量控制条件的同时,对重点行业也设置排污上限和资源利用上限;三是以城镇承载力为基础核定环境容量,通过基础设施建设、技术升级等措施有效消除工业发展带来的环境污染,提高限制开发区纳污能力和环境容量,提高工业发展容量,保证有效控制污染的同时也留有较为宽裕的发展空间。严格实施项目环境准入管理措施,从环评编制、技术评估、行政审批、监督管理、考核奖惩、公众参与等方面提出具体的规定和要求,规范环评审批行为。建立项目审批与区域环境质量、产业结构调整、环保基础设施建设、污染减排绩效等挂钩制度,实施区域限批制度,制定出台化学原料药、造纸、印染、电镀、畜禽养殖、农药等重污染行业环境准入条件,完善环评审批要求。建立重大

项目环评审批工作联系单制度，积极实施省级部门项目联动审批机制，依法依规下放环评审批权限，强化环评编制时间要求，实行环评审批时限承诺，创新审批管理手段。建立完善环评审批管理信息沟通和信息报送制度，加强环评审批管理工作监督检查，加大审批管理力度。

8. 以党政领导班子考核为重点，建立绿色绩效考评和责任追究制度

研究建立全省生态文明建设的发展目标体系、监测预警体系及评估考核体系。把资源消耗、环境质量、生态投资、绿色产业、节能减排等纳入目标考核指标体系，以绿色发展推动科学发展。将三江源试验区新型绿色绩效考评奖惩试点的成功经验推广到全省范围内实施，国家级生态县参照试验区经验取消地方生产总值、招商引资等经济考核指标，其他地区建立环保目标责任绩效考核制度。切实扭转全省追求经济增长速度的旧观念和做法，建议以生态保护和建设、社会事业发展和民生改善为主的新型绿色绩效考评制度，推动地方政府及部门转变政绩观念和行为方式。逐步提高生态环保工作指标在绩效考核中的分值比例，考核评价结果作为政府领导班子政绩考核、干部提拔任用和奖惩的依据。试点编制自然资源资产负债表，探索对领导干部实行自然资源资产离任审计。建立环境损害赔偿与责任追究制度，开展生态环境损害鉴定评估能力建设，推动开展生态环境损害司法鉴定，支持建立生态环境损害公益诉讼组织，开展生态环境损害公益诉讼；逐步开展对较大以上突发环境损害事件的损害评估，建立环保部门与公安、司法部门共同打击环境污染协调机制。建立资源环境承载能力监测预警机制，提高对资源承载能力、环境容量、生态功能等要素的监测能力，构建基于不同主题功能区的资源环境承载能力监测预警机制，探索对超载地区的限制性政策措施。进一步推动环境信息公开，健全生态环境保护全民参与机制，建立全面规范的信息发布机制；加快推进空气、水和土壤环境信息、建设项目环境影响评价信息、环境监管和执法信息、污染减排信息、突发环境事件信息公开；健全环境举报和反馈制度，鼓励公众、法人和其他社会组织依法举报生态环境损害破坏行为和案件，发挥好公众、新闻媒体和社会组织的监督作用，构建全民参与的社会行动体系。

B.21

丝绸之路经济带建设中青海"拉面经济"
开拓中西亚市场研究

沈玉萍*

摘　要：　青海"拉面经济"经过 20 多年的发展，经历了艰苦创业、
规模发展阶段，已迈入转型升级的关键时期。"拉面经济"
如何实现提质增效、转型升级，不仅是广大拉面经营者所面
临的现实问题，也是各级政府决策者所思考和研究的问题。
今后青海要在特色拉面品牌建设、加强培训工作、借鉴外省
经验等方面不断探索，开拓"拉面经济"的中西亚市场。

关键词：　青海　"拉面经济"　中西亚市场

青海"拉面经济"具有从业人数多、地域分布广、投资周期短、经济
效益好、输出方式活、带动作用强等特点，已成为促进海东广大农民群众
脱贫致富的重要途径和支撑。目前，"拉面经济"在全国大中城市已经成
功立足，且依然具有强劲的发展势头。据青海省人力资源和社会保障厅提
供的数据，全省的回族、撒拉族群众已在全国开办了近 3 万家拉面馆，年
总收入超过 20 亿元，占全省外出务工农民收入的一半以上。青海"拉面
经济"经过 20 多年的发展，经历了艰苦创业、规模发展阶段，已迈入转
型升级的关键时期。"拉面经济"如何实现提质增效、转型升级，不仅是

---

* 沈玉萍，青海省社会科学院文史研究所副研究员、博士，研究方向：中国古代史、地方文化、
地方史。

广大拉面经营者所面临的现实问题，也是各级政府决策者所思考和研究的问题。

一　青海"拉面经济"向中西亚发展的可行性和有利条件

在建设丝绸之路经济带的大背景下，已有相当发展基础的青海"拉面经济"也可寻求向西发展，开拓中西亚市场，这不仅是"拉面经济"自身实现转型升级、拓展更大发展空间的方式和途径之一，还能对青海省进一步扩大向西开放、加强同中西亚国家的交流合作起到一定的促进作用。

（一）丝绸之路经济带建设为"拉面经济"向中西亚发展提供了难得的机遇

2013年9月，习近平总书记在访问中亚四国期间，提出了共同建设"丝绸之路经济带"的重大战略构想。党的十八届三中全会在构建开放型经济新体制的战略谋划中，明确提出了"推进丝绸之路经济带建设"的发展要求。作为丝绸之路经济带建设的主要省区之一，青海在国家对外开放格局中的地位得到了迅速提升，为积极开拓中亚、西亚和南亚市场，加强与中西亚国家的经贸合作创造了难得的机遇。青海海东农民群众在实践中创造的"拉面经济"可以借建设丝绸之路经济带的东风大力开拓中西亚市场，赢得更大的发展空间，得到更平衡的发展，减少竞争，更多的农民工可以通过"拉面经济"发家致富，使"拉面经济"得到进一步的发展。

（二）"拉面经济"在国外已有一定的发展基础和经验

"拉面经济"在国外发展已有很多先例。青海"拉面经济"在国外主要向东南亚发展，其中发展最好的地区是新加坡和马来西亚，青海人在两国开办的拉面馆有近500家；特别是在马来西亚，青海拉面馆已遍布吉隆坡、槟城、新山等20余座城市。此外，青海拉面馆在韩国和埃及也有发展。但在离我们更近的中亚和西亚，几乎没有发展，尤其是中亚。青海"拉面经济"

在国外已有一定的发展基础，拉面经营者们对国外的饮食经营环境有所体会和感受，对所在国家的法律、社会、人际关系有认识、了解和掌握。他们有在国外务工经营的经历，积累了一定的经验。所以，青海"拉面经济"再向中西亚发展，不是茫然地去开拓未知的市场领域，而是有经验可借鉴。

（三）"拉面经济"走向中西亚比在东南亚更具有区位和路程优势

青海"拉面经济"在东南亚发展的可喜局面得益于改革开放以来东南沿海地区经济社会的发展成就，为中国商人进入东南亚国家进行商业贸易打开了顺畅的通道和出路。但从地理方位而言，在中西亚发展"拉面经济"更便捷。在出行方式上，青海人去东南亚开拉面馆，飞机和船是必选的交通工具；相比之下，去往中西亚国家就便捷很多，中间只隔着新疆，而且是走陆路，距离也近很多。如今兰新高铁已开通，两省区之间交通不便、道路不畅的困难局面已打破，格库铁路（格尔木—库尔勒）也已全线开工建设，过去交通不便造成的青海和新疆近在咫尺却交流很少的局面得到逐步改变。现在，青海农民工到中西亚发展"拉面经济"，不必再如以前须先绕道甘肃到新疆，可通过兰新高铁直通新疆，再转车去中西亚国家。

目前，横贯我国东中西部，东起港口城市连云港，途经西安，西抵新疆乌鲁木齐，并延伸至哈萨克斯坦、吉尔吉斯斯坦和塔吉克斯坦，广泛联系中亚地区的"新丝绸之路"公路运输通道已基本形成；我国同中亚国家已开通87条公路客货运输线路（中国段的发端均在新疆境内），及两条向西开放的国际铁路通道（经中哈阿拉山口口岸和霍尔果斯口岸）。所以，青海农民工经由新疆去中西亚国家发展"拉面经济"具有交通条件优势。

（四）"拉面经济"向中西亚发展在民族宗教方面优势明显

青海省到海内外开拉面馆的主要是回族、撒拉族穆斯林群众，因宗教信仰的缘故，他们在饮食习惯上恪守清真的教规和习俗，开办的都是清真拉面馆。中西亚国家是穆斯林人口众多的地方，他们的饮食习惯和青海的回族、撒拉族相通，可以说食之同源，宗教信仰、文化习俗上的共通性带来了饮食上的同质性——清真饮食。所以，青海"拉面经济"到中西亚发展，不必担心客源的问题。

（五）国内激烈的市场竞争迫使"拉面经济"不断开拓国际市场

在国内，青海拉面馆相互之间的竞争态势已经形成，在人口比较密集的城市里，拉面馆之间的距离越来越近；有的地区相互之间的竞争越来越明显、越来越激烈，有些地方的拉面经营者开始拉帮结派搞黑社会性质的霸王条款，不仅不允许别的清真拉面创业人员在帮派涉及的地界再开设拉面馆，更有甚者，连非清真的非拉面馆也不让开设。清真"拉面经济"的过度竞争状况可见一斑，达到饱和状态为时不远，西宁市的拉面馆就已达到饱和状态，向国外发展成为必然趋势。

二 青海"拉面经济"开拓中西亚市场存在的 困难和制约因素

在国家向西开放和建设丝绸之路经济带的大背景和机遇下，青海"拉面经济"开拓中西亚市场虽具备一些可行性因素和有利条件，但也存在不少需客观面对的困难和制约因素。

（一）对中西亚的市场处于摸索阶段，是一个新的市场领域

长期以来由于向西未开放，加上中亚及其周边的国际环境不稳定，我们对中西亚国家了解非常少，尤其是距离更近的中亚。中亚五国自1991年已独立建国，但我们对中亚国家的了解始于近几年；与青海省交流较多的土库曼斯坦，也是从21世纪初开始了解，经贸往来是近两三年的事。虽有民族宗教优势带来的饮食上的客观利好因素，但我国对中西亚了解很少，经贸往来不多，对中西亚的市场行情并不了解和掌握，所以，中西亚市场对青海来说是一个新的领域，还处于摸索阶段，与"拉面经济"息息相关的饮食市场尤其如此。

（二）同中西亚国家的主动交流和了解不够、宣传不够

由于历史、政治、经济、交通等因素，青海对中西亚，尤其是中亚了解不多，但本身同中西亚的主动交流不够、宣传也不够。改革开放以来，中国主要向欧美等西方国家学习先进的科学技术和社会管理经验，同他们进行经济文化等各方面的交流与合作，所以从官方层面主要是宣传欧美的情况。比较而言，我国同中西亚国家的交流很少，媒体宣传也很少。普通群众对中西亚国家缺乏了解，尤其是对西北地区的老百姓来说，中亚基本是陌生的国度，很少有人知晓吉尔吉斯斯坦、乌兹别克斯坦等。

（三）如何适应国外的务工经商环境，拉面经营者将面临严峻考验和更大挑战

多数开拉面馆的老板都是放下锄头搞经营的人，文化水平不高，缺乏管理经验。在国内大中城市的拉面经营者中，有的人由于不懂法、不守法，与所在地相关部门不时发生冲突。为此，青海化隆、循化、民和等县政府在本地人外出开拉面馆较多的大中城市设立劳务办事机构，帮助拉面经营者化解纠纷，协调其与当地社区及有关部门的关系，并提供政策、法律咨询、维权等服务。青海"拉面经济"向中西亚发展，拉面经营者们面临同样的、更复杂的困难和问题。如何较快地了解所在国家的方针政策、法律法规和当地的生活习俗，怎样较快较顺利地融入当地城市的经济生活和社会生活、适应当地的经商务工环境，这些都是他们面临的严峻考验和更大挑战。

三　丝绸之路经济带建设中青海"拉面经济"开拓中西亚市场的对策建议

（一）通过各种方式为青海"拉面经济"在中西亚发展探路、收集信息，做好宣传工作

青海"拉面经济"要开拓中西亚市场，做好各项前期准备工作是很重

要的，即通过政府对外交流、举办各种展会、企业外设办事机构、学术交流等多种方式和渠道进行前期探路、收集信息。如省商务厅组织人员到中西亚国家考察、了解、掌握贸易、投资环境及饮食市场行情，为有意向赴中西亚发展"拉面经济"者牵线搭桥。同中西亚国家开展饮食文化交流，在中西亚国家开展"拉面经济"推介活动，为包括"拉面经济"在内的企业、客商、经营者寻找商机和合作、互惠共赢的机会和路子。外事局既可向中西亚国家来青海的组织、团体、个人等了解当地的饮食市场，也可向中西亚国家的相关机构了解情况。

做好宣传工作。宣传工作主要是通过画册、宣传册、电视专题片、明信片以及直观的拉面和配料展示介绍，宣传青海的清真饮食文化和特色拉面。旅游局、体育局、青洽会、清食展、学术交流、孔子学院都可为"拉面经济"做些宣传工作。旅游局可通过游客宣传；体育局可通过参加赛事的参赛队和选手宣传；青洽会和清食展更是广泛地为"拉面经济"做宣传的良好平台；青海撒拉族和土库曼斯坦进行的教育和学术交流活动中，可附带宣传青海的特色拉面；也可通过中西亚国家的孔子学院，在当地为"拉面经济"做宣传。

（二）充分利用民族宗教文化优势，打开在中西亚国家发展"拉面经济"的突破口，保护发展民族文化

应充分把握青海回族、撒拉族等民族的文化特点，发挥好与中西亚国家共建"丝绸之路经济带"的民族优势。特别是青海省特有的撒拉族与土库曼斯坦民族文化习俗相近，我们要打好"走亲戚"这张牌。青海可将撒拉族与土库曼斯坦特殊的历史亲缘关系作为在中西亚国家发展"拉面经济"的突破口，先在土库曼斯坦打出"撒拉尔拉面"的品牌开拓市场，不断营造青藏高原清真饮食文化的氛围和影响力，以此为基础，再逐步向其他中西亚国家发展。

由于经济社会的快速发展，撒拉族居住区外出务工人员不断增加，撒拉语已成为当今中国社会消亡速度最快的濒危语言。据有关专家推测，如不采

取切实有效的保护措施，撒拉语将在今后的 50 年之内消亡。但撒拉语与土库曼语同为阿尔泰语系突厥语族，70% 的语言相同，说撒拉语的人可以在没有翻译的情况下跟说土库曼语的人简单沟通。现在，青海可以利用在中西亚国家发展"拉面经济"的契机，对撒拉族群众，特别是近几年走入社会的大中专毕业生进行语言、专业技能等方面的培训，寻求对土库曼斯坦及周边国家进行劳务输出，不仅是实现充分就业的良好途径，还能对撒拉语起到一定的保护作用，可谓一举多得。

（三）政府引导，开拓"拉面经济"在中西亚国家的广阔市场

青海"拉面经济"开拓中西亚市场最终还是得凭技术吃饭、靠本事挣钱，以质量取胜，政府要做好管理、引导和服务工作。

1. 促进"拉面经济"提质增效，提高市场竞争力

一是要对农民工采取跟进式培训，让大家通过学习，使餐馆经营上规模、上档次，不断提高自身经营水平；注重食品卫生，不断提高饭菜质量；继续保持优势，突出青藏高原牦牛肉拉面的特色，不断丰富餐饮内涵和内容，增加花色品种，创造出既有民族风味又具时代特色的丰富菜肴。二是制定行业规范与卫生标准。行业有关部门应规定牛肉面汤料的基准配方标准，只允许拉面馆在基准配方基础上进行创新；用基准配方标准制成的拉面汤料的调料，给国内外各地的拉面馆发货，可参照"兰州马家大爷牛肉面"调料的做法。个人卫生、碗筷及餐桌醋壶等用具卫生，环境卫生，消毒设施等标准应严格制定并执行；制定拉面行业发展规划和行业服务规范，形成行业服务条例、模式和自律准则。三是引导外出人员以自身劳动、技能特色、良好形象，赢得市场，融入城市；引导外出人员了解掌握吃健康、吃特色、吃营养、吃品牌、吃文化、吃环境是消费者的追求。

2. 加强同金融部门的协调联系，努力解决发展资金问题

一是多方面筹集贴息资金，继续提供小额贴息贷款、创业贷款、劳务周转金贷款等资金扶持，切实加大对"拉面经济"小微型企业的信贷支

持力度。二是银行、信用社联姻，探索建立劳务输出信用站，清收劳务输出到逾期贷款，盘活信贷资金，调整信贷结构，不断加大对劳务输出信贷支持力度。三是积极探索和创新贷款抵押担保方式，加强农业信贷担保体系建设，完善贷款担保创新的风险保障；设立"拉面产业"贷款担保基金。

3. 开拓"拉面经济"在中西亚发展的路径

一是通过青洽会和清食展等为来自国内外的客商提供合作和互惠共赢平台，拉面经营者可同对"拉面经济"感兴趣、有意向的中西亚客商洽谈，共同合作在当地发展"拉面经济"。二是各级政府部门可支持在当地有一定社会关系的人去设立拉面经营试点，并提供服务、方便和引导。同在中西亚设有办事机构的企业联系较多的经营者，可以去中西亚国家设立拉面经营试点。三是青海省不少公私企业和中西亚国家已有了各种合作项目，也可考虑将"拉面经济"作为开发项目之一。

（四）在中西亚地区打出有青海特色的拉面品牌

拉面的品牌在中国餐饮业市场中已经形成，青海拉面在国内打出自己的品牌没有太多的优势和空间，海东农民工赴我国东部地区开拉面馆大部分打的是"兰州牛肉拉面"或"西北牛肉拉面"的牌子；在国外开办拉面馆的青海人打的牌子大多也是"兰州牛肉拉面馆"。中亚国家经济正处于恢复与增长阶段，消费市场尚未被充分开发，内蒙古、陕西、甘肃等省区也瞄准了中西亚广阔的市场，并制定了相应的向西开放战略，青海也应抢抓机遇。青海"拉面经济"开拓中西亚餐饮市场并打出有青海特色的品牌也有广阔的空间，且竞争较少；不妨先用"兰州牛肉面"的招牌开拓、抢占市场，然后在形成一定气候的"化隆牛肉拉面"品牌的基础上多打出几个有青海地方特色和青藏高原特色的拉面品牌，如"青藏高原拉面"、"雪域拉面"、"天路拉面"、"康巴拉面"、"撒拉尔拉面"等，哪一种品牌能得到较大民众和群体的认可和接受，就努力将其做大做强做优，使之成为国际著名拉面餐饮经营品牌，实现连锁化和规模化。

（五）加强和提高培训工作

青海清真寺众多，可以找到很多教授阿拉伯语的人才；循化撒拉族中也可以很容易地找到教授撒拉语的人才；清真寺中有些学识渊博的教职人员兼通阿拉伯语和波斯语。我们可采取两种外语培训方式，一是准备到中东阿拉伯国家开办拉面馆的人员可自行到清真寺学习阿语，但要达到纯粹的语言培训目的，在清真寺学习效率较低，这只能是自由自愿的学习方式；二是在某一所大学的外语系加设阿语、突厥语培训班。这两种语言的教授人员可就地取材。阿语培训可寻求和宁夏合作的途径；突厥语培训方面，青海可利用循化讲撒拉语的人数众多的优势，考虑和土耳其、土库曼斯坦等中西亚讲突厥语的国家合作开展突厥语培训工作，打造一个国内突厥语培训中心。

依托"阳光工程"、"雨露计划"等各类培训项目，加大职业技能培训力度。定期举办拉面技术人员培训班，开展拉面、烹饪等工种的培训，培养高技术的拉面人员，为"拉面经济"输送大量技术实用性人才；把创业知识与拉面技能结合起来，培训拉面馆老板；对所有参加培训的农民工有针对性地增开法律知识、务工安全常识、权益维护和社会公德美德教育课程，普及宣传和教育中西亚国家的国情概况。

通过加强技能、经营管理和法制培训，在连锁经营、集团发展上下功夫，逐步改变低层次、小规模经营模式，增强竞争力。

（六）加强同新疆的交流联系，开通青海农民工到中西亚务工经营的交通通道

新疆与中亚五国中的三国（哈萨克斯坦、吉尔吉斯斯坦、塔吉克斯坦）接壤，是我国与中亚、欧洲连接的唯一陆路通道，是我国对中西亚国家贸易、投资活动的中心和商品信息集散地、交汇点。青海要在中西亚发展"拉面经济"，新疆是必经之地。应加强与新疆的传统联系，不断开拓新的合作领域，加快建设格库（格尔木—库尔勒）铁路和青海至新疆的高速公路。要想富先

修路，青海至新疆、中亚铁路和高速公路的早日修建通车是青海和中西亚国家展开全面交流和合作的必要前提之一，也是青海"拉面经济"大规模开拓中西亚市场的必备条件和重要基础。另外，青海应同新疆相关部门沟通协调，为青海农民工顺利经新疆到中西亚务工经营开通一条便捷的交通通道。

（七）学习外省区的先进经验，发挥后发优势，少走弯路

同青海相邻的新疆、宁夏、甘肃等省区与中西亚国家的合作交流较早，已取得一定的成果，形成了一定的规模，积累了一定的经验，我们应向它们多学习交流。

新疆毗邻中亚、西亚国家，具有地缘和人文优势，是我国面对中西亚国家的最前端市场。已成功举办 19 届的乌鲁木齐对外经济贸易洽谈会已升格为中国—亚欧博览会，该博览会至今已顺利举办四届，有同中西亚国家进行商贸活动的丰富经验可供青海借鉴。

宁夏是全国唯一的回族自治区，传统上从官方层面重视和侧重于阿拉伯国家和宁夏的交流与联系，青海可学习借鉴宁夏同中东阿拉伯国家进行商贸活动的经验；另外，宁夏的阿拉伯语人才培养已形成一定规模，宁夏正在成为全国重要的阿语人才培养基地，青海可学习借鉴宁夏在阿语人才培养方面的经验，也可考虑和宁夏合作培训阿语人才。

甘肃兰州的牛肉面享誉海内外，在提升拉面的质量及在国外的经营、宣传等方面青海应多向兰州借鉴。国外拉面师非常缺乏，兰州市近年来仅拉面师就向国外输送了 5000 多人。我们应将拉面师出国打工作为一项基本工作，加强拉面师培训工作和境外输出工作，组织人员到中西亚考察饮食市场，收集中西亚国家对拉面师的需求和用工信息；也可向兰州的相关部门咨询了解向国外输出拉面师的有关情况和注意事项；针对用工情况采取订单定向培训等方式，争取培训一个、成功一个、输出一个、就业一个。青海应学习甘肃外派劳务和劳务输出方面的经验，做好引导和服务工作，为各种类型的经营者开拓和创造各自所需的经营空间和务工环境，使连锁经营、自主经营、打工三者各显神通，获得更多的经济效益。

参考文献

马智渊:《青海海东清真"拉面经济"研究》,硕士学位论文,中央民族大学,2011。

孙发平、马桂芳:《"拉面经济"——青海省化隆县解决"三农"问题的一种有效模式》,《攀登》2005 年第 2 期。

马进虎:《"拉面经济"与西北穆斯林在东南沿海的发展——以青海化隆回族农民开拉面馆为例》,《中国回商文化》第二辑,黄河出版传媒集团、宁夏人民出版社,2010。

中国人民银行化隆县支行课题组:《化隆县"拉面经济"贷款担保模式难点调查》,《青海金融》2009 年第 12 期。

鲁临琴、桑才让:《对青海海东地区穆斯林群众"拉面经济"的思考》,《青海社会科学》2006 年第 4 期。

庞书纬:《青海在世界各地打造"拉面经济"》,《粮油市场报》2013 年 6 月 4 日。

区 域 篇

Regional Reports

B.22

三江源生态保护和建设一期
工程生态成效综合评估

青海三江源自然保护区生态保护和建设工程生态监测项目组
中国科学院地理科学与资源研究所*

摘　要：　通过青海三江源生态保护与建设一期工程的实施，三江源区
域生态环境总体表现为"初步遏制，局部好转"的态势，宏
观生态状况总体呈好转趋势，重点工程区生态恢复状况好于
全区，一期工程规划的预期目标基本实现。但是，作为"中
华水塔"的三江源区，要全面实现"整体恢复，全面好转，
生态健康，功能稳定"的生态保护与建设长远目标，任务的

---

* 项目组主要成员：田俊量、葛劲松、李志强、聂学敏、鲁子豫、王立亚、李其江、张更权、
杨永顺、祁永刚、周万福等。课题组主要成员：刘纪远、邵全琴、樊江文、徐新良、黄麟、
曹威等。执笔人：邵全琴，中国科学院地理科学与资源研究所研究员，博士生导师，研究方
向：陆地生态系统评估指标体系；葛劲松，青海省生态环境遥感监测中心副主任，高级工程
师，研究方向：生态监测与评估。

长期性、艰巨性依然存在，三江源生态保护任重道远。

关键词： 三江源 生态保护与建设 生态成效

国务院于 2005 年批准了《青海三江源自然保护区生态保护和建设总体规划》（以下称《规划》），投资 75 亿元开展生态保护与建设工程（以下称"一期工程"）。三江源自然保护区在三江源区范围内由相对完整的 6 个片区组成，包括 18 个自然保护分区（见图 1），总面积达 15.23 万平方公里，占青海省总面积的 21%，占三江源地区总面积的 42%。一期工程包括生态保护与建设项目、农牧民生产生活基础设施建设项目、支撑项目三大类，共22 个子项目，工程的实施将对三江源地区生态环境产生重大影响。

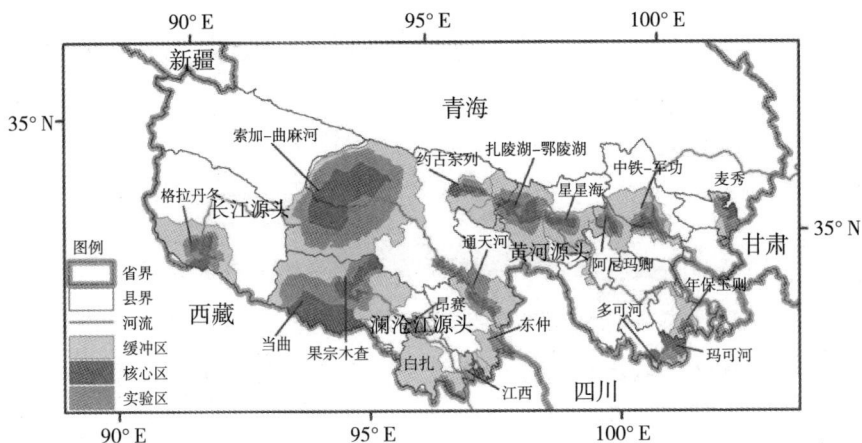

图 1 青海三江源自然保护区保护分区分布

为了有效开展三江源区生态监测与评估工作，青海省环境保护厅会同省水利厅、农牧厅、林业厅、气象局等单位共同组建三江源生态监测组，在省环保厅的组织协调下，以中国科学院地理科学与资源研究所为技术牵头单位，应用地面观测、遥感监测和模型模拟相结合的技术方法，针对生态工程预期目标和区域生态环境特征，在构建综合评估指标体系和生态本底的基础上，共同完成了一期工程生态成效综合评估。

一 评估指标体系与技术方法

一期工程实施以来，青海省相关部门开展了覆盖三江源区域的生态状况遥感监测及草地、湿地、森林、沙化土地、水文水资源、水土保持、环境质量、气象要素等地面监测；同时，中国科学院地理科学与资源研究所每年也组织三江源地区生态环境考察工作，对三江源地区生态环境进行了系统全面的调查。在项目实施同期，结合三江源生态监测与评估工作实践，三江源生态监测组组织编制了《三江源生态监测技术规范》（DB63/T 993－2011）、《三江源生态保护和建设生态效果评估技术规范》（DB63/T1342－2015），作为青海省地方标准颁布实施，规范了生态监测与评估监测指标与技术方法体系，为一期工程生态成效评估奠定了良好的基础，确保本次评估的顺利开展。

（一）综合评估技术方法框架

本评估以联合国 MA 生态评估框架为理论基础，采用基于生态系统结构—服务功能动态过程趋势分析的综合评估技术方法框架（见图2）；针对生态保护与建设工程预期目标，围绕区域生态系统结构与服务功能特征及其变化规律，构建综合评估指标体系；以空间信息技术为核心手段，生成多时空尺度系列生态监测与评估信息，对比分析了各项指标工程前30年和工程期8年的变化趋势、工程前8年和工程期8年的平均状况，以及自然保护区（重点生态工程区）内外平均状况和变化趋势；采用控制模型气候参数的方法进行模拟对比，给出气候变化背景下工程生态成效的科学结论，客观公正地评价一期工程实施的生态成效。

（二）综合评估指标体系

综合评估指标体系包括宏观结构、质量、服务功能和变化影响因素四个类别，青海三江源区生态保护与建设工程生态成效综合评估指标体系如表1所示。

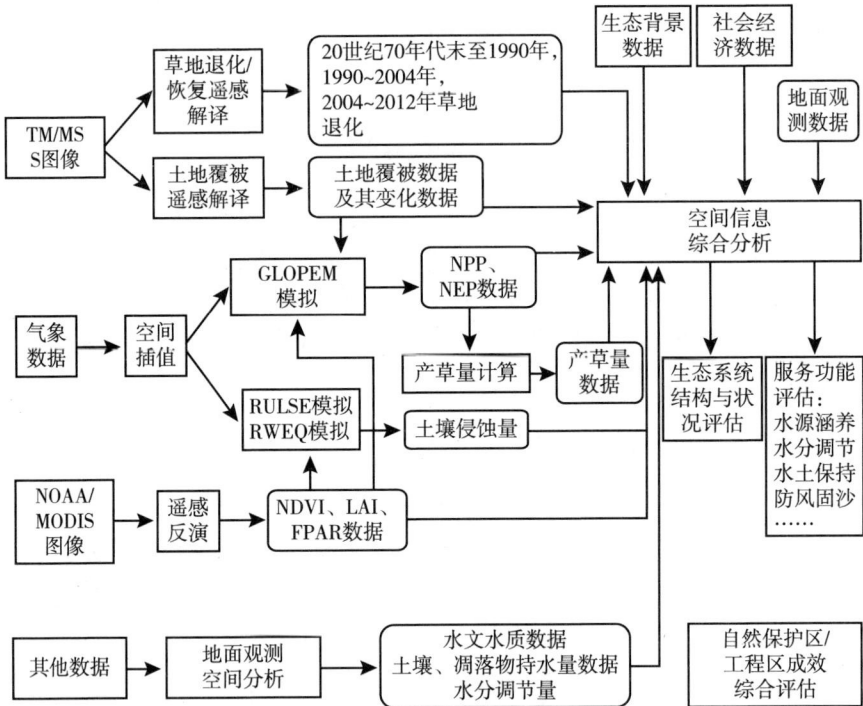

图2 三江源区生态保护与建设一期工程生态成效综合评估技术方法框架

表1 三江源区生态保护与建设工程生态成效综合评估指标体系

评估内容	评估指标		时段	时间分辨率	空间分辨率
	一级指标	二级指标			
生态系统结构	宏观结构	生态系统类型结构特征	各类型总面积、各生态系统类型之间的转类面积、动态度等	30年	10年	1:100000
		草地退化/恢复	草地破碎化、草地覆盖度、沼泽化草甸趋干化、沙化/盐化、草地好转、沼泽变干、沼泽变好	30年	10年	1:100000
			草地退化发生、退化加剧、退化状况不变、轻微好转、明显好转	16年	8年	1:100000
	群落结构特征	植物组成、功能群结构、高度、盖度、多度、频度、优势度、草地等级、多样性指数	8年+历史样方数据	1年	点

续表

评估内容	评估指标		二级指标	时段	时间分辨率	空间分辨率
	一级指标		二级指标			
生态系统质量	生产力		净初级生产力（NPP）	20年	半月	1公里
	生物量		植被地上、地下生物量	8年+历史样方数据	1年	点
	地表覆盖		植被覆盖度	20年	半月	1公里
生态系统服务功能	水源涵养	水分调节	水分调节量、水分调节服务功能保有率（模拟）	30年	10年	1公里
		持水能力	综合蓄水能力、水体湿地蓄水量	8年	多年	
		径流调节	径流量、径流系数、径流调节系数（水文站）	40年	日	点
	水土保持		水土流失量、年土壤保持总量、土壤保持服务功能保有率（模拟）	12年	16天	1公里
			水文站径流含沙量（水文站）	40年	日	点
			土壤侵蚀模数（水蚀区地面监测）	8年	1天	点
	防风固沙		风蚀量、年防风固沙总量、防风固沙服务功能保有率	12年	16天	1公里
			土壤侵蚀模数（风蚀区地面监测）	8年	1天	点
	牧草供给		牧草产量	20年	半月/年	1公里
			草地承载力	20年	半年	1公里
			牧草质量等级	8年	1天	点
			可食牧草比例	8年	1天	点
	水供给		水资源量（水文站）	40年	日	点
			水质（监测断面）	8年	1天	断面
	生物多样性保护（动植物栖息地环境）	栖息地隐蔽性	植被覆盖度、景观指数	30年	10年	1:100000
		栖息地食物供给	NPP、食料地面积	20年	年	1公里
		栖息地水源供给	水体、沼泽湿地面积	20年	5年	1公里
		人类干扰程度	扰动指数	20年	5年	1公里
			草地压力指数	20年	年	1公里

评估内容	评估指标		时段	时间分辨率	空间分辨率
	一级指标	二级指标			
生态系统变化的影响因素	气候变化	气温变化、降水变化、湿润系数变化	40 年	日	1 公里/点
	人类活动	人工增雨、放牧、开采、城镇化、道路建设等	20 年	10 年	1:100000
	气候与人类活动影响的贡献率	生态系统结构、质量、服务功能变化的影响因素	—	—	—

二　生态成效综合评估

（一）生态系统宏观结构及其变化

1. 宏观生态状况趋好，但尚未达到20世纪70年代比较好的生态状况

一期工程实施以来，三江源地区水体局部扩张，荒漠生态系统局部向草地生态系统转变，生态系统结构逐渐向良性方向发展。在工程实施前（20世纪 70 年代中期至 2004 年，下同），三江源区草地总面积净减少 1389.9 平方公里，湿地与水体总面积净减少 375.14 平方公里，荒漠面积净增加 674.38 平方公里，且退化呈逐渐加重趋势。工程期（2005～2012 年，下同），在退化趋势总体遏制的同时，三江源区草地面积净增加 123.80 平方公里，水体与湿地面积净增加 279.85 平方公里，荒漠生态系统的面积净减少 492.61 平方公里。生态状况变化指数表明：全区在工程实施前宏观生态状况呈转差趋势，而工程期宏观生态状况则呈好转趋势（见图 3）。与工程实施前相比，工程期三江源区多年平均植被覆盖度明显提高（见图 4），植被覆盖度增长地区的总面积占三江源全区总土地面积的 79.18%，其中植被覆盖度轻微好转、明显好转的面积分别占 43.67%、35.51%。

结果表明，全区宏观生态状况趋好，但尚未达到 20 世纪 70 年代比较好的生态状况。

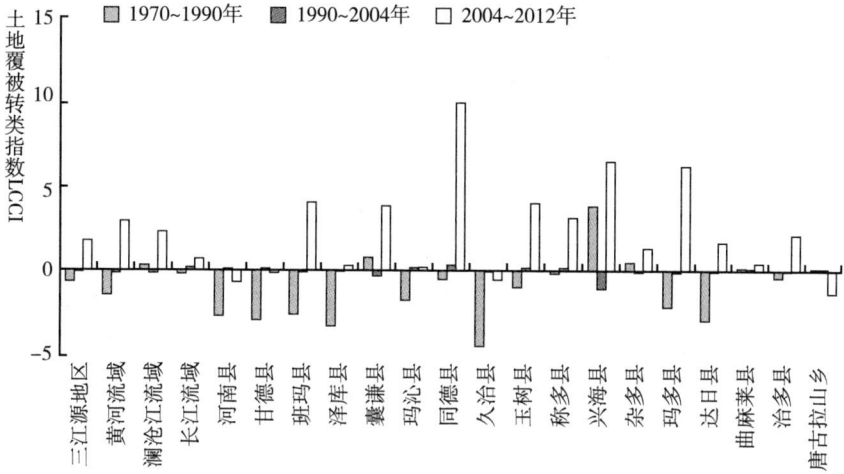

图3 20世纪70年代中期至2012年三江源区生态状况变化指数

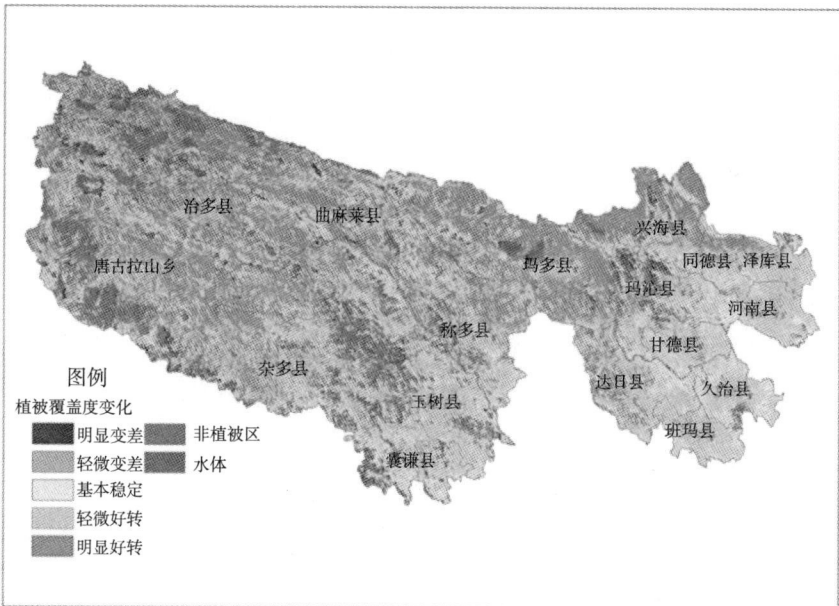

图4 三江源区工程实施前后多年平均植被覆盖度变化

2.三江源区草地持续退化的趋势得到初步遏制

根据生态本底调查结果，三江源草地退化的格局在20世纪70年代已基本形成。从20世纪70年代到2004年三江源地区持续发生不同程度退化的草地面积占草地总面积的40.1%。与工程前草地退化状况相比，工程期退化状态不变的面积占退化草地总面积的68.52%，轻微好转、明显好转和新退化发生类型的面积分别占退化草地总面积的24.85%、6.17%、0.12%，退化加剧发生类型的面积仅占0.34%（见图5）。

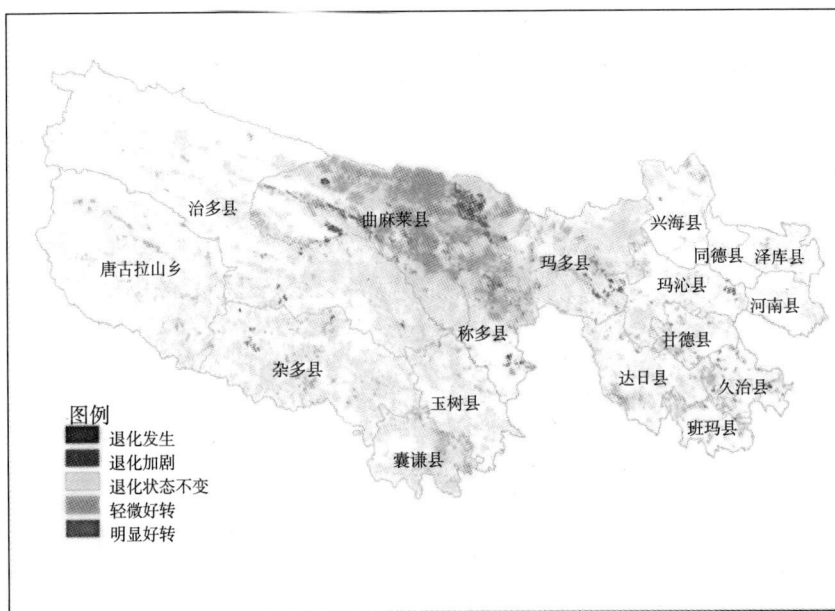

图5 2005～2012年三江源区退化草地恢复态势分布

工程实施前的三江源区草地平均产草量为533kg/hm^2，草地总体超载1.42倍。一期工程实施期草地平均产草量为694kg/hm^2，相比产草量提高了30.31%；同时在草地退化严重地区实施的"生态移民"和全区减畜工作取得明显成效，平均减畜比例超过20%；在"草丰、畜少"的共同作用下，草地的载畜压力指数明显降低（见图6），平均载畜压力指数降低了36.1%。

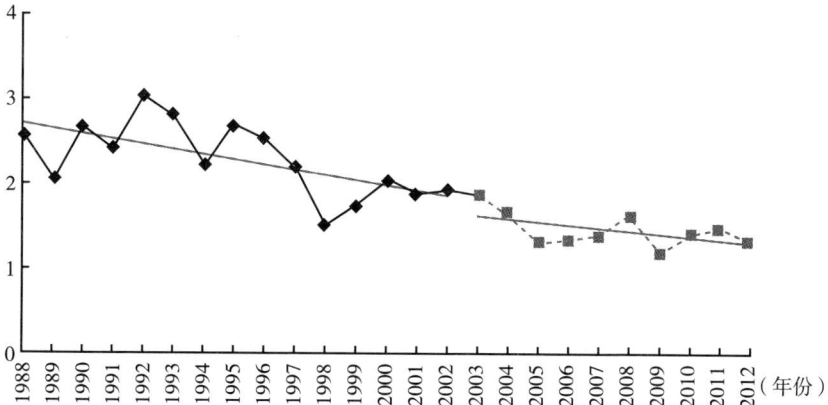

图6　1988～2012年三江源地区草地载畜压力指数

评估结果表明，一期工程实施期三江源区天然草地植被覆盖度为69%～83%，总体呈增加趋势；三江源地区草地退化趋势得到初步遏制，工程实施对草地覆盖度的提高起到了直接的和较好的正面作用，但高寒草地的天然特性决定了提高幅度有限，达到《规划》"草地植被盖度提高平均20%～40%"预期目标十分困难。

3. 湿地与水体生态系统整体有所恢复

一期工程实施后，三江源全区水体与湿地生态系统面积净增加279.85平方公里，增加了9.11%。其中治多县的玛日达错、盐湖和玛多县的鄂陵湖水面面积扩大最为突出，治多县的库赛湖和海丁诺尔以及唐古拉山乡的乌兰乌拉湖水域面积扩张也比较明显。同时，受气候变暖影响，冰川退缩、湿地消融干化、原有面积小且分散湖泊消失等现象在三江源西部地区亦多有发生。增减相抵，总体而言，三江源区域湿地与水体生态系统整体有所恢复，不同区域恢复程度不同。

（二）生态系统服务功能及其变化

1. 生态系统水源涵养和流域水供给能力提高

工程实施前后全区林草生态系统水源涵养服务功能在波动中有所提升

（见图7），多年平均年水源涵养量为153.60亿立方米，每年单位面积水源涵养量为430.67立方米/公顷。工程实施前8年林草生态系统多年平均年水源涵养量为142.49亿立方米，工程期8年多年平均年水源涵养量为164.71亿立方米，相比增加15.60%。2012年与2004年相比，水体与湿地生态系统水源涵养量由242.39亿立方米增至244.24亿立方米；工程实施前8年林草生态系统水源涵养量变化趋势为1.66亿立方米/10年，工程期水源涵养量增加趋势更为明显，变化趋势为19.35亿立方米/10年；长江、黄河、澜沧江流域林草生态系统水源涵养量在一期工程期均有所提高，分别增加了9.23亿立方米/年、10.48亿立方米/年和1.30亿立方米/年。区域水源涵养量达到了《规划》增加13.20亿立方米的目标。

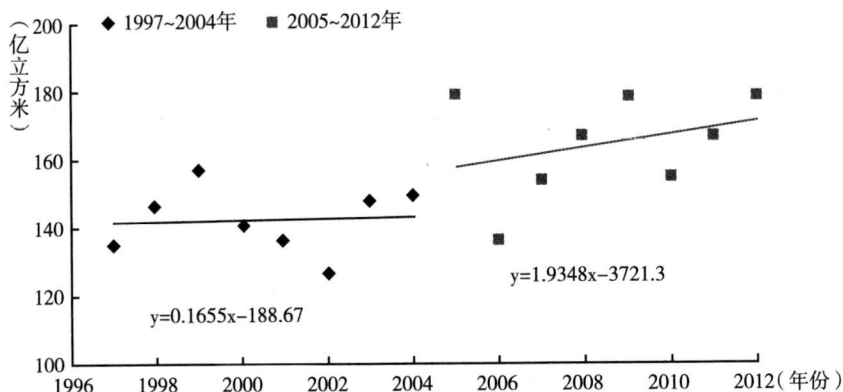

图7　工程实施前后全区林草生态系统水源涵养量变化趋势

黄河流域河川径流量在一期工程期有较快的恢复（见图8、图9），与一期工程实施前8年平均年径流量比较，唐乃亥站增加了36.9亿立方米、吉迈站增加了17.1亿立方米，达到了黄河径流增加12亿立方米的目标，对资源性缺水的黄河流域生态安全做出了重要贡献。但从大时间尺度的趋势看，黄河流域年径流量下降的趋势仍没有得到扭转。

由于气候变暖冰雪融化的原因，长江流域沱沱河水文站年径流量一直处于增加中，直门达水文站径流量在工程期有较快的恢复，与工程实施前8年

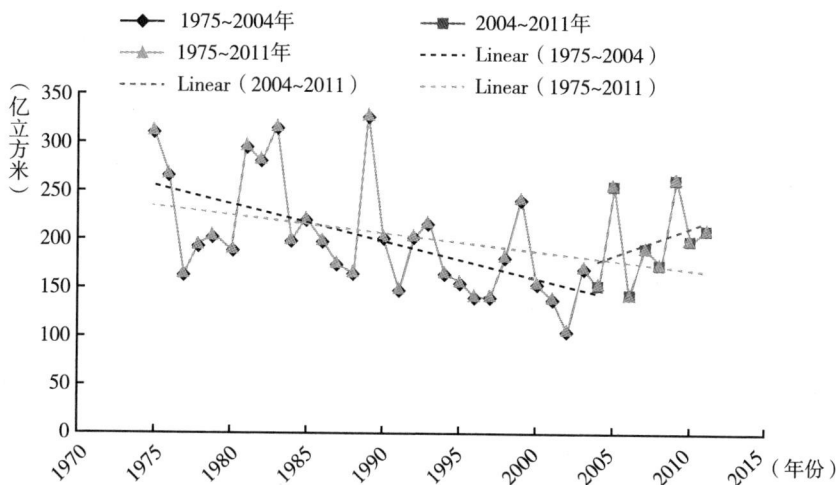

图8　黄河青海出境处唐乃亥水文站年径流总量变化趋势

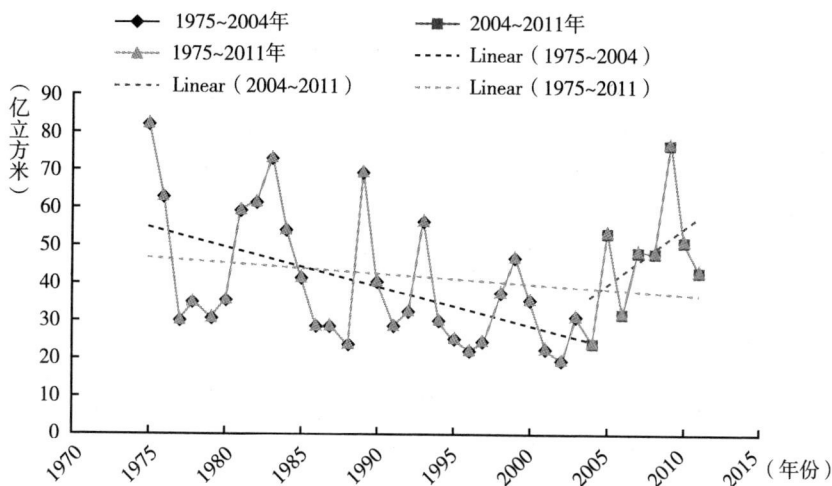

图9　黄河源吉迈水文站年径流总量变化趋势

比较，平均年径流量增加了 39.2 亿立方米，而且从大时间尺度的趋势看，长江流域年径流量下降的趋势已初步得到遏制（见图10、图11）。从三江源区三大流域主要控制断面水质监测的结果看，工程期绝大部分监测断面的水质属于Ⅰ类和Ⅱ类，所有断面水质均达到了预期保护目标。

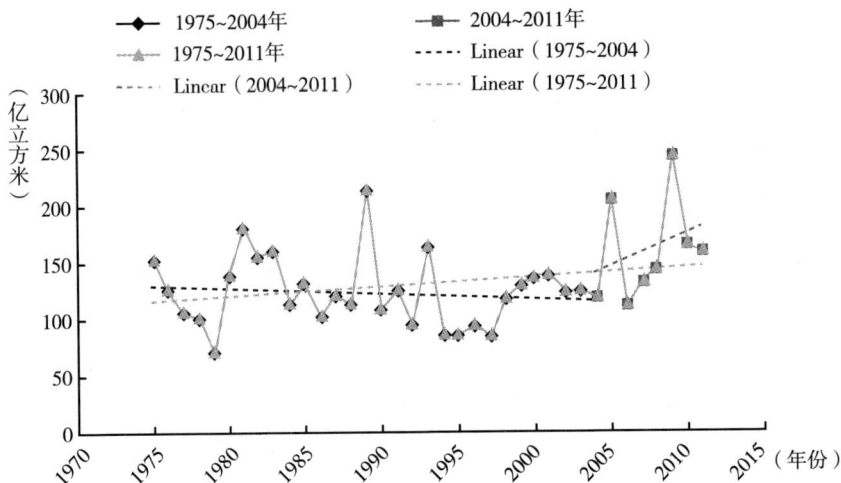

图10 长江青海出境断面直门达水文站年径流总量变化趋势

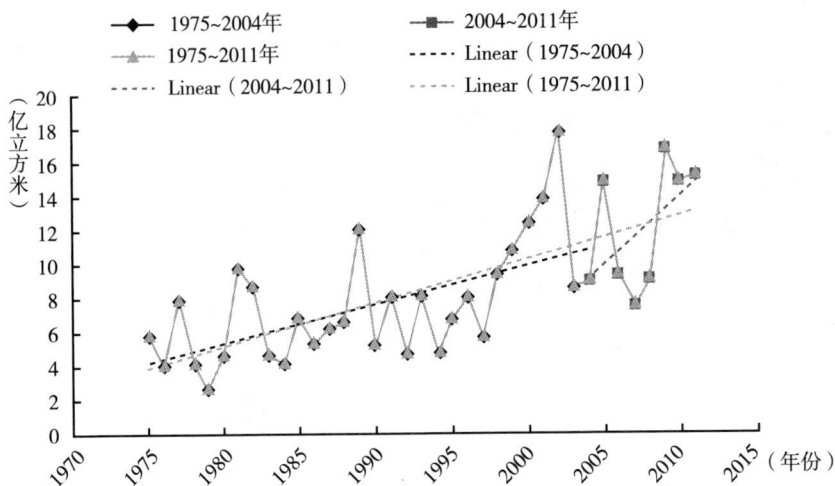

图11 长江源沱沱河水文站年径流总量变化趋势

2. 生态系统土壤保持能力有所提高

工程实施前后全区土壤保持服务量呈持续上升趋势（见图12），多年平均年土壤保持服务量为6.35亿吨。工程实施前的8年，多年平均年土壤保持服务量为 5.46 亿吨；工程实施期 8 年，多年平均年土壤保持服务量为 7.23 亿吨，增加了 1.77 亿吨，增长了 32.4%。反映出一期工程期因植被盖度增加，生态系统土壤保持能力有所增强。

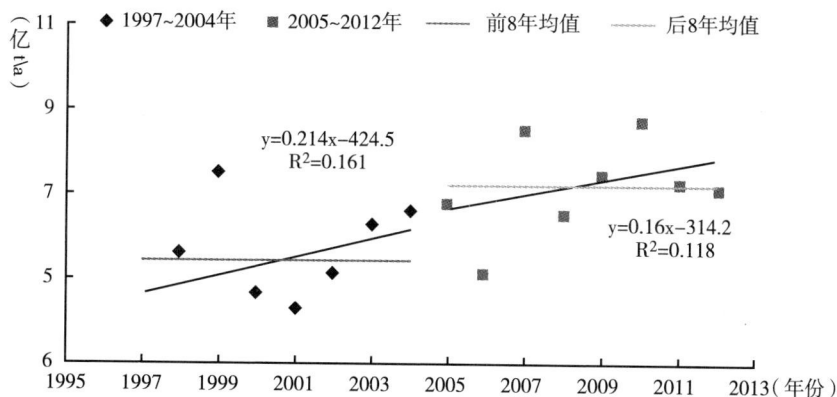

图 12　工程实施前后年土壤保持量的变化趋势

工程实施前后全区年土壤水蚀量仍呈微弱上升趋势（见图 13），多年平均年土壤水蚀量为 3.0 亿吨。工程实施期，多年平均年土壤水蚀量为 3.2 亿吨，较工程前增加了 0.2 亿吨（1572.33 万立方米），未达到《规划》预期的目标。其主要原因是：区域降雨增加虽然明显促进了植被的生长与恢复，但同时使降雨侵蚀力增强，导致土壤水蚀有所增加。

（三）重点生态建设工程区生态状况好转

三江源生态建设一期工程的覆盖范围占三江源区的 40%，针对一期工程主要在自然保护区内（也称重点生态工程区）实施的状况，对保护区内外生态恢复状况进行了对比分析结果表明，重点生态工程区内生态恢复程度好于全区，且不同自然保护分区有所差异。

1. 重点生态建设工程区生态恢复状况好于全区

工程期保护区内森林、草地和湿地等优良生态系统面积增加 252.2 平方公里，保护区外仅增加 173.3 平方公里；保护区内荒漠等面积减少 252.2 平

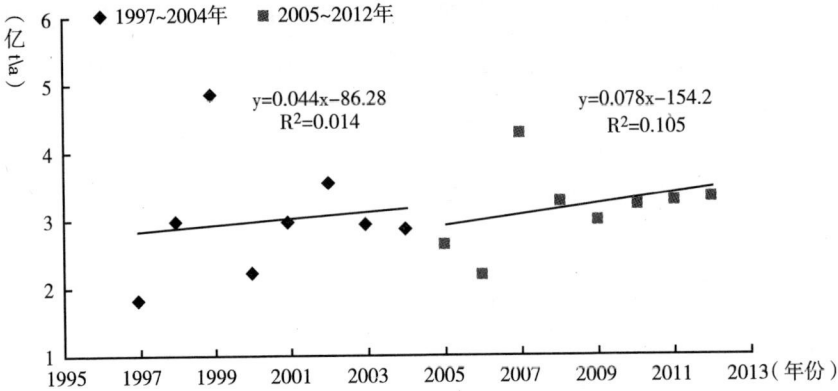

图13　工程实施前后土壤水蚀量变化趋势

方公里，保护区外减少 180.8 平方公里。工程实施后，保护区退化草地明显好转的面积占其退化草地面积的 7.30%，高于非保护区的 5.05%；保护区的植被覆盖度比非保护区高 6.19 个百分点；保护区的植被净初级生产力比非保护区高 58.86 克碳/平方米。工程期保护区退化草地明显好转的面积为3173.00 平方公里，占保护区退化草地面积的 7.30%，高于非保护区的5.05% 和整个三江源区的 6.16%。

2. 各自然保护分区生态恢复程度有所差异

工程实施前（20 世纪 90 年代至 2004 年）18 个自然保护分区的生态状况变化指数均为负值（见图 14），表明该时段内各保护分区生态状况均趋差。工程期 17 个自然保护分区的生态状况变化指数为正值，表明其生态状况好转，星星海、扎陵—鄂陵湖、江西和通天河等保护分区表现明显，而年保玉则自然保护分区生态状况有所转差（见图 15）。

工程实施前后的植被盖度变化倾向率表明（见图 16），中铁—军功等 9个自然保护分区表现为先减少后增加趋势，东仲等 9 个保护分区表现为持续增加趋势。当曲、江西、玛可河保护分区后期增幅低于前期，表明在这 3 个自然保护分区内气候对生态系统的影响起到主要作用。东仲、扎陵湖—鄂陵湖、昂赛、星星海、果宗木查等 7 个自然保护分区的植被盖度增幅高于非工程区，表明生态保护和建设工程起到了积极作用。

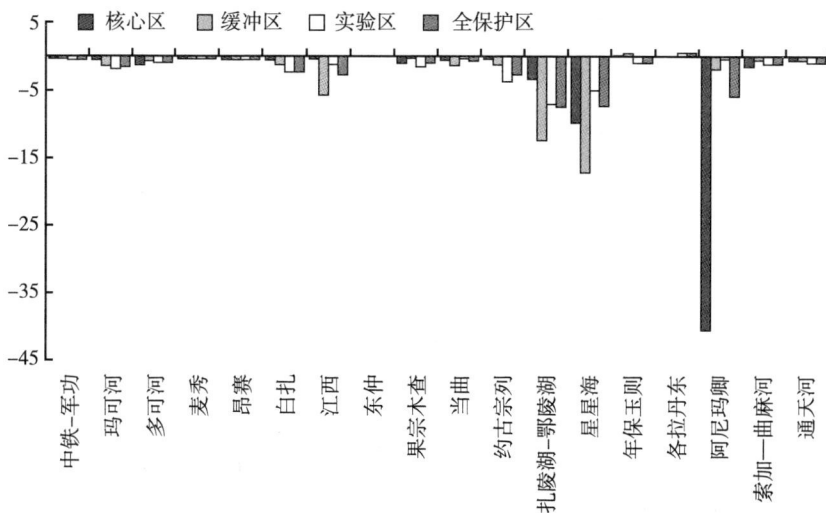

图14 20世纪90年代至2004年各自然保护分区生态状况变化指数

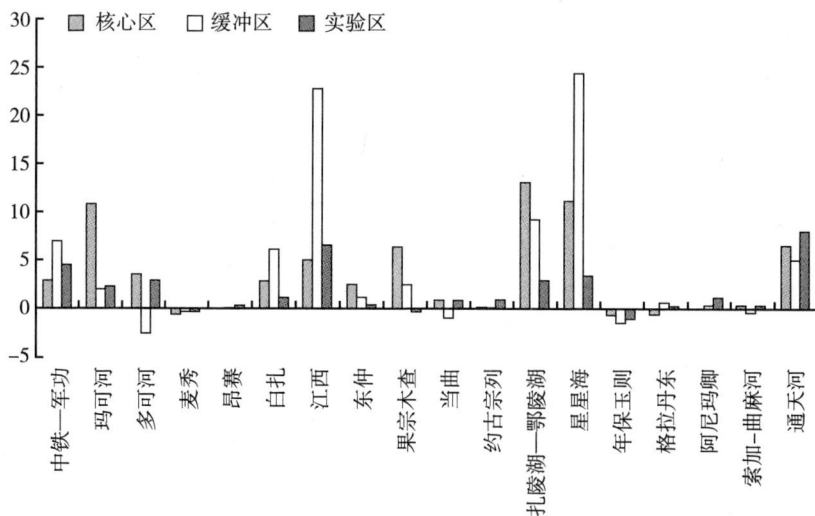

图15 一期工程期间各自然保护分区生态状况变化指数

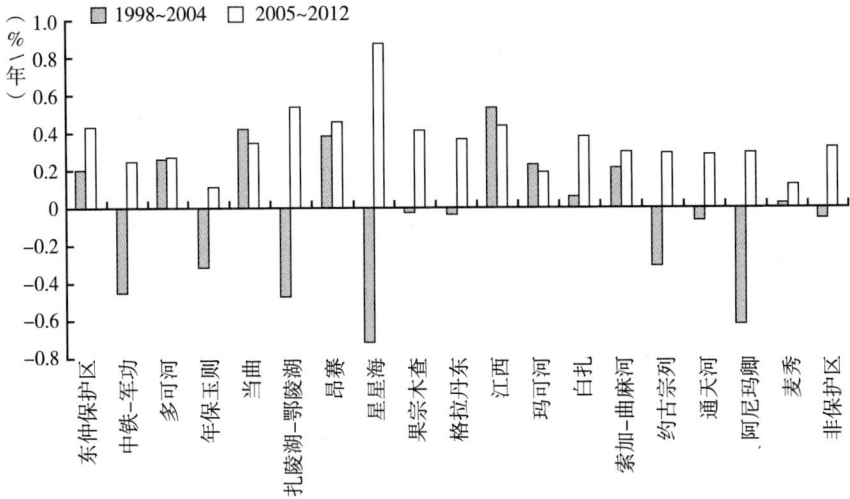

图16 工程实施前后各保护分区植被盖度变化倾向率

（四）生态建设任务的长期性、艰巨性凸显

三江源生态建设一期工程的覆盖范围仅占三江源区的40%。工程实施8年以来，草地退化态势明显好转的面积仅占原有退化草地面积的6.17%，且仅是长势好转，群落结构尚未明显好转；草地退化态势遏制（即原退化状况不变）的面积占原有退化草地面积的68.52%。可见，一期工程实施以来，虽然三江源区草地退化得到了初步遏制，但草地退化的局面并没有获得根本性扭转，退化草地的恢复与治理仍然是一项长期的艰巨任务。

一期工程实施以来，三江源区草地植被盖度明显提高，特别是黄河源区植被盖度明显好转。然而，将一期工程期间多年平均草地盖度与20世纪80年代同类型健康草地盖度进行比较（见图17），可以发现，草地盖度差值在10%以上的草地面积达34.87%，即仍有约35%的草地需要进一步恢复。

工程实施期间，虽然草地面积净增加了123.70平方公里，但未抵消前30年来净减少的草地面积；净增加的草地面积仅占净减少的草地面积的

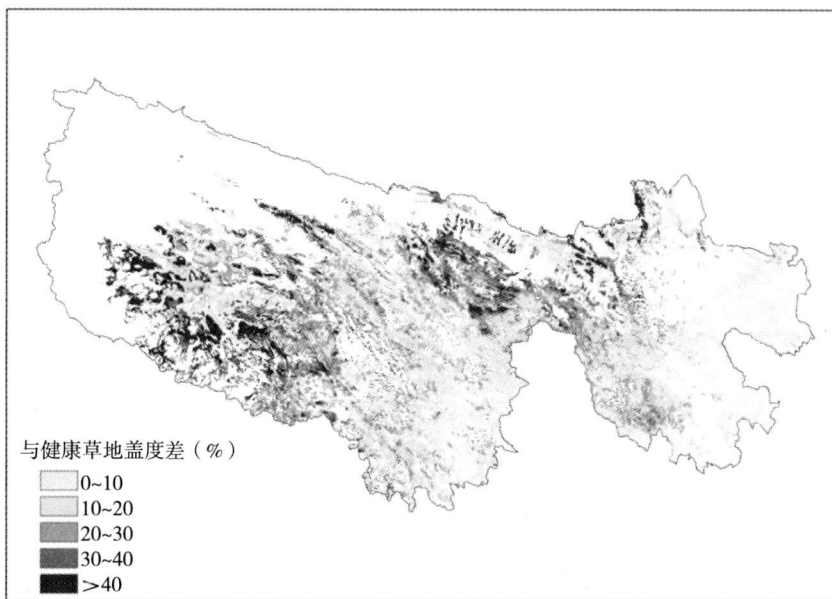

与健康草地盖度差（%）
- □ 0~10
- □ 10~20
- ▨ 20~30
- ▨ 30~40
- ■ >40

图 17　一期工程期间三江源区草地平均盖度与
20 世纪 80 年代健康草地的差值分布

8.9%，尚有 1266.2 平方公里的差距。虽然荒漠面积净减少了 492.61 平方公里，但未抵消前 30 年来净增加的面积，荒漠净减少的面积占净增加面积的 73%。

工程实施期间，虽然湿地和水体面积净增加 279.85 平方公里，但未抵消前 30 年来净减少的湿地与水体面积。湿地与水体净增加的面积占净减少面积的 76.7%。

黄河、长江控制水文站观测数据的多时段对比分析表明（见表 2），尽管黄河流域河川径流量在一期工程期有较快的恢复，但唐乃亥水文站径流量尚未恢复到 20 世纪 70 年代和 80 年代的水平。长江源沱沱河水文站年径流量一直处于增加中，主要是因为该区域冰川、永久积雪多，而气温上升，导致冰川、永久积雪和冻土加速融化造成了径流增加，但从长远的角度看，是不可持续的。

表2 长江、黄河流域主要控制水文站年径流量变化

单位：亿立方米

时段	黄河唐乃亥站	黄河吉迈站	长江直门达站	长江沱沱河站 (5~10月)
1975~1980年	221.21	46.26	115.85	4.85
1975~1990年	236.10	47.90	131.37	6.14
1975~2004年	200.65	39.87	124.29	7.52
1975~2011年	201.40	41.90	132.40	9.10
1991~2004年	165.20	31.26	116.20	9.11
1997~2004年	161.00	30.20	122.10	11.70
2005~2011年	197.90	47.30	161.30	13.10

一期工程的实施尚未遏制土壤水蚀增加的趋势。据估算，与工程实施前相比，工程期全区多年平均年土壤流失量增加了1572.33万立方米。根据三江源地区各水文站观测得到的累计输沙量年际变化（见图18），可以得知工程期土壤水蚀总体上呈增加的趋势。

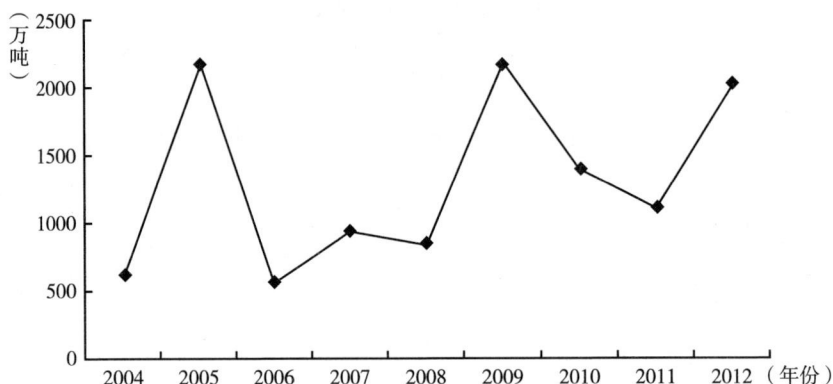

图18 一期工程期间三江源区各水文站累计输沙量变化

由于三江源区草地退化有大量的土壤层剥蚀，尽管目前草地植被有所恢复，其盖度和生产力有所提高，但是基于三江源地区较严酷的生态环境，对水土保持意义重大的植被根系土壤层恢复却极其缓慢，土壤理化性状的恢复则更为缓慢。这一现象也说明三江源地区的生态恢复是一项长期、艰巨的工作，需要进

行持续的努力。另外，降雨量在促进植被生长的同时，也造成了降雨侵蚀力的明显提高，使土壤水蚀量有所增加。因此，建议今后科学部署人工增雨工程。同时，鼠害治理的形势依然严峻，需要继续探索长期有效的治理途径。

综上所述，三江源生态保护与建设一期工程的实施仅是起步，具有局部性、初步性特点，三江源区生态保护与建设任务的长期性、艰巨性凸显。

三　生态系统变化的影响因素

1. 气候变化和主要工程措施有利于生态恢复

工程实施前8年三江源区年平均温度均值为－0.14℃，而一期工程期间站点年平均温度均值为0.48℃，增加了0.62℃；工程实施前8年平均降水量为463.56毫米，而一期工程实施期间年平均降水量为518.66毫米，增加了55.10毫米。工程实施前8年降水量平均每十年增加趋势为7.02毫米，一期工程实施期间则为68.44毫米，增加的趋势明显（见图19、图20）。

除了降水本身存在周期性规律以外，与实施人工增雨工程关系很大。上述气候数据表明，最近几年三江源区的年均温度和降水量明显提高，导致植被返青期提前，对植被生长起到了促进作用，使植被盖度和生产力均明显增加，十分有利于植被的生态恢复。

一期工程实施期间，通过生态移民和减畜措施，草地载畜压力减轻；同时鼠害防治、草地围栏、人工草地建设和天然草地改良等工程措施都为植被恢复做出了积极的贡献。

根据模型运算结果，对于整个三江源区域而言，气候因素（含人工增雨工程）对植被恢复起主导作用，工程措施（除人工增雨外）对植被恢复起到了积极作用；特别是以黄河源区为代表的重点生态工程区，工程措施对生态系统恢复的贡献更加直接和显著。

2. 生态系统宏观结构局部改善、草地退化趋势得到遏制的原因

一期工程实施以来，三江源区生态系统结构变化速率明显趋缓，并朝着更合理的方向发展，其原因与气候变化和人类活动调整有很大关系。温度和

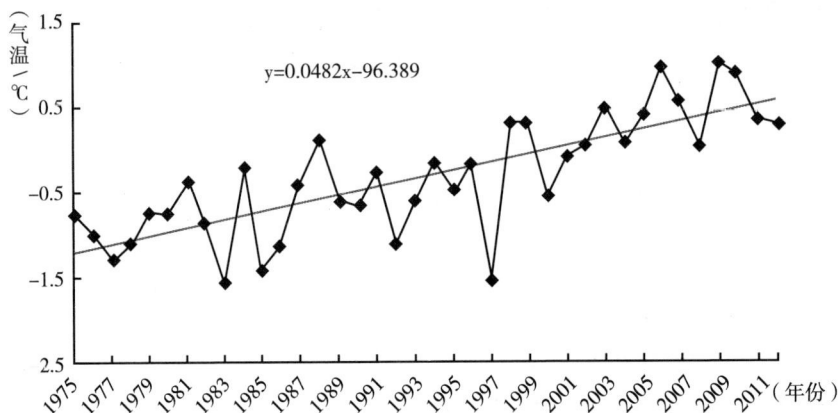

图19 20世纪70年代至2012年平均气温变化趋势

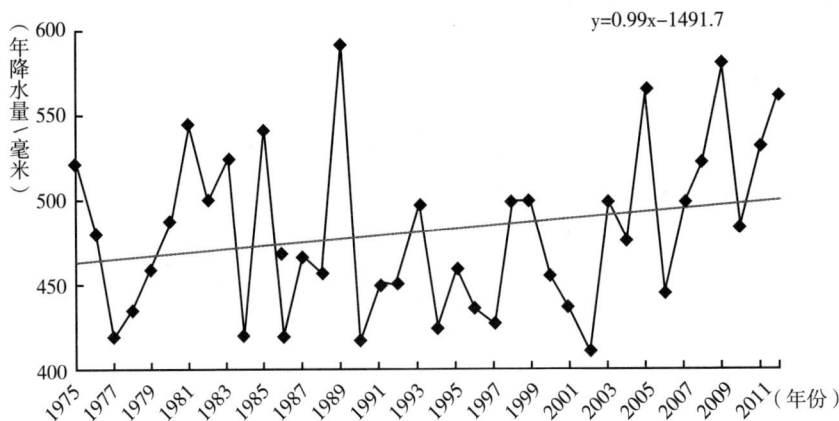

图20 20世纪70年代至2012年降水量变化趋势

降水量的增加，促使该地区的气候特征在很大程度上趋于暖湿化，导致荒漠化进程减缓，荒漠面积减少，水体面积增加。工程区内人类活动减少，生态移民、减畜等措施使该地区的土地利用强度降低，人类干扰对生态系统的作用和影响减少，促进了生态系统宏观结构局部改善，生态系统结构变化速度趋缓，草地退化趋势在一定程度上得到遏制。

3. 草地生态系统压力减轻的原因

一期工程实施后，三江源区的草地载畜压力明显减轻。原因之一是气候变化和人工降雨导致草地生产力的提高，使草地的理论载畜量有所增加；原因之二是大幅度的减畜措施使得草地现实载畜量明显下降。

4. 林草生态系统水源涵养量及湿地与水体水分调节量明显提高的原因

由于气候因素和工程措施的共同作用，三江源区林草植被盖度、生产力明显提高，退化生态系统有所恢复，整体生态系统质量明显提高，使林草生态系统水源涵养量明显提高。同时，由于水体面积的增大，水体水量调节能力也明显提高。

5. 生态系统土壤保持功能有所增加、水土流失量也略有增加的原因

气候因素和工程措施的共同作用导致的植被恢复，使生态系统的土壤保持功能增强，但降雨量大幅度增加在促进植被生长外，也造成了降雨侵蚀力的明显提高，使水土流失量有所增加。

6. 重点工程区好转明显的原因

区域气候趋向暖湿化，有助于本区域生态系统恢复，同时，在重点工程区，生态工程措施相对集中，对生态系统恢复也发挥了重要作用：退牧还草工程使工程区家畜数量减少，草地现实载畜量明显下降；黑土滩退化草地治理和鼠害防治工程，有利于已经退化的草地的恢复和防止新的草地退化发生；封山育林/湿地封育保护工程使森林面积、郁闭度、蓄积量均有所增加；湿地封育保护避免了人类扰动对湿地的影响；生态移民、建设养畜、太阳能利用等措施有利于减少自然保护区的人类干扰，降低土地利用强度。以黄河源工程区为主的人工增雨作业，增加了土壤水分，扩大了湖泊湿地面积；草地恢复和草地生产力的提高、草地的理论载畜量增加、水源涵养和调节能力的增加，对下游地区的生态和生产发挥了重要作用。

四　评估结论及其建议

（一）总体结论

通过青海三江源生态保护与建设一期工程的实施，三江源区域生态环境

总体表现出"初步遏制，局部好转"的态势，宏观生态状况总体呈好转趋势，多年平均植被盖度明显提高，草地的载畜压力指数明显降低，湿地与水体生态系统整体有所恢复，生态系统水源涵养和流域水供给能力提高，野生动物栖息地环境明显改善且重点工程区内生态恢复程度好于面上，生态保护成效显著，《规划》预期目标基本实现。同时也应看到，区域生态环境远未达到理想的状态，作为"中华水塔"的三江源区，要全面实现"整体恢复，全面好转，生态健康，功能稳定"的生态保护与建设长远目标，任务的长期性、艰巨性依然存在，三江源区生态系统的全面恢复尚需时日。

（二）对策建议

一是进一步完善空间遥感与地面监测结合的"天地一体化"生态监测与评估体系，建立稳定的三江源生态监测运行及定期评估机制，更好地为三江源地区的生态保护和可持续发展服务；二是提炼 8 年来一期工程初见成效的有效措施和经验，并加以坚持和推广，保证生态成效的稳定性和连续性；三是目前草地载畜减压尚未到位，应当采取积极的减压增效措施，在促进农牧业产业升级的基础上，达到生态保护的目的；四是降雨量大幅度增加导致降雨侵蚀力的明显提高，使水土流失量有所增加，建议科学部署人工增雨工程；五是认识生态系统恢复的长期性和艰巨性，建议国家在三江源区生态保护和建设一期工程的基础上，通过国家重点生态功能区财政转移支付，建立以国家投入为主的生态补偿长效机制。

B.23
海东市城镇化发展形势及路径研究

孙俊山　汪万珍*

摘　要：　近年来，随着东部城市群的加快建设，海东市城镇化提档加速，综合实力显著增强。在经济社会发展变革的新形势、新格局、新任务下，海东城镇化面临着补老课、赶新课的双重压力。应从要素协调可持续角度着手，增强城镇发展的平衡性和内生动力。

关键词：　海东市　城镇化　要素协调可持续

近年来，青海省全力打造以西宁为中心的东部城市群，海东市作为副中心城市，是兰州—西宁城市群的重要支点和青海对东开放的桥头堡，也是青海新型城镇化发展的重点区域。撤地建市以来，海东经济社会实现快速发展，综合实力显著增强，特别是城市发展提档加速。但是，该市长期属于青海的粮仓，现代经济基础薄弱，人民生活水平不高，是六盘山片区扶贫攻坚的重要区域，在经济社会发展变革的新形势、新格局、新任务下，城镇化面临着补老课、赶新课的双重压力。

一　海东市城镇化发展形势

撤地建市以来，海东市坚持规划先行，开展覆盖城乡、涉及重点产业和

---

* 孙俊山，青海省发展和改革委员会政策研究室处长，研究方向：宏观经济；汪万珍，青海省发展和改革委员会政策研究室副主任科员，研究方向：财政经济。

重点行业的长短期城乡规划体系编制工作，相继完成了《海东市核心区规划》、《海东市基础设施建设规划》、《湟水河生态保护规划》、《海东市国土空间利用规划》等城市转型规划，城市主城区控制性详规覆盖率达80%，规划统领城乡建设发展的体制基本形成。在规划引领下，城镇化发展初显成效，发展呈现平稳提升的形势。

（一）城镇规模不断扩大

各县区着力推动中心城区旧城改造、新区建设和美丽城镇建设，城市主体框架初步构建，人口聚集效应初步显现。平安高铁新区、化隆群科新区、乐都新城全面铺开建设，城镇建成面积快速扩张。2015年上半年，城镇建成区面积为48.55平方公里，与2010年相比增长27.3%。城镇化率达到38%，实现了年均增长1%的要求，明显快于"十一五"时期。

（二）基础设施逐步完善

发挥省级建设资本金杠杆作用，多渠道筹措资金，加强对城市道路、绿化、电力、通信、给排水、垃圾处理项目的投资。在全省率先开工建设地下综合管廊工程，推进新旧城区重要联结点骨干桥梁项目建设、南北山绿化水利配套项目等。近两年来基础设施投资增速在50%以上，超过全省其他地区。垃圾处理场、污水处理站、文化广场等城市功能服务设施相继建成，自来水普及率达到97%以上，污水处理率85%以上，绿地覆盖率35%左右，城市基础功能日益提升。

（三）产业支撑不断夯实

以产城一体为导向，以各类园区为载体，推进产业集群化、集约化发展，增强产业支撑城镇化的能力。2015年上半年，全市地区生产总值增长10.7%，增速居青海第一。农业方面，培育实施现代农牧业重大项目和农产品生产加工龙头企业，大力建设"黄河彩篮"现代菜篮子生产示范基地，提升农业与工业、服务业的耦合度，以及服务城镇化的支持度。工业方面，临空综合经济园、中小企业园等特色工业园区建设步伐加快，装备制造、农副产品深加工、民族服饰加工、新能源、新材料等产业格局已现雏形，吸纳就业的主体作用逐步发挥。2015 年上半年，规上工业增加值增速为 12.1%，高于全省平均水平 4.6 个百分点。第三产业，商贸物流、旅游、房地产等行业快速发展。2015 年上半年，累计接待国内外游客 441.3 万人次，同比增长 10%，实现旅游总收入 14.1 亿元，同比增长 32%。房地产开发投资同比增长 21.1%。

（四）民生水平全面提高

社会保障覆盖面不断扩大，2014 年城镇居民基本医疗保险参保率达到 100%；就业服务体系逐步完善，针对传统农区实际，加强技能培训和职业教育，农村劳动力转移就业年均 50 万人次以上，城镇新增就业逐年增加；城乡居民人均可支配收入分别增长 9.18% 和 12.8%；城市居民住房人均建筑面积接近 30 平方米；高度重视拆迁安置工作，平安高铁新区、乐都朝阳山安置区逐步建成。

（五）生态环境承载力明显增强

启动了 20 年南北两山绿化计划，完成绿化 20 平方公里。完成三北、天保工程等生态造林 17 万亩。加快湟水河综合治理步伐，实施了沿湟四县污水处理厂提标改造和扩建及管网配套项目，湟水河水质达到国控标准。实施平西高速公路两侧、临空综合经济园高标准景观绿化项目，生态景观长廊已具雏形。全面完成了燃煤锅炉改造、文明工地建设、企业污染治理等大气污染防治工作，市区环境空气质量优良率达到 71%。

二 海东市城镇化发展存在的问题及其成因

（一）城镇发展水平依旧偏低

2015 年初，海东市城镇化率低于全省平均水平 11.8 个百分点。城市规模较小，基础设施配套建设落后，产业基础薄弱，人口、资源要素的吸聚能力和外溢能力都不足。一些农村虽然面貌变化大，但许多农民常年外出谋生，普遍存在着"空心化"现象，对城镇的支撑作用不强。

（二）建设资金压力大

市本级财政支撑能力弱，主要依赖上级财政和贷款融资，财政负债压力较大。另外，由于城镇人口规模不大，市政设施运营规模效益低，对社会资金吸引力不强，只能依靠地方财政维持运营。目前，已经出现建设单位长期垫资、项目资本金不到位、征地拆迁补偿资金难以落实等问题，影响项目进度。

（三）失地农民后续保障问题突出

目前，失地农民安居已有保障，但乐业方面还存在突出问题。一方面，传统产业基础薄弱，新兴产业还没有完全投产，吸纳生产要素、转移农业人口的能力较弱；另一方面，失地农民大多文化程度不高，缺少技术特长，难以达到当地企业的用工要求。失地农民在本地实现就业空间较小，大量剩余劳动力常年外出打工，许多地区的常住居民小于城镇居民总数。

（四）国土空间制约明显

海东大部分地区属于山地，适合居住的空间比较有限，对各类规划的用地布局要求较高。目前存在各类规划衔接不畅问题，导致城镇规划、村庄规划的允建规模大于土地利用总体规划规模。尤其在平安区、乐都区沿湟水河的地区，因耕地红线要求土地利用趋于严格，在耕地占补平衡的条件限制下，土地要素制约明显，成为发展的瓶颈。

（五）城镇人口增长趋势放缓

目前，通过大批的土地征收，推动失地农民转变为城镇市民，城镇人口上升速度较快，但随着土地征收逐步减少，城镇人口增长将可能放缓。一方面，支农惠农政策力度不断加大，农村居民和城镇居民待遇差别逐步缩小；另一方面，失地农民"农转非"有后顾之忧，农民自觉自愿转为城镇人口的动力不足。

目前存在的困难，既有发展阶段的客观原因，也有工作层面的问题。一是经济基础依然薄弱。近几年，在投资的强力推动下，海东市经济发展速度快，但经济总量依然较小。2014年，海东市GDP只占全省的16.4%，人均GDP为西宁市的55%。地方财政收入为17亿元左右，约占全省的5%，人均财政收入仅为西宁市的40%，仅靠自身力量难以支撑城镇化快速推进。二是产业发展水平较低。近几年产业发展速度较快，但产业体系还处于发育阶段，具有带动力的大企业不多，提供就业的能力不足。全市规上工业增长值占全省的11.6%。尤其在当前经济形势下，工业投资意愿降低，全市工业投资增速由2013年的51.6%降至2015年初的−4.3%，发展动力明显减弱。各地区产业结构同质化较严重，未形成区域协同发展的分工格局。全市贫困人口占比较大，消费能力弱。推动城镇发展，提升城镇聚集辐射能力的内生动力不足。三是协调发展水平不高。一些地区规划追求目标较高，速度较快，脱离了要素保障能力和产业发展实际。城区扩张面积快于城镇人口增加的速度，对城镇公共基础设施配套和城镇功能的完善考虑不够，产生了一些矛盾和问题。在规划的城建项目执行中，对时序安排缺乏综合考虑，造成资金使用效率和土地利用率不高。四是体制机制尚不健全。产业发展环境还需改善，政府直接配置资源、干预微观经济活动的问题依然突出，市场发育程度较低，民间投资占比偏低，2015年初民间投资增速仅为17%。基础设施项目审批中还存在着互为前置的情况。

三 海东市城镇化发展中应处理好的几个关系

海东市撤地建市的短短几年，许多领域突破常规节奏，实现了跨越发展。但也因历史起点较低、要素支撑不平衡，出现了产城不同步、城乡不协调、负债加重、发展后劲减弱等客观问题，通过政策扶持和刺激能够暂时解决部分问题，但难以补齐结构性短板，应从要素协调可持续角度着手，增强城镇发展的平衡性和内生动力。

一是把握政府引导与市场主导的关系。城镇化既是市场主导、自然发展的过程，又是政府引导、科学发展的过程。与传统城镇化政府主导模式不同，新型城镇化更多采取市场主导、政府引导模式。因此，一方面，要充分发挥市场配置资源的决定性作用，不能违背市场规律，以行政方式"人为造市"，造成公共资源错配。另一方面，城镇化又涉及自然资源、生态环境、公用事业、社会管理等诸多领域，如果仅靠市场"无形之手"，可能会造成市民化成本趋升、基础设施滞后、人居环境质量不高、城乡差距扩大等问题，反而会制约城镇化进程。关键在于厘清政府和市场边界，政府承担起规划编制和公共产品生产，坚持放管结合，把市场能够承担好的交给市场主体来执行。

二是把握重物还是重人的关系。人是城镇化的核心。新型城镇化不是钢筋混凝土的聚合物，而是经济社会结构转型升级的载体，其中的核心要素是人的城镇化。海东正处于城镇化发展的初级阶段，也是社会变迁发展最快速的阶段，面临着大量农村人口城镇化。首先，推进农业转移人口市民化，满足基本城镇化生活需求，提供好基本公共服务。比如，实行统一居住证制度，使基本公共服务按居住证实现常住人口全覆盖，为人口合理流动和方便就业创造条件，改变土地城镇化大大快于人口城镇化的局面。其次，还要着眼于人的城镇综合素质提高，重视社会治理、文化建设和环境优化，坚持扩容与提质并重，走内涵式发展的路子，避免重物轻人一味追求规模扩张，而陷入速度陷阱，最终导致居民生活质量和城镇发展后劲减弱。

三是把握资源禀赋和发展模式的关系。城镇化的推进必然带来经济、社会、环境的深刻变化，引起资源及生产要素布局和使用上的变化。在推进城镇化过程中，应强化可持续发展意识，走可持续发展道路，将合理利用资源、提高人口素质、保护生态环境作为推进城镇化的重要条件和城镇化发展的重要目标。关键是根据资源禀赋选择合理模式。应该说，海东市适宜城镇化发展的土地资源、水资源并不丰富，总人口规模也偏少，环境承载力有限，这些决定了必须走集约型特色化中小城市发展模式，最主要的是处理好土地要素，创新土地管理制度，优化土地利用结构，提高土地利用效率，合理满足城镇化用地需求。

四是把握产业体系建设和城镇发展同步的关系。产业发展是城镇化的基本前提，也是稳定就业的重要保障。目前，海东产业层次还不高，体系也不健全，产业集群效应和带动能力还不强，一些新建项目还没有形成产能，对就业和经济发展的贡献还没有充分显现。应在产业谋划和加快建设上下大力气，紧密结合自身的资源禀赋、区位条件和产业基础，进一步精确城市的产业定位，因地制宜，差异互补，真正培育起具有鲜明特色和较强竞争力的优势产业。市场主体培育方面，应抓大育小并举，重在为中小微企业营造良好的发展环境，打造健康的产业生态体系，提高城镇微观吸纳就业能力。在推进产城融合上，主要通过发展各类产业园区和城区配套来实现。总之，防止有城无市的城镇化，避免使新市民变游民、新城变空城的"拉美化陷阱"。

五是把握资金保障和财政安全的关系。新型城镇化实际上是一项高成本经济社会综合性改革，需要付出巨大的成本。作为一个西部地区的新设市，各类条件比较有限，因此既要适度超前，也要量力而行。应建立多元化的改革成本分担机制和市场化的投融资机制，为实现城镇基本公共服务常住人口全覆盖和城镇基础设施建设提供资金保障。规范公共财政体系，科学测算短、中、长期财政承载能力，规划财力配置，丰富财政撬动市场性资源的方式，控制财政负债风险，确保可持续健康运转。加快建设体系多层次、产品多样化、渠道多元化的投融资机制，高度重视鼓励民间资本参与城镇化建设。另外，应完善政府、企业、个人共同参与的市民化成本分担机制，发挥政府的主导作用，逐步提高农民工市民化投入在财政支出中的比例。

六是把握商业性开发和公共性需求的关系。城镇化与商业性开发是密不可分的，但必须兼顾公共利益的实现。不能因过度开发导致公共利益被挤压而边缘化，也不能因高附加值开发抬高市民化成本，从而制约城镇化进程，挤占其他产业的发展空间和要素资源，最终降低整个城镇的综合竞争力和可持续发展能力。其中的核心就是处理好房地产业发展问题，要构建房价与消费能力基本适应的住房供需格局，有效保障包括农民工在内的城镇常住人口的合理住房需求，使进城人口住有所居。这要通过深化住房及保障房制度改革来实现，达到降低住房支出占市民生活成本支出的比例，从而增强市民的综合消费能力。

四　加快推进海东市城镇化发展的主要路径

在"互联网＋"推动下，新型发展模式和新兴业态打破了地理空间，改变了人们的工作生活方式，传统城镇化模式在某些发达地区已经出现逆变，新的城镇化模式不断催生。海东市在城镇化推进中，土地、资金、劳动力等传统制约因素较多，需要前瞻新型城镇化发展方向，突破传统城镇化模式，突出各地的资源禀赋、比较优势和产业定位，坚持集中城镇化和就地城镇化、外延式城镇化和内涵式城镇化、宜居型城镇化和宜业型城镇化并重，构建多层次的城镇发展体系，实现差异化发展、创新型发展、跨越式发展，谋求特色优势最大化。

（一）优化城镇体系结构

一是做大做强县城，统筹老城区、新区功能分布，做精做美中心城区，提高与周边乡村的经济、文化耦合度，增强辐射带动作用，努力打造宜居、宜商、宜游的现代化城区。二是发展特色集镇，着力发展具有特色产业优势、区位优势，自然条件较好的重点乡镇，打造农业示范区、休闲度假区，推进基础设施建设，优化服务环境，引导资源聚集，吸纳当地劳动力，创建文化古镇、休闲小镇、旅游名镇、农业强镇。三是加快新农村建设，按照"突出历史记忆，保护传统村落，发掘民俗文化，保持村容整洁，体现乡土气息，打造田园风光"的要求，对特色村，重在培育特色产业；对一般村，着力改善农民基本生活条件；对不适宜人居的边远村庄，积极实施异地扶贫搬迁整合项目。

（二）完善城市基础设施

一是科学执行规划，重点在规划项目实施的时序上精打细算，合理使用有限的资金。二是完善重要节点城镇基础设施，抓好交通、供水、供电、通信、垃圾污水处理等重大市政基础设施建设。加强社会公共设施资源的有效整合，调整优化文化、教育、科技、体育、医疗卫生设施的布局结构，提高公共服务的覆盖面，增强城镇的综合服务功能。三是充分挖掘城市"互联网＋"潜力，推动发展电子政务、电子商务、现代远程教育、人口管理和社会保障信息系统工程，在智慧城市建设上力争领先。

（三）增强产业支撑能力

充分把握"一带一路"等战略机遇和兰西城市群节点优势，加快建立开放经济，确立具有区域特色优势的主导产业、支柱产业、配套产业和服务产业。一是突出地理区位、民族人才优势，重点发展民族、宗教特色轻工业和旅游业，打造穆斯林用品和清真食品产业基地，支持商贸物流发展，着力打开面向中亚及环中亚地区市场。二是抓住东部产业转移的契机，加大与东部经济圈的合作共赢，完善产业园区定位和功能，着力承接和引进一批符合海东未来发展需求的产业，构建现代产业体系。三是加快工业结构调整和优化升级，降低"三高"比例，提升"绿色"含量，加快形成特色化经营、集约化生产、规模化竞争的新型工业格局。四是加快发展文化产业、旅游业、现代物流业和金融、健康养老、社区服务、信息服务等新兴服务业，改造提升交通运输、邮电通信、餐饮娱乐休闲等传统服务业。特别在发挥产业化价值的同时，重视文化的传承和创新，为城镇注入生生不息的灵魂。

（四）灵活运用融资模式

在积极拓宽"输血"渠道的同时，积极增强自我"造血"功能。一是改变单一的投资格局，充分发挥政府的引导作用和市场主体作用，积极推动PPP模式，促进各类要素充分市场化，改革创新价格形成机制，加大招商力度，吸引社会资金投入城市供水、污水处理等公用设施建设。针对营利能力不足的公共项目，探索采用与营利能力较强的项目共同组合成项目包，完善公共服务收入的补偿渠道，保证项目可持续收益，吸引社会资本进入。二是挖掘融资渠道。发挥基金的灵活作用，加强与金融机构的战略合作，成立城市发展母子基金、产业投资引导基金等，以基金模式吸引社会闲散资金，有助于缓解政府财政资金压力，减少项目资金期限错配带来的流动性风险，并可以引进多元化投资者参与城市建设。积极推动地方政府自主发债，争取债务置换份额。三是推动地方融资平台转型，加快政府融资平台向投资公司模式转型，以发展 PPP 模式、设立发展基金为契机，地方融资平台要积极参与基金设立、项目股权投资等，完善市场化运作机制，成为城镇基础设施建设前锋力量。四是将土地资产变为土地资本。探索农村宅基地转化成国有建设用地，建立地方性宅基地收储中心，农户以宅基地使用权向银行融资，宅基地收储中心进行担保；或者农户将宅基地使用权卖给宅基地中心，宅基地中心可以此向银行抵押融资。同时，在资金使用上，科学筛选项目，将有限的资金用于制约发展的关键环节，提高使用效率，避免无效投资。

（五）节约高效利用土地资源

海东建设用地资源紧缺，应控制总量、激活现量、升级存量、挖掘增量"四管"齐下，提升土地使用效率和附加值。一是积极推动"三规合一"，增强国民经济和社会发展规划、城市总体规划、土地利用规划的统一协调性，合理配置土地资源，确定城镇用地规模和布局。二是提高土地节约利用率，加快旧城区和城中村改造，鼓励发展集约利用土地的居民住宅。严格执行节约集约用地标准，提高投资强度和土地利用效率，扩大产业集聚区多层标准厂房比例。三是加快农村土地承包经营权、集体所有权、宅基地使用权确权工作，规范土地流转市场，引导承包地向合作社等新型经营主体流转。四是建立城乡统一的建设用地市场。在符合规划的前提下，允许农村集体经营性建设用地出让、租赁、入股，实行与国有土地同等入市、同权同价。规范征地程序，完善对被征地农民合理、规范、多元保障机制，保障农民公平分享土地增值收益，使农民市民化成本负担能力大大增强。

（六）完善城镇保障体系

随着海东城镇化率的提高，农牧民进入城市后在教育、医疗、养老等方面的社会保障也要同步跟上。一是深化户籍制度改革，采取"分类指导，因城而异，因群而异"的原则，优先将拥有稳定劳动关系并长期生活在城市的"沉淀"型转移人口转为城镇居民。鼓励更多的人就地城镇化，减少城镇化过程中"钟摆"式人口流动带来的社会代价。积极探索允许农村居民在户籍转入城市后继续拥有宅基地、林权、土地收益权。以推进农牧民向城镇、重点乡镇集聚为目标，合理安排"两房"补贴资金，利用政策综合引导农牧民自主融入城镇。二是完善培训就业制度，构建进城人口的职业培训体系和创业扶持体系，充分利用高等职业学校资源，强化技能培训，规范壮大人才市场，以创业带动就业，提升农村转移劳动力就业能力。三是丰富补偿安置政策，可以借鉴浙江义乌的安置模式，按照价值置换方式，实行多村集中联建，采用高层公寓加产业用房、商业用房、商务楼宇等多种形式置换。

（七）推进生态环境建设

海东城镇主要沿交通道路、主要河流分布，生态敏感性很高，要高度重视创建优美、舒适、和谐的城镇生态环境和人居环境。一是持续实施绿色屏障工程。加快实施南北山绿化工程、防护林建设、退耕护林，推进景观绿化和造林绿化工作，开展湟水河流域、黄河流域生态保护建设和治理等工作。加强城市环城防护林和生态水系建设，构建城市外围地区森林生态带。二是高度重视工业污染的防治。对重点污染行业，实施深度治理，淘汰和改造落后工艺技术。强化废水处理和大气污染治理，加强排污设施建设。三是着力提高城市宜居度。开展城市清洁、节能、绿化工程，推进燃煤锅炉的煤改气工程，提高生活污水、垃圾处理水平。

（八）加快转变政府职能

民营经济是县域经济发展的主力军，也是海东城镇化的主力军，应通过深化行政体制和经济体制改革，优化投资环境，激发各类市场主体的发展活力和创造力。一是大力简政放权，推进行政审批事项标准化改革，建立动态管理机制，提升行政效能。二是建立清单制度，调适政府与市场、社会的关系，大幅减少政府对资源的直接配置，最大限度地向市场、社会放权，使市场在资源配置中起决定性作用。三是发挥政府监管职能在公共服务、市场监管、社会管理、环境保护等方面的作用，加强综合行政执法改革，建设开放公平、竞争有序的现代市场体系。

B.24
果洛藏族自治州绿色有机
产业发展研究

周勇峰　金正兵*

摘　要：　果洛藏族自治州地处青藏高原三江源核心区，其地理气候条件、畜牧业养殖及生产方式，保证了这里的空气清新、水体洁净、土壤纯洁。国务院批准建立青海三江源国家生态保护综合试验区，为地处三江源的果洛藏族自治州推动跨越发展、绿色发展、和谐发展、统筹发展带来了良机。但受自然条件和气候环境的影响，果洛藏族自治州配套设施落后，发展后劲不足，缺少特色优势产业。对有机产业市场竞争力进行分析，对发展果洛特色优势资源、培育地域优势产业有极为重要的意义。

关键词：　果洛州　绿色发展　有机产业

　　青藏高原被联合国教科文组织誉为世界"四大超净区"之一，青海省果洛藏族自治州地处青藏高原长江、黄河、澜沧江发源地核心区。特殊的地理位置、高原寒冷的气候条件、古老传统的畜牧业养殖和生产方式，使其空气清新、水体洁净、土壤纯洁，形成了防治病虫害的天然屏障，提供了发展绿色有机产业的天然生产条件。特别是国务院批准建立青海三江源国家生态

---

* 周勇峰，青海省商务厅进出口公平贸易处处长，研究方向：对外经贸、商务经济；金正兵，青海省商务厅人事处副处长，研究方向：电子商务。

保护综合试验区，为果洛州依托特色优势资源，加快培育具有竞争优势的地域特色产业，努力走低碳循环绿色发展之路指明了方向。

一　果洛藏族自治州绿色有机产业发展现状

（一）果洛藏族自治州的绿色有机产业资源状况

1. 畜牧业资源

——牧草资源：果洛州可利用草场面积584.67万公顷，占土地总面积的76.5%。牧草以高山草甸植被为主，天然草场无现代工业污染，含盐充分，营养丰富，适口性强，具有粗蛋白、粗脂肪和无氮浸出物高、粗纤维低的特点，为畜牧业发展提供了先决条件。

——牦牛、藏绵羊资源：2015年，全州牦牛存栏量达80多万头，藏羊存栏量达50多万只，全部属于半野生饲养，其中玛多县的藏绵羊和有野生血统的牦牛尤为出名。羊肉肉质细嫩、营养价值高。鲜牛肉眼肌面积大、精肉多、脂肪低、蛋白质含量高、氨基酸种类齐全，微量元素丰富，被誉为"牛肉之冠"。牦牛绒细度均匀，强度、伸度和弹性极好，可纺织牛绒衫和加工高档服装等。藏绵羊毛又称"西宁毛"，具有纤维长、富光泽、弹性好等优点，是编织的上等原料。藏绵羊皮、牦牛皮是制革行业的重要原料。牦牛及藏绵羊的骨、血及各种副产品加工利用附加值高，市场前景广阔。

——牦牛乳资源：果洛州每年有3.6万吨左右的半野生放养牦牛乳资源，具有高浓度、高比重、高含量的特点。牦牛泌乳期不同，牦牛乳的成分也有不同的特点，是加工奶酪、酸奶、奶油最好的原料乳，具有巨大的开发利用价值。目前牦牛乳能加工的乳制品有酥油、干酪、奶皮子、干酪素等。

2. 中藏药资源

果洛州高寒缺氧，自然环境人为影响小。无污染的特殊环境造就了独特的繁殖方式，形成了独具高原特色的药用资源地带。有中藏药材700多种，其中国定、省定的调查品种有74种，包括大黄、贝母、贯从、龙胆草、秦芄、羌活、冬虫夏草、雪莲、红景天等。果洛州太阳辐射强、日照时间长、昼夜温差大、气候干燥，使得中藏药材成分特殊、光合作用积累高、生物活性作用强、药理性能独特。

3. 野生食用植物资源——蕨麻

果洛蕨麻有体圆肉肥、颗粒饱满、色泽红亮、产量高的特点，其果实所含丰富的淀粉、蛋白质、脂肪、无机盐和维生素等人体所必需的营养物质，镁、锌、钾、钙等微量元素含量较高，具有较高的药用价值和丰富的营养价值，有健脾暖胃、止渴、益气、补血之功效；开花的蕨麻全草，可用于止血、化痰，长期使用，有驻颜养容、延年益寿的功效，被人们誉为"人参果"。

4. 水资源

果洛州水资源丰富，黄河流长760公里，长江二级支流流长210公里，雅砻江支流流长145公里，水域面积1600平方公里。淡水储量177.7亿立方米，其中地下水储量44.6亿立方米，地表水储量133.1亿立方米。有优质的矿泉水资源，其中，清水河矿泉水品质优越，被测定为"锂、锶、偏硅酸、溶解性总固体、游离二氧化碳多种微量元素复合型饮用天然矿泉水"和"锂、硅、碳酸多种微量元素复合型饮用医疗矿泉水"；年保玉则矿泉水，天然富含矿物质锌、硒、铁和人体所需的微量元素，品质很高。以上两处矿泉水资源可满足较大规模开发生产，是极具商品潜力的开发项目。

5. 文化旅游资源

果洛州境内群山起伏，雪峰耸立，地质特殊，名刹林立，古寺繁多，风景优美，年保玉则、阿尼玛卿、黄河源旅游景区均具有世界性、垄断性、排他性，旅游文化资源得天独厚。阿尼玛卿雪峰山势宏伟，气势磅礴；年保玉则丛山叠岭、冰峰雪岭属现代冰川高原湖泊国家地质公园；古称柏海神湖的扎陵湖和鄂陵湖宛如明镜；藏汉联姻故事委婉动听；还有世界非物质文化遗产的玛域格萨尔文化，名刹古寺林立的拉加、白玉、查郎等和谐共生的四大教派和人文景观等，是较为理想的河源风情旅游胜地。

6. 动力能源资源

果洛州接近高空急流区，年平均风速及大风天数随海拔升高而增大增多，全年可利用风能时间在2100～3500小时，年风能产量100～490千瓦时，风力资源优势显著。同时，由于海拔高、空气稀薄、无污染，大气洁净透明，阳光能量损失少，光照充足、时间长，总辐射量高，光能资源丰富，太阳能利用前景可观。黄河干流在州内总落差1090米，境内水能理论蕴藏量达354万千瓦。丰富的风能、太阳能和水能资源，为果洛长远发展提供充足的动力能源支撑。

（二）果洛藏族自治州绿色有机产业发展存在的问题

果洛州由于对绿色有机产业发展投入不足，生产单一，效益低下，传统生产方式造成草地退化、资源浪费、经营效益差、资源利用率低等，与实现"高产、优质、高效"绿色有机产业相差甚远。

1. 生产加工企业对当地经济贡献弱

果洛州现从事绿色有机产业的企业多处于初级加工阶段，规模小，产业链短，经济增长仍属粗放式增长，产品链在低端环节，附加值低，对当地的贡献弱。

2. 地区产业规划层次低

果洛州现有企业呈"大分散、小集中"特点，工业功能定位不准、相互交叉、特色不明、规模不大、企业混杂、缺乏后劲，"低、小、散、乱"现象突出，可持续发展能力不强。

3. 放牧超载和鼠、虫害使草地退化严重

近年青海高原气候多变，鼠害频发，毒草蔓延，加之过度放牧，致使果洛地区的草原植被和林地遭受极大破坏，许多物种面临灭绝危险，严重影响着果洛地区的经济发展。放牧数量远超当地草原承载量，牲畜采食速度远超牧草生长速度，牧草的优良率降低，毒草量、鼠、虫害增加，导致果洛地区的草原严重退化。

4. 产业化经营发展速度慢

果洛州的企业大多是家庭式的，规模较小，设备落后，信息闭塞，生产凭企业负责人的感觉，盲目、无预见性，科技含量低，多为原始材料或初级加工品出售，缺乏竞争力和品牌优势，存在粗放经营、管理落后等问题。

5. 自然灾害发生频率高

果洛地区易受雪灾、冰雹、风灾、鼠灾、虫灾等气象和自然灾害的袭扰，贫困人口多，脱贫难度大，返贫概率高。五年一小灾、十年一大灾。每年10月至来年5月的牧草枯黄期，雪灾频发，导致每隔3～5年就有相当一部分地区和人口致贫或返贫。

二 果洛藏族自治州绿色有机产业市场竞争力分析

近年来，果洛州结合退牧还草工程和三江源自然保护区生态保护建设总体规划，全面贯彻落实中央和省委、省政府有关战略部署，加强草原生态环境的保护，科学合理地利用草地资源，转变经营方式，组建牧民合作组织，坚持分流牧业人口与减畜相结合，取得了一定的经济和社会效益。

（一）发展优势

1. 畜牧业态势有利于发展绿色有机产业

果洛州已建畜用暖棚1万多幢，生态畜牧业合作社实现全覆盖。牲畜品种选育工作体系建成，牲畜建档和动物标识追溯体系工作逐步健全，牛羊佩戴耳标率超过65%。果洛州久治县的青海5369生态牧业科技有限公司通过牦牛肉系列产品有机加工认证，成为青海第三家有机认证企业。甘德县的1000多亩承包草场已通过农业部认证中心审查，取得有机牦牛和有机藏羊活体转化证书的希望较大，将成为全国最大的有机畜牧业生产区，迈出了天然草场转化为有机草场的第一步，标志着果洛依托甘德牦牛、藏羊为原料的有机畜产品产业链初步建成，为全州畜牧业提质转型奠定基础。

2. 生态环境和生产方式有利于发展绿色有机产业

果洛州草地广阔、气候特殊、空气洁净、无污染、无公害，为发展果洛有机畜牧业产业提供了优质的资源禀赋。养殖、种植、生产加工中不使用添加剂、饲料、农药、化肥，为有机畜牧业生产奠定了一定的基础，是发展有机农牧业生产较为理想的地区。久治、班玛两县地处高原边缘，受夏季盛行的偏南气流影响，水汽充沛，年降水量大；甘德、达日、玛沁三县的年降水量变化比较平缓，在牧草、林木、药材6~8月份生长的旺盛时期，降水量占年降水量的一半以上，此时空间分异强烈的自然环境为培育各类有机种养基地提供了良好的条件。

3. 当前相关政策支持发展绿色有机产业

随着国家和青海省对果洛藏族自治州政策支持力度的加大，为其提供了发展绿色有机产业的大好机遇。一是中央出台了新的扶持藏区发展政策，加大了对青海藏区的扶持力度，上海市及省内对口援建人才、资金、技术、市场等方面的帮扶，为在西宁周边地区发展"飞地经济"提供了条件；二是国务院对青海果洛藏族自治州民用机场批复建设，对完善地区交通运输体系，改善地区资源开发投资环境，保护和建设三江源生态环境，提高抵御自然灾害能力，加快优势资源转换具有重要作用；三是省委出台了《关于加快果洛经济社会发展的意见》，为果洛积极推动有机产业发展带来了千载难逢的历史机遇；四是青海省已将"三江源"地区生态草场认定为有机草场，纳入了"三江源"生态补偿政策机制，为有机产业发展提供了有力支撑。

（二）发展劣势

1. 自然条件恶劣

果洛州平均海拔4200米以上，高寒缺氧，空气含氧量不足内地一半，气温低下，强光辐射，昼夜温差大，全年四季不明显，冷暖差别较大，低限气温达 -48.1℃；年平均气温 -4℃，全年无绝对无霜期。气候复杂多变，自然环境恶劣，自然灾害频繁，冬季漫长而严寒，多为干燥、大风和雪雹天气；夏季短促温凉，乍暖还寒，多雨并伴有雪雹，自然条件极为严酷。

2. 地理位置偏僻

果洛州在青海的东南部，地处青藏高原腹地的巴颜喀拉山和阿尼玛卿山间，地理位置偏僻。没有形成道路网络，县与县及县与乡之间多为简易道路，等级低，部分地区甚至根本不通路，所需物资全靠牛驼、肩扛，至省州的交通干道也因地势险要，坡陡弯急，抗灾力差，交通易中断，严重影响经济发展。

3. 产业基础薄弱

果洛地区的基础设施落后，基本没有防洪设施，一遇暴雨，低洼地区人民群众的生产生活将十分不便。县城供水网络不完善，管道老化，人畜吃水难问题突出。各县乡公路、给排水、供暖、垃圾填埋场等市政建设滞后，部分乡村不通电，影响到移动通信和广播。地方财力拮据，财政支出大，财政赤字高，完全依赖国家财政补贴，吃饭与建设不能并举，只能保工资、保重点、保运转，没有更多的财力进行基础设施建设和公共化服务。

4. 技术创新滞后

受艰苦的自然条件和偏僻的地理位置影响，项目区缺乏技术、管理和营销等方面的人才，创新能力不足。目前落户和开工建设的重大项目不多，投产的大型企业较少，产业配套水平和技术革新较为滞后。

三　果洛州绿色有机产业发展的市场前景预测

随着全球生态环境恶化和经济生活水平的提高，人们对生活质量和食品安全更为关注，有机食品以优质、安全、营养的独特品质逐步被人们所认可。果洛州走有机产业发展道路具有天然优势和广阔前景。

（一）国内有机产业的发展态势

随着"无公害食品行动"和绿色食品的提倡，我国有机食品产业不断壮大。截至2014年，我国共有有机食品生产企业7696家，生产有机食品19076种，国内有机食品认证面积达到1.3亿亩，绿色有机食品认证企业达到731家，产品3081种。青海有机产业发展也取得了初步成绩，果洛州玛沁县建立了2万亩有机人参果（蕨麻）、冬虫夏草、贝母、龙胆草等特色资源生态基地，于2014年1月取得了德国BCS国际有机证书，成为全国第一个"国际有机认证冬虫夏草"生产资质的地区。青海省海南州兴海县的青藏高原有机（天然）畜产品生产基地于2002年通过OFDC有机认证，所在地的2000多户农牧民全部成为基地成员，被国家环保总局命名为"国家有机食品生产基地"。青海省黄南州河南县的 62 万多公顷天然草场，79 万头（只）牦牛、绵羊在 2007 年 8 月被农业部有关认证中心通过基地、生产、贸易的 3 个认证，成为全国通过认证面积最大、参与有机养殖牧户最广、存栏牲畜最多的有机畜牧业生产基地。其生产的牛羊肉的价格比普通牛羊肉高出 20%～30%。位于果洛州的 5369 生态牧业科技有限公司培育的牦牛肉出口每斤达 500 多元。然而，我国有机食品占全部食品的市场份额远低于世界平均水平，经过认证的有机食品销售额不到常规食品的 0.08%，与发达国家相差 25 倍，我国有机食品的生产远不能满足国内外市场需求。

（二）有机产品的市场需求分析

预计到 2016 年，全球至少有 1/3 的农畜产品通过有机耕作方式生产。据跨国民意测验表明，有机食品在国际市场上的销售价格比传统的食品高出 20% 到 1 倍，工业化国家 85% 的公民首选有机食品，有机食品市场销售额在不断上升。目前，欧美国家每年进口约 800 亿美元的有机食品，德国每年消费有机食品高达 60 亿欧元，98% 的食品依赖进口；英国食品总消费量的 80% 为进口有机食品；美国的有机食品销售额每年以 27% 左右的速度增长，据美国农牧业官员预测，今后 10 年将增加 3 倍；有机食品在韩国的销售量每年以 40% 的速度递增。含中国在内的一些发展中国家对有机食品的消费也悄然兴起。我国北京和上海超市销售的有机蔬菜价格是常规蔬菜价格的 3 倍以上，部分甚至高达 10 倍。我国每年对有机食品的消费以 30%～50% 的速度增长，缺货率达 30%。广阔的市场前景、可观的经济效益和冲破发达国家食品市场零障碍"绿色壁垒"的快速发展，成为我国食品进入国际市场的"直通车"。由此可见，充分发挥果洛地区无污染的环境和资源优势，积极开拓和发展有机食品生产，为消费者提供绿色有机食品，前景广阔，商机无限。

四　加快果洛藏族自治州有机产业发展的政策建议

要使果洛绿色有机资源最大限度地转化为现实优势，加快发展生态、低碳、安全、品牌和循环型的绿色有机产业，加快当地经济发展、提高广大群众收入和生活质量，实现三江源地区人与自然的和谐发展。

（一）突出高原特色资源优势，明确发展方向

严格按照国家发展有机产业的政策要求，遵循"科学规划、优化布局、突出重点、稳步推进"的原则，以现有企业为依托，以节约资源、高效利用、生产清洁为重点，依托优势生物资源，重点发展以牦牛奶为主要原料的有机乳制品、半野生状态的牛羊肉有机肉食品、有机中藏药产品开发、西宁大白毛的藏毯生产、有机牦牛骨加工、民族手工艺品、冬虫夏草精深加工、高原有机休闲食品、航空有机食品加工配送、有机生态观光旅游十大有机产业。形成有机畜产品生产、加工、检测、交易于一体的产业链，形成以生态畜牧业为重点的有机养殖、有机肥料生产、有机产品加工、有机产品销售和全过程质量监控体系，不断延伸产业链，形成经营产业化，提高附加值。

（二）加快有机产业园发展，推进基地认证建设工作

坚持循环经济、市场导向和科技创新"三条路子"，建立以果洛州玛沁为中心的"有机畜产品产业发展园区"，形成产业链之间的横向耦合和纵向闭合，推动优势资源全面开发的横向扩展和资源精深加工的纵向延伸。一是推进有机畜牧基地建设。依托玛多藏系羊种养繁育基地、久治高原牦牛种畜基地和甘德岗龙高原牦牛种畜基地，重点发展牦牛、藏系绵羊主导产业，优化和改革畜种改良繁育和牛羊育肥工作，推进基地的有机畜产品产地认证和转换，促进传统畜牧业向有机畜牧业的转型升级。二是推进中藏药材种植基地建设。挖掘当地药材品种及潜力，在退化草地稳定或扩大藏茵陈、大黄、贝母、红景天和花锚等中藏药材种植面积。加大对药材生产加工企业的扶持力度，培育种植大户和经纪人，利用冬虫夏草集散市场的带动作，打造适销对路的果洛中藏药材品牌，确保中藏药材增产增收。三是推进蘑菇、野生木耳、羊肚菌种植基地建设。在玛沁拉加镇、亚尔堂、江日堂、赛来塘镇现有蔬菜种植的基础上，进一步开展蘑菇、野生木耳、羊肚菌的实验种植和推

广，研究和开发有机菌类、高附加值菌类的生产种植，提高农牧业多方位的
生产效率。

（三）发挥政策引导作用，完善各项体制机制

把牦牛和藏系绵羊产业发展放在有机畜牧业的突出位置，通过政策、资
金、技术上的扶持，积极吸引有机畜产品的精加工龙头企业入驻园区，不断
增强其带动辐射作用。建议省发展和改革委员会、省经济和信息化委员会、
省农牧厅、省商务厅等部门进一步加强支持，对投资融资、税收补贴、土地
征用、科技项目、市场开拓等方面实行优惠和鼓励。引进国内外实力强、影
响大的优势企业，通过产业化运作模式促进有机食品的生产、加工销售，有
效带动、扶持和壮大省内企业。

（四）提升企业核心竞争力，培育带动力强的龙头企业

目前，果洛州已培育了5369生态牧业科技、昆仑牧歌农牧业等多家省
级农牧业产业化重点龙头企业，并且发展势头良好，这为果洛州农牧业发展
奠定了坚实基础。下一步，按照优胜劣汰的市场法则，依托现有产业基础，
调整优化产业结构，整合现有资源，加快培育更多的龙头企业。立足现有企
业，加快发展高端有机产品，通过体制改革、资产重组、资源优化组合和技
术改良，加快转换经营机制，逐步建成一批龙头企业。加大招商引资力度，
吸引国内外投资者采取合资、合作、独资等多种形式，兴办一批高起点、高
技术、高效益的畜产品精深加工龙头企业。

（五）加大人才培养和引进力度，为有机产业发展提供智力支撑

一是坚持"引进来，走出去"的原则，建立科研联盟，依托科研机构
进行产品研究和技术攻关；通过高薪聘请科技顾问、营销顾问及干部挂职
等方式引导高层次人才，特别是在关键产业和科技紧缺行业，培育创新团
队带头人及经营管理人才。二是加快人才培养力度。以省内各大专院校为
依托，打造一支懂管理、善经营、重科研、创新能力强的科技人才队伍和

企业营销管理队伍。三是普及推广适用技术。有计划地开展畜牧干部业务培训，提高干部队伍在有机食品生产、加工、贸易等方面的技能。鼓励技术推广单位创办经济实体，参与有机产业发展主战场，与生产单位或农户联合协作，增加有机产品产业的科技含量，不断提高科技对畜牧经济增长的贡献率。

（六）加强市场开拓宣传，推进有机品牌商标建设

近年来，果洛州的农产品品牌建设取得了巨大成就，"果洛蕨麻"、"玛多藏羊"、"甘德牦牛"等已获得国家地理标志认证。下一步，应积极落实品牌培育扶持措施，鼓励企业加大品牌投资力度，发挥较大企业名牌产品的产业聚集效应，发挥其主导支撑作用。继续推进农产品国家地理标志认证，加强现有"玛域果洛"、"阿尼玛卿"、"格萨尔"、"年保玉则"、"冰川湖水"等商标申请工作，以提升肉、乳、草、水的市场认知度，提高各类有机产品附加值，增加果洛农牧业的整体经济效益。

（七）创新投融资方式，建立多元化投入机制

果洛州现有企业的资本积累有限，仅靠企业自有资金来发展有机产业难以获得规模优势。必须多渠道筹集项目建设资金，对符合国家政策涉及国计民生的项目争取直接申报国家立项，吸引国家资金投入。建立贷款担保联动机制，鼓励金融机构加大投资规模，促进资金的有效投入和良性循环，建立以企业投入为主体、社会资金广泛参与的新型投融资体制。

（八）以市场需求为导向，加强科研力量投入

充分发挥园区的纽带作用，瞄准医药、保健品市场，利用当地乳、肉、草、水资源，广泛开展产业发展研究。鼓励企业与高校、相关企业及科研机构入园开展多方面合作，形成以企业为主体、市场为导向的研究、生产于一体的科学技术创新平台。设立果洛州有机产品管理中心，负责有机产品的研发、生产、检测，确保有机产品的质量，提高有机产品的附加值。

（九）加快开发新型业态，打造有机绿色新形象

果洛州发展有机产业不仅要促进畜牧业经济结构转型、积极推动有机产业园发展、做好基地建设和认证工作，还要在整个地区营造出浓厚的"有机环保"的文化氛围，加快发展旅游、电商、高原探险、绿色有机餐饮等新型业态，把果洛打造成名副其实的"有机绿色生态环保处女地"。整合玛多黄河源景区、阿尼玛卿雪山景区，建立"大年保玉则"生态旅游圈，打造集生态观光、民俗体验、科考探险等于一体的高原旅游胜地。抓住消费者和城市游客的猎奇心理，在有机认证基地建立田间的"牧家乐自助区"，让游客亲自体验绿色有机食品。

参考文献

房玉双：《青海省有机畜牧业发展现状与对策》，《畜牧与饲料科学》2010 年第 1 期。

李春和：《果洛州畜牧业发展存在的问题与对策》，《养殖与饲料》2012 年第 1 期。

林祥全：《世界有机农业七大发展趋势》，《世界农业》2003 年第 9 期。

王开忠：《青海新思路助推畜牧业新增长》，《青海科技》2014 年第 6 期。

郭晓娟：《三江源区有机畜牧业发展前景初探》，《青海环境》2009 年第 4 期。

B．25
海南州推进文化创意和设计服务与相关产业融合发展问题研究

鄂崇荣　甘晓莹　王佐发*

摘　要： 近年来，海南州依托独特的自然和人文资源，大力发展文化
产业，但在文化创意和设计服务与相关产业融合发展上，存
在创新能力不足、融资渠道窄、宣传推介力度不大、政府引
导不够以及缺乏创新人才等诸多问题。因此，海南州需要转
变思想观念，明确政府职能，培育市场主体，加大财税金融
支持以及加强人才队伍建设，从根本上保障海南州文化创意
和设计服务与相关产业融合发展，探索适合海南州文化创意
和设计服务与相关产业融合发展的路径选择，不断推进文化
创意和设计服务与相关产业融合发展，为海南州今后发展培
育新的经济增长点。

关键词： 海南州　文化创意　设计服务　融合发展

近年来，文化创意产业和设计服务业凭借其特有的高知识、高增值和低
消耗、微污染等特征和独特的产业价值链、快速的成长方式以及广泛的产业
渗透力、影响力和辐射力，成为全球经济发展和现代产业发展的新亮点，其

* 鄂崇荣，青海省社会科学院民族宗教研究所所长、研究员，博士，研究方向：青海民族文化；
甘晓莹，青海省社会科学院经济研究所助理研究员，研究方向：产业经济；王佐发，青海省社
会科学院海南研究所所长、海南州委副秘书长、政策研究室主任，研究方向：区域经济文化。

发展规模与影响程度已成为衡量一个国家和地区综合竞争力的重要标志。因此，2014 年国务院印发了《关于推进文化创意和设计服务与相关产业融合发展的若干意见》，将推进文化创意和设计服务与相关产业融合发展上升到国家发展的战略层面。2015 年初，青海省政府印发《青海省推进文化创意和设计服务与相关产业融合发展行动计划》，为推进全省文化创意和设计服务与相关产业融合发展指明了方向。青海省海南州作为自然资源和人文资源独具优势的藏族自治州，推进其文化创意和设计服务与相关产业融合发展，对海南州调整经济结构、产业转型升级、催生新型业态、推进城镇化建设、培育新型高端服务业以及区域经济发展新的增长极等方面具有十分重要的意义。

一 海南州文化创意和设计服务业的发展现状

随着国家"一带一路"战略的实施，国家不断加大对西部地区、民族地区的支持力度，为推进文化创意和设计服务创造了新的发展空间。海南州"东接西连、南靠北邻"的区位优势、独特的文化资源和产业特色等，在发展文化创意和设计服务与相关产业融合发展中具有极为有利的发展优势。海南州文化创意产业正在逐步兴起，为海南州文化创意和设计服务与相关产业融合发展奠定了良好的发展基础。

（一）文化产业发展稳步上升

海南州坚持深度挖掘文化产品的深层内涵及文化元素，把创意融入文化产品中，将民族民间手工艺品创意打造成为文化创意产业发展新的增长点，加强民族特色包装设计和陈旧工艺改造，增加文化创意产品的附加值，注重社会效益和经济效益两条腿走路。目前，全州共有文化产业公司 64 家，从业人员 2045 人。其中：以五彩藏绣为主的藏绣经营性企业 31 家，从业人员达 3.2 万余人；以同德民间艺人塔贤为主的石雕专业户 6 家，立足自身石雕技艺，成立石雕文化中心，生产、加工、销售石雕艺术产品，年创收 70 余万元；以翅雪洁姆藏饰文化艺术公司为主的民族服饰加工企业 18 家，年销售额 2300 余万元；以开展黄河奇石展览、收集和包装销售为主的注册经营单位 9 家，年收入 580 余万元。2014 年，海南州文化产业基础设施项目投资为 3075 万元，文化创意产业年产值 5200 万元。整体来看，海南州文化创意产业正处于上升阶段，有巨大的发展潜力和空间。

（二）民族文化艺术服务业粗具规模

海南州民族文化艺术服务业取得了长足发展，民族演艺产业和民族民间工艺美术业得到较好的社会和经济效益。以州民族歌舞团为代表的海南州民族演艺产业主体除在青海等地演出服务外，主要向北京、上海、深圳、广州等地输出海南民族民间歌舞。以藏绣、石雕、布贴画等为特色的民族民间工艺美术产品深受广大客户的青睐。2014 年，海南州有藏绣企业 16 家，从业人员 792 人，产值达 3580 万元。以贵南县藏绣产业园、共和县领国服饰城等龙头园区带动海南州民间工艺美术业发展，以同德县石雕业、贵德县奇石业等其他各县优势产业为主的文化创意产业全面发展，以民族文化产品及艺术服务业为核心的文化创意产业结构粗具规模。

（三）部分产业空间集聚初步形成

海南州文化创意产业分别在贵德县形成了文化创意产业园、影视拍摄基地、布绣嘎玛藏艺苑、东智藏文化艺博园、藏文化创意园，以及黄河生态文化旅游基地；在共和县形成了"格萨尔领国"服饰城、唐蕃石经城文化旅游园和藏文化产业创意园；在同德县形成了石雕产业园；在贵南县形成藏绣艺博园等文化产业聚集区。其中，许多文化创意产业包含丰富的设计服务和原创性，集物理空间集聚和产业资源集聚于一体，具有原创设计服务性的民族文化创意产业初步形成小规模集聚。

（四）政府管理引导机制逐步完善

海南州成立的文化产业工作领导小组以及文化产业主管部门的职能分工逐渐明确，对文化产业的引导逐步展开，在州文化体育局设立文化产业科，具体策划和实施文化产业发展的各项工作，重点引导、日常协调和整体监管文化产业整体发展，积极支持培养能起到模范带头作用的示范园区，制定出台促进文化产业发展的指导性措施，发挥了政府在文化产业发展中的宏观调控作用。在国家支持文化创意产业融合发展的大背景下，州政府对文化产业中的文化创意和设计服务与相关产业融合发展显示出极大的重视，进一步完善已有的管理引导机制，把文化创意和设计服务与相关产业融合发展上升到重点任务并开展一系列指导工作。

二 海南州推进文化创意和设计服务与相关产业融合发展存在的问题

虽然海南州文化创意产业发展具有区位、资源、产业特色等方面的优势，但由于起步较晚，发展过程中存在一些制约因素和亟待解决的问题。

（一）创新能力不强

海南州拥有极具民族特色的文化资源和丰富多彩的旅游资源，但是从事文化创意活动的企业和个人对现有文化资源的挖掘和整合不够，对政策中提及的方面进行延伸依赖于政府指出的发展方向，在文化创意产品和服务创新方面缺乏新想法和创新精神；文化旅游管理能力不足，缺乏整体规划，照搬其他模式，没有因地制宜的创新理念，文化创意还是停留在对传统文化产业稍加点缀上；土地流转不规范、农牧民利益受损等原因使海南州丰富独特的自然和人文资源未能实现规模效应和品牌价值，文化创意产业和设计服务与其他产业融合程度低，现在还处于相对传统的文化产业阶段；文化创意和设计服务与其他产业融合发展方面更是缺乏创新意识，创新能力有待培养激发，产业资源整合亟待加强。

（二）融资渠道不多

由于文化创意和设计服务在政府和文化企业之间缺乏相对的连通机制，

相关信息流通不畅，信息的不对称使文化创意企业无法尽快得到有关政府扶持的信息，对于融合发展缺乏政策性资金支持。而金融机构目前只对一定规模经营、已经稳定运营的文化企业进行放贷，对一些刚起步、处于创业初期的文化创意和设计服务企业贷款审批难，对文化创意和设计服务与其他产业融合发展的新型文化创意产业发展更是缺乏认识与金融支持，这直接导致文化创意企业融资渠道窄。海南州没有设立文化创意产业和设计服务与相关产业融合发展的专项引导基金，作为有意向创业并进行融合发展的企业也由于无法筹集前期创业资金不得不推迟创业计划。

（三）宣传范围不广

由于缺乏有效宣传，政府和民间企业以及民众对海南州的文化创意和设计服务与相关产业发展不是十分了解，加之目前海南州文化创意产业在全省乃至全国并未形成较强的辐射力，其影响力又仅限于周边区域，因此吸引的投资和消费的人群仅限于周边区域和全省。政府优惠政策的宣传仅限于相关单位及有代表性的大型文化企业，一些具有活力的中小型文化企业并不能及时得知政策扶持等信息，信息的不对称阻碍了相关产业融合发展的步伐。对文化创意与设计服务业对外宣传效果一般，只在省内有较强的广告宣传力度，并未在全国乃至更大范围内进行相关推介及宣传，无法吸引更多的人关注其融合发展。

（四）政府引导不够

海南州政府在促进文化创意和设计服务与相关产业融合发展方面引导不够。文化产业领导小组组建后，成员身兼数职，不能专门研究制定对文化创意和设计服务与相关产业融合发展引导政策，并没有发挥很好的引导作用，尤其是缺乏文化创意、设计服务和其他产业融合发展的促进政策和指导规划。没有设立专项基金，缺乏有效的激励机制，不足以吸引文化企业将更多精力投入到创新发展中去，而是就现有的产业内容进行重复发展，不能更好地推动海南州文化创意产业转型升级和融合发展。

（五）创意人才缺乏

人才资本是文化创意产业和设计服务与其他产业融合发展最核心的生产要素。目前，海南州文化创意产业在设计、制作、创意、营销等环节只是进行重复的机械作业，企业将利益放在首位，对文化的更深层次意味理解不到位，缺乏可贵的人才资源，缺乏相应的激发从业人员创新意识的制度，从业人员也整体缺乏对文化创意的深度理解，没有形成很好的人才培养机制。现有人才也缺乏对海南州文化创意和设计服务与相关产业融合发展的整体思维，对所从事的文化产品和服务的深度挖掘不够，仅限于简单基础的文化产品的开发，对于与文化创意与设计服务可融合发展相关联的旅游业、信息业、建筑业等欠缺深层挖掘。因此，缺乏创意人才是海南州文化创意和设计服务与相关产业融合发展的短板。

三 海南州文化创意和设计服务与相关产业融合发展的路径探索

按照国家"全民创业、万众创新"的愿景，鼓励支持文化创意和设计服务与相关产业融合发展的创业项目。海南州要坚持"突出特色、创新精品、规模聚集、品牌打造"的原则，重点支持文化创意园区、文化创意产业、文化创意活动、与文化创意设计服务相关联的其他产业的融合发展，努力将海南打造成具有影响力的特色文化名州。

（一）与民族手工业融合发展

鼓励文化企业与民族手工业深度合作，使文化创意与设计服务融入民族手工业。坚持农牧区传统手工艺产业化发展与旅游业发展、旅游商品生产开发紧密结合，大力支持以藏绣、石雕、铜雕、根雕、黄河石、民族服饰等为代表的文化产业发展，力争将海南建成中国最大的藏绣、石雕、黄河奇石、藏服等研发、制造和交易中心。大力推进恰卜恰绿色工业园区和贵德文旅创业园基础设施及配套建设，加快形成以共和、贵德为主，辐射其他三县的文化旅游产品加工基地，加快产学研一体化进程，强化营销创新和供应链管理，重点培育藏绣、石雕等一批综合实力强的自主品牌企业，建成青南乃至整个藏区重要的集产品研发、加工、销售于一体的产业集群。鼓励吸引手工艺品创作人聚集，为手工艺品提供原创资金扶持、平台支持等，鼓励当地工艺品文化企业研究开发、生产销售具有自主知识产权的民族特色手工艺产品，并利用平面设计、品牌策划、营销推广等创意手段提升产品文化附加值和服务水平，带动海南民族制造业转型升级，使海南州成为藏族手工艺品的原创地。

（二）与信息业融合发展

"推动文化产品和服务生产、传播、消费的数字化、网络化进程，强化文化对信息产业的内容支撑、创意和设计提升。"[①] 以共和、贵德建设智慧城市试点工作为契机，全面实施文化科技创新工程，依托数字技术、互联网、软件资源，将海南州多元文化资源与最新数字技术结合，加快高新技术成果向文化领域转化应用。大力培育发展以数字技术为载体的文化产业，以高科技带动青海洛藏数码科技有限公司藏文信息化建设和"云藏"藏文智能搜索引擎系统平台建设以及全藏文界面平板电脑研发及产业化项目等民族产业，加快文化产品和服务数字化、网络化进程。推动文化产品和服务的生产、传播、消费的网络化进程，完善文化旅游区、文化消费地的设施数字化，强化文化对信息产业的内容支撑，在设计开发的信息产品中加入民族文化元素，从设计上创新提升文化信息产品的附加值，加快培育双向深度融合的新型业态。加快推进智慧城市、智慧社区、智慧家庭建设步伐，挖掘海南州城乡居民在信息、文化、教育等方面的需求，推动经济增长向文化创意、旅游休闲、健康、养老、知识服务、信息服务、电子商务、金融等服务业转

---

① 《国务院关于推进文化创意和设计服务与相关产业融合发展的若干意见》，《中国文化报》2014 年 3 月 17 日。

变，催生新的业务形态和消费产品，实现科技创新技术与绿色服务业的深度融合发展。

（三）与旅游业融合发展

支持开发与当地环境相适应的综合性旅游休闲地，集康体、养生、运动、娱乐于一体，打造舒适健康的体验型旅游休闲地，提高旅游产品开发能力，满足广大群众个性化旅游需求。利用海南州黄河、青海湖、丹霞地貌等独特的自然景观环境，积极发展以休闲娱乐为核心的旅游产业，引进国内外知名酒店等服务业在贵德等旅游资源丰富的地区建立高端休闲娱乐场所，开展系列文化创意活动，使海南州成为知名休闲娱乐旅游区。开发以历史宗教文化游为主题的特色旅游线路，着力拓宽客源市场，创新营销手段，提升宗教文化游品质，采取多种手段制作宣传图册及音像制品，借助各种媒体宣传渠道，到长三角、珠三角、京津冀等重点发达区域及兰州、西安、银川等周边客源市场大力促销推介，塑造海南州旅游新形象。充分利用州属青海湖南岸的生态资源、文化资源等优势，发展度假旅游、草原观光旅游、俱乐部旅游等高端旅游产业，重新打造青海湖南岸沿途旅游项目，建设独具海南特色的南部高端生态文化旅游区。加强"羌中道"、"丝绸之路"、"唐蕃古道"联动，完善旅游设施，优化旅游环境。

（四）与城乡统筹建设融合发展

坚持以人为本、传承文化、创新设计的建筑设计理念，进一步提高民族建筑设计的水平，要以民族文化为底蕴和支撑，大力发展"城乡统筹建设产业"。以新农村新牧区建设、高原美丽乡村建设为载体，突出地域特色，在城镇公共设施和房屋建设、新农村牧区建设以及家庭建设中，因地制宜在藏族聚居区融入藏式文化元素，其他民族聚居区融入本民族文化元素，加强建筑业与文化创意产业的融合，建设环境优美、设施完备、幸福文明的社会主义新农村新牧区和高原美丽乡村。加强工艺美术业与建筑产业融合，鼓励建筑设计运用绿色、低碳、节能技术开展创意建筑规划设计，大力发展富有文化内涵的建筑个性化设计。坚持将城镇业态、形态、生态与文化融合，突出重点建设以藏民族工艺美术为内容的标志性建筑，如美术墙或石雕路，使之成为海南州工艺美术产业发展的符号，烘托文化氛围。积极做好传统村落申报工作，在城乡统筹建设中，注重对文物保护单位和传统村落的保护，注重保留乡村原始风貌、文化特色和自然生态，大力保护有历史文化、艺术价值的传统村落和民居。

（五）与特色农牧业融合发展

积极推进农牧业与文化、科技、生态、旅游的融合，积极引导传统农牧业向精品农牧业、生态农牧业、休闲农牧业转变。围绕贵德农牧区民族风情体验等，建设集农耕和放牧观光、文化传承、民俗体验等于一体的休闲农业园。抓好贵德生态农业示范园区、生态畜牧业示范、健康水产养殖业示范区、乡村农家乐示范区、农副产品加工和展示园区五大功能性示范园区建设，努力打造全省乡村旅游示范县。将文化创意思想渗入农业领域，围绕构建高原现代农牧业的主攻方向，不断丰富农牧业产品、生态观光、草原文化等创意和设计，打造一批休闲农牧业示范园区、农家乐、休闲农庄和放牧体验区，积极拓展休闲农业发展空间，丰富群众精神文化生活。按照提升农牧业产业化经营水平、提高农牧业综合生产能力的要求，在农产品的生产环节植入文化创意，发展草原放牧观赏游、农产品采摘游等文化旅游业，形成生态农牧业、品牌农牧业和观光农牧业融合发展的新格局，实现创意文化进农牧区。加强海南州标志和农牧产品竞标的注册和知识产权保护，支持农牧业企业申报和推介具有地域标记的环保产品，将信息技术引进地域文化特色农牧产品营销过程中，提升农畜产品附加值，促进农牧业创意和设计产品产业化发展。

（六）与体育产业融合发展

丰富传统节庆活动内容，支持海南州根据自身条件举办体育活动，推动体育竞赛表演业全面发展。积极发展体育健身市场，大力发展体育休闲旅游、健身服务、表演等项目，依托环青海湖国际公路自行车赛、国际攀岩赛、抢渡黄河极限挑战赛、越野车接力赛等大型赛事，不断开拓文化市场体育衍生产品创意和设计开发，引导大众体育消费，策划打造影响力大、参与度高的精品赛事，推进相关产业发展。以大型节庆活动为契机，结合各地区不同的民族文化特色和深厚的文化底蕴，重点打造"共舞和谐"、"尊道贵德"、"多彩贵南"、"同心同德"、"富饶兴海"五大县域文化品牌。通过举办海南州服饰文化旅游节、贵德黄河文化旅游节、国际水与生命工艺美术节、贵南藏绣文化艺术节、同德宗日文化节、共和中国少数民族情歌（藏族原生态唱法）大赛、兴海冬虫夏草文化节等大型地方节庆活动，将地方民俗、服饰、体育、展会、文艺演出等活动串联起来，充分展现和弘扬少数民族文化内涵，推动体育竞技和表演业全面发展。

（七）与教育业融合发展

围绕现有的文化创意发展和工艺美术传承模式，将非物质文化遗产传承培养纳入到职业教育体系，推动民间传统手工艺传承模式改革。以工艺美术业为主导，建设和引进工艺美术培训机构，完善工艺美术业产业链的发展，加强"文化创意"对教育培训产业的渗透。发展工艺美术教育产业，建立工艺美术教育培训基地，在挖掘工艺美术品创作要素之外，对当地感兴趣的人员进行工艺美术方面的教育培训，强化对当地人的艺术熏陶和技能培训。采用学历教育与职业培训同步、创意设计与经营管理相结合的模式培养创新人才，推进产学研用合作的培养教育方式。

（八）与其他文化产业融合发展

坚持以传承文化、满足需求为导向创作文化产品，着力提升文化产业中不同门类的创意和设计水平。依托全州丰富的民族文化资源，以宗日遗址、伏俟城遗址、唐蕃古道等古文化遗址，则柔、拉伊、酒曲、唱经调等非物质文化遗产，民间刺绣、民间传统工艺制作、创意工艺布贴画、彩粉坛城、六月庙会等民族民间文化艺术以及神秘的宗教文化资源作为推进文化产业发展的重要载体，通过重点培育扶持、重点招商引资、重点包装营销，积极打造文化产业龙头企业。整合格萨尔王舞台剧、尚优则柔、民族歌舞、拉伊、扎念弹唱、寺院法舞、藏戏等文化资源，激励和引导创作人员的创作热情，量身打造具有民族特色、地域特色的演艺节目，进一步提升文化创意产业的文化内涵。依托共和良好的区位环境优势和厚重的历史文化底蕴以及较为完善的基础条件，引导发展文艺演出业、影视产业等具有潜力的产业，借助影视平台展示安多藏区风土人情，反映草原游牧部落文化，重温唐蕃古道历史，通过吸引影视摄制组到地方进行专题拍摄和取景，积极打造共和县"影视外景基地"，努力建成产业园区，并发挥本土文化创意产业集聚效应，促进海南文化创意和设计服务与相关产业融合的全方位发展。

四 海南州推进文化创意和设计服务与相关产业融合发展的保障措施

海南州发展文化创意和设计服务与相关产业融合发展，必须从转变思想观念、加强政府引导、了解市场需求、财政金融支持和人才队伍建设等方面为其提供有力的保障。

（一）转变思想观念，增强创新动力

一是加大宣传力度。充分发挥州县文化馆、图书馆等公共文化服务机构职能，通过举办群众性文化活动、文化创意知识讲座等活动，在农牧民群众中普及创意改变生活的理念，提高社会对文化创意和设计服务的认识。适时引进组织文化创意和设计服务体验活动，为消费者提供亲身感受创意生活的机会和载体，逐步培养农牧民文化消费的意识。二是实施知识产权战略，健全激励机制。加强知识产权法宣传普及，优化知识产权申请与审查制度，使商标注册审查体系便捷高效。提升文化企业知识产权综合能力，在企业和省内院校、科研机构成立文化创意产业智库，将科研成果转化为企业所需要的文化创意。鼓励创意设计作品参与国内展览、学术交

流、项目合作和国际评奖等活动，支持具有民族传统文化特色设计创意产品的国内国际推广。

（二）明确政府职能，优化发展环境

一是成立专门机构，建立联席会议制度。明确和加强文化产业领导小组职能，对全州文化创意和设计服务与其他产业融合发展进行统一规划，设立海南州文化创意和设计服务与相关产业融合发展联席会议制度，定期研究海南州文化创意和设计服务与相关产业融合发展问题；由文化创意产业方面的专家、文化创意企业领军人物等组成专家指导委员会，负责全州文化创意和设计服务与相关产业融合发展前沿信息收集和发展方向的把握，保障其融合发展方向和重大项目实施的准确性；组织龙头企业、园区以及相关文化创意企业成立协会，发挥社会组织的作用，形成文化创意和设计服务与相关产业融合发展的后备监督管理力量。二是评估现有审批事项，对今后发展有利的保留下来，并精简审批流程，提高审批效率，对广告等领域的规范，不合理的进行修订；推动落实文化创意和设计服务企业用电用水与工业同价，减轻文化创意企业的负担；创新政府支持文化发展方式，培育文化人才创业孵化。

（三）壮大市场主体，培育市场需求

一是鼓励保护中发展藏绣、石雕等特色传统技艺和服务理念，培育并发展具有海南特色的创意设计、广告、文化软件等中小微企业。推动创意和设计跨县区、跨行业合作，支持有条件的企业"走出去"，扩大藏绣、石雕、藏族服饰等产品和服务在"一带一路"战略下走出去。二是激发创意和设计产品服务消费，财政补贴农牧民文化消费，扩大海南州文化消费规模，加大优惠力度，吸引省外消费者。创新公共文化服务提供方式，加快公共文化服务体系建设，提供独具特色又具有时代性的文化产品和服务。鼓励小微企业、创意和设计人才拓展市场，大力支持电子商务对创意和设计提供专项服务。运用创意和设计改造升级商贸流通业，促进特色民族风情商业街等的发

展，鼓励各类文化企业在店面装饰、产品陈列、商品包装和市场营销上，在注重节能环保基础上，更加突出创意和设计。

（四）加大财税支持力度，加强金融服务

一是设立专项资金，构建多元投融资体系。设立文化创意和设计服务与相关产业融合发展专项资金，采取风险补贴、贷款贴息、项目资助、奖励资助、成果购买等方式，支持文化创意与其他产业融合发展等项目。与省内外优秀的投资公司合作，吸引更多的社会资本投入到海南州文化创意产业领域。二是加强金融服务，建立融资平台。政府支持中小微文化企业与银行建立长期的贷款融资关系，鼓励银行设立专门文化创意、设计服务和其他产业融合发展的投融资通道和贷款通道，引导金融机构实实在在地服务于文化创意产业；鼓励金融机构创新金融产品和服务，拓展贷款抵押范围，增加适合文化创意和设计服务企业的融资品种等一系列对口金融业务。完善吸引资金的相关政策，并积极开展跨区域资本运作，构建辐射周边藏区的资本平台。

（五）强化人才培养，建立智库保障

一是培养引进各层次人才。继续创造性地贯彻和落实宣传文化系统提出的"四个一批"等人才培养工程。进一步推进经营管理人才、创作和制作人才、基层文化人才、稀缺产业人才队伍的培育和发展，建立州、县、乡镇多层次、多等级的宣传人才队伍。对能为海南州文化创意、设计服务发展等方面提供服务的高端和特殊人才给予优惠政策；加强创意人才教育培训平台建设，对州政府相关管理部门的领导、文化创意企业、设计服务企业的带头人进行产业发展培训。二是建立适合海南州的文化创意智库平台。鼓励高端人才及企业家代表参加国内文化创意产业高峰论坛，加强与各类智库和文化创意媒介合作，及时把握文化创意和设计与相关产业融合发展的前沿信息，做出科学分析。和省内外各类智库性单位进行学术交流，打通咨询、培训、营销等渠道，搞好文化贸易，将文化创意和设计服务与其他产业融合发展融入整个循环体系中去。

B.26

青海柴达木枸杞产业发展态势与展望

鲁顺元　党永忠*

摘　要：　柴达木地区是青海省的枸杞集中种植地。柴达木枸杞产业经
　　　　　过十多年突飞猛进的发展，规模产量逐年提升，品质影响不
　　　　　断扩大，综合效益逐步呈现，发展水平可比肩宁夏枸杞而且
　　　　　蕴藏着独特的优势。但是，在发展中也存在精深加工、监管、
　　　　　科研、场地关系等方面的问题，需要深挖潜力、规避风险，
　　　　　加快推进柴达木枸杞产业可持续发展。

关键词：　柴达木　枸杞　红色产业　特色经济

被誉为"聚宝盆"的柴达木盆地蕴藏着丰富的矿产资源，是我国重要
的战略资源储备基地。但盆地自然生态环境极端脆弱，柴达木百年开发史也
是其稳定性急剧下降的过程，呈现沙漠化蔓延、湿地萎缩、物种多样性锐减
的总体恶化趋势①。柴达木地区极度干旱缺水，植被环境恶劣，适耕地贫
瘠，过去的农业开发实践证明第一产业发展优势不足，而以工矿资源开发为
主的第二产业发展存在对城乡区域平衡发展带动乏力、对生态和资源破坏严
重、核心竞争力缺乏而极易受国际市场波动牵连等痼疾。21世纪初以来，
在政府推动、种植企业和农牧户创造性的实践中，异军突起的柴达木枸杞产

＊　鲁顺元，青海省社会科学院研究员、博士，研究方向：民族社会学、环境社会学；党永忠，
青海省门源监狱党委书记、监狱长，研究方向：司法制度、经济管理。
①　鲁顺元：《关于柴达木盆地自然生态变迁的人文考察》，《攀登》2007年第2期。

业为柴达木地区经济转型升级和特色经济发展带来了曙光，为柴达木地区可持续发展开拓了新路径，需要对其加以总结梳理，引导其健康快速发展。

一 柴达木枸杞产业发展的突出成效

20 世纪 60 年代，柴达木地区尝试野生枸杞的人工种植，但产销量很小，多作为观赏，也曾作为国礼。1994 年，诺木洪农场开始着手引进试种外地枸杞并取得成功。2005 年以后，在青海"东部沙棘，西部枸杞"经济林发展战略和促进枸杞加工产业发展政策以及补贴种苗、集中连片种植、配套推广滴灌设施等措施的推动下，柴达木地区开始大规模种植枸杞。2008 年，青海海西州把枸杞产业列为加大农业结构调整力度、加快农牧民增收、推动防沙治沙的一项重点产业，实施科技推动、市场拉动、龙头带动、社会联运等一系列措施，枸杞产业实现了快速发展，取得了突出成效。

（一）规模产量逐年提升

20 世纪末以来，在不断探索中，柴达木枸杞产业步入高速发展的轨道。比如其种植面积和干果产量（见图 1），从 2008 年的 5 万亩、0.1 万吨增长到 2015 年的 42.19 万亩和 6.22 万吨；其中，2008～2009 年和 2014～2015 年是种植面积增幅最大的时期。枸杞种植地主要分布在柴达木盆地东南缘诺木洪—都兰—乌兰—德令哈一线。柴达木监狱诺木洪农场以其所地在独特的气候优势、良好的历史传承，成为国内连片种植规模最大、单位面积产量最高、产品品质最优的枸杞种植基地，是青海枸杞产业发展的缩影和佼佼者。

（二）品质影响不断扩大

虽然宁夏枸杞被移种到柴达木后，"果体大、糖分高、营养价值高"的品质远远优于宁夏中宁枸杞，但过去很长一段时间，柴达木枸杞被冠以宁夏枸杞的牌子销往全国或出口国外，只有小部分进入省内各地小干果铺，因此有"中国枸杞在宁夏，宁夏枸杞在中宁，中宁精品在柴达木"的说法。近

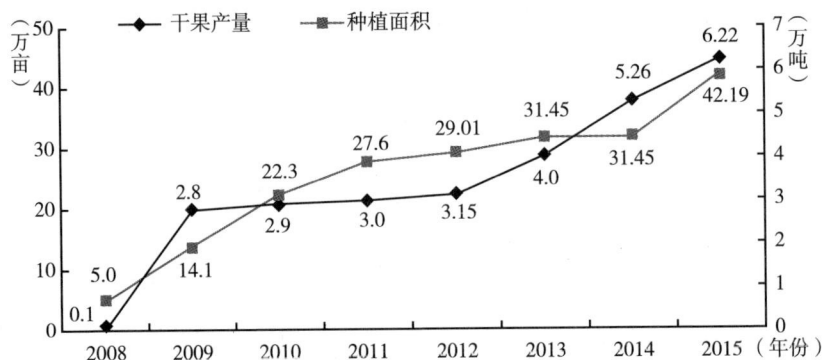

图1 2008~2015年柴达木枸杞种植面积和干果产量变化

资料来源：海西州农牧局、柴达木农业信息网。2015年为截至9月数据，全年枸杞干果产量会略有不同。

几年，青海加大枸杞产业标准化、基地化、园区化建设力度，同时，利用博览会、推进会、洽谈会多种渠道开展宣传营销，扩大柴达木枸杞知名度，"枸杞精品在青海"已成为业内人士的共识。在全国最大的枸杞交易市场——中宁，青海柴达木货占据整体交易额的1/5以上①，且多数以标明原产地为噱头对外销售。柴达木枸杞（特别是野生黑枸杞）受到我国高端媒体的高度关注。2014~2015年，中央电视台"走遍中国"、"健康之路"、"消费主张"等栏目先后以"荒漠中的枸杞王国"、"揭秘野生黑枸杞"、"黑枸杞高价的原因"专题报道了柴达木枸杞。另外，着力打造柴达木品牌，已经形成以"柴达木"商标为统领，诺木洪、雪山红、诺蓝杞、御杞堂、昆奇等为辅助的枸杞注册商标群。

（三）综合效益逐步呈现

柴达木枸杞产业的快速发展释放出了巨大的经济、社会和生态效益。一是枸杞产业成为农牧民增收的新渠道、农产品创汇的主力军。枸杞种植面积

---

① 刘俭、秦垦、戴国礼：《特殊气候与青海枸杞的品质和发展前景的关系》，《江西农业学报》2012年第10期。

和产量的提升，带动了产值的逐年提高。如图 2 所示，2008～2013 年，枸杞产值成倍增长，其中 2012～2013 年呈现近几年来的最大增幅，增长了 2.1 倍。2014 年柴达木枸杞产业产值占农牧业总产值的 49%，占当地农牧民可支配收入的 27%①；对一产的贡献率达到 66.52%，拉动第一产业增长 13.3 个百分点②。枸杞产业已成为海西州农牧业经济稳步发展、支撑农牧民增收致富的重要支柱产业。柴达木枸杞是青海出口创汇的拳头特色农产品，比如，2014 年出口柴达木枸杞 880.4 吨，创汇 1338.4 万美元，两项皆位居青海农产品首位③。在全国出口的有机枸杞中，柴达木枸杞占 90% 以上。④

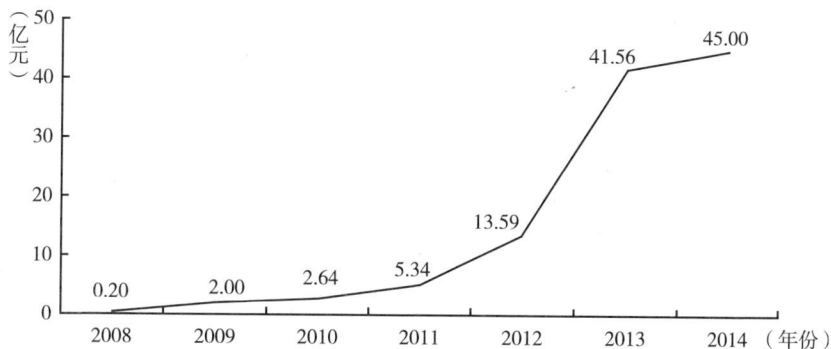

图 2　2008～2014 年柴达木枸杞产业产值变化

资料来源：海西州农牧局、柴达木农业信息网。

　　二是枸杞产业解决了社会富余劳动力就业，同时带动了服务业发展。据媒体报道，2012～2014 年，柴达木地区枸杞采摘人数都在 5 万人以上，劳务总收入达到 4 亿元左右。采摘工除了来自当地和省内其他市县外，还有千

① 《让柴达木枸杞加快走向世界》，《西海都市报》2015 年 6 月 16 日，A11 版。
② 海西州农牧局统计数据。柴达木地区有的村社枸杞收入占比更高，如诺木洪农业区、宗加镇农业区、香日德镇小下滩村、夏日哈镇沙珠玉村农民收入全部来自枸杞产业，巴隆新隆村、河东村、香日德香乐村农民来自枸杞的收入占 1/3。都兰县有 1000 余农户依靠枸杞产业增收致富。
③ 资料来源同上。2013 年，柴达木枸杞出口创汇 552 万美元。
④ 《青海枸杞：掀起产业红盖头》，《中国中医药报》2014 年 9 月 25 日，第 5 版。

里迢迢从宁夏、甘肃、四川、河南、云南、贵州等地慕名而来的农民。据海西州人力资源和社会保障局统计，截至2015年9月，赴柴达木各枸杞种植园区采摘务工人员67872人，其中本地采摘工22108人，省内州外采摘工13462人，外省采摘工32302人。劳务流动大潮中，经过政府培训、引导，劳务经纪人发挥着越来越重要的作用。大量的采摘工、数量不少的收购商等聚集枸杞种植地，极大地带动了当地流通加工、印刷包装、交通运输、餐饮服务、旅游业等相关产业的发展，也刺激了茫茫戈壁小城镇的勃兴。

三是集中连片的枸杞林有效起到防治盐碱地、防风固沙、防水土流失、固碳释氧、节水等作用。枸杞灌木抗旱、耐盐碱，是理想的经济和生态兼用的优良乡土树种以及固沙水土保持和改良土壤的先锋植物。特别是枸杞成林后与乔木防护林形成乔灌结合防风固沙的天然防护屏障，固定二氧化碳，释放氧气，巩固了绿洲，改善了沙化土地和柴达木地区整体生态环境以及城乡居民生产生活条件。比如，诺木洪农场成为"田成方、林成网、渠相通、道相连、旱能灌、涝能排"的高原荒漠特色农林产业区，成为戈壁绿洲农业的典范。该地区年降水量从枸杞大面积种植前的39.0毫米增加到枸杞成林后的58.5毫米，6级以上的大风从原来年平均54次下降为不足20次，空气质量明显改善。青藏公路两侧原来的不毛之地，近几年也逐渐萌发出绿色植被。都兰县香日德镇小夏滩村，原来四面都是荒滩荒漠，没有一棵树，一旦刮风，黄沙漫天；种了枸杞林后，风沙大为减少，气候也变得异常湿润。此外，枸杞种植的节水意义重大。枸杞种植需水量比大田作物少，适宜实施节水灌溉，采用滴灌后节水率达80%，吨水效益提高328%。种植30万亩枸杞年可节水2.46亿立方米。[①] 这对水资源十分稀缺的柴达木盆地显得特别重要。

二 柴达木枸杞产业发展存在的主要问题

柴达木枸杞产业虽然发展速度快、成效突出，但在种植管理、产品加

---

① 《海西枸杞产业发展现状、工作举措及成效亮点》，柴达木农业信息网，2013年1月18日。

工、技术研发、产品销售各个环节仍存在一些问题，特别是精深加工、监管、科研、场（企）地关系等方面有很大的改进空间。

（一）精深加工仍然不足

经过大力引进和精心培育，到 2015 年，柴达木地区有枸杞种植加工企业 47 家、枸杞专业合作社 54 家，建成烘干、浓缩汁生产、保鲜、冰冻果、色选、包装等生产线 30 余条[①]，产品由干果拓展到浓缩果汁、枸杞茶、枸杞多糖等系列产品。但是整体而言，柴达木枸杞加工还处于起步阶段，精深加工尤其不足。表现在，一是加工企业数量少。柴达木地区与宁夏比相形见绌，仅中宁县就有 50 多家枸杞加工企业、10 多家精深加工企业，柴达木枸杞加工企业数量远远不能满足种植面积扩大和产量提高的需要。二是加工企业规模有限。企业生产规模小，带动能力弱，尚未形成枸杞深加工产业链，面向市场的桥梁纽带作用得不到充分发挥。特别缺乏具有带动力和辐射力的枸杞精深加工的龙头企业。三是加工品种单一，市场化程度低。枸杞产品主要以鲜果及干果形式出售，只有少部分得以加工开发，终端产品单一，资源利用率差，产业链条不长，市场竞争力弱。以诺木洪地区为例，其枸杞产量的六成仍通过宁夏客商以初级加工产品形式外销。四是品牌知名度不高。多数企业经营水平粗放、传统，品牌意识不强，盲目扩张种植面积，单纯追求经济利益，对企业长远发展缺乏战略考量，市场开拓能力弱，销售渠道狭窄。五是部分枸杞加工企业流动资金短缺，融资困难。虽然近几年有个别矿产资源开发受益企业转产枸杞行业，但其融资意愿不高，能力亦有限。

（二）监督管理有待加强

虽然政府对柴达木枸杞种植、加工、销售各个环节的监管不断加强，但受生产方式、监管队伍数量素质等因素限制，监管还有不到位的情况。一是对大面积野生黑枸杞产地的保护和采摘监管存在不力之处。野生黑枸杞是柴

---

① 《海西循环农业发展"渐入佳境"》，《青海日报》2015 年 7 月 14 日，第 1 版。

达木地区主要的建群树种之一，具有重要的生态保护和遗传基因价值。随着黑枸杞价格大幅上涨，自 2014 年秋季开始，野生黑枸杞由无序采摘转变为非法盗挖，使灌木林、草原植被遭到毁灭性的破坏。为此，出台了《海西蒙古族藏族自治州野生枸杞保护条例》，划定禁采期，制定明确的处罚标准。但由于野生黑枸杞分布在高山沙林、盐化沙地、河源沿岸、干河床、荒漠河岸林中，给队伍力量薄弱的监管带来不便。二是对种植、加工、交易过程的监管仍有局限。由于从大田至销售这一链条多分散运行，对引进种苗、农药使用的监管尤其困难。特别是枸杞制干企业数量和规模的局限以及成本考虑，不少种植户习惯于传统的自然摊晒。这种方式存在干燥效率低、周期相对长、占地面积大、易受风沙、天气的影响，易被灰尘、苍蝇、虫蚁等二次污染，在晾晒过程中也易产生违规使用化学添加剂等问题。在销售环节，无统一渠道和政府规范，多由企业单打独斗，形不成合力，有时出现不正当竞争行为，影响品牌打造和效益提升。

（三）科研支撑略显滞后

在种植、加工、销售等方面缺乏科技支撑，表现在，一是枸杞品种研究相对滞后。目前多数使用所引进的宁夏枸杞品种，参与柴达木枸杞研发的省农牧科学院、海西州农科所、诺木洪农场等研究出的青杞、柴杞等品种有的尚在审定中，有的虽通过审定但未得到推广，经实验所证实的抗逆性、丰产性等优势未能得到有效发挥。二是枸杞企业研发水平低。企业装备水平较低，生产工艺相对落后，技术创新能力弱，未形成具有一定规模、科技含量高、附加值高的拳头产品，制约了产业链延伸和产品附加值的提高。在开发枸杞新产品等关键领域技术薄弱，造成产品层次低，附加值不高，只能走中低端消费路线，外销难，导致"有质有量没好价"，形成"一等原料，二等加工，三等价格"的局面。

（四）企（场）地关系需要调整

参与枸杞产业的有企业、专业合作社和村镇农牧民，但三者之间尚不能形成互补。一是枸杞专业合作社只从事枸杞种植和简单加工销售工作，与龙头企业对接不够紧密，没有很好地融入精深加工环节中，达不到与龙头企业和种植户形成紧密的一体化组织形式的要求。二是因为政府监管在各产业主体中的影响力不同，在发展绿色、有机、无污染的高品质枸杞产品上没有达成共识。三是由于统属关系不同，企业（农场）与当地政府及农牧民的信息、技术共享和产业合作未能引起关注和重视，客观上影响了柴达木枸杞产业向纵深发展。四是当地农牧民种植户组织化程度低，得不到其他产业主体有效的支持，往往容易出现复混使用农药、盲目施肥等影响枸杞产业健康发展的行为。

三　柴达木枸杞产业发展未来展望

柴达木枸杞产业发展具备独特的资源优势，具有巨大的发展空间，加上品质影响力的逐步扩大，预示着这一朝阳产业的美好未来。但其中也存在着一些隐忧，需要予以重视和防范。

（一）资源产业优势会愈加凸显

经过比较发现，如表1所示，得益于适宜的光（强辐射）、热（大温差）、水（昆仑水）、土（多盐碱）条件，柴达木枸杞"个大、肉厚、糖分高、口感好、无污染"，在商用品质、营养成分、功能活性物质积累及口感和外观等方面均优于宁夏枸杞。而且，柴达木枸杞生产成本较低，据2012年统计比较，其干果采摘费、肥料投入、修剪人工投入较宁夏每公斤干果可节省开支3元[①]。柴达木野生黑枸杞不但成片分布，而且其营养、药用价值其他地区不可比拟。在生产规模上，青海已经成为全国第二大枸杞产地，其中诺木洪地区成为世界范围内枸杞连片种植面积最大的产区。随着宁夏枸杞

[①]　刘俭、秦垦、戴国礼：《特殊气候与青海枸杞的品质和发展前景的关系》，《江西农业学报》2012年第10期。

产量不足，不少客商开始将目光投向外省市，寻求新的枸杞源，柴达木枸杞产业优势必将更加凸显。

表 1　柴达木枸杞与宁夏枸杞商用品质和有效营养成分含量比较

比较项 1	百粒重（每克）	百粒长（每厘米）	坏果率（%）	果肉	果实籽粒	色泽	口感
青海柴达木	16.2	138.6	1.65	厚	少	鲜红光亮	酸甜可口
宁夏中宁	12.3	120.8	23.93	较薄	一般	红色	稍甜
比较项 2（%）	多糖	总黄酮	总糖	蛋白质	粗脂肪	粗纤维	VC
青海柴达木	8.33	1.05	52.36	11.23	6.56	5.21	18.88
宁夏中宁	4.65	1.02	46.5	12.1	7.14	7.78	18.4

　　资料来源：陕西省林业调查规划院、西北农林科技大学：《青海诺木洪枸杞产业园建设项目可行性研究报告》，2011 年 3 月。

（二）价格呈上涨走势

　　近五年，柴达木枸杞价格总体上呈上涨趋势。以诺木洪地区为例，如表 2 所示，红枸杞干果价格持续稳定增长，鲜果价格前三年稳步增长，后两年持平；野生黑枸杞鲜果、干果价格 2013～2014 年增幅最大，2014～2015 年野生、种植黑枸杞价格有所下跌。红枸杞苗木价格前三年持平，后两年略有上涨；采摘劳务价格，2013～2014 年增长明显，前三年、后两年基本一致。因此，柴达木枸杞生产成本对价格影响不大。从未来发展看，一方面，随着一系列保护措施的出台，加之野生黑枸杞面积有限，其产量相对固定，而红枸杞种植面积进一步大幅度增长受到生态环境限制，因此，枸杞供给将趋紧。另一方面，枸杞产业面临利好因素，需求将会十分旺盛。一是国内外市场将会有极大拓展。随着枸杞产品的营养与保健功能逐渐得到国内外消费者的认可，欧美、中亚新兴市场消费需求不断增加，国际出口供销量以年均 10% 的速度递增。枸杞价格相对适中，而且食用方便，不但中国人爱吃枸杞，现在很多外国人也爱吃枸杞，比如喜欢喝茶的英国人，在茶里放上一些枸杞，让原本有一些涩涩的英式红茶，喝起来有一丝甜甜的味道；在美国，枸杞被做成果汁也大受欢迎。二是高端市场需求强劲。枸杞是药食同源的保健食品，尤其是黑枸杞，是珍稀珍贵的原生态高档滋补佳品，以枸杞为原料的精深加工品成为近年来高端食品与保健品消费市场的新宠。[①] 三是面临良好的政策机遇。枸杞既是经济效益良好的经济林种，也是生态效益较高的生态林种，已成为脱贫致富效应良好的富民产业。未来枸杞产业还可同时享受国家区域特色农业发展、退耕还林与生态建设、民族边疆地区稳定发展多项叠加优惠政策。四是经济新常态背景下，柴达木地区工业面临经济下行压力，枸杞产业将会获得更大的政策支持。综上分析，可以预判，未来柴达木枸杞价格可能会成倍增长。

表 2　诺木洪地区近五年枸杞果、苗木及采摘劳务价格

名称		单位	2011 年	2012 年	2013 年	2014 年	2015 年	备注
红枸杞	鲜果	元/斤	3.5	4	5	6	6	
	干果	元/斤	15	18	21	23	25	
黑枸杞	野生 鲜果	元/斤	40	40	50	110	80	
	野生 干果		400	400	500	800	600	
	种植 鲜果		—	—	—	80	50	
	种植 干果		—	—	—	600	400	
苗木（红/黑）		元/株	2/—	2/—	2/—	3.5/1.5	4/1.5	同规格
采摘劳务	红枸杞	元/斤	1	1	1.3	1.6	1.4	
	野生黑枸杞	元/斤	20	20	20	30	30	

注：无论是枸杞果还是苗木、采摘劳务价格，在同一年不同收购期、采摘期（不同茬）、销售期都有差别，该表统计用其平均数。黑枸杞人工正式种植始于 2014 年，故其苗木、种植果收购价之前无数据。

（三）品质和社会风险需要防范

尽管柴达木枸杞资源禀赋出色，而且参与枸杞产业的主体呈"百舸争流"态势，但从以往的实践和现象看，柴达木枸杞产业未来发展中存在一

---

① 《2016 年枸杞及枸杞苗木市场分析、苗木购买经验》，搜狐网，2015 年 10 月 10 日。

定的品质和社会风险。一方面，受产业主体组织化程度、统属关系等影响，在枸杞加工过程中违规添加化学药品而影响柴达木枸杞品质的风险依然存在。此外，柴达木枸杞品牌统一性和多样性之间的关系不明确，可能会影响枸杞品质的维护和品牌打造。还有，柴达木枸杞产业的核心竞争力在有机枸杞，其出口规模也是目前销售环节领先于其他产区的一项指标。但对何为有机枸杞及其与绿色枸杞的区别，人们特别是多数参与其中者不得其详，这可能会制约核心竞争力的提升。另一方面，随着柴达木枸杞特别是其野生黑枸杞越来越受到市场青睐，围绕其采摘、新垦地使用权、灌溉用水等方面的争端或纠纷会越来越多，必然会影响良好的社会秩序。特别是野生黑枸杞资源稀缺而市场向好，新出台的法律条例仍然缺乏很强的可操作性，盗摘、哄抢等类似事件可能会频频上演，这将严重破坏柴达木地区的产业投资环境。目前类似事件主要发生在格尔木，而宗加—巴隆区域是我国天然野生枸杞的主要分布带，也是国内面积最大的原始野生枸杞群落①，这一区域行政力量比较薄弱，将面临的社会风险更大。

四　进一步促进柴达木枸杞产业可持续发展的建议

基于上述发展态势，针对所存在的问题和可能出现的风险，需要从省级层面谋划解决、加以防范，要从统筹城乡区域协调发展、加快区域间社会流动、推进同步建成全面小康社会的高度去认识促进柴达木枸杞产业可持续发展的重要性。对有些地方很难解决的问题，要尽早介入，加以研究破解。此外，对柴达木枸杞产业可持续发展而言，以下几方面也十分重要。

（一）东西联动，努力促成青海东西部协调共进的枸杞产业发展格局

一是在枸杞苗木生产上。目前，柴达木枸杞苗木多数产自省外，少部分

---

① 据测定，该区域所产枸杞中花青素含量占比达 4.7%，属最高，格尔木地区为 3%，宁、甘、新等省区更低。

由当地和省内东部地区提供，而且规模不大。通过引导，鼓励青海东部地区农民栽培种植并为柴达木地区提供枸杞苗具备一定条件，一方面，部分东部地区农民积累了一定的种植树（柏树、松树等）苗的经验；另一方面，可在一定程度上节约生产成本，而且，客观上，可促进青海东西部之间的经济文化交流，拓宽青海东部农民增收渠道。二是在劳务供给上。随着经济步入新常态，劳务市场萎缩导致青海东部地区农业劳动力大量剩余，这为柴达木地区低成本解决劳务紧缺提供了契机。因此，一要政府相关部门像扶持畜牧业"西繁东育"那样，培植枸杞产业"西种东植"。引导柴达木枸杞生产开发企业与东部地区农民签订栽培合同，形成订单式供给，解除双方顾虑，保证苗木供应，必要时购买商业保险，以规避灾害风险。二要继续发扬在引进劳务上所推行的召开对接会、媒体发布信息、有意培养经纪人等好做法，同时，通过政府就业部门合理调配脑山、浅山、川水地区或收割时节不同地区的劳务资源，解决青海本地劳务竞争力不强的问题。另外，要企（场）地联动，强化集中管理，为进入柴达木从事枸杞劳务的农牧民提供必要的食宿行娱购等条件，消除卫生、医疗、消防、治安等隐患。

（二）在规划引领下不断促进枸杞产品的精深加工

大力促进枸杞精深加工是枸杞产业实现高附加值和资源效益最大化的根本途径，也蕴藏着巨大的空间。枸杞浑身是宝，比如鲜果汁可以制成酒、果汁饮料，枸杞籽可做成高端润肤品，枸杞芽可加工成芽茶、蔬菜，等等。时下，这些潜力的挖掘程度不同，有的产品在销售终端初试牛刀便取得非常好的反响，对其规模化、产业化、市场化所能带来的效益非常值得期待。因此，要根据产业发展进程和存在的问题，及时完善规划；同时，以规划为引领，把工业化理念、组织方式、营销手段引入枸杞种植、加工、销售的全过程，加快产业整合。把园区作为招商引资的"孵化器"、"助推器"，科学定位，通过完善水电路、住宅、餐饮住宿、农田水利灌溉、电网增容改造、金融及多功能配套服务，切实提升园区承载能力和产业集聚功能。发挥枸杞交易市场服务功能，吸引一批起点高、规模大、实力雄厚、带动能力强、科技含量高、有发展前景的大企业入驻，为产业化发展提供龙头和牵引。加快枸杞精深加工项目的研究和推广应用，推进枸杞产品向保健、医药、美容领域的纵深延伸，提高枸杞产业的附加值和整体实力。以产业协会为纽带，推进上下游企业、合作组织、生产企业与研发机构间的联合，依托企业、合作组织的种植、加工、销售优势，开发一些拥有自主知识产权、产品优良、市场开发前景好、核心竞争力强、促进农民增收的枸杞精深加工产品。

（三）进一步加大科技攻关力度，向科技要效益、扩规模、提水平

科技创新是枸杞产业发展的不竭动力。因此，一要发挥政府主导作用，建立枸杞产业科技试验示范基地，重点在植物源生物农药、生物化肥、枸杞保鲜技术、生物制剂、枸杞制干技术等方面发挥典型示范和辐射带动作用，促进枸杞产业提质增资。二要加强与省内外科研院所、知名高校和著名企业的紧密协作。采取引进人才、技术合作、科研攻关等形式，组织开展绿色、有机枸杞产品和相关技术的研究，制定科学的生产流程，开发引进枸杞种植、产品精深加工技术，努力向科技要效益、扩规模、提水平。三要加大枸杞种苗繁育基地建设力度。加快黑枸杞的规模化驯化繁育，加强优质枸杞苗圃建设，满足枸杞产业不断发展的需要；同时，扩大良种普及率和"柴杞"、"诺杞"研发新品种的种植规模，逐步淘汰抵御自然灾害弱、抗虫害能力低、市场销售差的品种。四要进一步引导、鼓励企业开展科技研发攻关，引进新设备、新工艺、新技术、新产品，打造自主品牌，形成科技研发上的产业集群优势。

（四）以保护、效益为先，适度扩大枸杞种植面积

根据 20 世纪末的调查，柴达木地区有宜农荒地资源 1500 多万亩[①]，但

[①] 张兴有、早元村：《柴达木盆地宜农荒地资源与开发利用研究》，《干旱区资源与环境》1998 年第 4 期。

适于种植枸杞的荒地并不多。随着枸杞产业效益带动，青海海南州等地也在试种枸杞，但由于生态条件、技术、市场销路等限制，试种并不非常成功，有的垦荒对草原生态造成了极大破坏。因此，首先需要对全省适种枸杞荒地进行普查，修订发展规划，出台开垦荒地种植枸杞的指导意见，划定垦荒红线，依法严厉打击以破坏草原原生植被为代价种植枸杞的行为。其次，要从生态安全的高度重视胡杨、怪柳、白刺、梭梭等濒危固沙植物的不可替代性，严格执行在开发柴达木戈壁滩地种植枸杞中禁止破坏原生固沙植物的政策，加大惩处力度，防范枸杞产业发展使戈壁自然生态系统恶化。再次，要用公益林补助、经果林补贴以及企业税收减免等政策杠杆，引导枸杞开发企业、合作社、种植户在不破坏生态的前提下开垦开发基础条件不佳的适宜种植荒地，同时，鼓励"四旁"植树，构筑防风固沙屏障。最后，要下大力气推广滴灌、喷灌、微灌、地下滴灌等高效节水灌溉技术，以此减少柴达木地区水资源紧缺、过采地下水灌溉易引起土壤盐碱化等有关"水"的瓶颈制约。总之，推进柴达木枸杞产业过程中，必须树立创新发展、绿色发展理念，转变发展方式，把数量（种植面积）增长方式引向以质量、效益求发展的路子上来。

（五）开展多种经营，推进枸杞产业与旅游业、林下资源开发的深度融合

一要推进枸杞产业与旅游业的深度融合。柴达木枸杞产地蕴藏着丰富的旅游资源，具有融合开发、相互促进的初步基础和巨大潜力。比如，诺木洪地区是诺木洪文化的分布地，其塔里哈遗址、贝壳梁等具有独特性，还有需进一步开发的昆仑文化旅游资源。通过诺木洪地区枸杞产业与旅游业的融合发展，可以把青藏公路沿线的旅游资源串联起来，使其与茶卡盐湖成为青海旅游向西拓展、连接青海河湟地区旅游圈与昆仑山国家地质公园旅游资源丛的两个中转点。二要推进枸杞产业与林下资源的深度融合。针对旅游人群和高端消费市场，秉持循环经济发展理念，遵照减量化、再利用、再循环原则，开发枸杞羊、枸杞鸡等枸杞畜产品，并结合枸杞叶茶、枸杞蜜等林下产

品，发挥组合优势，拓宽收益渠道，扩大枸杞产业发展空间。要对企业和种植户就如何摆脱单一的枸杞种植发展生产，开辟种养殖结合、文化旅游产业结合进行宣传指导，此外，要发挥示范带动作用，积极扶植枸杞产业种养殖方面的能手和"领路人"。

参考文献

王昱、鲁顺元、解占录：《柴达木百年开发与生态变迁》，青海人民出版社，2012。

陕西省林业调查规划院、西北农林科技大学：《青海诺木洪枸杞产业园建设项目可行性研究报告》，2011 年 3 月。

奚凤群：《枸杞风雅颂——柴达木枸杞的前世今生》，未刊稿，2014。

张兴有、申元村：《柴达木盆地宜农荒地资源与开发利用研究》，《干旱区资源与环境》1998 年第 4 期。

高小宁：《柴达木枸杞产业的地位与技术研究现状》，《防护林科技》2014 年第 7 期。

李冰：《青海枸杞产业现状分析与趋势研究》，《林业经济》2013 年第 4 期。

刘俭、秦垦、戴国礼：《特殊气候与青海枸杞的品质和发展前景的关系》，《江西农业学报》2012 年第 10 期。

武玉嶂：《柴达木枸杞产业发展情况调研报告》，《调查研究报告》2014 年第 8 期。

《枸杞是怎样红起来的——青海省海西州发展枸杞产业纪实》，《人民日报》2010 年 12 月 19 日，第 5 版。

B.27
西宁市发展养老服务业的现状与对策研究

杨佳丽　马德君　王恒生*

摘　要： 青海省已进入人口老龄化快速发展期，加之外州县在西宁定居的老年人近10万，西宁市成为全省老年人聚集养老的城市。为应对人口老龄化，青海省委、省政府及西宁市委、市政府高度重视发展养老服务业，采取了大量措施，使老年人生活基本得到保障。但发展地看，仍存在诸多不足之处，有待解决和改善。

关键词： 西宁　人口老龄化　养老服务业

一　西宁市社会养老服务业发展面临的形势

养老服务业是保障和改善民生的重大工程，是建设全面小康社会的客观要求。青海省委、省政府从战略发展的高度，把优先发展社会养老服务列入全省经济社会发展总体规划，出台了《青海省人民政府关于加快发展养老服务业的实施意见》，明确提出"充分发挥政府主导作用和社会力量的主体作用，推动养老服务业和产业同步发展，加快构建政府保障基本、社会增加供给、市场满足需求的多元养老服务业发展新格局，使养老服务业成为青海省调结构、惠民生、促发展的重要力量"。

---

* 杨佳丽，青海民族大学公共管理学院研究生，研究方向：城市管理。马德君，青海民族大学公共管理学院副教授、博士，研究方向：政府经济学；王恒生，青海省社会科学院研究员，研究方向：区域经济、生态经济。

西宁市作为省会城市，是全省主要人口集聚地，养老服务业的发展呈现新的特点和趋势。一方面人口老龄化规模不断扩大。截至 2014 年底，西宁市总人口为 229.07 万人、其中 60 岁以上的老年人口 26.5 万人（城市老年人 15.3 万人、农村老年人 11.2 万人），占全市总人口的 12%；65 岁以上的老年人口 18.1 万人，占老年人口总数的 68.3%。今后一个时期将是青海省老年人口增长的又一个高峰期，人口老龄化进程将进一步加快。预测未来一个时期西宁户籍的老年人口将以每年约 3% 的速度增长，2015 年 60 岁以上老年人口将超过 28.1 万人，到 2020 年将达到 33 万人。另据调查推算，外省籍以及省内州、县来西宁定居人口将达到 10 万人以上。也就是说，2020 年西宁市 60 岁以上老年人的实际数将达到 43 万人以上，社会养老服务需求将急剧增加，为发展养老服务业提出新的挑战。另一方面，特困老人人数快速增加。随着人口老龄化快速增长和家庭养老功能的弱化，西宁市老龄化、空巢化的趋势日益加剧，需要照料的高龄、空巢、独居、失能老人和农村"五保"老人群体不断扩大，保障特困老人基本养老需求量呈快速上升趋势，养老服务供给压力日益增大，迫切需要提供多样化、多层次的养老服务。

总的来说，加快西宁市社会养老服务业发展既是迫切的需求，又面临难得的发展机遇。随着西宁市经济社会的发展及综合实力的不断增强、城乡居民收入的持续增加，以及党和政府的各项养老服务政策的落实，社会养老服务业必将得到健康、快速的发展。

二 西宁市社会养老服务业发展现状

西宁市委、市政府认真贯彻落实中央和省委的有关指示精神，着力创新体制机制，积极应对人口老龄化，统筹城乡老龄产业发展，建立健全养老服务体系，加快养老服务机构建设，鼓励社会力量发展养老服务业，强化社区和居家养老功能，养老服务业发展出现了新局面。

（一）养老机构的作用明显

近年来，市、区养老机构建设继续推进，服务功能不断提升。到 2014 年底，西宁市有各类养老机构 519 家，床位 7600 余张，入住率为 64%，每千名老年人拥有机构养老床位达到 29 张，列全省第一。全市城镇公办养老机构达 26 家，其中老年福利院、老年公寓、光荣院 8 所，乡村敬老院 18 所，共设置床位 2391 张，收养老人 996 人。各养老机构以做好城市"三无"老人和农村"五保"老人基本生活保障为重点，在生活起居、心理健康、文娱活动、医疗保健等方面提供服务。全市现有民办养老机构 4 家，设置床位 770 张，收养老人 239 人，起到了满足养老市场需求和承接政府购买机构养老服务的功能。

（二）居家养老服务有所突破

西宁市四区三县共建社区老年日间照料中心 115 个，设置床位 1150 张，主要依托社区管委会管理和运行，各区每年从自有财力安排 1 万 ~ 2 万元运转经费。在农村社区建设了村级主办、政府支持、社会参与、群众互助的农村互助幸福院 154 个，设置床位 308 张。日间照料中心和农村幸福院的设立，为困难老人提供了必要的服务，为居家养老提供了有效的支持。

（三）加大困难老人救助服务力度

2014 年，将全市 6334 名城镇特困老人、2474 名农村"五保"老人全部纳入城市低保和农村"五保"供养范围，并做到基本生活保障水平逐年提高。对城市符合条件的 60 岁以上老人全部纳入大病医疗救助范围，享受代缴参保、参合、门诊救助、大病救助和二次救助。

（四）有效改善了养老服务的硬件环境

截至 2014 年底，全市建成 2 所老年大学、52 个社区综合服务中心、13 个社区卫生服务中心、107 个社区卫生服务站以及 658 个老年活动室。在社区安装了527条体育健身路径、5550余件健身器械，建设了76个足球场、网球场，有效改善了养老服务条件，促进了养老服务体系建设。

（五）加强了养老护理员队伍建设

西宁市有关部门先后下发了有关养老护理员培训的文件，并举办了养老护理员初级职业技能鉴定培训和岗前培训班。至2014年，全市从事养老护理工作的总人数为312人，其中246人接受过正规培训，175人取得了初级以上《养老护理员职业资格证书》。养老护理员中，大专以上学历占9%，高中学历占38%，初中学历占53%。湟源畜牧业学院自2010年开设了老年护理与管理专业，已毕业学生52人，在校学生127人，不断为社会输送老年服务护理和管理人才。

（六）设立了养老服务联席会议制度

为切实加强养老服务工作的组织领导，强化部门协作配合，及时解决工作中面临的重大问题，统筹推进全市养老服务业发展，西宁市政府成立了由市发改委、市教育局、市民政局、市财政局、市国土资源局等38个部门和单位组成的联席会议。由市民政局牵头，分管副市长担任总召集人，各成员单位有关负责同志为成员。

总体上看，西宁市养老服务业发展较快，为老年服务业的持续发展奠定了很好的基础，但是在快速老龄化态势下，老年人需求与服务业滞后的矛盾仍然比较突出，主要表现在：一是养老服务工作还处于起步阶段，社会养老服务业体系不完善，公益性老龄服务设施和服务网络建设滞后，标准化、信息化和专业化程度低，公办养老机构入住率偏低。全市公办养老机构入住率约为39%，西宁市社会福利院入住率不到31%，而且总体服务质量不高。二是财政对养老服务业的投入不足，尚未形成政府购置养老服务机制，社区、居家养老服务还处于起步阶段。三是养老服务人员缺口大，截至2014年底，全市各类养老服务机构从事养老护理员工作总人数为312人，各类养老服务机构23个，平均每个养老机构13.6人，而且专业化程度低，服务规范、行业自律和市场监督均有待加强。四是市场在资源配置中的基础作用发挥不够，民间投资有限，目前，民间养老机构只占全部养老机构的 17%，床位数占总床位数的 24%，养老服务社会化程度不高。五是养老"输入性"压力大。外地老年人大量拥入，而城市软硬设施不配套，致使老年人看病、出行等多有不便，而且养老服务发展速度慢，老年服务产业尚未形成规模。

三 推进养老服务业发展的基本思路与对策建议

西宁市作为一个海拔较高、自然环境较差的高原城市，老年人健康、生活需求应该更高，然而西宁市养老服务起步晚、发展慢、困难多，服务水平和质量明显滞后于国内一般大中城市，远不适应老年人养老需求，必须加快发展，并争取国家政策支持。

（一）基本思路

在党的十八大精神指引下，按照创新体制机制，坚持保障基本、注重统筹发展、完善市场机制的要求，同时西宁市要根据国家及省委、省政府有关文件精神，加快建立以政府为主导、社会为主体、市场为导向的养老服务发展新机制，尽快完成四个方面的转变：养老服务设施建设布局由过去的"三无"和农村的"五保"老人的兜底性基本生活向服务全社会老年人的普惠老年福利转变；由过去简单的生活服务向人性化的生活照料、医疗康复、人文关怀、老有所乐等养老服务转变；由过去的以政府投入为主向以政府购买服务、社会资本投入为主转变；由过去政府直接经营向以公办民营、民办公助、民办民营为主转变。

在推进养老服务的实践中还应坚持以下基本原则：一是政府引导与社会参与相结合。政府将发展养老服务业作为履行自身公共职能的重要内容，在加强政策指导、资金支持、市场培育和监督管理的同时，充分发挥市场机制在资源配置中的基础性作用，通过公建民营、民办公助、政府购买服务、补助贴息等方式，引导和支持社会力量积极参与老年服务业发展。二是老年服务业发展与老年人口实际规模相适应。西宁市具有明显的聚集养老的"洼池效应",外州县退休工作人员和部分富裕起来的农牧民老年人大量拥入该市养老。同时,随着青海经济的发展及外省籍劳动力的输入,许多老年人也随其子女移居该市。西宁市必须充分考虑到这一因素,坚持养老服务均等化原则,根据老年人实际规模谋划养老服务业的发展。三是统筹协调与分类指导相结合。注重城乡协调发展,加大对农村政策支持力度,资源配置向基层、农村倾斜。应尊重少数民族的风俗习惯,探索适应少数民族老年人养老的模式和政策,因族制宜,开展老年服务工作,发展老年服务业。四是基础保障与普惠相结合。在切实保障"三无"、"五保"和低收入人群基本养老需求的基础上,向高龄老人、单亲老人、空巢老人倾斜,并以政府购买服务、医疗补助、鼓励社会力量参与服务业等措施,逐步扩大老年人群的养老服务受惠面。

(二)对策建议

1. 统筹规划发展养老服务设施

一是加快社区服务设施建设。在制定规划时,按每千名老人40张床位的用地规模,按人均用地不少于0.1平方米的标准,分区分级规划设置养老设施,争取2020年前全市养老事业用地面积达到23万平方米以上。凡新建城区,须配套养老设施;凡老城区的养老设施没有达到规划要求的,须购置或者租赁养老服务设施。二是加快养老服务示范基地建设。青海省拟在西宁建立青海省养老示范基地、城西区医疗康复养老中心、湟中县西堡老年公寓、大通县养老示范基地、城东区民族养老示范基地,总面积143840平方米,设计总床位1800张,这对改善西宁市养老服务设施将发挥重要作用,应该加快推进。三是加快推进社区无障碍环境改造。按照相关规定,加快推进公共基础设施的建设,推动无障碍设施的建设。四是综合发挥老年服务设施的作用。推进社会养老服务设施的建设,加强老年活动中心、日间照料中心与社区老年服务站之间的联系,提高社区卫生和体育设施的使用率,发挥综合效益。

2. 加强养老服务机构建设

一是加快推进公办保障性养老机构建设。公办养老机构应坚持布局合理、实用适用的原则，于 2020 年前各区（县）至少建立一所以供养"三无"对象为重点、养老床位不低于 100 张的综合性社会福利中心，同时在市区建立一所同样的老人社会福利中心，总床位达到 800 张以上，充分发挥民生的托底作用，使"三无"老人和低收入老人能够能到帮扶，享受到无偿的服务。二是鼓励社会力量举办养老机构。进一步降低兴办养老机构的门槛，加大对民办养老机构的支持力度，尤其是在资金、人员以及场地等方面给予一定的优惠，鼓励社会力量参与养老事业，以合资、独资、参股等方式举办养老机构。同时可以根据老年人的特异性和差异性，开展不同需求和不同层次的差别化服务，老年人可以根据自身的特点和情况，选择不同的服务，这样可以满足每一位老人的需求。各区（县）应尽早建立 1 所以上有较高档次的民办养老机构，全市社会养老机构的床位达到总床位的 60% 以上。社会养老机构可积极探索城镇老人"候鸟式"养老和异地养老的模式。三是积极开展公办养老机构。政府可以采取公建民营的方式对养老机构进行管理，通过民间资本的委托管理，在条件允许的情况下，也可把公办养老机构转为企业，灵活运营养老机构。

3. 大力推进居家养老服务建设

一是发展居家养老服务网络。构建以社区为基础、辐射周边的养老服务圈，全市各社区均应建立居家养老服务中心（站），实现居家养老服务对社会单亲老人、空巢老人、高龄老人的全覆盖。积极培育特色养老服务企业，开展上门助餐、助医、助洁等特色化的定制服务；努力培养居家养老服务团队、中介组织，建立专业社工、志愿者和社区义工团队，为居家老人提供家政、护理、精神慰藉和应急救援等服务；大力发展差异化的家政服务，尤其要重视少数民族老人的特殊需求，努力为居家老人提供独特性、差异性的服务。二是发展居家养老信息化服务。借鉴国内外先进经验，推行智能居家养老系统。鼓励支持企业和相关机构利用互联网发展电子商务，通过大数据的分析，建立以老年人为目标群体的资源库，从而建立起紧急呼叫、健康咨询等服务平台，为居家老人提供适时、高效、便捷的服务。

4. 加强养老服务制度化建设

一是加强规范化管理。把所有养老机构纳入行业管理，建立健全养老机构的准入、管理、退出等制度。逐步推行养老机构评定工作，实行动态管理，以评促建，以评促管，以评促发展，不断提升养老服务水平。二是实行持证上岗。联合劳动保障部门，依托医疗机构、养老机构和大专院校建立养老服务人员培训基地，组织开展远程培训。加快培养老年医学、心理咨询、康复护理和社会工作等专业人才。开展职业技能认定工作，完善从业人员职业资格培训和鉴定机制，不断提高养老服务从业人员持证上岗率。三是推行养老保险。鼓励和引导保险机构研发和推广适合老年人的保险产品，以规避养老机构的运营风险和减免养老机构老年人因意外、得病而产生的医疗费用。四是推进养医结合。有条件设立医疗机构的养老机构，应该纳入城镇职工、城镇居民医疗定点范围，从而实现老年人在养老与医疗机构之间的便捷对接。建立医疗机构与养老机构的协调机制，加快推进面向养老机构的远程医疗服务试点。支持乡镇卫生院、社区医疗卫生机构与养老机构、社区养老站点签订医疗服务合作协议。尽快完善老年人异地养老的报销问题。五是争取实行医疗保障全国"一卡通"。据2014年底统计，全省在省外异地养老人员约8万人，其中大部分是西宁工作的离退休老同志。大量老年人到内地养老是高海拔的青藏地区特有的现象。据了解，这些人在所在地住医院需个人先垫付住院费，然后将发票寄回省内医保部门报销。在门诊看病，需交付现金。这种方式给老年人带来诸多不便。建议省上呼吁卫生部，优先对青藏地区医疗保障实行全国联网，实现"一卡通"，以解决异地养老的医疗难题。

5. 提升农村养老服务

一是有针对性地开展养老服务。采取多元投资方式，持续完善和提升农村敬老院的基础设施和服务功能。充分利用村级活动场所、农家大院和闲置校舍等加快农村互助幸福院、日间照料中心、老年活动站等互助性养老服务设施建设，向社会开放，使之发展成为养老服务中心。争取 2020 年前，全市建设农村社区互助养老服务设施达 600 个以上，每个村级养老服务设施面积不少于 1000 平方米。充分发挥村民自治功能和为老服务社会组织的作用，全面推行农村赡养老人协议制度，督促家庭成员履行对老年人的依法供养、生活照料和精神慰藉的义务。二是探索"五保"老人供养新模式。研究、制定农村代养孤寡老人政府购买服务办法，开展邻里互助、志愿服务，帮助留守、失独、经济困难老人解决实际生活困难；建立农村"五保"对象供养标准自然增长机制，保证"五保"对象的自愿集中率达到 100%。三是拓宽资金渠道。养老的财政性资金应向农村适度倾斜。构建市区与农村养老机构的对口帮扶机制，鼓励市区资金、资产和资源投向农村养老服务，通过培训、支援等形式，提升农村养老机构的服务水平。四是开展对老年人的科学教育。各地可编写适合当地老年人生活知识方面的材料，通过宣讲、媒体宣传，提高老年人科学消费水平，并提高他们培养留守孙子女的科学性和能力。

6. 发展养老服务消费市场

开发老年消费用品。鼓励和支持企业投资养老服务业，以满足老年人的衣、食、住、行、医和文化娱乐等需要为目的，积极研发适合老年人的食品、药品、服饰，在超市设立老年用品的专柜，给予老年人以最便捷的服务。鼓励保险公司和商业银行开展老年人的保险、投资、理财的产品。二是拓展老年服务业。鼓励相关行业发展夕阳产业，开展适合老年人的休闲娱乐、健康运动、文化交流等项目。同时，也要做好老年人的教育工作，开发老年人才资源，发挥老年人的余热，提高老年人的价值。出版适合老年人阅读的报纸杂志，开设老年人的广播和电视专栏，以期丰富老年人的精神文化生活。三是开发老年人资源。西宁乃至全省是一个人才短缺的地区，而老年群体又是一个成熟的人才库。为有效开发老年人才资源，发挥老年人的智慧、经验和技能，为青海的现代化建设做出新的贡献，市政府可支持建立 1~2 所老年人才再就业中介机构，为老年人提供老有所为的机会，满足他们的再就业需求。四是健全市场规范。引导养老服务行业、社会组织和企业，加强自我约束，规范业内标准，加强养老产品的质量监督，为老年人提供安全、健康、便捷的消费环境。

7. 完善和落实养老服务相关政策

按照国家及省政府有关文件精神，制定和完善加快发展西宁市养老服务业的配套政策。为保障机构设施建设、社区居家养老服务、民办养老机构资助、信息化建设、护理人员队伍建设等方面的资金投入，出台政府购买养老服务政策及实施办法、社会力量参与或承办养老服务的奖补政策；出台按标准和需求供应养老服务土地政策；贯彻落实国家关于养老服务业发展的各种税收政策；建立健全困难老人生活补贴和困难失能老人护理补贴政策；建立健全提高养老服务人员社会地位和职业待遇的政策；完善城镇"三无"老人、农村"五保"老人政府供养政策；支持和发展为老服务公益慈善组织的政策，不断提高养老服务质量和水平。

8. 宣传营造良好的养老服务社会环境

大力宣传发展养老服务业的方针政策，引导社会力量积极投身养老服务业，形成政府与市场、社会与家庭共建的发展模式。及时总结推广发展养老服务业的好经验、好做法。引导老年人树立健康的养老观念、社会化养老服务的消费观念，营造安全、便利、诚信的老年消费环境。借助文明社区（村镇）和文明家庭的活动平台，学习各民族爱老、敬老、助老、孝老传统美德和养老服务先进典型，加大对为老服务示范单位表彰的力度，创建人人尊敬、关心和帮助老年人的社会风气。

❖ 皮书起源 ❖

"皮书"起源于十七、十八世纪的英国，主要指官方或社会组织正式发表的重要文件或报告，多以"白皮书"命名。在中国，"皮书"这一概念被社会广泛接受，并被成功运作、发展成为一种全新的出版形态，则源于中国社会科学院社会科学文献出版社。

❖ 皮书定义 ❖

皮书是对中国与世界发展状况和热点问题进行年度监测，以专业的角度、专家的视野和实证研究方法，针对某一领域或区域现状与发展态势展开分析和预测，具备原创性、实证性、专业性、连续性、前沿性、时效性等特点的公开出版物，由一系列权威研究报告组成。

❖ 皮书作者 ❖

皮书系列的作者以中国社会科学院、著名高校、地方社会科学院的研究人员为主，多为国内一流研究机构的权威专家学者，他们的看法和观点代表了学界对中国与世界的现实和未来最高水平的解读与分析。

❖ 皮书荣誉 ❖

皮书系列已成为社会科学文献出版社的著名图书品牌和中国社会科学院的知名学术品牌。2011年，皮书系列正式列入"十二五"国家重点出版规划项目；2012~2015年，重点皮书列入中国社会科学院承担的国家哲学社会科学创新工程项目；2016年，46种院外皮书使用"中国社会科学院创新工程学术出版项目"标识。

法律声明

　　"皮书系列"（含蓝皮书、绿皮书、黄皮书）之品牌由社会科学文献出版社最早使用并持续至今，现已被中国图书市场所熟知。"皮书系列"的 LOGO（▨）与"经济蓝皮书""社会蓝皮书"均已在中华人民共和国国家工商行政管理总局商标局登记注册。"皮书系列"图书的注册商标专用权及封面设计、版式设计的著作权均为社会科学文献出版社所有。未经社会科学文献出版社书面授权许可，任何使用与"皮书系列"图书注册商标、封面设计、版式设计相同或者近似的文字、图形或其组合的行为均系侵权行为。

　　经作者授权，本书的专有出版权及信息网络传播权为社会科学文献出版社享有。未经社会科学文献出版社书面授权许可，任何就本书内容的复制、发行或以数字形式进行网络传播的行为均系侵权行为。

　　社会科学文献出版社将通过法律途径追究上述侵权行为的法律责任，维护自身合法权益。

　　欢迎社会各界人士对侵犯社会科学文献出版社上述权利的侵权行为进行举报。电话：010 – 59367121，电子邮箱：fawubu@ssap.cn。

社会科学文献出版社

经 济 类

经济类皮书涵盖宏观经济、城市经济、大区域经济，
提供权威、前沿的分析与预测

经济蓝皮书

2016 年中国经济形势分析与预测

李 扬 / 主编　　2015 年 12 月出版　　定价 :79.00 元

◆　本书为总理基金项目，由著名经济学家李扬领衔，联合
中国社会科学院等数十家科研机构、国家部委和高等院校的专
家共同撰写，系统分析了 2015 年的中国经济形势并预测 2016
年我国经济运行情况。

世界经济黄皮书

2016 年世界经济形势分析与预测

王洛林　张宇燕 / 主编　　2015 年 12 月出版　　定价 :79.00 元

◆　本书由中国社会科学院世界经济与政治研究所的研究团
队撰写，2015 年世界经济增长继续放缓，增长格局也继续分化，
发达经济体与新兴经济体之间的增长差距进一步收窄。2016
年世界经济增长形势不容乐观。

产业蓝皮书

中国产业竞争力报告（2016）NO.6

张其仔 / 主编　　2016 年 12 月出版　　估价 :98.00 元

◆　本书由中国社会科学院工业经济研究所研究团队在深入实
际、调查研究的基础上完成。通过运用丰富的数据资料和最新
的测评指标，从学术性、系统性、预测性上分析了 2015 年中
国产业竞争力，并对未来发展趋势进行了预测。

G20 国家创新竞争力黄皮书

二十国集团（G20）国家创新竞争力发展报告（2016）

李建平 李闽榕 赵新力 / 主编　　2016 年 11 月出版　估价 :138.00 元

◆　本报告在充分借鉴国内外研究者的相关研究成果的基础上，紧密跟踪技术经济学、竞争力经济学、计量经济学等学科的最新研究动态，深入分析 G20 国家创新竞争力的发展水平、变化特征、内在动因及未来趋势，同时构建了 G20 国家创新竞争力指标体系及数学模型。

国际城市蓝皮书

国际城市发展报告（2016）

屠启宇 / 主编　　2016 年 1 月出版　　估价 :79.00 元

◆　本书作者以上海社会科学院从事国际城市研究的学者团队为核心，汇集同济大学、华东师范大学、复旦大学、上海交通大学、南京大学、浙江大学相关城市研究专业学者。立足动态跟踪介绍国际城市发展实践中，最新出现的重大战略、重大理念、重大项目、重大报告和最佳案例。

金融蓝皮书

中国金融发展报告（2016）

李 扬　王国刚 / 主编　2015 年 12 月出版　定价 :79.00 元

◆　本书由中国社会科学院金融研究所组织编写，概括和分析了 2015 年中国金融发展和运行中的各方面情况，研讨和评论了 2015 年发生的主要金融事件。本书由业内专家和青年精英联合编著，有利于读者了解掌握 2015 年中国的金融状况，把握 2016 年中国金融的走势。

农村绿皮书

中国农村经济形势分析与预测（2015 ~ 2016）

中国社会科学院农村发展研究所　国家统计局农村社会经济调查司 / 著
2016 年 4 月出版　估价 :69.00 元

◆　本书描述了 2015 年中国农业农村经济发展的一些主要指标和变化，以及对 2016 年中国农业农村经济形势的一些展望和预测。

西部蓝皮书

中国西部发展报告（2016）

姚慧琴　徐璋勇／主编　　2016 年 7 月出版　　估价：89.00 元

◆　本书由西北大学中国西部经济发展研究中心主编，汇集了源自西部本土以及国内研究西部问题的权威专家的第一手资料，对国家实施西部大开发战略进行年度动态跟踪，并对 2016 年西部经济、社会发展态势进行预测和展望。

民营经济蓝皮书

中国民营经济发展报告 No.12（2015 ~ 2016）

王钦敏／主编　　2016 年 1 月出版　估价：75.00 元

◆　改革开放以来，民营经济从无到有、从小到大，是最具活力的增长极。本书是中国工商联课题组的研究成果，对 2015 年度中国民营经济的发展现状、趋势进行了详细的论述，并提出了合理的建议。是广大民营企业进行政策咨询、科学决策和理论创新的重要参考资料，也是理论工作者进行理论研究的重要参考资料。

经济蓝皮书夏季号

中国经济增长报告（2015 ~ 2016）

李　扬／主编　　2016 年 8 月出版　估价：69.00 元

◆　中国经济增长报告主要探讨 2015~2016 年中国经济增长问题，以专业视角解读中国经济增长，力求将其打造成一个研究中国经济增长、服务宏微观各级决策的周期性、权威性读物。

中三角蓝皮书

长江中游城市群发展报告（2016）

秦尊文／主编　　2016 年 10 月出版　估价：69.00 元

◆　本书是湘鄂赣皖四省专家学者共同研究的成果，从不同角度、不同方位记录和研究长江中游城市群一体化，提出对策措施，以期为将"中三角"打造成为继珠三角、长三角、京津冀之后中国经济增长第四极奉献学术界的聪明才智。

社 会 政 法 类

社会政法类皮书聚焦社会发展领域的热点、难点问题，
提供权威、原创的资讯与视点

社会蓝皮书

2016 年中国社会形势分析与预测

李培林　陈光金　张　翼 / 主编　2015 年 12 月出版　定价 :79.00 元

◆　本书由中国社会科学院社会学研究所组织研究机构专家、高校学者和政府研究人员撰写，聚焦当下社会热点，对 2015 年中国社会发展的各个方面内容进行了权威解读，同时对 2016 年社会形势发展趋势进行了预测。

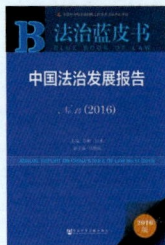

法治蓝皮书

中国法治发展报告 No.14（2016）

李　林　田　禾 / 主编　　2016 年 3 月出版　　估价 :105.00 元

◆　本年度法治蓝皮书回顾总结了 2015 年度中国法治发展取得的成就和存在的不足，并对 2016 年中国法治发展形势进行了预测和展望。

反腐倡廉蓝皮书

中国反腐倡廉建设报告 No.6

李秋芳　张英伟 / 主编　2017 年 1 月出版　　估价 :79.00 元

◆　本书抓住了若干社会热点和焦点问题，全面反映了新时期新阶段中国反腐倡廉面对的严峻局面，以及中国共产党反腐倡廉建设的新实践新成果。根据实地调研、问卷调查和舆情分析，梳理了当下社会普遍关注的与反腐败密切相关的热点问题。

生态城市绿皮书
中国生态城市建设发展报告（2016）
刘举科 孙伟平 胡文臻/主编　2016年6月出版　估价:98.00元
◆　报告以绿色发展、循环经济、低碳生活、民生宜居为理念，以更新民众观念、提供决策咨询、指导工程实践、引领绿色发展为宗旨，试图探索一条具有中国特色的城市生态文明建设新路。

公共服务蓝皮书
中国城市基本公共服务力评价（2016）
钟　君　吴正杲/主编　2016年12月出版　估价:79.00元
◆　中国社会科学院经济与社会建设研究室与华图政信调查组成联合课题组，从2010年开始对基本公共服务力进行研究，研创了基本公共服务力评价指标体系，为政府考核公共服务与社会管理工作提供了理论工具。

教育蓝皮书
中国教育发展报告（2016）
杨东平/主编　2016年5月出版　估价:79.00元
◆　本书由国内的中青年教育专家合作研究撰写。深度剖析2015年中国教育的热点话题，并对当下中国教育中出现的问题提出对策建议。

生态文明绿皮书
中国省域生态文明建设评价报告（ECI 2016）
严耕/主编　2016年12月出版　估价:85.00元
◆　本书基于国家最新发布的权威数据，对我国的生态文明建设状况进行科学评价，并开展相应的深度分析，结合中央的政策方针和各省的具体情况，为生态文明建设推进，提出针对性的政策建议。

行业报告类

行业报告类皮书立足重点行业、新兴行业领域，
提供及时、前瞻的数据与信息

房地产蓝皮书

中国房地产发展报告 No.13（2016）

魏后凯　李景国／主编　　2016 年 5 月出版　　估价：79.00 元

◆　蓝皮书秉承客观公正、科学中立的宗旨和原则，追踪 2015
年我国房地产市场最新资讯，深度分析，剖析因果，谋划对策，
并对 2016 年房地产发展趋势进行了展望。

旅游绿皮书

2015 ～ 2016 年中国旅游发展分析与预测

宋　瑞／主编　　2016 年 1 出版　　估价：98.00 元

◆　　本书中国社会科学院旅游研究中心组织相关专家编写的年
度研究报告，对 2015 年旅游行业的热点问题进行了全面的综
述并提出专业性建议，并对 2016 年中国旅游的发展趋势进行
展望。

互联网金融蓝皮书

中国互联网金融发展报告（2016）

李东荣／主编　　2016 年 8 月出版　　估价：79.00 元

◆　　近年来，许多基于互联网的金融服务模式应运而生并对
传统金融业产生了深刻的影响和巨大的冲击，"互联网金融"
成为社会各界关注的焦点。本书探析了 2015 年互联网金融
的特点和 2016 年互联网金融的发展方向和亮点。

资产管理蓝皮书

中国资产管理行业发展报告（2016）

智信资产管理研究院 / 编著　　2016 年 6 月出版　　估价 :89.00 元

◆　中国资产管理行业刚刚兴起，未来将中国金融市场最有看点的行业，也会成为快速发展壮大的行业。本书主要分析了 2015 年度资产管理行业的发展情况，同时对资产管理行业的未来发展做出科学的预测。

老龄蓝皮书

中国老龄产业发展报告（2016）

吴玉韶 党俊武 / 编著
2016 年 9 月出版　 估价 :79.00 元

◆　本书着眼于对中国老龄产业的发展给予系统介绍，深入解析，并对未来发展趋势进行预测和展望，力求从不同视角、不同层面全面剖析中国老龄产业发展的现状、取得的成绩、存在的问题以及重点、难点等。

金融蓝皮书

中国金融中心发展报告（2016）

王　力　黄育华 / 编著　　2017 年 11 月出版　　估价 :75.00 元

◆　本报告将提升中国金融中心城市的金融竞争力作为研究主线，全面、系统、连续地反映和研究中国金融中心城市发展和改革的最新进展，展示金融中心理论研究的最新成果。

流通蓝皮书

中国商业发展报告（2016）

荆林波 / 编著　　2016 年 5 月出版　　估价 :89.00 元

◆　本书是中国社会科学院财经院与利丰研究中心合作的成果，从关注中国宏观经济出发，突出了中国流通业的宏观背景，详细分析了批发业、零售业、物流业、餐饮产业与电子商务等产业发展状况。

国别与地区类

国别与地区类皮书关注全球重点国家与地区，
提供全面、独特的解读与研究

美国蓝皮书

美国研究报告（2016）

黄 平　郑秉文 / 主编　2016 年 7 月出版　估价 :89.00 元

◆　本书是由中国社会科学院美国所主持完成的研究成果，
它回顾了美国 2015 年的经济、政治形势与外交战略，对 2016
年以来美国内政外交发生的重大事件以及重要政策进行了较
为全面的回顾和梳理。

拉美黄皮书

拉丁美洲和加勒比发展报告（2015~2016）

吴白乙 / 主编　2016 年 5 月出版　估价 :89.00 元

◆　本书对 2015 年拉丁美洲和加勒比地区诸国的政治、经济、
社会、外交等方面的发展情况做了系统介绍，对该地区相关
国家的热点及焦点问题进行了总结和分析，并在此基础上对
该地区各国 2016 年的发展前景做出预测。

日本经济蓝皮书

日本经济与中日经贸关系研究报告（2016）

王洛林　张季风 / 编著　2016 年 5 月出版　　估价 :79.00 元

◆　本书系统、详细地介绍了 2015 年日本经济以及中日
经贸关系发展情况，在进行了大量数据分析的基础上，对
2016 年日本经济以及中日经贸关系的大致发展趋势进行了
分析与预测。

俄罗斯黄皮书

俄罗斯发展报告（2016）

李永全／编著　2016 年 7 月出版　估价 :79.00 元

◆　本书系统介绍了 2015 年俄罗斯经济政治情况，并对
2015 年该地区发生的焦点、热点问题进行了分析与回顾；
在此基础上，对该地区 2016 年的发展前景进行了预测。

国际形势黄皮书

全球政治与安全报告（2016）

李慎明　张宇燕／主编　2015 年 12 月出版　定价 :69.00 元

◆　本书旨在对本年度全球政治及安全形势的总体情况、
热点问题及变化趋势进行回顾与分析，并提出一定的预测
及对策建议。作者通过事实梳理、数据分析、政策分析等
途径，阐释了本年度国际关系及全球安全形势的基本特点，
并在此基础上提出了具有启示意义的前瞻性结论。

德国蓝皮书

德国发展报告（2016）

郑春荣　伍慧萍／主编　2016 年 6 月出版　估价 :69.00 元

◆　本报告由同济大学德国研究所组织编撰，由该领域的
专家学者对德国的政治、经济、社会文化、外交等方面的
形势发展情况，进行全面的阐述与分析。

中欧关系蓝皮书

中欧关系研究报告（2016）

周弘／编著　2016 年 12 月出版　估价 :98.00 元

◆　本书由欧洲所暨欧洲学会推出，旨在分析、评估和预
测年度中欧关系发展态势。本报告的作者均为欧洲方面的
专家，他们对欧洲与中国在各个领域的发展情况进行了深
入地分析和研究，对读者了解和把握中欧关系是非常有益
的参考。

地方发展类

地方发展类皮书关注中国各省份、经济区域，
提供科学、多元的预判与资政信息

北京蓝皮书

北京公共服务发展报告（2015~2016）

施昌奎 / 主编　　2016 年 1 月出版　估价：69.00 元

◆　本书是由北京市政府职能部门的领导、首都著名高校的教
授、知名研究机构的专家共同完成的关于北京市公共服务发展
与创新的研究成果。

河南蓝皮书

河南经济发展报告（2016）

河南省社会科学院 / 编著　　2016 年 12 月出版　估价：79.00 元

◆　本书以国内外经济发展环境和走向为背景，主要分析当前
河南经济形势，预测未来发展趋势，全面反映河南经济发展的
最新动态、热点和问题，为地方经济发展和领导决策提供参考。

京津冀蓝皮书

京津冀发展报告（2016）

文　魁　祝尔娟 / 编著　　2016 年 4 月出版　估价：89.00 元

◆　京津冀协同发展作为重大的国家战略，已进入顶层设计、
制度创新和全面推进的新阶段。本书以问题为导向，围绕京
津冀发展中的重要领域和重大问题，研究如何推进京津冀协
同发展。

文 化 传 媒 类

文化传媒类皮书透视文化领域、文化产业，
探索文化大繁荣、大发展的路径

新媒体蓝皮书

中国新媒体发展报告 No.7（2016）

唐绪军 / 主编　　2016 年 6 月出版　　估价 :79.00 元

◆　本书是由中国社会科学院新闻与传播研究所组织编写的关于新媒体发展的最新年度报告，旨在全面分析中国新媒体的发展现状，解读新媒体的发展趋势，探析新媒体的深刻影响。

移动互联网蓝皮书

中国移动互联网发展报告（2016）

官建文 / 编著　　2016 年 6 月出版　　估价 :79.00 元

◆　本书着眼于对中国移动互联网 2015 年度的发展情况做深入解析，对未来发展趋势进行预测，力求从不同视角、不同层面全面剖析中国移动互联网发展的现状、年度突破以及热点趋势等。

文化蓝皮书

中国文化产业发展报告（2016）

张晓明　王家新　章建刚 / 主编　　2016 年 4 月出版　　估价 :79.00 元

◆　本书由中国社会科学院文化研究中心编写。 从 2012 年开始，中国社会科学院文化研究中心设立了国内首个文化产业的研究类专项资金——"文化产业重大课题研究计划"，开始在全国范围内组织多学科专家学者对我国文化产业发展重大战略问题进行联合攻关研究。本书集中反映了该计划的研究成果。

经济类

G20国家创新竞争力黄皮书
二十国集团（G20）国家创新竞争力发展报告（2016）
著(编)者:李建平 李闽榕 赵新力
2016年11月出版 / 估价:138.00元

产业蓝皮书
中国产业竞争力报告（2016）NO.6
著(编)者:张其仔 2016年12月出版 估价:98.00元

城市创新蓝皮书
中国城市创新报告（2016）
著(编)者:周天勇 旷建伟 2016年8月出版 / 估价:69.00元

城市蓝皮书
中国城市发展报告 NO.9
著(编)者:潘家华 魏后凯 2016年9月出版 / 估价:69.00元

城市群蓝皮书
中国城市群发展指数报告（2016）
著(编)者:刘士林 刘新静 2016年10月出版 / 估价:69.00元

城乡一体化蓝皮书
中国城乡一体化发展报告（2015～2016）
著(编)者:汝信 付崇兰 2016年7月出版 / 估价:85.00元

城镇化蓝皮书
中国新型城镇化健康发展报告（2016）
著(编)者:张占斌 2016年5月出版 / 估价:79.00元

创新蓝皮书
创新型国家建设报告（2015～2016）
著(编)者:詹正茂 2016年11月出版 / 估价:69.00元

低碳发展蓝皮书
中国低碳发展报告（2016）
著(编)者:齐晔 2016年3月出版 / 估价:89.00元

低碳经济蓝皮书
中国低碳经济发展报告（2016）
著(编)者:薛进军 赵忠秀 2016年6月出版 / 估价:85.00元

东北蓝皮书
中国东北地区发展报告（2016）
著(编)者:马克 黄文艺 2016年8月出版 / 估价:79.00元

工业化蓝皮书
中国工业化进程报告（2016）
著(编)者:黄群慧 吕铁 李晓华 等
2016年11月出版 / 估价:89.00元

管理蓝皮书
中国管理发展报告（2016）
著(编)者:张晓东 2016年9月出版 / 估价:98.00元

国际城市蓝皮书
国际城市发展报告（2016）
著(编)者:屠启宇 2016年1月出版 / 估价:79.00元

国家创新蓝皮书
中国创新发展报告（2016）
著(编)者:陈劲 2016年9月出版 / 估价:69.00元

金融蓝皮书
中国金融发展报告（2016）
著(编)者:李扬 王国刚 2015年12月出版 / 定价:79.00元

京津冀产业蓝皮书
京津冀产业协同发展报告（2016）
著(编)者:中智科博（北京）产业经济发展研究院
2016年6月出版 / 估价:69.00元

京津冀蓝皮书
京津冀发展报告（2016）
著(编)者:文魁 祝尔娟 2016年4月出版 / 估价:89.00元

经济蓝皮书
2016年中国经济形势分析与预测
著(编)者:李扬 2015年12月出版 / 定价:79.00元

经济蓝皮书·春季号
2016年中国经济前景分析
著(编)者:李扬 2016年5月出版 / 估价:79.00元

经济蓝皮书·夏季号
中国经济增长报告（2015～2016）
著(编)者:李扬 2016年8月出版 / 估价:99.00元

经济信息绿皮书
中国与世界经济发展报告（2016）
著(编)者:杜平 2015年12月出版 / 定价:89.00元

就业蓝皮书
2016年中国本科生就业报告
著(编)者:麦可思研究院 2016年6月出版 / 估价:98.00元

就业蓝皮书
2016年中国高职高专生就业报告
著(编)者:麦可思研究院 2016年6月出版 / 估价:98.00元

临空经济蓝皮书
中国临空经济发展报告（2016）
著(编)者:连玉明 2016年11月出版 / 估价:79.00元

民营经济蓝皮书
中国民营经济发展报告 NO.12（2015～2016）
著(编)者:王钦敏 2016年1月出版 / 估价:75.00元

农村绿皮书
中国农村经济形势分析与预测（2015～2016）
著(编)者:中国社会科学院农村发展研究所
　　　　　国家统计局农村社会经济调查司
2016年4月出版 / 估价:69.00元

农业应对气候变化蓝皮书
气候变化对中国农业影响评估报告 No.2
著(编)者:矫梅燕 2016年8月出版 / 估价:98.00元

企业公民蓝皮书
中国企业公民报告 NO.4
著(编)者:邹东涛　2016年1月出版 / 估价:79.00元

气候变化绿皮书
应对气候变化报告（2016）
著(编)者:王伟光 郑国光　2016年11月出版 / 估价:98.00元

区域蓝皮书
中国区域经济发展报告（2015~2016）
著(编)者:梁昊光　2016年5月出版 / 估价:79.00元

全球环境竞争力绿皮书
全球环境竞争力报告（2016）
著(编)者:李建平 李闽榕 王金南
2016年12月出版 / 估价:198.00元

人口与劳动绿皮书
中国人口与劳动问题报告 NO.17
著(编)者:蔡昉 张车伟　2016年11月出版 / 估价:69.00元

商务中心区蓝皮书
中国商务中心区发展报告 NO.2（2016）
著(编)者:魏后凯 李国红　2016年1月出版 / 估价:89.00元

世界经济黄皮书
2016年世界经济形势分析与预测
著(编)者:王洛林 张宇燕　2015年12月出版 / 定价:79.00元

世界旅游城市绿皮书
世界旅游城市发展报告（2016）
著(编)者:鲁勇 周正宇 宋宇　2016年6月出版 / 估价:88.00元

西北蓝皮书
中国西北发展报告（2016）
著(编)者:孙发平 苏海红 鲁顺元
2015年12月出版 / 估价:79.00元

西部蓝皮书
中国西部发展报告（2016）
著(编)者:姚慧琴 徐璋勇　2016年7月出版 / 估价:89.00元

县域发展蓝皮书
中国县域经济增长能力评估报告（2016）
著(编)者:王力　2016年10月出版 / 估价:69.00元

新型城镇化蓝皮书
新型城镇化发展报告（2016）
著(编)者:李伟 宋敏 沈体雁　2016年11月出版 / 估价:98.00元

新兴经济体蓝皮书
金砖国家发展报告（2016）
著(编)者:林跃勤 周文　2016年7月出版 / 估价:79.00元

长三角蓝皮书
2016年全面深化改革中的长三角
著(编)者:张伟斌　2016年10月出版 / 估价:69.00元

中部竞争力蓝皮书
中国中部经济社会竞争力报告（2016）
著(编)者:教育部人文社会科学重点研究基地
　　　　南昌大学中国中部经济社会发展研究中心
2016年10月出版 / 估价:79.00元

中部蓝皮书
中国中部地区发展报告（2016）
著(编)者:宋亚平　2016年12月出版 / 估价:78.00元

中国省域竞争力蓝皮书
中国省域经济综合竞争力发展报告（2015~2016）
著(编)者:李建平 李闽榕 高燕京
2016年2月出版 / 估价:198.00元

中三角蓝皮书
长江中游城市群发展报告（2016）
著(编)者:秦尊文　2016年10月出版 / 估价:69.00元

中小城市绿皮书
中国中小城市发展报告（2016）
著(编)者:中国城市经济学会中小城市经济发展委员会
　　　　中国城镇化促进会中小城市发展委员会
　　　　《中国中小城市发展报告》编纂委员会
　　　　中小城市发展战略研究院
2016年10月出版 / 估价:98.00元

中原蓝皮书
中原经济区发展报告（2016）
著(编)者:李英杰　2016年6月出版 / 估价:88.00元

自贸区蓝皮书
中国自贸区发展报告（2016）
著(编)者:王力 王吉培　2016年10月出版 / 估价:69.00元

社会政法类

北京蓝皮书
中国社区发展报告（2016）
著(编)者:于燕燕　2017年2月出版 / 估价:79.00元

殡葬绿皮书
中国殡葬事业发展报告（2016）
著(编)者:李伯森　2016年4月出版 / 估价:158.00元

城市管理蓝皮书
中国城市管理报告（2016）
著(编)者:谭维克 刘林　2017年2月出版 / 估价:118.00元

城市生活质量蓝皮书
中国城市生活质量报告（2016）
著(编)者:张连城 张平 杨春学 郎丽华
2016年7月出版 / 估价:89.00元

城市政府能力蓝皮书
中国城市政府公共服务能力评估报告（2016）
著(编)者:何艳玲　2016年7月出版 / 估价:69.00元

创新蓝皮书
中国创业环境发展报告（2016）
著(编)者:姚凯 曹祎遐　2016年1月出版 / 估价:69.00元

慈善蓝皮书
中国慈善发展报告（2016）
著(编)者:杨团　2016年6月出版 / 估价:79.00元

地方法治蓝皮书
中国地方法治发展报告 NO.2（2016）
著(编)者:李林 田禾　2016年1月出版 / 估价:98.00元

法治蓝皮书
中国法治发展报告 NO.14（2016）
著(编)者:李林 田禾　2016年3月出版 / 估价:105.00元

反腐倡廉蓝皮书
中国反腐倡廉建设报告 NO.6
著(编)者:李秋芳 张英伟　2017年1月出版 / 估价:79.00元

非传统安全蓝皮书
中国非传统安全研究报告（2015～2016）
著(编)者:余潇枫 魏志江　2016年5月出版 / 估价:79.00元

妇女发展蓝皮书
中国妇女发展报告 NO.6
著(编)者:王金玲　2016年9月出版 / 估价:148.00元

妇女教育蓝皮书
中国妇女教育发展报告 NO.3
著(编)者:张李玺　2016年10月出版 / 估价:78.00元

妇女绿皮书
中国性别平等与妇女发展报告（2016）
著(编)者:谭琳　2016年12月出版 / 估价:99.00元

公共服务蓝皮书
中国城市基本公共服务力评价（2016）
著(编)者:钟君 吴正杲　2016年12月出版 / 估价:79.00元

公共管理蓝皮书
中国公共管理发展报告（2016）
著(编)者:贡森 李国强 杨维富
2016年4月出版 / 估价:69.00元

公共外交蓝皮书
中国公共外交发展报告（2016）
著(编)者:赵启正 雷蔚真　2016年4月出版 / 估价:89.00元

公民科学素质蓝皮书
中国公民科学素质报告（2016）
著(编)者:李群 许佳军　2016年3月出版 / 估价:79.00元

公益蓝皮书
中国公益发展报告（2016）
著(编)者:朱健刚　2016年5月出版 / 估价:78.00元

国际人才蓝皮书
海外华侨华人专业人士报告（2016）
著(编)者:王辉耀 苗绿　2016年8月出版 / 估价:69.00元

国际人才蓝皮书
中国国际移民报告（2016）
著(编)者:王辉耀　2016年2月出版 / 估价:79.00元

国际人才蓝皮书
中国海归发展报告（2016）NO.3
著(编)者:王辉耀 苗绿　2016年10月出版 / 估价:69.00元

国际人才蓝皮书
中国留学发展报告（2016）NO.5
著(编)者:王辉耀 苗绿　2016年10月出版 / 估价:79.00元

国家公园蓝皮书
中国国家公园体制建设报告（2016）
著(编)者:苏杨 张玉钧 石金莲 刘锋 等
2016年10月出版 / 估价:69.00元

海洋社会蓝皮书
中国海洋社会发展报告（2016）
著(编)者:崔凤 宋宁而　2016年7月出版 / 估价:89.00元

行政改革蓝皮书
中国行政体制改革报告（2016）NO.5
著(编)者:魏礼群　2016年4月出版 / 估价:98.00元

华侨华人蓝皮书
华侨华人研究报告（2016）
著(编)者:贾益民　2016年12月出版 / 估价:98.00元

环境竞争力绿皮书
中国省域环境竞争力发展报告（2016）
著(编)者:李建平 李闽榕 王金南
2016年11月出版 / 估价:198.00元

环境绿皮书
中国环境发展报告（2016）
著(编)者:刘鉴强　2016年5月出版 / 估价:79.00元

基金会蓝皮书
中国基金会发展报告（2016）
著(编)者:刘忠祥　2016年4月出版 / 估价:69.00元

基金会绿皮书
中国基金会发展独立研究报告（2016）
著(编)者:基金会中心网 中央民族大学基金会研究中心
2016年6月出版 / 估价:88.00元

基金会透明度蓝皮书
中国基金会透明度发展研究报告（2016）
著(编)者:基金会中心网 清华大学廉政与治理研究中心
2016年9月出版 / 估价:85.00元

教师蓝皮书
中国中小学教师发展报告（2016）
著(编)者:曾晓东 鱼霞　2016年6月出版 / 估价:69.00元

教育蓝皮书
中国教育发展报告（2016）
著(编)者：杨东平　2016年5月出版 / 估价：79.00元

科普蓝皮书
中国科普基础设施发展报告（2016）
著(编)者：任福君　2016年6月出版 / 估价：69.00元

科学教育蓝皮书
中国科学教育发展报告（2016）
著(编)者：罗晖　王康友　2016年10月出版 / 估价：79.00元

劳动保障蓝皮书
中国劳动保障发展报告（2016）
著(编)者：刘燕斌　2016年8月出版 / 估价：158.00元

连片特困区蓝皮书
中国连片特困区发展报告（2016）
著(编)者：游俊　冷志明　丁建军
2016年3月出版 / 估价：98.00元

民间组织蓝皮书
中国民间组织报告（2016）
著(编)者：黄晓勇　2016年12月出版 / 估价：79.00元

民调蓝皮书
中国民生调查报告（2016）
著(编)者：谢耘耕　2016年5月出版 / 估价：128.00元

民族发展蓝皮书
中国民族发展报告（2016）
著(编)者：郝时远　王延中　王希恩
2016年4月出版 / 估价：98.00元

女性生活蓝皮书
中国女性生活状况报告 NO.10（2016）
著(编)者：韩湘景　2016年4月出版 / 估价：79.00元

汽车社会蓝皮书
中国汽车社会发展报告（2016）
著(编)者：王俊秀　2016年1月出版 / 估价：69.00元

青年蓝皮书
中国青年发展报告（2016）NO.4
著(编)者：廉思　等　2016年4月出版 / 估价：69.00元

青少年蓝皮书
中国未成年人互联网运用报告（2016）
著(编)者：李文革　沈杰　季为民
2016年11月出版 / 估价：89.00元

青少年体育蓝皮书
中国青少年体育发展报告（2016）
著(编)者：郭建军　杨桦　2016年9月出版 / 估价：69.00元

区域人才蓝皮书
中国区域人才竞争力报告 NO.2
著(编)者：桂昭明　王辉耀
2016年6月出版 / 估价：69.00元

群众体育蓝皮书
中国群众体育发展报告（2016）
著(编)者：刘国永　杨桦　2016年10月出版 / 估价：69.00元

人才蓝皮书
中国人才发展报告（2016）
著(编)者：潘晨光　2016年9月出版 / 估价：85.00元

人权蓝皮书
中国人权事业发展报告 NO.6（2016）
著(编)者：李君如　2016年9月出版 / 估价：128.00元

社会保障绿皮书
中国社会保障发展报告（2016）NO.8
著(编)者：王延中　2016年4月出版 / 估价：99.00元

社会工作蓝皮书
中国社会工作发展报告（2016）
著(编)者：民政部社会工作研究中心
2016年8月出版 / 估价：79.00元

社会管理蓝皮书
中国社会管理创新报告 NO.4
著(编)者：连玉明　2016年11月出版 / 估价：89.00元

社会蓝皮书
2016年中国社会形势分析与预测
著(编)者：李培林　陈光金　张翼
2015年12月出版 / 定价：79.00元

社会体制蓝皮书
中国社会体制改革报告（2016）NO.4
著(编)者：龚维斌　2016年4月出版 / 估价：79.00元

社会心态蓝皮书
中国社会心态研究报告（2016）
著(编)者：王俊秀　杨宜音　2016年10月出版 / 估价：69.00元

社会组织蓝皮书
中国社会组织评估发展报告（2016）
著(编)者：徐家良　廖鸿　2016年12月出版 / 估价：69.00元

生态城市绿皮书
中国生态城市建设发展报告（2016）
著(编)者：刘举科　孙伟平　胡文臻
2016年9月出版 / 估价：148.00元

生态文明绿皮书
中国省域生态文明建设评价报告（ECI 2016）
著(编)者：严耕　2016年12月出版 / 估价：85.00元

世界社会主义黄皮书
世界社会主义跟踪研究报告（2015~2016）
著(编)者：李慎明　2016年4月出版 / 估价：258.00元

水与发展蓝皮书
中国水风险评估报告（2016）
著(编)者：王浩　2016年9月出版 / 估价：69.00元

17

体育蓝皮书
长三角地区体育产业发展报告（2016）
著(编)者:张林　2016年4月出版 / 估价:79.00元

体育蓝皮书
中国公共体育服务发展报告（2016）
著(编)者:戴健　2016年12月出版 / 估价:79.00元

土地整治蓝皮书
中国土地整治发展研究报告 NO.3
著(编)者:国土资源部土地整治中心
2016年5月出版 / 估价:89.00元

土地政策蓝皮书
中国土地政策发展报告（2016）
著(编)者:高延利 李宪文 唐健
2016年12月出版 / 估价:69.00元

危机管理蓝皮书
中国危机管理报告（2016）
著(编)者:文学国 范正青　2016年8月出版 / 估价:89.00元

形象危机应对蓝皮书
形象危机应对研究报告（2016）
著(编)者:唐钧　2016年6月出版 / 估价:149.00元

医改蓝皮书
中国医药卫生体制改革报告（2016）
著(编)者:文学国 房志武　2016年11月出版 / 估价:98.00元

医疗卫生绿皮书
中国医疗卫生发展报告 NO.7（2016）
著(编)者:申宝忠 韩玉珍　2016年4月出版 / 估价:75.00元

政治参与蓝皮书
中国政治参与报告（2016）
著(编)者:房宁　2016年7月出版 / 估价:108.00元

政治发展蓝皮书
中国政治发展报告（2016）
著(编)者:房宁 杨海蛟　2016年5月出版 / 估价:88.00元

智慧社区蓝皮书
中国智慧社区发展报告（2016）
著(编)者:罗昌智 张辉德　2016年7月出版 / 估价:69.00元

中国农村妇女发展蓝皮书
农村流动女性城市生活发展报告（2016）
著(编)者:谢丽华　2016年12月出版 / 估价:79.00元

宗教蓝皮书
中国宗教报告（2016）
著(编)者:邱永辉　2016年5月出版 / 估价:79.00元

行业报告类

保健蓝皮书
中国保健服务产业发展报告 NO.2
著(编)者:中国保健协会 中共中央党校
2016年7月出版 / 估价:198.00元

保健蓝皮书
中国保健食品产业发展报告 NO.2
著(编)者:中国保健协会
　　　　中国社会科学院食品药品产业发展与监管研究中心
2016年7月出版 / 估价:198.00元

保健蓝皮书
中国保健用品产业发展报告 NO.2
著(编)者:中国保健协会
　　　　国务院国有资产监督管理委员会研究中心
2016年2月出版 / 估价:198.00元

保险蓝皮书
中国保险业创新发展报告（2016）
著(编)者:项俊波　2016年12月出版 / 估价:69.00元

保险蓝皮书
中国保险业竞争力报告（2016）
著(编)者:项俊波　2015年12月出版 / 估价:99.00元

采供血蓝皮书
中国采供血管理报告（2016）
著(编)者:朱永明 耿鸿武　2016年8月出版 / 估价:69.00元

彩票蓝皮书
中国彩票发展报告（2016）
著(编)者:益彩基金　2016年4月出版 / 估价:98.00元

餐饮产业蓝皮书
中国餐饮产业发展报告（2016）
著(编)者:邢颖　2016年4月出版 / 估价:69.00元

测绘地理信息蓝皮书
测绘地理信息转型升级研究报告（2016）
著(编)者:库热西·买合苏提　2016年12月出版 / 估价:98.00元

茶业蓝皮书
中国茶产业发展报告（2016）
著(编)者:杨江帆 李闽榕　2016年10月出版 / 估价:78.00元

产权市场蓝皮书
中国产权市场发展报告（2015~2016）
著(编)者:曹和平　2016年5月出版 / 估价:89.00元

产业安全蓝皮书
中国出版传媒产业安全报告（2016）
著(编)者:北京印刷学院文化产业安全研究院
2016年4月出版 / 估价:69.00元

产业安全蓝皮书
中国文化产业安全报告（2016）
著(编)者:北京印刷学院文化产业安全研究院
2016年4月出版 / 估价:89.00元

产业安全蓝皮书
中国新媒体产业安全报告（2016）
著(编)者:北京印刷学院文化产业安全研究院
2016年5月出版 / 估价:69.00元

大数据蓝皮书
网络空间和大数据发展报告（2016）
著(编)者:杜平 2016年2月出版 / 估价:69.00元

电子商务蓝皮书
中国电子商务服务业发展报告 NO.3
著(编)者:荆林波 梁春晓 2016年5月出版 / 估价:69.00元

电子政务蓝皮书
中国电子政务发展报告（2016）
著(编)者:洪毅 杜平 2016年11月出版 / 估价:79.00元

杜仲产业绿皮书
中国杜仲橡胶资源与产业发展报告（2016）
著(编)者:杜红岩 胡文臻 俞锐
2016年1月出版 / 估价:85.00元

房地产蓝皮书
中国房地产发展报告 NO.13（2016）
著(编)者:魏后凯 李景国 2016年5月出版 / 估价:79.00元

服务外包蓝皮书
中国服务外包产业发展报告（2016）
著(编)者:王晓红 刘德军
2016年6月出版 / 估价:89.00元

服务外包蓝皮书
中国服务外包竞争力报告（2016）
著(编)者:王力 刘春生 黄育华
2016年11月出版 / 估价:85.00元

工业和信息化蓝皮书
世界网络安全发展报告（2016）
著(编)者:洪京一 2016年4月出版 / 估价:69.00元

工业和信息化蓝皮书
世界信息化发展报告（2016）
著(编)者:洪京一 2016年4月出版 / 估价:69.00元

工业和信息化蓝皮书
世界信息技术产业发展报告（2016）
著(编)者:洪京一 2016年4月出版 / 估价:79.00元

工业和信息化蓝皮书
世界制造业发展报告（2016）
著(编)者:洪京一 2016年4月出版 / 估价:69.00元

工业和信息化蓝皮书
移动互联网产业发展报告（2016）
著(编)者:洪京一 2016年4月出版 / 估价:79.00元

工业设计蓝皮书
中国工业设计发展报告（2016）
著(编)者:王晓红 于炜 张立群
2016年9月出版 / 估价:138.00元

互联网金融蓝皮书
中国互联网金融发展报告（2016）
著(编)者:李东荣 2016年8月出版 / 估价:79.00元

会展蓝皮书
中外会展业动态评估年度报告（2016）
著(编)者:张敏 2016年1月出版 / 估价:78.00元

节能汽车蓝皮书
中国节能汽车产业发展报告（2016）
著(编)者:中国汽车工程研究院股份有限公司
2016年12月出版 / 估价:69.00元

金融监管蓝皮书
中国金融监管报告（2016）
著(编)者:胡滨 2016年4月出版 / 估价:89.00元

金融蓝皮书
中国金融中心发展报告（2016）
著(编)者:王力 黄育华 2017年11月出版 / 估价:75.00元

金融蓝皮书
中国商业银行竞争力报告（2016）
著(编)者:王松奇 2016年5月出版 / 估价:69.00元

经济林产业绿皮书
中国经济林产业发展报告（2016）
著(编)者:李芳东 胡文臻 乌云塔娜 杜红岩
2016年12月出版 / 估价:69.00元

客车蓝皮书
中国客车产业发展报告（2016）
著(编)者:姚蔚 2016年2月出版 / 估价:85.00元

老龄蓝皮书
中国老龄产业发展报告（2016）
著(编)者:吴玉韶 党俊武 2016年9月出版 / 估价:79.00元

流通蓝皮书
中国商业发展报告（2016）
著(编)者:荆林波 2016年5月出版 / 估价:89.00元

旅游安全蓝皮书
中国旅游安全报告（2016）
著(编)者:郑向敏 谢朝武 2016年5月出版 / 估价:128.00元

旅游绿皮书
2015~2016年中国旅游发展分析与预测
著(编)者:宋瑞 2016年1月出版 / 估价:98.00元

煤炭蓝皮书
中国煤炭工业发展报告（2016）
著(编)者:岳福斌 2016年12月出版 / 估价:79.00元

民营企业社会责任蓝皮书
中国民营企业社会责任年度报告（2016）
著(编)者:中华全国工商业联合会
2016年7月出版 / 估价:69.00元

民营医院蓝皮书
中国民营医院发展报告（2016）
著(编)者:庄一强　2016年10月出版 / 估价:75.00元

能源蓝皮书
中国能源发展报告（2016）
著(编)者:崔民选 王军生 陈义和
2016年8月出版 / 估价:79.00元

农产品流通蓝皮书
中国农产品流通产业发展报告（2016）
著(编)者:贾敬敦 张东科 张玉玺 张鹏毅 周伟
2016年1月出版 / 估价:89.00元

期货蓝皮书
中国期货市场发展报告(2016)
著(编)者:李群 王在荣　2016年11月出版 / 估价:69.00元

企业公益蓝皮书
中国企业公益研究报告（2016）
著(编)者:钟宏武 汪杰 顾一 黄晓娟 等
2016年12月出版 / 估价:69.00元

企业公众透明度蓝皮书
中国企业公众透明度报告（2016）NO.2
著(编)者:黄速建 王晓光 肖红军
2016年1月出版 / 估价:98.00元

企业国际化蓝皮书
中国企业国际化报告（2016）
著(编)者:王辉耀　2016年11月出版 / 估价:98.00元

企业蓝皮书
中国企业绿色发展报告 NO.2（2016）
著(编)者:李红玉 朱光辉　2016年8月出版 / 估价:79.00元

企业社会责任蓝皮书
中国企业社会责任研究报告（2016）
著(编)者:黄群慧 钟宏武 张蒽 等
2016年11月出版 / 估价:79.00元

企业社会责任能力蓝皮书
中国上市公司社会责任能力成熟度报告（2016）
著(编)者:肖红军 王晓光 李伟阳
2016年11月出版 / 估价:69.00元

汽车安全蓝皮书
中国汽车安全发展报告（2016）
著(编)者:中国汽车技术研究中心
2016年7月出版 / 估价:89.00元

汽车电子商务蓝皮书
中国汽车电子商务发展报告（2016）
著(编)者:中华全国工商业联合会汽车经销商商会
　　　　北京易观智库网络科技有限公司
2016年5月出版 / 估价:128.00元

汽车工业蓝皮书
中国汽车工业发展年度报告（2016）
著(编)者:中国汽车工业协会 中国汽车技术研究中心
　　　　丰田汽车（中国）投资有限公司
2016年4月出版 / 估价:128.00元

汽车蓝皮书
中国汽车产业发展报告（2016）
著(编)者:国务院发展研究中心产业经济研究部
　　　　中国汽车工程学会 大众汽车集团（中国）
2016年8月出版 / 估价:158.00元

清洁能源蓝皮书
国际清洁能源发展报告（2016）
著(编)者:苏树辉 袁国林 李玉崙
2016年11月出版 / 估价:99.00元

人力资源蓝皮书
中国人力资源发展报告（2016）
著(编)者:余兴安　2016年12月出版 / 估价:79.00元

融资租赁蓝皮书
中国融资租赁业发展报告（2015~2016）
著(编)者:李光荣 王力　2016年1月出版 / 估价:89.00元

软件和信息服务业蓝皮书
中国软件和信息服务业发展报告（2016）
著(编)者:洪京一　2016年12月出版 / 估价:198.00元

商会蓝皮书
中国商会发展报告NO.5（2016）
著(编)者:王钦敏　2016年7月出版 / 估价:89.00元

上市公司蓝皮书
中国上市公司社会责任信息披露报告（2016）
著(编)者:张旺 张杨　2016年11月出版 / 估价:69.00元

上市公司蓝皮书
中国上市公司质量评价报告（2015~2016）
著(编)者:张跃文 王力　2016年11月出版 / 估价:118.00元

设计产业蓝皮书
中国设计产业发展报告（2016）
著(编)者:陈冬亮 梁昊光　2016年3月出版 / 估价:89.00元

食品药品蓝皮书
食品药品安全与监管政策研究报告（2016）
著(编)者:唐民皓　2016年7月出版 / 估价:69.00元

世界能源蓝皮书
世界能源发展报告（2016）
著(编)者:黄晓勇　2016年6月出版 / 估价:99.00元

水利风景区蓝皮书
中国水利风景区发展报告（2016）
著(编)者:兰思仁　2016年8月出版 / 估价:69.00元

私募市场蓝皮书
中国私募股权市场发展报告（2016）
著(编)者:曹和平　2016年12月出版 / 估价:79.00元

碳市场蓝皮书
中国碳市场报告（2016）
著(编)者:宁金彪　2016年11月出版 / 估价:69.00元

体育蓝皮书
中国体育产业发展报告（2016）
著(编)者:阮伟 钟秉枢　2016年7月出版 / 估价:69.00元

投资蓝皮书
中国投资发展报告（2016）
著(编)者:谢平　2016年4月出版 / 估价:128.00元

土地市场蓝皮书
中国农村土地市场发展报告（2016）
著(编)者:李光荣 高传捷　2016年1月出版 / 估价:69.00元

网络空间安全蓝皮书
中国网络空间安全发展报告（2016）
著(编)者:惠志斌 唐涛　2016年4月出版 / 估价:79.00元

物联网蓝皮书
中国物联网发展报告（2016）
著(编)者:黄桂田 龚六堂 张全升
2016年1月出版 / 估价:69.00元

西部工业蓝皮书
中国西部工业发展报告（2016）
著(编)者:方行明 甘犁 刘方健 姜凌 等
2016年9月出版 / 估价:79.00元

西部金融蓝皮书
中国西部金融发展报告（2016）
著(编)者:李忠民　2016年8月出版 / 估价:75.00元

协会商会蓝皮书
中国行业协会商会发展报告（2016）
著(编)者:景朝阳 李勇　2016年4月出版 / 估价:99.00元

新能源汽车蓝皮书
中国新能源汽车产业发展报告（2016）
著(编)者:中国汽车技术研究中心
　　　　日产（中国）投资有限公司 东风汽车有限公司
2016年8月出版 / 估价:89.00元

新三板蓝皮书
中国新三板市场发展报告（2016）
著(编)者:王力　2016年6月出版 / 估价:69.00元

信托市场蓝皮书
中国信托业市场报告（2015～2016）
著(编)者:用益信托工作室
2016年2月出版 / 估价:198.00元

信息安全蓝皮书
中国信息安全发展报告（2016）
著(编)者:张晓东　2016年2月出版 / 估价:69.00元

信息化蓝皮书
中国信息化形势分析与预测（2016）
著(编)者:周宏仁　2016年8月出版 / 估价:98.00元

信用蓝皮书
中国信用发展报告（2016）
著(编)者:章政 田侃　2016年4月出版 / 估价:99.00元

休闲绿皮书
2016年中国休闲发展报告
著(编)者:宋瑞
2016年10月出版 / 估价:79.00元

药品流通蓝皮书
中国药品流通行业发展报告（2016）
著(编)者:佘鲁林 温再兴
2016年8月出版 / 估价:158.00元

医药蓝皮书
中国中医药产业园战略发展报告（2016）
著(编)者:裴长洪 房书亭 吴滁心
2016年3月出版 / 估价:89.00元

邮轮绿皮书
中国邮轮产业发展报告（2016）
著(编)者:汪泓　2016年10月出版 / 估价:79.00元

智能养老蓝皮书
中国智能养老产业发展报告（2016）
著(编)者:朱勇　2016年10月出版 / 估价:89.00元

中国SUV蓝皮书
中国SUV产业发展报告 （2016）
著(编)者:靳军　2016年12月出版 / 估价:69.00元

中国金融行业蓝皮书
中国债券市场发展报告（2016）
著(编)者:谢多　2016年7月出版 / 估价:69.00元

中国上市公司蓝皮书
中国上市公司发展报告（2016）
著(编)者:中国社会科学院上市公司研究中心
2016年9月出版 / 估价:98.00元

中国游戏蓝皮书
中国游戏产业发展报告（2016）
著(编)者:孙立军 刘跃军 牛兴侦
2016年4月出版 / 估价:69.00元

中国总部经济蓝皮书
中国总部经济发展报告（2015～2016）
著(编)者:赵弘　2016年9月出版 / 估价:79.00元

资本市场蓝皮书
中国场外交易市场发展报告（2016）
著(编)者:高峦　2016年8月出版 / 估价:79.00元

资产管理蓝皮书
中国资产管理行业发展报告（2016）
著(编)者:智信资产管理研究院
2016年6月出版 / 估价:89.00元

文化传媒类

传媒竞争力蓝皮书
中国传媒国际竞争力研究报告（2016）
著（编）者:李本乾 刘强
2016年11月出版 / 估价:148.00元

传媒蓝皮书
中国传媒产业发展报告（2016）
著（编）者:崔保国   2016年5月出版 / 估价:98.00元

传媒投资蓝皮书
中国传媒投资发展报告（2016）
著（编）者:张向东 谭云明
2016年6月出版 / 估价:128.00元

动漫蓝皮书
中国动漫产业发展报告（2016）
著（编）者:卢斌 郑玉明 牛兴侦
2016年7月出版 / 估价:79.00元

非物质文化遗产蓝皮书
中国非物质文化遗产发展报告（2016）
著（编）者:陈平   2016年5月出版 / 估价:98.00元

广电蓝皮书
中国广播电影电视发展报告（2016）
著（编）者:国家新闻出版广电总局发展研究中心
2016年7月出版 / 估价:98.00元

广告主蓝皮书
中国广告主营销传播趋势报告 NO.9
著（编）者:黄升民 杜国清 邵华冬 等
2016年10月出版 / 估价:148.00元

国际传播蓝皮书
中国国际传播发展报告（2016）
著（编）者:胡正荣 李继东 姬德强
2016年11月出版 / 估价:89.00元

纪录片蓝皮书
中国纪录片发展报告（2016）
著（编）者:何苏六   2016年10月出版 / 估价:79.00元

科学传播蓝皮书
中国科学传播报告（2016）
著（编）者:詹正茂   2016年7月出版 / 估价:69.00元

两岸创意经济蓝皮书
两岸创意经济研究报告（2016）
著（编）者:罗昌智 董泽平   2016年12月出版 / 估价:98.00元

两岸文化蓝皮书
两岸文化产业合作发展报告（2016）
著（编）者:胡惠林 李保宗   2016年7月出版 / 估价:79.00元

媒介与女性蓝皮书
中国媒介与女性发展报告(2015~2016)
著（编）者:刘利群   2016年8月出版 / 估价:118.00元

媒体融合蓝皮书
中国媒体融合发展报告（2016）
著（编）者:梅宁华 宋建武   2016年7月出版 / 估价:79.00元

全球传媒蓝皮书
全球传媒发展报告（2016）
著（编）者:胡正荣 李继东 唐晓芬
2016年12月出版 / 估价:79.00元

少数民族非遗蓝皮书
中国少数民族非物质文化遗产发展报告（2016）
著（编）者:肖远平（彝） 柴立（满）
2016年6月出版 / 估价:128.00元

视听新媒体蓝皮书
中国视听新媒体发展报告（2016）
著（编）者:国家新闻出版广电总局发展研究中心
2016年7月出版 / 估价:98.00元

文化创新蓝皮书
中国文化创新报告（2016）NO.7
著（编）者:于平 傅才武   2016年7月出版 / 估价:98.00元

文化建设蓝皮书
中国文化发展报告（2016）
著（编）者:江畅 孙伟平 戴茂堂
2016年4月出版 / 估价:108.00元

文化科技蓝皮书
文化科技创新发展报告（2016）
著（编）者:于平 李凤亮 2016年10月出版 / 估价:89.00元

文化蓝皮书
中国公共文化服务发展报告（2016）
著（编）者:刘新成 张永新 张旭   2016年10月出版 / 估价:98.00元

文化蓝皮书
中国公共文化投入增长测评报告（2016）
著（编）者:王亚南   2016年12月出版 / 估价:79.00元

文化蓝皮书
中国少数民族文化发展报告（2016）
著（编）者:武翠英 张晓明 任елян晶
2016年9月出版 / 估价:69.00元

文化蓝皮书
中国文化产业发展报告（2016）
著（编）者:张晓明 王家新 章建刚
2016年4月出版 / 估价:79.00元

文化蓝皮书
中国文化产业供需协调检测报告（2016）
著（编）者:王亚南   2016年2月出版 / 估价:79.00元

文化蓝皮书
中国文化消费需求景气评价报告（2016）
著（编）者:王亚南   2016年2月出版 / 估价:79.00元

文化品牌蓝皮书
中国文化品牌发展报告（2016）
著(编)者:欧阳友权　2016年4月出版 / 估价:89.00元

文化遗产蓝皮书
中国文化遗产事业发展报告（2016）
著(编)者:刘世锦　2016年3月出版 / 估价:89.00元

文学蓝皮书
中国文情报告（2015～2016）
著(编)者:白烨　2016年5月出版 / 估价:69.00元

新媒体蓝皮书
中国新媒体发展报告NO.7（2016）
著(编)者:唐绪军　2016年7月出版 / 估价:79.00元

新媒体社会责任蓝皮书
中国新媒体社会责任研究报告（2016）
著(编)者:钟瑛　2016年10月出版 / 估价:79.00元

移动互联网蓝皮书
中国移动互联网发展报告（2016）
著(编)者:官建文　2016年6月出版 / 估价:79.00元

舆情蓝皮书
中国社会舆情与危机管理报告（2016）
著(编)者:谢耘耕　2016年8月出版 / 估价:98.00元

地方发展类

安徽经济蓝皮书
芜湖创新型城市发展报告（2016）
著(编)者:张志宏　2016年4月出版 / 估价:69.00元

安徽蓝皮书
安徽社会发展报告（2016）
著(编)者:程桦　2016年4月出版 / 估价:89.00元

安徽社会建设蓝皮书
安徽社会建设分析报告（2015～2016）
著(编)者:黄家海　王开玉　蔡宪
2016年4月出版 / 估价:89.00元

澳门蓝皮书
澳门经济社会发展报告（2015～2016）
著(编)者:吴志良　郝雨凡　2016年5月出版 / 估价:79.00元

北京蓝皮书
北京公共服务发展报告（2015～2016）
著(编)者:施昌奎　2016年1月出版 / 估价:69.00元

北京蓝皮书
北京经济发展报告（2015～2016）
著(编)者:杨松　2016年6月出版 / 估价:79.00元

北京蓝皮书
北京社会发展报告（2015～2016）
著(编)者:李伟东　2016年7月出版 / 估价:79.00元

北京蓝皮书
北京社会治理发展报告（2015～2016）
著(编)者:殷星辰　2016年6月出版 / 估价:79.00元

北京蓝皮书
北京文化发展报告（2015～2016）
著(编)者:李建盛　2016年5月出版 / 估价:79.00元

北京旅游绿皮书
北京旅游发展报告（2016）
著(编)者:北京旅游学会　2016年7月出版 / 估价:88.00元

北京人才蓝皮书
北京人才发展报告（2016）
著(编)者:于淼　2016年12月出版 / 估价:128.00元

北京社会心态蓝皮书
北京社会心态分析报告（2015～2016）
著(编)者:北京社会心理研究所
2016年8月出版 / 估价:79.00元

北京社会组织管理蓝皮书
北京社会组织发展与管理（2015～2016）
著(编)者:黄江松　2016年4月出版 / 估价:78.00元

北京体育蓝皮书
北京体育产业发展报告（2016）
著(编)者:钟秉枢　陈杰　杨铁黎
2016年10月出版 / 估价:79.00元

北京养老产业蓝皮书
北京养老产业发展报告（2016）
著(编)者:周明明　冯喜良　2016年4月出版 / 估价:69.00元

滨海金融蓝皮书
滨海新区金融发展报告（2016）
著(编)者:王爱俭　张锐钢　2016年9月出版 / 估价:79.00元

城乡一体化蓝皮书
中国城乡一体化发展报告·北京卷（2015～2016)
著(编)者:张宝秀　黄序　2016年5月出版 / 估价:79.00元

创意城市蓝皮书
北京文化创意产业发展报告（2016）
著(编)者:张京成　王国华　2016年12月出版 / 估价:69.00元

创意城市蓝皮书
青岛文化创意产业发展报告（2016）
著(编)者:马达　张丹妮　2016年6月出版 / 估价:79.00元

创意城市蓝皮书
台北文化创意产业发展报告（2016）
著(编)者:陈耀竹 邱琪瑄　2016年11月出版 / 估价:89.00元

创意城市蓝皮书
无锡文化创意产业发展报告（2016）
著(编)者:谭军 张鸣年　2016年10月出版 / 估价:79.00元

创意城市蓝皮书
武汉文化创意产业发展报告（2016）
著(编)者:黄永林 陈汉桥　2016年12月出版 / 估价:89.00元

创意城市蓝皮书
重庆创意产业发展报告（2016）
著(编)者:程宇宁　2016年4月出版 / 估价:89.00元

地方法治蓝皮书
南宁法治发展报告（2016）
著(编)者:杨维超　2016年12月出版 / 估价:69.00元

福建妇女发展蓝皮书
福建省妇女发展报告（2016）
著(编)者:刘群英　2016年11月出版 / 估价:88.00元

甘肃蓝皮书
甘肃经济发展分析与预测（2016）
著(编)者:朱智文 罗哲　2016年1月出版 / 估价:79.00元

甘肃蓝皮书
甘肃社会发展分析与预测（2016）
著(编)者:安文华 包晓霞　2016年1月出版 / 估价:79.00元

甘肃蓝皮书
甘肃文化发展分析与预测（2016）
著(编)者:安文华 周小华　2016年1月出版 / 估价:79.00元

甘肃蓝皮书
甘肃县域社会发展评价报告（2016）
著(编)者:刘进军 柳民 王建兵
2016年1月出版 / 估价:79.00元

甘肃蓝皮书
甘肃舆情分析与预测（2016）
著(编)者:陈双梅 郝树声　2016年1月出版 / 估价:79.00元

甘肃蓝皮书
甘肃商务发展报告（2016）
著(编)者:杨志武 王福生 王晓芳
2016年1月出版 / 估价:69.00元

广东蓝皮书
广东全面深化改革发展报告（2016）
著(编)者:周林生 涂成林　2016年11月出版 / 估价:69.00元

广东蓝皮书
广东社会工作发展报告（2016）
著(编)者:罗观翠　2016年6月出版 / 估价:89.00元

广东蓝皮书
广东省电子商务发展报告（2016）
著(编)者:程晓 邓顺国　2016年7月出版 / 估价:79.00元

广东社会建设蓝皮书
广东省社会建设发展报告（2016）
著(编)者:广东省社会工作委员会
2016年12月出版 / 估价:99.00元

广东外经贸蓝皮书
广东对外经济贸易发展研究报告（2015~2016）
著(编)者:陈万灵　2016年5月出版 / 估价:89.00元

广西北部湾经济区蓝皮书
广西北部湾经济区开放开发报告（2016）
著(编)者:广西北部湾经济区规划建设管理委员会办公室
　　　　广西社会科学院广西北部湾发展研究院
2016年10月出版 / 估价:79.00元

广州蓝皮书
2016年中国广州经济形势分析与预测
著(编)者:庾建设 沈奎 谢博能　2016年6月出版 / 估价:79.00元

广州蓝皮书
2016年中国广州社会形势分析与预测
著(编)者:张强 陈怡霓 杨秦　2016年6月出版 / 估价:79.00元

广州蓝皮书
广州城市国际化发展报告（2016）
著(编)者:朱名宏　2016年11月出版 / 估价:69.00元

广州蓝皮书
广州创新型城市发展报告（2016）
著(编)者:尹涛　2016年10月出版 / 估价:69.00元

广州蓝皮书
广州经济发展报告（2016）
著(编)者:朱名宏　2016年7月出版 / 估价:69.00元

广州蓝皮书
广州农村发展报告（2016）
著(编)者:朱名宏　2016年8月出版 / 估价:69.00元

广州蓝皮书
广州汽车产业发展报告（2016）
著(编)者:杨再高 冯兴亚　2016年9月出版 / 估价:69.00元

广州蓝皮书
广州青年发展报告（2015~2016）
著(编)者:魏国华 张强　2016年7月出版 / 估价:69.00元

广州蓝皮书
广州商贸业发展报告（2016）
著(编)者:李江涛 肖振宇 荀振英
2016年7月出版 / 估价:69.00元

广州蓝皮书
广州社会保障发展报告（2016）
著(编)者:蔡国萱　2016年10月出版 / 估价:65.00元

广州蓝皮书
广州文化创意产业发展报告（2016）
著(编)者:甘新　2016年8月出版 / 估价:79.00元

广州蓝皮书
中国广州城市建设与管理发展报告（2016）
著(编)者:董皞 陈小钢 李江涛　2016年7月出版 / 估价:69.00元

广州蓝皮书
中国广州科技和信息化发展报告（2016）
著(编)者：邹采荣 马正勇 冯 元　2016年8月出版 / 估价：79.00元

广州蓝皮书
中国广州文化发展报告（2016）
著(编)者：徐俊忠 陆志强 顾涧清　2016年7月出版 / 估价：69.00元

贵阳蓝皮书
贵阳城市创新发展报告·白云篇（2016）
著(编)者：连玉明　2016年10月出版 / 估价：89.00元

贵阳蓝皮书
贵阳城市创新发展报告·观山湖篇（2016）
著(编)者：连玉明　2016年10月出版 / 估价：89.00元

贵阳蓝皮书
贵阳城市创新发展报告·花溪篇（2016）
著(编)者：连玉明　2016年10月出版 / 估价：89.00元

贵阳蓝皮书
贵阳城市创新发展报告·开阳篇（2016）
著(编)者：连玉明　2016年10月出版 / 估价：89.00元

贵阳蓝皮书
贵阳城市创新发展报告·南明篇（2016）
著(编)者：连玉明　2016年10月出版 / 估价：89.00元

贵阳蓝皮书
贵阳城市创新发展报告·清镇篇（2016）
著(编)者：连玉明　2016年10月出版 / 估价：89.00元

贵阳蓝皮书
贵阳城市创新发展报告·乌当篇（2016）
著(编)者：连玉明　2016年10月出版 / 估价：89.00元

贵阳蓝皮书
贵阳城市创新发展报告·息烽篇（2016）
著(编)者：连玉明　2016年10月出版 / 估价：89.00元

贵阳蓝皮书
贵阳城市创新发展报告·修文篇（2016）
著(编)者：连玉明　2016年10月出版 / 估价：89.00元

贵阳蓝皮书
贵阳城市创新发展报告·云岩篇（2016）
著(编)者：连玉明　2016年10月出版 / 估价：89.00元

贵州房地产蓝皮书
贵州房地产发展报告NO.3（2016）
著(编)者：武廷方　2016年6月出版 / 估价：89.00元

贵州蓝皮书
册亨经济社会发展报告(2016)
著(编)者：黄德林　2016年1月出版 / 估价：69.00元

贵州蓝皮书
贵安新区发展报告（2016）
著(编)者：马长青 吴大华　2016年4月出版 / 估价：69.00元

贵州蓝皮书
贵州法治发展报告（2016）
著(编)者：吴大华　2016年5月出版 / 估价：79.00元

贵州蓝皮书
贵州民航业发展报告（2016）
著(编)者：申振东 吴大华　2016年10月出版 / 估价：69.00元

贵州蓝皮书
贵州人才发展报告（2016）
著(编)者：于杰 吴大华　2016年9月出版 / 估价：69.00元

贵州蓝皮书
贵州社会发展报告（2016）
著(编)者：王兴骥　2016年5月出版 / 估价：79.00元

海淀蓝皮书
海淀区文化和科技融合发展报告（2016）
著(编)者：陈名杰 孟景伟　2016年5月出版 / 估价：75.00元

海峡西岸蓝皮书
海峡西岸经济区发展报告（2016）
著(编)者：福建省人民政府发展研究中心
　　　　　福建省人民政府发展研究中心咨询服务中心
2016年9月出版 / 估价：65.00元

杭州都市圈蓝皮书
杭州都市圈发展报告（2016）
著(编)者：董祖德 沈翔　2016年5月出版 / 估价：89.00元

杭州蓝皮书
杭州妇女发展报告（2016）
著(编)者：魏颖　2016年4月出版 / 估价：79.00元

河北经济蓝皮书
河北省经济发展报告（2016）
著(编)者：马树强 金浩 刘兵 张贵
2016年3月出版 / 估价：89.00元

河北蓝皮书
河北经济社会发展报告（2016）
著(编)者：周文夫　2016年1月出版 / 估价：79.00元

河北食品药品安全蓝皮书
河北食品药品安全研究报告（2016）
著(编)者：丁锦霞　2016年6月出版 / 估价：79.00元

河南经济蓝皮书
2016年河南经济形势分析与预测
著(编)者：胡五岳　2016年2月出版 / 估价：69.00元

河南蓝皮书
2016年河南社会形势分析与预测
著(编)者：刘道兴 牛苏林　2016年4月出版 / 估价：69.00元

河南蓝皮书
河南城市发展报告（2016）
著(编)者：谷建全 王建国　2016年3月出版 / 估价：79.00元

河南蓝皮书
河南法治发展报告（2016）
著(编)者：丁同民 闫德民　2016年6月出版 / 估价：79.00元

河南蓝皮书
河南工业发展报告（2016）
著(编)者：龚绍东 赵西三　2016年1月出版 / 估价：79.00元

河南蓝皮书
河南金融发展报告（2016）
著(编)者:河南省社会科学院
2016年6月出版 / 估价:69.00元

河南蓝皮书
河南经济发展报告（2016）
著(编)者:河南省社会科学院
2016年12月出版 / 估价:79.00元

河南蓝皮书
河南农业农村发展报告（2016）
著(编)者:吴海峰　2016年4月出版 / 估价:69.00元

河南蓝皮书
河南文化发展报告（2016）
著(编)者:卫绍生　2016年3月出版 / 估价:79.00元

河南商务蓝皮书
河南商务发展报告（2016）
著(编)者:焦锦淼 穆荣国　2016年4月出版 / 估价:88.00元

黑龙江产业蓝皮书
黑龙江产业发展报告（2016）
著(编)者:于渤　2016年10月出版 / 估价:79.00元

黑龙江蓝皮书
黑龙江经济发展报告（2016）
著(编)者:曲伟　2016年1月出版 / 估价:79.00元

黑龙江蓝皮书
黑龙江社会发展报告（2016）
著(编)者:张新颖　2016年1月出版 / 估价:79.00元

湖南城市蓝皮书
区域城市群整合（主题待定）
著(编)者:童中贤 韩未名　2016年12月出版 / 估价:79.00元

湖南蓝皮书
2016年湖南产业发展报告
著(编)者:梁志峰　2016年5月出版 / 估价:98.00元

湖南蓝皮书
2016年湖南电子政务发展报告
著(编)者:梁志峰　2016年5月出版 / 估价:98.00元

湖南蓝皮书
2016年湖南经济展望
著(编)者:梁志峰　2016年5月出版 / 估价:128.00元

湖南蓝皮书
2016年湖南两型社会与生态文明发展报告
著(编)者:梁志峰　2016年5月出版 / 估价:98.00元

湖南蓝皮书
2016年湖南社会发展报告
著(编)者:梁志峰　2016年5月出版 / 估价:88.00元

湖南蓝皮书
2016年湖南县域经济社会发展报告
著(编)者:梁志峰　2016年5月出版 / 估价:98.00元

湖南蓝皮书
湖南城乡一体化发展报告（2016）
著(编)者:陈文胜 刘祚祥 邝奕轩 等
2016年7月出版 / 估价:89.00元

湖南县域绿皮书
湖南县域发展报告 NO.3
著(编)者:袁准 周小毛　2016年9月出版 / 估价:69.00元

沪港蓝皮书
沪港发展报告（2015～2016）
著(编)者:尤安山　2016年4月出版 / 估价:89.00元

吉林蓝皮书
2016年吉林经济社会形势分析与预测
著(编)者:马克　2016年2月出版 / 估价:89.00元

济源蓝皮书
济源经济社会发展报告（2016）
著(编)者:喻新安　2016年4月出版 / 估价:69.00元

健康城市蓝皮书
北京健康城市建设研究报告（2016）
著(编)者:王鸿春　2016年4月出版 / 估价:79.00元

江苏法治蓝皮书
江苏法治发展报告 NO.5（2016）
著(编)者:李力 龚廷泰　2016年9月出版 / 估价:98.00元

江西蓝皮书
江西经济社会发展报告（2016）
著(编)者:张勇 姜玮 梁勇　2016年10月出版 / 估价:79.00元

江西文化产业蓝皮书
江西文化产业发展报告（2016）
著(编)者:张圣才 汪春翔　2016年10月出版 / 估价:128.00元

经济特区蓝皮书
中国经济特区发展报告（2016）
著(编)者:陶一桃　2016年12月出版 / 估价:89.00元

辽宁蓝皮书
2016年辽宁经济社会形势分析与预测
著(编)者:曹晓峰 张晶 梁启东
2016年12月出版 / 估价:79.00元

拉萨蓝皮书
拉萨法治发展报告（2016）
著(编)者:车明怀　2016年7月出版 / 估价:79.00元

洛阳蓝皮书
洛阳文化发展报告（2016）
著(编)者:刘福兴 陈启明　2016年7月出版 / 估价:79.00元

南京蓝皮书
南京文化发展报告（2016）
著(编)者:徐宁　2016年12月出版 / 估价:79.00元

内蒙古蓝皮书
内蒙古反腐倡廉建设报告 NO.2
著(编)者:张志华 无极　2016年12月出版 / 估价:69.00元

浦东新区蓝皮书
上海浦东经济发展报告（2016）
著(编)者:沈开艳 陆沪根　2016年1月出版 / 估价:69.00元

青海蓝皮书
2016年青海经济社会形势分析与预测
著(编)者:赵宗福　2015年12月出版 / 估价:69.00元

人口与健康蓝皮书
深圳人口与健康发展报告（2016）
著(编)者:陆杰华 罗乐宣 苏杨
2016年11月出版 / 估价:89.00元

山东蓝皮书
山东经济形势分析与预测（2016）
著(编)者:李广杰　2016年11月出版 / 估价:89.00元

山东蓝皮书
山东社会形势分析与预测（2016）
著(编)者:涂可国　2016年6月出版 / 估价:89.00元

山东蓝皮书
山东文化发展报告（2016）
著(编)者:张华 唐洲雁　2016年6月出版 / 估价:98.00元

山西蓝皮书
山西资源型经济转型发展报告（2016）
著(编)者:李志强　2016年5月出版 / 估价:89.00元

陕西蓝皮书
陕西经济发展报告（2016）
著(编)者:任宗哲 白宽犁 裴成荣
2016年1月出版 / 估价:69.00元

陕西蓝皮书
陕西社会发展报告（2016）
著(编)者:任宗哲 白宽犁 牛昉
2016年1月出版 / 估价:69.00元

陕西蓝皮书
陕西文化发展报告（2016）
著(编)者:任宗哲 白宽犁 王长寿
2016年1月出版 / 估价:65.00元

陕西蓝皮书
丝绸之路经济带发展报告（2016）
著(编)者:任宗哲 石英 白宽犁
2016年8月出版 / 估价:79.00元

上海蓝皮书
上海传媒发展报告（2016）
著(编)者:强荧 焦雨虹　2016年1月出版 / 估价:69.00元

上海蓝皮书
上海法治发展报告（2016）
著(编)者:叶青　2016年5月出版 / 估价:69.00元

上海蓝皮书
上海经济发展报告（2016）
著(编)者:沈开艳　2016年1月出版 / 估价:69.00元

上海蓝皮书
上海社会发展报告（2016）
著(编)者:杨雄 周海旺　2016年1月出版 / 估价:69.00元

上海蓝皮书
上海文化发展报告（2016）
著(编)者:荣跃明　2016年1月出版 / 估价:74.00元

上海蓝皮书
上海文学发展报告（2016）
著(编)者:陈圣来　2016年1月出版 / 估价:69.00元

上海蓝皮书
上海资源环境发展报告（2016）
著(编)者:周冯琦 汤庆合 任文伟
2016年1月出版 / 估价:69.00元

上饶蓝皮书
上饶发展报告（2015～2016）
著(编)者:朱寅健　2016年3月出版 / 估价:128.00元

社会建设蓝皮书
2016年北京社会建设分析报告
著(编)者:宋贵伦 冯虹　2016年7月出版 / 估价:79.00元

深圳蓝皮书
深圳法治发展报告（2016）
著(编)者:张骁儒　2016年5月出版 / 估价:69.00元

深圳蓝皮书
深圳经济发展报告（2016）
著(编)者:张骁儒　2016年6月出版 / 估价:89.00元

深圳蓝皮书
深圳劳动关系发展报告（2016）
著(编)者:汤庭芬　2016年6月出版 / 估价:79.00元

深圳蓝皮书
深圳社会建设与发展报告（2016）
著(编)者:张骁儒 陈东平　2016年6月出版 / 估价:79.00元

深圳蓝皮书
深圳文化发展报告(2016)
著(编)者:张骁儒　2016年1月出版 / 估价:69.00元

四川法治蓝皮书
四川依法治省年度报告 NO.2（2016）
著(编)者:李林 杨天宗 田禾
2016年3月出版 / 估价:108.00元

四川蓝皮书
2016年四川经济形势分析与预测
著(编)者:杨钢　2016年1月出版 / 估价:89.00元

四川蓝皮书
四川城镇化发展报告（2016）
著(编)者:侯水平 范秋美　2016年4月出版 / 估价:79.00元

四川蓝皮书
四川法治发展报告（2016）
著(编)者:郑泰安　2016年1月出版 / 估价:69.00元

四川蓝皮书
四川企业社会责任研究报告（2015～2016）
著（编）者：侯水平 盛毅　2016年4月出版 / 估价：79.00元

四川蓝皮书
四川社会发展报告（2016）
著（编）者：郭晓鸣　2016年4月出版 / 估价：79.00元

四川蓝皮书
四川生态建设报告（2016）
著（编）者：李晟之　2016年4月出版 / 估价：79.00元

四川蓝皮书
四川文化产业发展报告（2016）
著（编）者：侯水平　2016年4月出版 / 估价：79.00元

体育蓝皮书
上海体育产业发展报告（2015～2016）
著（编）者：张林 黄海燕　2016年10月出版 / 估价：79.00元

体育蓝皮书
长三角地区体育产业发展报告（2015～2016）
著（编）者：张林　2016年4月出版 / 估价：79.00元

天津金融蓝皮书
天津金融发展报告（2016）
著（编）者：王爱俭 孔德昌　2016年9月出版 / 估价：89.00元

图们江区域合作蓝皮书
图们江区域合作发展报告（2016）
著（编）者：李铁　2016年4月出版 / 估价：98.00元

温州蓝皮书
2016年温州经济社会形势分析与预测
著（编）者：潘忠强 王春光 金浩　2016年4月出版 / 估价：69.00元

扬州蓝皮书
扬州经济社会发展报告（2016）
著（编）者：丁纯　2016年12月出版 / 估价：89.00元

长株潭城市群蓝皮书
长株潭城市群发展报告（2016）
著（编）者：张萍　2016年10月出版 / 估价：69.00元

郑州蓝皮书
2016年郑州文化发展报告
著（编）者：王哲　2016年9月出版 / 估价：65.00元

中医文化蓝皮书
北京中医药文化传播发展报告（2016）
著（编）者：毛嘉陵　2016年5月出版 / 估价：79.00元

珠三角流通蓝皮书
珠三角商圈发展研究报告（2016）
著（编）者：王先庆 林至颖　2016年7月出版 / 估价：98.00元

遵义蓝皮书
遵义发展报告（2016）
著（编）者：曾征 龚永育　2016年12月出版 / 估价：69.00元

国别与地区类

阿拉伯黄皮书
阿拉伯发展报告（2015～2016）
著（编）者：罗林　2016年11月出版 / 估价：79.00元

北部湾蓝皮书
泛北部湾合作发展报告（2016）
著（编）者：吕余生　2016年10月出版 / 估价：69.00元

大湄公次区域蓝皮书
大湄公河次区域合作发展报告（2016）
著（编）者：刘稚　2016年9月出版 / 估价：79.00元

大洋洲蓝皮书
大洋洲发展报告（2015～2016）
著（编）者：喻常森　2016年10月出版 / 估价：89.00元

德国蓝皮书
德国发展报告（2016）
著（编）者：郑春荣 伍慧萍
2016年5月出版 / 估价：69.00元

东北亚黄皮书
东北亚地区政治与安全（2016）
著（编）者：黄凤志 刘清才 张慧智 等
2016年5月出版 / 估价：69.00元

东盟黄皮书
东盟发展报告（2016）
著（编）者：杨晓强 庄国土　2016年12月出版 / 估价：75.00元

东南亚蓝皮书
东南亚地区发展报告（2015～2016）
著（编）者：厦门大学东南亚研究中心　王勤
2016年4月出版 / 估价：79.00元

俄罗斯黄皮书
俄罗斯发展报告（2016）
著（编）者：李永全　2016年7月出版 / 估价：79.00元

非洲黄皮书
非洲发展报告 NO.18（2015～2016）
著（编）者：张宏明　2016年9月出版 / 估价：79.00元

国际形势黄皮书
全球政治与安全报告（2016）
著(编)者:李慎明 张宇燕
2015年12月出版 / 定价:69.00元

韩国蓝皮书
韩国发展报告（2016）
著(编)者:牛林杰 刘宝全
2016年12月出版 / 估价:89.00元

加拿大蓝皮书
加拿大发展报告（2016）
著(编)者:仲伟合 2016年4月出版 / 估价:89.00元

拉美黄皮书
拉丁美洲和加勒比发展报告（2015～2016）
著(编)者:吴白乙 2016年5月出版 / 估价:89.00元

美国蓝皮书
美国研究报告（2016）
著(编)者:郑秉文 黄平
2016年6月出版 / 估价:89.00元

缅甸蓝皮书
缅甸国情报告（2016）
著(编)者:李晨阳 2016年8月出版 / 估价:79.00元

欧洲蓝皮书
欧洲发展报告（2015～2016）
著(编)者:周弘 黄平 江时学
2016年7月出版 / 估价:89.00元

日本经济蓝皮书
日本经济与中日经贸关系研究报告（2016）
著(编)者:王洛林 张季风
2016年5月出版 / 估价:79.00元

日本蓝皮书
日本研究报告（2016）
著(编)者:李薇 2016年4月出版 / 估价:69.00元

上海合作组织黄皮书
上海合作组织发展报告（2016）
著(编)者:李进峰 吴宏伟 李伟
2016年7月出版 / 估价:98.00元

世界创新竞争力黄皮书
世界创新竞争力发展报告（2016）
著(编)者:李闽榕 李建平 赵新力
2016年1月出版 / 估价:148.00元

土耳其蓝皮书
土耳其发展报告（2016）
著(编)者:郭长刚 刘义 2016年7月出版 / 估价:69.00元

亚太蓝皮书
亚太地区发展报告（2016）
著(编)者:李向阳 2016年1月出版 / 估价:69.00元

印度蓝皮书
印度国情报告（2016）
著(编)者:吕昭义 2016年5月出版 / 估价:89.00元

印度洋地区蓝皮书
印度洋地区发展报告（2016）
著(编)者:汪戎 2016年5月出版 / 估价:89.00元

英国蓝皮书
英国发展报告（2015～2016）
著(编)者:王展鹏 2016年10月出版 / 估价:89.00元

越南蓝皮书
越南国情报告（2016）
著(编)者:广西社会科学院 罗梅 李碧华
2016年8月出版 / 估价:69.00元

越南蓝皮书
越南经济发展报告（2016）
著(编)者:黄志勇 2016年10月出版 / 估价:69.00元

以色列蓝皮书
以色列发展报告（2016）
著(编)者:张倩红 2016年9月出版 / 估价:89.00元

中东黄皮书
中东发展报告 No.18（2015～2016）
著(编)者:杨光 2016年10月出版 / 估价:89.00元

中欧关系蓝皮书
中欧关系研究报告（2016）
著(编)者:周弘 2016年12月出版 / 估价:98.00元

中亚黄皮书
中亚国家发展报告（2016）
著(编)者:孙力 吴宏伟 2016年8月出版 / 估价:89.00元

❖ 皮书起源 ❖

"皮书"起源于十七、十八世纪的英国，主要指官方或社会组织正式发表的重要文件或报告，多以"白皮书"命名。在中国，"皮书"这一概念被社会广泛接受，并被成功运作、发展成为一种全新的出版形态，则源于中国社会科学院社会科学文献出版社。

❖ 皮书定义 ❖

皮书是对中国与世界发展状况和热点问题进行年度监测，以专业的角度、专家的视野和实证研究方法，针对某一领域或区域现状与发展态势展开分析和预测，具备原创性、实证性、专业性、连续性、前沿性、时效性等特点的公开出版物，由一系列权威研究报告组成。

❖ 皮书作者 ❖

皮书系列的作者以中国社会科学院、著名高校、地方社会科学院的研究人员为主，多为国内一流研究机构的权威专家学者，他们的看法和观点代表了学界对中国与世界的现实和未来最高水平的解读与分析。

❖ 皮书荣誉 ❖

皮书系列已成为社会科学文献出版社的著名图书品牌和中国社会科学院的知名学术品牌。2011年，皮书系列正式列入"十二五"国家重点出版规划项目；2012~2015年，重点皮书列入中国社会科学院承担的国家哲学社会科学创新工程项目；2016年，46种院外皮书使用"中国社会科学院创新工程学术出版项目"标识。

中国皮书网
www.pishu.cn

发布皮书研创资讯，传播皮书精彩内容
引领皮书出版潮流，打造皮书服务平台

栏目设置：

□ 资讯：皮书动态、皮书观点、皮书数据、
　　　　皮书报道、皮书发布、电子期刊
□ 标准：皮书评价、皮书研究、皮书规范
□ 服务：最新皮书、皮书书目、重点推荐、在线购书
□ 链接：皮书数据库、皮书博客、皮书微博、在线书城
□ 搜索：资讯、图书、研究动态、皮书专家、研创团队

　　中国皮书网依托皮书系列"权威、前沿、原创"的优质内容资源，通过文字、图片、音频、视频等多种元素，在皮书研创者、使用者之间搭建了一个成果展示、资源共享的互动平台。

　　自 2005 年 12 月正式上线以来，中国皮书网的 IP 访问量、PV 浏览量与日俱增，受到海内外研究者、公务人员、商务人士以及专业读者的广泛关注。

　　2008 年、2011 年，中国皮书网均在全国新闻出版业网站荣誉评选中获得"最具商业价值网站"称号；2012 年，获得"出版业网站百强"称号。

　　2014 年，中国皮书网与皮书数据库实现资源共享，端口合一，将提供更丰富的内容，更全面的服务。

权威报告　热点资讯　海量资源

当代中国与世界发展的高端智库平台

皮书数据库 www.pishu.com.cn

　　皮书数据库是专业的人文社会科学综合学术资源总库，以大型连续性图书——皮书系列为基础，整合国内外相关资讯构建而成。包含六大子库，涵盖两百多个主题，囊括了近十几年间中国与世界经济社会发展报告，覆盖经济、社会、政治、文化、教育、国际问题等多个领域。

　　皮书数据库以篇章为基本单位，方便用户对皮书内容的阅读需求。用户可进行全文检索，也可对文献题目、内容提要、作者名称、作者单位、关键字等基本信息进行检索，还可对检索到的篇章再做二次筛选，进行在线阅读或下载阅读。智能多维度导航，可使用户根据自己熟知的分类标准进行分类导航筛选，使查找和检索更高效、便捷。

　　权威的研究报告，独特的调研数据，前沿的热点资讯，皮书数据库已发展成为国内最具影响力的关于中国与世界现实问题研究的成果库和资讯库。

皮书俱乐部会员服务指南

1. 谁能成为皮书俱乐部成员？

● 皮书作者自动成为俱乐部会员

● 购买了皮书产品（纸质书/电子书）的个人用户

2. 会员可以享受的增值服务

● 免费获赠皮书数据库100元充值卡

● 加入皮书俱乐部，免费获赠该纸质图书的电子书

● 免费定期获赠皮书电子期刊

● 优先参与各类皮书学术活动

● 优先享受皮书产品的最新优惠

3. 如何享受增值服务？

（1）免费获赠100元皮书数据库体验卡

第1步 刮开皮书附赠充值的涂层（右下）；

第2步 登录皮书数据库网站（www.pishu.com.cn），注册账号；

第3步 登录并进入"会员中心"—"在线充值"—"充值卡充值"，充值成功后即可使用。

（2）加入皮书俱乐部，凭数据库体验卡获赠该书的电子书

第1步 登录社会科学文献出版社官网（www.ssap.com.cn），注册账号；

第2步 登录并进入"会员中心"—"皮书俱乐部"，提交加入皮书俱乐部申请；

第3步 审核通过后，再次进入皮书俱乐部，填写页面所需图书、体验卡信息即可自动兑换相应电子书。

4. 声明

解释权归社会科学文献出版社所有